1分で相手を引き寄せる

雑談のきっかけ1000

社会
グルメ
しきたり
日本語
雑学
業界
地理
歴史
科学
スポーツ
カルチャー

話題の達人倶楽部〔編〕

青春出版社

はじめに

この世の中には「なぜ、どうして?」と疑問に思う話があるもの。最近人気の羽根のない扇風機は、どうやって風を起こしているのか、工事現場で見かける鉄骨は、赤く錆びていることが多いが、大丈夫なのか……。

むろん、それらの疑問がはれるだけで、かなりの発見があるはずだが、人に話せば、驚かせ、引き寄せ、その場を盛り上げることができる。そこで、本書には、極上の「会話のタネ」を集めに集めて紹介した。グルメ、スポーツ、カルチャー、日本語、地理、歴史、科学、健康、生物など、硬軟さまざまなテーマで、状況に合わせた魅力的な話題を提供できる人になれる〝虎の巻〟である。

最近の超高層ビルがデコボコしているのは?、東京五輪で最も紫外線を浴びる可能性が高い選手は? など、好奇心を刺激する項目がそろっているので、誰もが雑談のきっかけを発見できるはずだ。

というわけで、まずは「ほう!」「へえ!」と驚きながら読み進めてほしい。その上で、ぜひ、職場で、家庭で、飲み会で話してみよう。わずか1分程度あれば、どんな〝場〟でもあたためることができるはずである。

２０１９年６月

話題の達人倶楽部

1　社会・暮らし

1　社会・暮らし ―― 25

信号機の支柱がブツブツしているのは、なぜ？　26
梅雨前線って、何キロくらいある？　26
駅の番線は何を基準に決めている？　27
高級靴下の中に、薄紙が入っているのは？　27
他人に最もバレやすいパスワードは？　27
室内犬には、ほんとうに散歩は必要ない？　27
建設中の鉄骨は錆びていることが多いが大丈夫か？　28
ビニール傘の柄に「APO」と書いてあるのは？　28
「梅雨入りしたとみられる」と自信なさげなのは？　28
目上に筆記具を送ってはいけない理由は？　29
夜間、離着陸するときに照明が消えるのは？　29
飛行機には、なぜ左側から搭乗する？　29
旅客機のタイヤも冬場はスタッドレスなのか？　30
自動車のドアは、なぜ後ろから前に開く？　30
プラスネジとマイナスネジはどう使い分ける？　30
電気ポットのコードが磁石式になっているのは？　31
冷蔵庫用のコンセントが高い位置にあるのは？　31
防犯カメラの画像がいまどき白黒なのは？　31
高級ホテルの寝具に白が選ばれるのは？　32
旅館の座いすの座面に穴が開いているのは？　32
無料のコインロッカーでも、硬貨を入れるのは？　32
ボタンダウンシャツは、なぜ襟をボタンで止める？　32
紙の規格「B判」は日本独自のものって本当？　33
母の日はカーネーションだが、父の日に送る花は？　33
飛行機が白く塗装されていることが多いのは？　34
外国のドアは内側に、日本のドアは外側に開くのは？　34
トイレットペーパーの幅はなぜ114ミリ？　34
雨で中止になった花火大会で、残った花火はどうなる？　35
時間が経つと、レシートの文字が消えてしまうのは？　35
整形手術した人は、パスポートの写真を替えている？　35
紙コップ式の自販機はいろんな味が混じらないのか？　36
冷蔵庫の野菜室が〝大きなタッパー〟といわれる理由は？　36
エアコンの「冷房」と「ドライ」はどこがどう違う？　37
電子レンジは「冷めるのが早い」ってどこまで本当？　37
ボトルを凍らせ、「固体」にすれば機内に持ち込める？　38
違法駐車のクルマにぶつけても弁償の必要はあるの？　38
和食器はなぜ5枚1組なの？　38
洋食器はなぜ6枚1組なの？　39
手の代わりのはずなのにフォークの歯はなぜ4本？　39
なぜモノレールは普通の電車よりも車内冷房温度が低い？　39
しゃぶしゃぶ用の鍋にはなぜ丸い穴があいている？　40
銭湯の建物はなぜお寺のような形をしている？　41

韓国料理の食器がステンレス製なのは？　41
カレーを入れる銀の器が不思議な形になったのは？　41
中国の箸の先はどうして丸い？　42
自販機に野菜ジュースが少ないのは？　42
チーズ用ナイフが波型になっているのは？　43
缶詰に円筒型が多いのは？　43
献血がいつも呼びかけられているのは？　43
選挙で誰も立候補しなかったらどうなる？　44
保釈金の額はどうやって決まる？　44
自動ドアが人間以外には反応しない最新事情とは？　45
銃に黒いものが多いのは？　45
千葉県の最高峰に登るのに、なぜ自衛隊の許可がいる？　46
法律的にも日の丸は〝白地に赤〟？　46
滑走路のまわりに芝が植えられているのは？　46
幼稚園児といえば、なぜ黄色い通学帽？　47
エンジン停止中でもエアバッグは開くか？　47
◆10秒で相手の心をつかむ雑談ネタ　世の中編　48

2 雑学　57

ロープウェーのロープはどうやって運ばれたのか？　58
最近の超高層ビルがデコボコしているのは？　58
渓流下りの船はどうやって上流まで戻してる？　59
浦島太郎に出てくるカメは、オスかメスか？　59
ミッキーマウスは、なぜ白手袋をしているの？　60
全世界の人が声を合わせて叫べば、月まで届く？　60
大学ノートの「大学」って、何大学のこと？　61
カスが出ない最近のスクラッチくじは、どんな仕組み？　62
もし宇宙人からのメッセージを受け取ったら？　62
お巡りさんの自転車の白い箱には何が入ってる？　63
国賓の旅費は日本持ち？　向こう持ち？　63
園遊会の献立はどうなっている？　64
エレベーターで逃げる犯人に階段で追いつける？　64
スーパーを舞台にしたドラマをまず見かけないのは？　65
神社の木に結ばれたおみくじはその後どうなるか？　65
おみくじの吉や凶はいつからいつまで有効？　66
警察用自転車の前輪部にある「筒」の正体は？　66
ホテルのベッドに、帯状のカバーがかかっているのは？　66
聞いたはずのない恐竜の声をどうやって再現できた？　67
死刑は、土曜、日曜も行われているか？　67
書類送検では、どんな〝書類〟を送るのか？　67
小便小僧は、なぜ立ち小便をしているのか？　68
アップル社のシンボルマークのりんごは、どんな品種？　68
ひとこぶラクダとふたこぶラクダの子供のこぶは？　68
消しゴムの紙ケースってなんのため？　69
豚乳、羊乳、犬乳が商品化されないのはなぜ？　69
麻雀の「東南西北」はなぜ実際の方角と逆になるの？　70
富士山を崩した土で、琵琶湖を埋め立てられる？　70
なんでどの温泉地でも温泉まんじゅうを売ってるの？　70

傘をさした制服警官を見かけないのは？ 71
動物のイタズラを、指紋で立証することはできる？ 71
露天風呂なのに、屋根が設けられているのは？ 72
橋の名前を書く橋名板に濁音が使われないのは？ 72
水道水はどうやって山の上までのぼっていく？ 72
裁判所を訴えた裁判ってこれまであった？ 73
水族館に金属探知機が欠かせないのは？ 73
松屋のマークの三つの円の意味は？ 73
飲み物を注文するのに、喫茶店で水を出すのはなぜ？ 74
海女さんは、なぜアクアラングを使わないのか？ 74
99円ショップは、100円ショップより2円得になる!? 74
柱時計は、いくつめの音が正しい時刻？ 75
なぜエレベーターの階数ボタンはキャンセルできない？ 75
異常乾燥注意報の出た日は、洗濯物もよく乾く？ 75
カラーテレビを世界で2番目に放送し始めた国は？ 76
卒業式にもらうのは、なぜ「第2ボタン」？ 76
日本初の超高層ビルを建てたのは「二階さん」!? 76
一本締めと三本締めの境界線はどこにあるか？ 77
サンタのソリをひくトナカイは、オス？ メス？ 77
てるてる坊主は、男性か女性か？ 77
シャネルの5番の前に1～4番はあるのか？ 78
水族館の水槽の岩は、どうやって入れる？ 78
藁人形で人を呪って、罪になるケースとは？ 79
自販機のボタンを全部押したら、何が出てくる？ 79
輸出入禁止のゾウが、サーカスで世界中を回れるのは？ 80
キャビンアテンダントも時差ボケするのだろうか？ 80
普通免許で消防車を運転できるか？ 80
ピラミッドって何語なの？ 81
中古ゴルフクラブの値段は、どうやって決まる？ 81
他人の山で捕まえたクワガタは誰のもの？ 82
健康な人が解熱剤を飲んだら、熱は下がるか？ 82
アメリカ人に「揚げ豆腐！」はなんと聞こえる？ 82
世界一大きいプールは？ 83
クールミントガムのペンギンの〝メッセージ〟とは？ 83
JRが切符を「きっぷ」と表記するのは？ 83
当日限り有効のキップで深夜12時以降、電車に乗れる？ 83
日本人で初めて「乾杯」した人は？ 84
ケンタッキーの第1号店はケンタッキー州だった？ 84
ごぼうの花言葉は？ 84
宇宙ステーションに風呂はあるのか？ 85
中国にもいるトキの名がなぜ「ニッポニア・ニッポン」？ 85
草履のない国では、ゾウリムシをどう呼んでいる？ 85
宇宙でもコンタクトレンズを使えるか？ 86
宇宙飛行士は全員、盲腸を切除ずみって本当？ 86
日本にいない動物の和名は誰がつけている？ 86
ニコライ堂の「ニコライ」って何のこと？ 87
国会議事堂に使われている石の産地は？ 87
「安全第一」というが、では「第二」は？ 88
名言「そこに山があるから」は誤訳って本当？ 88
樋口一葉の「葉」は何の葉？ 88
シンデレラ姫の本名は？ 89
禁酒のはずのイスラム圏で蒸留酒が発明されたのはなぜ？ 89

姓をもたない民族はいるか？　90
国名がスリランカになっても、セイロン紅茶ってヘンじゃない？　90
走る車から飛び降りるなら、前と後ろどっちが安全？　90
日本で、ダイヤモンドは見つかったことがあるか？　91
サンタクロースは、なぜ煙突から入ってくる？　91

◇この雑談のネタ、実はガセなんです　92

3　グルメ——95

教科書のレシピの味付けは、関東風？　関西風？　96
丸い氷が四角い氷よりも溶けにくいのは？　96
北京ダックの肉の部分は、誰が食べている？　96
ウニの瓶は、どうしてあんなに分厚いのか？　96
缶ビールはリットル表示なのに、缶コーヒーはなぜグラム表示？　97
毎月22日が「ショートケーキの日」なのは？　97
「ババロア」って、どういう意味？　98
七味唐辛子の入れ物はなぜひょうたんの形？　98
ペットボトル入りのビールがないのは？　98
ゆで玉子の黄身が緑色になることがあるのは？　98
カクテルを作るときに、激しくシェイクするのは？　99
カクテルに「スクリュードライバー」という名がついたのは？　99
三重県生まれの天むすが名古屋名物になったのは？　99
角砂糖はあるのに角塩がないのは？　100
バナナの値段が50年も変わらないのは？　100
刺し身についている菊の花は食べられるのか？　100
「肉は腐る寸前がうまい」というが、魚はどうか？　101
缶入り茶の缶に窒素が詰められているのは？　101
アメリカ製ビールはなぜ味が淡白なのか？　101
コーヒーフレッシュにミルクは使われていない⁉　102
何をもって「おいしい水」とするのか？　102
缶詰のミカンはどうしてきれいに袋がむけるのか？　103
「パウンドケーキ」という名前の由来は？　103
「クレープ」って、どういう意味？　103
どうやってキャビアを壊さないでビン詰めにする？　103
ローストチキンの銀紙はなんのために巻いてある？　104
「マシュマロ」って、どういう意味？　104
ハチミツは腐らないって本当？　105
泡は立たないのにどうして「泡盛」という？　105
冷蔵庫で保存するタマゴを、なぜ常温で売っている？　106
天津飯は〝日本料理〟って本当？　106
〝売り切れごめん〟のラーメン店が、もっと麺を作らないのは？　107
たこさんウインナーの考案者は？　107
甘いものは虫歯の原因なのに歯磨き粉はなぜ甘い？　107
ボジョレーヌーボーの解禁は、なぜ11月の第3木曜日？　108
ウイスキーの賞味期限は？　108
いったいどこからが「腐った納豆」なのか？　108
ドリンクバーでもとをとるには、何杯飲めばいい？　109
紙パックに果物をスライスした写真が載っているのは？　109
日本酒の値段の違いはなんの違い？　109

焼肉料理での各部位の名前の由来は？ 110
桜もちの葉は食べてもいいのか？ 110
豆腐のパッケージに水が入っているのは？ 111
上質なウイスキーがつくれる五国とは？ 111
食べ物をアルカリ性と酸性に分ける意味は？ 111
エシャロットとエシャレットはどう違う？ 112
1キロの牛肉をつくるために、どれだけの穀物が必要？ 112
クリームパンがグローブ形なのはどうして？ 112
イモ類の中で、ヤマイモだけが生で食べられるのは？ 113
「三角形のサンドウィッチは、日本生まれ」って本当？ 113
カビタイプのチーズはどうして食べられるのか？ 114
岡山県でばら寿司が発達したのはなぜ？ 114
コンビーフの缶は、どうしてああいう形になったの？ 115
ロブスターとイセエビはどこがどう違う？ 115
関東と関西でネギが大きく違うのは？ 115
イチゴの品種「あまおう」の名の由来は？ 116
ワインを保管するとき、横に寝かせておくのは？ 116
ぬか味噌はかき混ぜたほうがおいしくなる秘密とは？ 116
りんごの「ミツ」の正体は？ 117
ごまと塩を混ぜれば〝ごま塩〟になるか？ 117
イカスミがあるならタコスミ・パスタも作れるか？ 118
九州名物・辛子明太子に北の魚が使われているのは？ 118
やきとり屋の人気メニュー「つくね」の意味は？ 119
ラム酒の「ラム」って、どういう意味？ 119
出前の鮨にアカガイがはいっていないのは？ 120
豆板醤の「豆」は、どんな豆？ 120

バルサミコ酢の「バルサミコ」って何？ 120
モロヘイヤってどういう意味？ 121
ペペロンチーノってどういう意味？ 121
コンニャクが炭水化物なのにカロリーゼロなのは？ 121
「乾物」と「干物」はどうちがう？ 122
サバずしが京都名物になったのは？ 122
タマネギを炒めるのに以前より時間がかかるのは？ 122
ホウレンソウの葉っぱの形が変わったのは？ 123
青汁の原料はどんな野菜？ 123
サトウキビから、どうやって砂糖を取り出す？ 123
ウスターソースは何からできている？ 124
ピーナッツは大量の殻をどうやってむいている？ 124
シナチクはどうやって作られている？ 125
ホワイトチョコレートをどうやって白くする？ 125
肉牛に〝雄〟はいないって本当？ 125
すし飯に砂糖を入れるようになったのは？ 126
「ちらし寿司」と「ばら寿司」は、どうちがう？ 126
ナマコのどの部分を食べているのか？ 126
サンマが北で獲れるものほど脂がのっているのは？ 127
魚肉ソーセージはどうやって生まれた？ 127
噛み切りやすい海苔と、噛み切りにくい海苔のちがいは？ 128
無臭ニンニクの臭いの消し方は？ 128
砂糖を入れると、熱いコーヒーが冷めてしまうのは？ 128
そばの色のちがいは何のちがい？ 129
コーヒー豆に〝新豆〟はあるのか？ 129
カップ麺の麺がカップ内で宙づりになっているのは？ 129

ニンニクの芽は、本当に芽？　130
タコの足の先を切って調理する理由は？　130
アイスクリームは太りにくいって本当？　130
「カルボナーラ」の名前の由来は？　131
ひやむぎの中に赤と緑の麺が混じっているのは？　131
納豆にも〝旬の季節〟はあるのか？　131
アンパンの中身をどうやって入れる？　131
なぜチーズには穴があいている？　132
「しゃぶしゃぶ」という名前の由来は？　132
ケンタッキーとテネシーがバーボンの聖地になったのは？　132
カルパッチョってどういう意味？　133
しば漬けの「しば」って何のこと？　133
カレー・ルーの辛さはどんな基準で決められる？　134
春が旬なのに「夏みかん」と呼ぶのは？　134
ギョーザが三日月形をしているのは？　134
家庭でイカを干してもスルメにはならないのは？　135
固くなったヨウカンが白っぽくなるのは？　135
ジャガイモの品種メークインの語源は？　135
日本で最初にお弁当に「お手拭き」をつけたのは？　136
カキがホタテの貝殻で養殖されるのは？　136
レタスは軽いほうが上質とされるのは？　136
細長く切るのになぜ「ショートケーキ」？　136
ソーセージの包装にオレンジ色が使われるのは？　137
クリスマスにケーキを食べるのは？　137

◇10秒で相手の心をつかむ雑談ネタ　グルメ編　138

4　業界　149

居酒屋の店先にぶらさがる茶色い球の正体は？　150
ガソリンスタンドの屋根があんなに高いのは？　150
ショールームの2階にある車はどうやって入れる？　150
ショーウィンドーの中の車はどうやって入れる？　151
ガード下にやきとり屋が多いのは？　151
ホテルの宿泊予約は、どれくらい先まで取れるか？　151
南極越冬隊の収入はどれくらい？　152
ボールボーイのバイト代って、いくらくらい？　152
各線乗り放題の乗車券代は、各社でどう分けられている？　152
縁日で売られているヒヨコの種類は？　153
警察の取調室では、本当にマジックミラーで犯人を確認する？　153
理髪店は1人散髪して、いくらくらい儲かる？　154
同じ商標が同じ日に申請されたら、特許庁はどうする？　154
競馬騎手学校のメニューは？　155
救急車が消防署の管轄なのはどうして？　155
名誉教授には、どんな特典がある？　155
ホテルのシングルベッドに枕がふたつある理由は？　156
エレベーターガールはなぜみんな高い声で話すの？　156
タクシーが燃料にLPガスを使うのは？　157
ファストフードで「1万円入りまぁーす」と声をあげるのは？　157

新聞社は号外をタダで配って、大損しないか？ 157
見えそうで見えないコックさんの出世すごろくとは？ 158
フグの調理師が簡単には引越せない理由は？ 159
探偵社の料金っていくらくらいなの？ 159
お坊さんは、いくらくらい稼いでいるのか？ 160
陳列棚に幅90センチのものが多いのは？ 160
スーパーの通路が奥に行くほど広くなるのは？ 161
スーパーは値下げのタイミングをどう判断している？ 161
茶畑に大型扇風機が設置されているのは？ 162
ニワトリに卵を産ませるのに、電気代がかかるのは？ 162
銭湯にも家庭用の「内風呂」はあるの？ 163
ホテルのベッドは客がなくてもベッドメーキングする？ 163
100円ショップの仕入れ値は、どれくらい？ 164
焼き肉店の店名にはどうして「苑」がつく？ 164
飲み屋のお通し、いらないと拒否したらどうなるか？ 165
ネットニュースの見出しが13文字なのは？ 165
住宅の原価は、どのように見ればいいのか？ 166
バスの車体広告は、どうやって描いているの？ 166
ホテルマンはどんなところで寝ている？ 167
居酒屋の料理の原価は？ 167
粗利が大きくても、生花店の経営が難しいのは？ 168
ホテルのドアに回転ドアが多いのは？ 168
マンションの販売業者が「完売御礼」の広告を出す目的は？ 168
美術館は絵の購入価格をどうやって決めている？ 169
全米ナンバーワンの映画が数多くあるのはどうして？ 169
日本中で同じ土産物が売られているのは？ 170

ホテルの照明が薄暗いのはどうして？ 170
日本の教会でライスシャワーが禁止されているのは？ 170
ラスベガスのホテルの窓が開かないのは？ 171
ルイ・ヴィトンの柄は日本の家紋がヒントって本当？ 171
警察官は旅客機内に銃を持ち込めるか？ 172
乗客がCAの制服姿で飛行機に乗ることはできるか？ 172
パイロット用のトイレは、どこにある？ 172
マクドナルドのロゴに2つの大文字があるのは？ 172
ペット店で買うカメにメスが多いのは？ 173
刑事が必ずペアで動くのは？ 173
お巡りさんは無線で何を連絡している？ 174
警察官の制服は何種類あるのか？ 174
裁判官はなぜ黒い服を着ているのか？ 175
自転車に乗った警察官は、緊急時に信号無視できる？ 175
パトカーや消防車に速度制限はあるか？ 175
ホテルの各部屋に聖書がおかれているのは？ 176
そもそもラーメンの原価は？ 176
料理人になるには調理師免許がいる？ 177
ペットの診察代があんなに高いのは？ 177
タクシー業界の隠語で「ワカメ」といったら？ 178
花火師は花火シーズン以外はどうしてる？ 178
国会議員が辞めたとき、議員バッジはどうなる？ 178
選挙のないとき、選挙管理委員会は、どんな仕事をしている？ 179
プロ野球の審判員は、オフの間、何をしている？ 179
国会閉会中、速記者はどうしている？ 179
国会の本会議場で〝席がえ〟は 可能か？ 180

ネット銀行の支店名はどう〝棲み分け〟ている？　180

◆10秒で相手の心をつかむ雑談ネタ　身の回り編　181

5　ことば――189

「鬼の居ぬ間に洗濯」で、洗ったものとは？　190
『源氏物語』で、最も多く使われている言葉は？　190
「々」は1字で何と読む？　190
「！」と「？」を業界では、どう呼んでいる？　190
雨のよく降る6月を「水無月」と呼ぶのは？　191
本にはさむ目印をなぜ「しおり」という？　191
天王星や海王星など、遠い星に「王」の字がつくのは？　191
「腹黒い」という言葉と、魚のサヨリの関係とは？　192
「油を売る」ときの油の種類は？　192
イカを1パイ、2ハイと数えるのは？　192
箪笥を一棹、二棹と数えるのは？　193
「ちんたら」の語源は？　193
「七転び八起き」って起きるのも七回では？　193
雨の「小やみ」と「小降り」は、どう違う？　194
「正午」って午前、それとも午後？　194
「零」はなぜ雨かんむり？　194
「飛行機」という言葉をつくった人は？　195
常用漢字表に「朕」と「璽」が選ばれているのは？　195
ペットボトルの「ペット」って、どういう意味？　196
新聞は読むものなのに、なぜ「聞」という字をつかう？　196
オートバイには車輪が2つあるのになぜ「単車」？　196
運転席の隣を「助手席」と呼ぶのはなぜ？　197
羊水はなぜ「羊」？　197
「笑殺」に「殺す」という漢字が出てくるのは？　197
たった17文字で作る俳句、組み合わせが尽きないか？　198
皇寿、頑寿、昔寿って何歳のこと？　198
写真を撮るとき、外国では何という？　198
現在、世界にラテン語を話せる人は、何人くらいいる？　199
釣りで1匹も釣れないとき、「ぼうず」というのは？　199
格闘技でつまらない試合を「しょっぱい」というのは？　199
「Tシャツ」「Yシャツ」って、アメリカでも通じる？　200
「コンビーフ」の「コン」って、どういう意味？　200
キスマークを英語では何という？　200
パソコンの「カーソル」を英語では何という？　201
ウロコはないのになぜ「目からウロコが落ちる」？　201
とび職を英語では何という？　202
スターバックスの社名の由来は？　202
側頭部の髪を「もみあげ」と呼ぶのは？　202
おいしい新米が、悪い意味で使われるのはなぜ？　203
いなり寿司と海苔巻きのセットを「助六寿司」というのは？　203
テニスのサービスは思いっきり打つのに、なぜサービス？　204
ゴキブリの語源は？　204
貧乏ゆすりはどうして〝貧乏〟？　205
金色でもないのに、どうして〇玉なのか？　205

「切る」が禁句の結婚式でケーキを切るのはなぜ？ 206
「レーザー」「レーダー」は、どんな言葉の略語？ 206
「トラベル」と「トラブル」が似ているのは？ 207
amazon のロゴの矢印の意味は？ 207
「カジノ」って、もともとどういう意味？ 207
マッハはどうして速さの単位になった？ 207
操舵室を「ブリッジ」と呼ぶのは？ 208
臆病者が「チキン」と呼ばれるのは？ 208
船を「it」ではなく「she」で表す理由とは？ 208
「鳥肌」のことを英語では何という？ 209
チノパンの「チノ」ってどういう意味？ 209
「child」の複数形が「children」になるのは？ 209
「know」の「k」を発音しないのは？ 210
「ダイヤモンド」という名前の由来って？ 210
「シップ」「ベッセル」「ボート」の違いは何？ 211
「ストリート」「アベニュー」「ロード」のちがいは？ 211
1ドルを「buck」というワケは？ 211
10セント硬貨のことを「ダイム」と呼ぶのは？ 212
どうしてポンドを表す単位が「lb」なの？ 212

◆10秒で相手の心をつかむ雑談ネタ 日本語編 213

◆どんな「人」「もの」「場所」のこと？ 227

6 地理 235

「新」のつく駅名で、もっとも古いのは？ 236
日本の地名なのにどうして「中国地方」？ 236
名古屋の市街地でお墓を見かけないのは？ 236
琵琶湖の底に多数の遺跡が眠っているのは？ 237
横浜市はウソから生まれた大都市!? 237
県と町村の間の「郡」は何のためにある？ 238
三多摩が神奈川県から東京都になったのは？ 239
厚木市にはないのにどうして厚木基地？ 240
地名は「四谷」で、駅名は「四ツ谷」の怪とは？ 240
目黒駅はなぜ目黒区ではなく品川区にある？ 241
戦前、日本で一番高い山は富士山ではなかったって本当？ 242
〝人災〟がもたらした九州最高峰の交代劇とは？ 242
東京にはなぜこんなに坂道が多い？ 243
不忍池は大昔、東京湾の入り江だった!? 244
都道府県の面積を足しても、日本の総面積にならないのは？ 245
「町」も「丁目」も存在しない無番地って何？ 245
千島海流が「親潮」と呼ばれるのは？ 246
「サンシャイン60」はなぜ階ごとに郵便番号がちがう？ 246
フォッサ・マグナの「フォッサ」って何？ 247
地図では上にある地域が「下越」と呼ばれるのは？ 247
日本国内に「サラダ」という地名があるのは？ 247
日本一短い川が、なぜ「ぶつぶつ川」？ 248

「南あわじ市市市」という地名があるのは？　248
「面白山」という山名の由来は？　248
名前が最も長い山は？　248
宮崎県に「トロントロン」という地名があるのは？　249
釧路市に「鳥取」という地名があるのは？　249
「青山一丁目」という駅はあるのに、地名がないのは？　249
沖ノ鳥島に郵便番号はあるか？　250
日本百名山のうち、いちばん低い山は？　250
東京メトロの駅名に、ひらがなが入っているのは？　250
現在、日本でいちばん低い山は？　250
新潟県に神社が多いのは？　251
吉祥寺に特別快速が停まらないのは？　251
合併していない浦安市の面積が4倍以上になったのは？　251
金精峠はイチモツが地名化したって本当？　251
向津具半島は珍名マニアが1度は訪れる名所!?　252
山口県に銀座も新宿も青山もあるワケは？　253
各地にある「三国山」の意外な共通点とは？　253
北海道のあちこちに同じ名前の山があるのは？　254
複数の区や市にまたがった駅の住所の決め方は？　254
都道府県名になぜ旧国名がひとつも採用されなかったのか？　255
内陸国のベラルーシに〝海軍〟があるのは？　256
英国が自ら〝グレート〟と名乗る理由は？　256
ポリネシアに〝重複語地名〟が多いのは？　256
現在、南極で犬ぞりを使えないのは？　257
南アフリカのなかに2つの独立国があるのはどうして？　257
台湾は島なのに「湾」と呼ばれるのは？　258
ドバイには住所がないって本当？　258
アメリカの大都市に共通する事実とは？　259
太平洋と大西洋では、海の底の色がちがうのは？　259
3色の国旗が多いのはどうして？　260
プロの登山家にとって、世界一危険な山は？　260
太平洋で、ハワイ付近の海が最も塩辛いのは？　261
フィリピン国旗の色がいつのまにか変わったのは？　261
地球の陸地面積の4分の1は砂漠って本当？　261
ナイルもインダスもメコンもメナムも、同じ意味!?　262
中国の「東京」って、どんな町？　262
コロコロ島って、どんなところ？　262
地震のない国はあるか？　263
ギリシャに禿山が多いのは？　263
オーストラリアの国章は、なぜカンガルーとエミュー？　263
17カ国もの国を流れている川は？　263
砂丘の砂が、黄砂のように飛ばないのは？　264

◇10秒で相手の心をつかむ雑談ネタ　地理編　265

7 歴史　281

海なし県で貝塚が発見されるのは？　282
古代は、女性より男性の方が装身具を身につけたのは？　282
縄文遺跡から、ストーン・サークルが見つかるのは？　282

竪穴式住居に住んでいた縄文人の〝夜の生活〟は？ 283
邪馬台国の卑弥呼は、どんな呪術をつかった？ 283
古代の大寺院の設計図は誰が描いたのか？ 284
古代人の名前に動物名が多いのは？ 285
藤原京や平城京では、トイレをどうしていた？ 285
和同開珎の贋金を造ると、どんな刑になった？ 286
記録に残る最古のギャンブルって、どんな種目？ 286
なぜ公家は日記をつけるようになったのか？ 287
平安時代の〝医学水準〟はどのくらい？ 287
紫式部は貴族の乱れた男女関係を書いてニラまれなかった？ 288
『源氏物語』の光源氏のモデルと噂される人物って誰？ 289
古代の役人にも〝制服〟はあったのか？ 290
なぜ貴族は香を焚きこめていたのか？ 290
平安美人が眉をおでこの真ん中に描いたのは？ 290
平安時代の女性がいつも扇を持っているのは？ 291
12年続いた戦いなのにどうして「前九年の役」？ 291
僧兵はなぜ覆面をしていたのか？ 292
北条氏が将軍になれなかったのは？ 292
信長が将軍にならなかったのはなぜ？ 293
マニラに渡ったキリシタン大名はその後どうなった？ 293
織田信長はどんな声をしていた？ 294
織田信長が上杉謙信に贈った甲冑のその後は？ 294
戦場では、どんな合言葉が使われたのか？ 295
戦国時代、石臼が何かと重宝されたのは？ 296
桃山時代の「桃山」ってどこのこと？ 296
戦国時代、戦死者はどう扱われたか？ 297
戦国時代の侍は、怪我のときどう治療した？ 297
雨の日は、火縄銃をどうやって使った？ 298
密書は、どのように運ばれた？ 298
重い鎧を着けて、なぜ行軍できたのか？ 298
戦国時代、戦場で火事を出したときの罰則は？ 299
武士はハゲたとき、髷をどうしていたのか？ 299
戦場の侍は、旗差し物が邪魔ではなかったのか？ 299
戦国の「名器」の持ち主は、どう変わったか？ 300
京都に武者修行に行く武士が多かったのは？ 301
合戦中、睡眠時間はどうやって確保した？ 301
城のまわりに松の木が多いのは？ 302
島流しでは、どの島がいちばん楽だった？ 302
江戸時代の寺子屋の授業カリキュラムは？ 303
同じ美濃守が3人も4人もいたのは？ 303
大奥は完全な男子禁制だったのか？ 303
江戸時代の人は、自分たちの時代を何と呼んでいた？ 304
江戸時代、居酒屋で一杯飲むと、いくらくらいかかった？ 304
弥次さん、喜多さんは東海道の旅のあとどう帰った？ 305
窓際に追いやられた武士は、その後どうなった？ 305
江戸の庶民はどうやって寝ていたのか？ 306
武士が食べなかった3種類の魚とは？ 306
参勤交代の途中、旅費が尽きた大名はいなかった？ 306
江戸っ子が信じた迷信とは？ 307
江戸っ子のタブー「夜言葉」っていったい何？ 308
小判の紙包みには、墨で何と書いてある？ 308
幕末、ペリーとは何語で交渉した？ 309

破れば死罪も免れない江戸城内の規則とは？ 309
江戸の水車小屋で、爆発が多発したのはなぜ？ 310
武器が禁止されていた農民は一揆のときどうやって戦った？ 310
江戸の葬式と現在の葬式の違いとは？ 311
庶民が「春画」を購入した意外な目的とは？ 312
犬と猫、どっちがペットとして人気があった？ 312
江戸っ子の定番「朝ご飯」「昼ご飯」「夕ご飯」とは？ 313
長屋の店賃は月いくら必要だったか？ 314
なぜ新撰組の旗印は「誠」の一字だったのか？ 314
新撰組の衣装の値段は？ 315
ドイツ人のシーボルトが鎖国中の日本で活動できたのは？ 315
ペリー提督は、日本に来るまで何日くらいかかった？ 315
国会議事堂はかつて日比谷にあったって本当？ 316
自転車が日本へ輸入されたのはいつ頃？ 316
あのミッドウェー島は今どうなっている？ 317
関西人と関東人の総理大臣はどちらが多い？ 317
アメリカ大統領と太平洋戦争の法則とは？ 318
ライト兄弟は、何人兄弟？ 318
第一次世界大戦は、11月11日午前11時に休戦した⁉ 319
イギリスのオックスフォード大学はいつできた？ 319
聖書には、「犬」「猫」という単語が何回登場する？ 319
アインシュタインの謎につつまれた最後の言葉は？ 319
ヒトラーは、ノーベル平和賞にノミネートされていた⁉ 319
オリンピックは過去に何回中止になっている？ 320
江戸時代の寺子屋では、どんな算数の教科書を使っていた？ 320

◇10秒で相手の心をつかむ雑談ネタ 歴史編 321

8 スポーツ・カルチャー 325

東京五輪で最も紫外線を浴びる可能性が高い選手は？ 326
聖火は、運ばれる途中、飛行機の中でも燃えている？ 326
オリンピックの開会式で、旗手がもつ旗は誰が用意する？ 327
ハンマーを投げないのにどうして「ハンマー投げ」？ 327
日本人が100メートル走の世界記録を出していた⁉ 327
円盤投げは向かい風のほうがよく飛ぶのは？ 328
途中で打ち切る試合がなぜ「コールドゲーム」？ 328
陸上のリレーで、3走がバトンを落としやすいのは？ 328
シンクロ選手の髪の毛がテカテカ光っているのは？ 329
Jリーグのゴールネットの網目が、六角形になったのは？ 329
ヘディングは頭に悪くないか？ 329
野球でノーヒットのことを「タコ」っていうのは？ 330
テニス選手の腕時計は、試合中ジャマにならない？ 330
なぜ野球のユニフォームには、横縞がない？ 330
プロ野球の選手は、試合中にスマホをいじれるか？ 331
外から見えないメジャーリーグの暗黙の掟とは？ 331
大相撲の優勝祝い用の大鯛は、養殖物？、天然物？ 331
土俵の東西が実際の方角とちがうのは？ 332
土俵入りで、力士が化粧回しをつまんで持ち上げる意味は？ 332

スポーツ実況のアナは、どうやって選手名を覚える？ 332
判断の悪いプレーを「ボーン・ヘッド」というのは？ 333
ダンクシュートの「ダンク」って何？ 333
相撲の行司の軍配はなぜあの形？ 333
危険なボールを「ビーンボール」というのは？ 334
サッカーで、チームメイトに乱暴したら退場？ 334
110mハードルの距離がやけに中途半端なのは？ 334
オリンピックで陸上競技を後半に行うのは？ 335
ダーツボードのデザインはどうやって決まった？ 335
プロ野球選手が200球打っただけで、バットを替えるのは？ 335
サッカーのユニフォームに光沢のある生地が使われるのは？ 336
相撲に引き分けはあるか？ 336
マラソン選手は先導車の排気ガスが煙たくないのか？ 336
アフリカ系のマラソン選手が意外に暑さに弱いのは？ 337
体操の技の名前は、どうやって決まる？ 337
サッカー場の芝生が縞模様に見えるのは？ 337
背泳ぎの選手は鼻に水が入るのをどうやって防ぐ？ 338
シンクロの選手は、水中でちゃんと音楽が聞こえているの？ 338
試し割する前に、瓦をよく乾燥させておくのは？ 338
テニスの国際審判は、世界各国の悪口を知っている!? 339
日本でいちばん選手が多いプロスポーツは？ 339
バドミントンのシャトルは気温によって使い分ける!? 339
ヘッドスライディングより走り抜けるほうが速いって本当？ 339
断髪式のなかった力士はどうやってマゲを落とす？ 340
競馬でメーンレースを最終レースにしないのは？ 340

五輪のメダルとノーベル賞を両方受賞した人はいる？ 341
ルアー・フィッシングにスプーンを使うのは？ 341
タイトルがいちばん短い映画は？ 341
なぜ「パンク・ロック」というのか？ 341
ゴシックってどういう意味？ 342
イタリア美術の『モナリザ』がフランスにあるのは？ 342
バロック、ロココって、もともとどういう意味？ 342
ゴッホが『ひまわり』を描きつづけた理由は？ 343
楽譜はなぜ五線譜でなければいけないのか？ 343
マラカスの中には何が入っている？ 344
梨園の名門以外の一般人でも、歌舞伎のスターになれる？ 344
西遊記があるなら、東遊記、北遊記、南遊記もあるか？ 345
ほとんど収入がなくても新人落語家が食べていけるのは？ 345
一番新しい「古典落語」と一番古い「新作落語」の境目は？ 346
花札の桜の短冊に「みよしの」と書かれているのは？ 346
芥川賞、直木賞を辞退した作家っている？ 347
グラミー賞の「グラミー」って、どういう意味？ 347
『真夏の夜の夢』が『夏の夜の夢』に変わったのは？ 347
『ヴィーナスの誕生』の貝殻はどんな種類？ 347
交響曲をめぐる「第九の呪い」とは？ 348
歌舞伎の黒子は、雪のシーンでも黒い衣を着るのか？ 348
『2001年宇宙の旅』のコンピューターの謎とは？ 348
ターミネーター、エイリアン……に殺された男とは？ 348
『ロッキー』の試合撮影をめぐる意外な話とは？ 348
世界一売れている小説は？ 349

探偵小説が推理小説に変わったのは？ 349
世界でいちばん万引きされた本は？ 349
アルファベットのEをまったく使わない小説とは？ 349
ゴルフボールの表面がツルツルなら、その飛距離は？ 350
『猫ふんじゃった』の曲名は国によって違うって本当？ 350
◇10秒で相手の心をつかむ雑談ネタ　カルチャー編 351
◇10秒で相手の心をつかむ雑談ネタ　スポーツ編 359

9 しきたり ―― 363

お遍路さんが八十八か所を巡ると、いくらかかる？ 364
お坊さんはなぜ頭を剃っている？ 364
手を合わせる「合掌」にはどんな意味がある？ 364
お寺の料理といえば、お粥が出てくるのは？ 365
釈迦の誕生日を「花祭り」というのは？ 365
線香をたく意味は？ 366
線香やロウソクの火を息で吹き消してはいけないのは？ 366
通夜では寝ない理由は？ 366
なぜ、香典返しにお茶を贈るのか？ 367
彼岸にお墓参りをする意味は？ 367
いつまでに行けば「初詣」になる？ 368
おみくじは本来、自分で振るものではないって本当？ 368
正月に門松を立てるのは何のため？ 368
古くなったお守りはどうすればいい？ 369
節分に豆をまくのは？ 369
5月5日に菖蒲湯に入るのは？ 369
端午の節句に柏餅を食べるのはなぜ？ 370
七夕に願い事を短冊に書いて吊るすのは？ 370
夏にお中元を贈るようになったのは？ 370
なぜお盆に盆踊りを踊るのか？ 371
なぜ七五三は11月15日？ 371
冬至にゆず湯に入るのは？ 372
除夜の鐘は何時何分からつき始めるのが正式？ 372
結婚式で三三九度をする意味は？ 372
千羽鶴を折ると、願いがかなうといわれるのは？ 373
還暦を赤ずくめで祝うのは？ 374
尾頭つきの頭を左にするのは？ 374
「バンザイ」の意味は？ 374
商売繁盛を願って、ダルマを飾るのは？ 375
床の間の前が上座とされるのは？ 375
東が角餅、西が丸餅になったのは？ 375
節分にかぶりつく「恵方巻」が　流行ったきっかけは？ 376
畳をすべて同じ方向に敷かない理由は？ 376
秋田の「竿灯」という名の由来は？ 376
吉野に10万本ものヤマザクラがあるのは？ 377
京都の清水寺が崖の途中に建てられたのは？ 377

歌舞伎南座の「顔見世」が年末に行われるのは？　377
「見返り美人」は何を振り返っている？　378
如来像がシンプルで、菩薩像がゴージャスなのは？　378
焼き物の「土」は、普通の土と　どうちがう？　379
中秋の名月に、なぜススキを飾るのか？　379
かけそばともりそば、年越しそばではどちらが正式？　379

10 科学　381

羽根のない扇風機は、どうやって風を起こしている？　382
全国の「平均気温」は、どうやって算出する？　382
恐竜の色がわかりはじめているって本当？　382
太陽系でいちばん高い山は？　383
電球の発明者はエジソンではないって本当？　383
バーコードにはどんな内容が書かれている？　383
飛行機で宇宙まで行けるか？　384
火事に遭っても耐火金庫の中身が燃えないのは？　384
自動販売機はどうやってお金を勘定している？　384
スプレー缶の底がへこんでいる理由は？　385
パラシュートのてっぺんに穴が開いているのは？　385
太陽の最期はいったい、どうなるの？　386
恐竜の標本作りで骨が足りないときどうする？　386
エレベータの中で、モノを秤にかけると重量は変わる？　387

ドライアイスの白い煙は二酸化炭素ではない⁉　387
人間の骨でいちばん折れやすいのは？　387
クロロホルムで、本当にすぐに気絶するのか？　388
ショック死を簡単に説明すると？　388
なぜ人は、明るい方へ足が向かうの？　388
エアコンは、どうして別配線なの？　388
南極では、吐く息が白くならないのは？　389
タオルを頭にのせることの効用とは？　389
北に住む人のヒゲがやわらかそうなのは？　389
思春期の娘が、父親を「臭い！」と嫌うのは？　390
全身麻酔で眠るとき、夢を見ないのは本当？　390
すべての動物で人間が最もすぐれている運動能力は？　390
熱帯の住民は、汗の出すぎで塩分不足にならないか？　390
お風呂で、指先だけがふやけるのは？　391
ニンニクは入っていないのになぜ「ニンニク注射」？　391
雨の日に、お酒が回りやすくなるのは？　391
ニトログリセリンが妙に甘いのは？　391
海水はアルカリ性か？　酸性か？　392
まな板にヒノキが向いている理由は？　392
宇宙空間では、接着剤なしで金属がくっつくのは？　392
火葬場で拾う〝喉仏〟は喉仏ではないって本当？　393
洞窟壁画はどんな〝絵の具〟で描かれている？　393
ピラミッドが砂の中に沈みこまないのは？　393
川の水が流れ込むと、海の水は薄まっているのか？　394
雨が降りそうなとき、雲が濃い灰色変わるのは？　394

南極と北極は、どっちが寒い？　394
爆弾に窒素がよく使われているのは？　395
ハンドクリームに「尿素」が入っているのは？　395
1円玉をこすり合わせると、黒い粉が出てくるのは？　396
ベニヤ板はどうやって木材同士をくっつけている？　396
ぴかぴか光るラメは何でできている？　396
屋外で使っている洗濯バサミがボロボロになるのは？　397
風力発電の風車の羽根が3枚に決まっているのは？　397
「白い火山は黒い火山よりも危ない」といわれるのは？　397
鳴き砂が年々鳴かなくなっているのは？　398
「美人の湯」の科学的な共通点は？　398
空気よりも重い二酸化炭素が地表にたまらないのは？　398
スポーツウェアに吸い取られた汗はどこへいく？　399
ゴム風船についている粉は何の粉？　399
コンタクトレンズが湯気を浴びてもくもらないのは？　400
風船は膨らませるときがいちばん大変なのはなぜ？　400
消しゴムで鉛筆書きの文字が消える仕組みは？　400
万歩計が歩数を数える仕組みは？　401
強化ガラスが頑丈なのはなぜ？　401
風船はどこまでのぼれるか？　401
電車が急停車するとハエも前倒しになるか？　402
静電気防止スプレーの中身は？　402
虫除けスプレーの成分はどんなもの？　403
赤外線コタツが赤い色を出すのは？　403
冷たいヒョウが気温の高い季節に降るのは？　403
都会のドロはねが落ちにくいのは？　404
凧がいちばんよく上がるのは　風速何メートルのとき？　404
夜光塗料は普通の塗料とどうちがう？　404
気温0℃以上でも氷が張ることがあるのは？　404
南極の海水がすべて凍ってしまわないのは？　405
使い捨てライターの燃料は何？　405
火災探知機はどうやって火事を発見する？　405
ふくらんだ紙袋としぼんだ紙袋、どちらが重い？　406
なぜ、分厚いグラスのほうが薄いグラスよりも熱湯に弱いか？　406

◇10秒で相手の心をつかむ雑談ネタ　科学編　408

11　人体・健康　413

失恋すると、食事がノドを通らなくなるのは？　414
市販薬の用法では、なぜ「15歳以上」を「大人」とする？　414
1回3錠の薬、なぜ割り切れない数が入っているの？　415
食前に飲むはずの薬を食後に飲んだらどうなる？　415
注射針のチクッという痛みが昔より軽いのは？　416
人はどういうときに歯ぎしりをするのか？　416
生まれたての赤ちゃんがウンチするのはどうして？　416
鼻に水が入ると痛いのに、鼻水はなぜ痛くないか？　417
体が冷えることと風邪の関係は？　417

座って勉強しているだけなのに、お腹が減るのは？ 418
目に煙が入ると、涙が出てくるのは？ 419
子宮についての気になる話とは？ 419
帽子をかぶるとハゲるって本当？ 419
太陽を見ると、くしゃみが出そうになるのはなぜ？ 420
臓器移植が可能なら、死んだ人の血液も輸血できる？ 420
歯医者で抜かれた歯はその後どうなる？ 421
白髪を抜いても白髪が生えてくるって本当？ 421
石頭の「硬度」はどれくらい？ 421
暑がりか、寒がりかを決める体のメカニズムとは？ 422
雪焼けが、普通の日焼けより落ちにくいのは？ 422
飢えると、お腹がふくらむのはどうして？ 423
発毛剤で髪の毛が生えてくるメカニズムは？ 423
「睡眠薬を大量に飲むと死ぬ」というのは本当？ 423
毒物の致死量をどうやって測定する？ 424
足が体の他の部分よりも臭うのは？ 424
徹夜で疲れてくると、なぜ笑いが止まらなくなる？ 424
吐く息が白くなるのは何℃から？ 425
バストのサイズは、レントゲン撮影に影響する？ 425
眉毛のない顔がコワく見えるのは？ 426
宇宙に行くと、背が伸びるのは？ 426
宇宙空間でオナラをするとどうなる？ 426
恐怖で顔から血の気が引くのはなぜ？ 427
うたた寝をすると、風邪をひきやすいのは？ 427
ビフィズス菌は、なぜお腹にいいのか？ 427

天然パーマってどうなっている？ 428
精子のスピードは時速どれくらい？ 429
女性に甘党が多いのは？ 429
男と女の血液は同じもの？ 429
怒ると、本当に頭に血がのぼる？ 430
鼻が詰まると、味がわからなくなるのは？ 430
生理の血液が普通の血液よりも固まりにくいのは？ 431
なぜ背骨は曲がっているのか？ 431
赤ちゃんの骨が成人よりも64本も多いのは？ 432
ゲップのそもそもの原因は？ 432
血液の流速はどのくらい？ 432
声のちがいはどうやって決まる？ 433
どうしてオシッコの近い人がいるの？ 433
人間も冬になると毛深くなるか？ 433
3月に「突然死」が増えるのは？ 434
腸がサナダムシを消化してしまわないのは？ 434
虫歯があると、なぜダイエットに失敗する？ 434
ラーメンを食べると、鼻水が出てくるのはどうして？ 434
眠くなると、なぜ目をこすってしまう？ 435
赤ちゃんの離乳食に赤身魚を使えないのは？ 435
緊張すると「頭が真っ白」になるのは？ 435
酔っぱらうと、しゃっくりが出やすくなるのは？ 436
イヤな記憶ほど、忘れないのはなぜ？ 436
極寒の南極で風邪をひきにくいのは？ 437
ノロウイルスの「ノロ」ってどういう意味？ 437

女性の頭蓋骨が男性のものよりころがりやすいのは？　437
干した布団から「太陽の匂い」がするのは？　438
湿布は皮膚に貼るだけなのに、どうして効くのか？　438
点滴から得られるカロリー量はどれくらい？　438
薬を飲むときの水の量はどれくらいが適量？　439

◆10秒で相手の心をつかむ雑談ネタ　人体編　440

12 動物　445

今、哺乳類でいちばん値段が高い動物は？　446
キリンを輸入するとき、飛行機に乗せられるのか？　446
豚の体脂肪率は、どれくらい？　447
ハムスターは一晩で、どれくらい回転車を回す？　447
ゴリラの握力って、どれくらい？　447
カンガルーの赤ちゃんの誕生日の決め方は？　447
エアコンを切ると、ゴキブリがよく飛ぶのは？　448
柴犬が散歩中、他の犬を攻撃してしまうのは？　448
コリーが迷子になりやすいのは？　448
犬はなぜ風呂を嫌うのか？　449
犬はなぜガラクタを集めてくる？　449
犬はなぜボール遊びが大好き？　449
猫はなぜ日なたぼっこが好き？　450
猫が頭を大きく振りながら、ものを食べるのは？　450
ボス猫はどうやって決まる？　450
動物の卵が卵型をしているのは？　451
野良猫の〝社会〟はどんな構造？　451
土の中に棲んでいるミミズが魚のエサになるのはなぜ？　451
水牛がいつも水に浸かっているのは？　452
ニワトリは卵を温めるとき、割ってしまうことはない？　452
世界に警察猫はいないのか？　452
キリンの角は何本？　453
カラスの死骸を見かけないのはどうして？　453
動物によってオッパイの数がちがうのは？　453
ハチミツ一瓶つくるのに、必要なミツバチの数は？　454
ネズミは、本当にチーズが好きなのか？　454
上野動物園には、トラとライオン、どちらが先に来た？　454
近頃、ミノムシをあまり見かけないのは？　455
電気ウナギの水槽をどうやって掃除する？　455
毒ヘビと無毒のヘビの間に子供は生まれるか？　455
エンマコオロギは、なぜ閻魔？　456
アブラゼミの「アブラ」は、どんな油？　456
蝶（バタフライ）は、なぜバター＋フライ？　456
ハブに噛まれたマムシはどうなる？　456
10カ月間、着地しなくても、生きていける鳥がいる⁉　457
世界最大のブラックバスは、琵琶湖で釣り上げられた⁉　457
タツノオトシゴの仲間にタツノイトコ、タツノハトコ⁉　457
まな板の上の鯉は、本当におとなしいか？　457

金魚のオスとメスは、どうやって見分ける？ 458
スズキ目ヒメジ科の魚が「オジサン」と呼ばれるのは？ 458
ダイオウイカの寿命は？ 458
魚は日焼けするか？ 458
ミンククジラとミンクの関係は？ 459
最大のプランクトンの大きさは？ 459
絶滅危惧種のフンボルトペンギンがなぜ日本に？ 459
シロナガスクジラはなぜ腎臓が3000個もある？ 459
クラゲに心臓はある？ 460
ジュゴンとマナティの見分け方は？ 460
ヘビの長い体に、内臓はどうおさまっている？ 460
ハナミズキの英語名が〝犬の木〟なのは？ 460
「古池や蛙飛び込む水の音」で、飛び込んだのは何蛙？ 460
カエルが目をつむってものを食べるのは？ 461
アベコベガエルって、どんなカエル？ 461
渡り鳥も、やっぱり時差ボケするのか？ 461
日本でも盲導犬に命令するとき、英語を使うのは？ 461
左目のきれいなタイは値が高くなるのは？ 462
タコがタコ壺の中にはいりたがるのは？ 462
トビウオはなぜ飛ぶのか？ 463
イカの10本の腕のうち2本だけ長いのは？ 463
水族館のサメが他の魚を襲わないのは？ 463
シラス、シラウオ、シロウオは同じ魚か？ 464
サケの鼻はなぜ曲がっているのか？ 464
魚は体の色をどうやって変えるのか？ 464
名前に「トラ」がつく魚種が多いのは？ 465
成長すると、いったん縮む魚とは？ 465
貝殻に縞模様があるのは？ 465
市販のホタルイカはなぜメスばかり？ 465
イカの吸盤とタコの吸盤は同じ？ 466
カニのハサミは本当に切れるのか？ 466
ウミヘビはヘビ？ それとも魚？ 466
江戸時代、ニジマスはいなかったって本当？ 467
ヤマメとサクラマスは同じ魚って本当？ 467
水族館でマグロにあまり餌を与えないのは？ 467
アリがサクラの木によく登るのは？ 468
水族館でスルメイカを飼えないわけは？ 468
酒に強い動物、弱い動物っている？ 468
セキセイインコの「セキセイ」ってどういう意味？ 469
コンクリートで固めると、クラゲが増えるのは？ 469
朝が苦手という鳥もいる？ 469
牙をもたないゾウが増えているのは？ 470
ちがう犬種でも輸血は可能か？ 470
コリーとシェットランド・シープドッグの関係は？ 470
ダチョウなどの走鳥類が南半球にだけいるのは？ 471
ゴリラのお腹がポコンと出ているのは？ 471
すべての犬種をかけあわせると、どんな犬ができる？ 471
アイガモ農法でお役御免になったアイガモのその後は？ 472
ヘビの毒を吸い出した人は毒にやられないか？ 472
牛が地球温暖化の原因になるほどメタンを出すのは？ 472

トンビという名の鳥はいないって、どういうこと？　473
アリはチョークで引いた線を越えられないって本当？　473
ネズミは本当にネズミ算式に増えるのか？　473
川で獲れる天然ウナギがオスばかりなのは？　474
雷が池に落ちたら、魚はどうなる？　474
ドッグフードとキャットフードのちがいは？　475
タコは、何のためにタコ踊りをするのか？　475
ペンギンは意外に脚が長いって本当？　475
飢えている猫は、熱いものでも食べられる？　476
夜行動物を昼間育てたらどうなるか？　476
東京生まれ大阪育ちの渡り鳥は、翌年はどちらに帰る？　476
カラスが煙突のてっぺんに止まるのは？　477
ハチは、養蜂家にハチミツをとられて、飢えないか？　477
赤とんぼというトンボはいない!?　477
立つ鳥は本当に跡を濁さないのか？　478
猫にも利き手はあるのか？　478
ハムスターに噛まれるとどうなる？　478
日本の動物でいちばん足が速いのは？　478

◆10秒で相手の心をつかむ雑談ネタ　動物編　479

◆10秒で相手の心をつかむ雑談ネタ　鳥・魚・昆虫・植物編　485

13 植物

13 植物　497

植物のツタは、どうやってからみついている？　498
植物も汗をかくのか？　498
どうして、豪雪地帯がチューリップの栽培に適している？　499
郵便局に「多羅葉」が植えられているのは？　499
松田聖子が歌った『赤いスイトピー』は存在するか？　499
「やばい」って、どんな花？　500
高山植物はなぜ寒さに耐えられるのか？　500
植物が緑色をしているのはどうして？　500
ニュートンのリンゴが日本国内に700本もあるのは？　501
植物はなぜ〝立って〟いられる？　501
「草いきれ」の臭いって何？　501
マングローブが海の中でも成長できるのは？　502
とうもろこしに、ちがう色のツブが混じるのは？　502
サクラの葉は匂わないのに、桜餅の葉はなぜいい匂い？　503
チューリップが昼頃に咲くのはどうして？　503
エノキダケはなぜ白い？　503
竹が背ばかり伸びて、横に太くならないのは？　504
常緑樹の葉はいつ落ちる？　504
無重力状態で、木はどう伸びる？　504
海藻はヒ素を含んでいるのに食べられるのは？　505
トウモロコシの粒の数がかならず偶数になるのは？　505

天然林よりも人工林のほうが、害虫が増えやすいのは？　506
タンポポが夏に咲くようになったのは？　506
最近、四つ葉のクローバーが増えているのは？　506
きれいなボケの花が「ボケ」呼ばわりされるのは？　507
植物を水以外の飲料で育てるとどうなる？　507

花束は下向きに持ち歩いたほうがいいのは？　507
ヒマラヤ杉は杉ではないって本当？　507
草食動物が毒草を食べるとどうなる？　508
立ったままの木の樹齢をどうやって調べる？　508

カバーイラスト／Eugenia Petrovskaya/shutterstock.com
本文イラスト／M-vector/shutterstock.com
AVIcon/shutterstock.com
DTP／フジマックオフィス

1

社会・暮らし

Interesting conversation starters!

信号機の支柱がブツブツしているのは、なぜ？

信号機の支柱の表面に、ブツブツしたものが貼り付けられたり、筋状の凹凸がついていることをご存じだろう。これらのブツブツや凹凸は、張り紙を防止するために取り付けられたものだ。

かつての繁華街では、信号機の支柱などに、たくさんのピンクチラシが貼られていた。そうした無断の張り紙は軽犯罪法違反にあたるので、警察はチラシを貼っている現場を押さえては検挙していたものの、イタチゴッコがつづくことになった。

そこで、警察と電力会社などで協議を重ね、信号の柱にブツブツのビニールシートをまきつけたり、筋状の凹凸をつけることにした。これによって、接着面を少なくし、張り紙を貼りにくくしたのだ。現行犯で取り締まるのが難しいから、予防に転じたというわけである。

梅雨前線って、何キロくらいある？

気象用語では、二つの性質の違う空気がぶつかり合うところを「前線」という。そうした場所では、雲が発生し、雨が降りやすくなる。その前線の代表格が、日本列島に長い梅雨の季節をもたらす「梅雨前線」だ。

梅雨前線は、日本列島をとりまく空気が、オホーツク海高気圧から、温かい太平洋高気圧に入れ代わる時期にできる。この二つの高気圧がしばらくの間、拮抗状態を保つため、梅雨前線は長く停滞、長雨を降らせることになる。

じつは、梅雨前線は、その物理的な長さでも、世界最長クラスの前線。中国大陸の内陸部から日本の東北地方あたりまで、その長さは5000キロにもおよぶ。

日本や中国にこのような長大な前線がかかるのは、その西にヒマラヤ山脈やチベット山脈があるため。偏西風は両山脈にぶつかって北方向にカーブ、その反動で中国大陸では南に向きをかえ、さらに北にカーブする。そうした偏西風の蛇行が「気圧の谷」をつくり、世界最長の前線を生み出すことになるのだ。

駅の番線は何を基準に決めている？

JRの駅の番線名は二つの原則にもとづいてつけられているのをご存じだろうか。

原則の第一は、駅長室に近い順につけること。

駅長室に近いものから1番、2番、3番線とつけていく方法で、国鉄時代にできた古い駅は、おおむねこの原則に従って番号がふられている。

原則の第二は、上りを若い番号にすること。

つまり、上り線を1番、下り線を2番とする方法で、JR東日本の新しい駅では、この方法が採用されている。

高級靴下の中に、薄紙が入っているのは？

男性用の高級靴下を買うと、靴下の中に白い薄紙が入っているもの。

それには、いくつかの目的があり、まずは型崩れを防ぐこと。また、薄紙をはさむと、たたみやすく、運びやすくなることもある。さらに、靴下の模様がよく見えるという効果もある。

他人に最もバレやすいパスワードは？

アメリカに、スプラッシュ・データというパスワード管理アプリケーションの開発企業がある。同社の発表によると、他人に最もバレやすいパスワードは、4年連続で「123456」だという。

アメリカでの調査なので、2位以下には、1234〜のバリエーションとポピュラーな英単語が続き、2位は「password」、3位は「12345」、4位は12345678、5位はfootball。

以下、アメリカらしいところでは、12位にwelcome、23位にloveme（ラブ・ミー）がランク入りしている。

室内犬には、ほんとうに散歩は必要ない？

たとえ、室内犬という名がついていても、運動と日光浴のために散歩は必要だ。ペットとして室内で飼いやすいように改良された室内犬でも、家の中に閉じ込めておくのは、よいことではない。

犬の様子を見れば、それがよくわかる。毎日欠かさず散歩に連れ出してもらっている犬は目に輝きがあり、毛の色つやもいい。身体の筋肉は引き締まっている。

一方、室内に閉じ込められている犬は、ぶよぶよと太り、目に精彩がなく、毛はたとえきれいに手入れされていても、つやがないことが多い。

建設中の鉄骨は錆びていることが多いが大丈夫か？

鉄筋コンクリートの工事現場に、錆びた鉄材が無造作に放置されていることがある。そんな光景を見ると、「オッ、手抜き工事の証拠発見！」と、思う人もいるかもしれない。

しかし建設用の鉄骨は、少々錆びていたとしても問題はないのである。

錆びるというのは、化学的には鉄が酸化している状態。それに対し、コンクリートはアルカリ性。コンクリートの中へ埋め込んでしまえば、鉄がそれ以上錆びることはない。

ただし、これは鉄についていえることで、アルカリ性に弱い金属には当てはまらない。

たとえば、水道管に使われる鉛をコンクリートに埋め込むときは、注意しないと危険だという。水道工事の現場で錆びた水道管を使うのはＮＧなのだ。

ビニール傘の柄に「ＡＰＯ」と書いてあるのは？

ビニール傘の柄の部分をよく見てほしい。

「ＡＰＯ」と書かれているものがあるのをご存じだろうか？

ＡＰＯは非晶質ポリオレフィンのことで、燃やしても有毒ガスが出ない物質で作られていることを表している。要するに、ＡＰＯと書かれたものは、エコなビニール傘なのだ。

「梅雨入りしたとみられる」と自信なさげなのは？

例年、６月になると、気象庁が梅雨入りを宣言するが、それはあくまで「速報値」。だから、「梅雨入りした」ではなく「～とみられる」と報道される。

例年9月に「確定値」が発表され、梅雨入りした日は、あとで修正されることが多い。

目上に筆記具を送ってはいけない理由は？

プレゼントをする際、目上に筆記具を贈るのはタブー。「もっと勉強せよ」「もっと働け」という意味合いを含んでしまうためだ。同じ意味で、ノートやカバンも避けたほうがいい。

また、エプロンを贈ると「もっと働け」という意味に受けとられる場合もあるので、ご注意のほど。

夜間、離着陸するときに照明が消えるのは？

夜間、飛行機は離着陸の際に、機内の照明を消すことが多い。これは、まさかの事態に備えてのことだという。

飛行機事故が起こる確率が最も高いのは離着陸のとき。万が一、事故が起きて外に脱出しなければならなくなったとき、機内を明るいままにしていると、目が暗さに慣れていないので、脱出用シューターを滑り降りる際に乗客らがまごつきかねない。

その点、あらかじめ機内を暗くしておけば、暗さに目が慣れ、すばやい行動がとりやすくなるというわけだ。

飛行機には、なぜ左側から搭乗する？

飛行機に乗るときは、機体の左側の扉から搭乗する。機体には左右両側にドアがあるのに、左側だけをつかうのは、飛行機が船の習慣を受け継いでいることに由来する。

昔、地中海を航海していた帆船は、舵《かじ》が船体の右側に大きくはみだしていた。そのため、港では舵がじゃまにならないように左側で接岸し、乗り降りしていた。

船の形が変わってもその習慣は受け継がれ、やがてその搭乗ルールは飛行機にも取り入れられることになったのである。

それでも、飛行機の右側にもド

アがあるのは、非常時に備えてのこと。

旅客機のタイヤも冬場はスタッドレスなのか？

冬場、北の空港では、滑走路が凍結する日もある。すると、航空機が履いているタイヤは、スタッドレスに交換されるのだろうか？

答えは「ノー」。航空機の場合、高速で離着陸するといっても、一直線の滑走路上を走るだけで、クルマのように複雑な動きをするわけではない。だから、スタッドレスに履き替える必要はなく、一年中、同じタイヤを使っている。

一方、空港で働く車には、冬場はスタッドレスに履きかえるタイプもある。

自動車のドアは、なぜ後ろから前に開く？

自動車のドアには、いろいろなタイプがある。たとえば、フェラーリなどが採用している「バタフライドア」は、ドアが斜めに持ち上がるタイプ。ドアを開けると、蝶が羽を広げた形のようになるので、この名がある。

一方、ガルウイングドアは、ドアが「カモメが翼を広げた形」のように開くドアで、メルセデス・ベンツが一部の高級車種で採用している。映画『バック・トゥ・ザ・フューチャー』に登場する車「デロリアン」もこのタイプだった。

とはいえ、それらは超高級車の話で、普通の車には、後ろから前に開くドアがついている。それにしても、なぜ車のドアは、前からではなく、車体後部から開くのだろうか？

これは、昔、技術が未熟だった頃からの〝伝統〟とされる。かつては、ドアが前から後ろに開くと、高速走行時、前方からの風圧でドアが開くリスクがあった。そこで、ドアを後ろから前に開くようにしたのだ。そうしておけば、自動車周辺の気圧が変化してもドアを閉める方向に働くからだ。

プラスネジとマイナスネジはどう使い分ける？

世の中で使われているネジの90

%は、プラスネジである。

残りの10%のマイナスネジが使われている場所は、一言でいえば、ゴミがたまりやすいところ。

プラスネジは、頭の溝に汚れがたまると、ドライバーをさしこみにくくなる。そこで、屋外の電気メーターや水道の蛇口など、ゴミのたまりやすいところでは、マイナスネジが用いられているというわけ。

電気ポットのコードが磁石式になっているのは？

電気ポットやホットプレートなど、加熱する機器は、コードが磁石式になっているもの。それは、コードに足をひっかけたとき、コードがすぐにはずれて、機器がひっくり返らないようにするためだ。

加熱器がひっくり返ると、やけどするおそれがあるので、磁石式にしてコードがすぐにはずれ、本体が倒れないようにしてあるのだ。

冷蔵庫用のコンセントが高い位置にあるのは？

日本の家屋では、電気のコンセントは床から10センチ前後の低い位置に取りつけられていることが多い。ところが、冷蔵庫用のコンセントだけは、高い位置に取り付けられている。

これは、コンセントと差し込みプラグに、ホコリがたまるのを防ぐためである。

通常の電気製品は、差し込みプラグを差したり、抜いたりすることが多いので、ほこりがたまりにくい。ところが、冷蔵庫は、いったんプラグを差し込むと、プラグを抜くことはほとんどない。そのため、コンセントが低い位置にあると、ほこりがたまりやすく、そのほこりが漏電や火災の原因になることもある。

そこで、冷蔵庫用のコンセントは、高い位置に取りつけられているというわけだ。

防犯カメラの画像がいまどき白黒なのは？

かつての防犯カメラは、カラー撮影すると、記録媒体の容量を大きく使うため、長時間の録画が難しかった。

近年は、技術が進歩し、カラーでも長時間録画できる機種が増えている。

むろん、カラーのほうが服の色がわかるなど、防犯上、有益な情報を得られるため、今後はカラー化が進むことになるはず。

高級ホテルの寝具に白が選ばれるのは?

高級ホテルの寝具やリネン類(シーツ、タオルなど)に、白いものが使われているのは、汚れが一目でわかるようにするため。

一方、値段の安いホテルで、色物の寝具などが使われていることがあるのは、汚れを目立ちにくくするためだ。

旅館の座いすの座面に穴が開いているのは?

旅館の和室には、木製の座いすが置かれ、その床と接する面には、丸い穴があいていることが多い。

これは、座いすの上に置いた座布団が滑りにくくするため。座面に穴をあけておくと、座布団と畳が直接に触れるため、滑りにくくなるのだ。

無料のコインロッカーでも、硬貨を入れるのは?

美術館や博物館などには、無料のコインロッカーが置かれているもの。それらのロッカーも、無料とはいえ、いったんは100円玉を入れ、荷物を出すときにその100円が戻ってくるという仕組みになっている。

あとで返してくれるのに、いったんは100円玉を入れるのは、カギの持ち去りを防ぐため。また、一人でいくつものロッカーを使うのを防ぐ効果もあるという。

ボタンダウンシャツは、なぜ襟をボタンで止める?

世界で初めてボタンダウンシャツを売り出したのは、アメリカの「ブルックス・ブラザーズ」。100年以上前のことで、創業者の孫がポロ競技のユニフォームに着目したことがきっかけだった。

ポロ競技の選手たちが着るユニ

フォームは「ポロシャツ」と呼ばれ、当時は襟が風になびかないように、襟がボタンでシャツにとめてあった。１８９６年、同社はそれをヒントに「ボタンダウン　ポロカラーシャツ」というニューデザインのシャツを発売、それが大ヒット商品となった。

ただし、現在のポロ用のシャツはボタンダウンにはなっていない。襟の部分が硬く織られるようになって、風になびかなくなり、ボタンが不用になったからだ。

紙の規格「B判」は日本独自のものって本当？

日本の紙の規格には、「A判」と「B判」の二つがある。そのうち、「A判」は国際サイズであり、「B判」は日本独自の規格だ。

A判はもとはドイツの工業規格であり、それが国際規格となったもの。

一方、日本では江戸時代に公用紙の大きさを決めていて「美濃判」と呼ばれていた。それが明治以降も残り、「B判」と名を変えて、今もよく使われているのだ。

母の日はカーネーションだが、父の日に送る花は？

5月の第2日曜日の「母の日」には、母親にカーネーションを贈る習慣がある。

では、6月の第3日曜の父の日には、どんな花を贈ればいいのだろうか？

バラである。そもそも、父の日は１９０９年（明治42）、ソノラ・スマート・ドッドという女性が、教会の牧師に頼んで、父のために礼拝してもらったことがルーツとされる。

それ以前、母の日はすでに制定されていたので、彼女は「母の日があるなら、父の日もあっていい」と、父親の誕生月だった6月に、教会で亡き父に感謝の気持ちを捧げたという。

そして、ある年の6月19日、父の日の祝典が開かれた際、墓前に供えられたのがバラの花だったことから、父の日にはバラを贈る習慣が生まれた。

その後、１９６６年になって、アメリカで、正式に6月の第３日曜が父の日と定められた。

飛行機が白く塗装されていることが多いのは？

旅客機が基本的に白く塗られるのは、もともとは機内の温度上昇を防ぐためだった。

昔の旅客機はエアコンの性能がよくなかったため、夏場、機内に乗り込むと、暑苦しく感じることがあった。

そこで、機内温度をなるべく上げないため、太陽光線を反射する白色に塗装されることになったのだ。

現在は、エアコンの性能が上がっているので、機体を白色に塗装する必要はなくなり、ＬＣＣ（格安航空会社）を中心にカラフルな塗装を施した機体が増えている。

外国のドアは内側に、日本のドアは外側に開くのは？

外国のドアが内側に開くのは、中にいる者を守るためといわれる。暴漢が押し入ろうとしても、内開きなら、バタンとドアを閉めやすい。一方、日本式の外側に開くタイプだと、外から力づくでドアの把手を引っ張られると、侵入される危険性が大きくなる。

また、プライバシーを守るためにも、外国式が適している。たとえば、トイレのドアに鍵をかけ忘れて用を足していて、不意にドアを開けられたとする。そのとき、外国式の内開きなら、ドアを押しかえして閉めることができるが、日本式では、ドアの把手に手が届かないので、閉めることはできない。

また、日本の住居の場合、玄関の床が少しドア側に傾斜しているため、内開きにすると、ドアが途中で引っかかってしまうのだ。床に傾斜をつけてあるのは、玄関に水をまいたとき、水はけをよくするための日本ならではの知恵だ。

トイレットペーパーの幅はなぜ114ミリ？

トイレットペーパーの幅は、ＪＩＳ規格によって１１４ミリと決められている。なぜ１１４ミリかというと、この幅はアメリカの基準サイズにならったもの。アメリカでは、トイレットペーパーの幅は４・５インチと決まっていて、これをメートル法に換算すると114ミリになるのだ。

アメリカと同じサイズにした理由は、戦後、日本でトイレットペーパーをつくりはじめた時代、日本にはその製造技術がなく、機械自体をアメリカから輸入していた。そのためアメリカ人が使うものと同じサイズになったのである。

雨で中止になった花火大会で、残った花火はどうなる？

花火大会は、雨が降れば中止になる。すると、使われなかった花火は、その後どうなるのだろうか？

次の花火大会で打ち上げるわけではなく、残った花火は基本的に解体され、処分される。そもそも、打ち上げ花火は、花火玉を鉄製の筒に入れて打ち上げるが、花火玉を入れる筒には覆いがなく、雨が降ると濡れてしまう。湿気てしまうと、上空で開かず落下したり、暴発する危険があるため、二度と使えなくなってしまうのだ。

時間が経つと、レシートの文字が消えてしまうのは？

家計簿をつけるときに、レシートの文字が消えていて、困ることがある。時間がたつと文字が消えるのは、レシート用紙の特性によるものだ。

レシート用紙に多用されている感熱紙は、紙の表面に色素を含んでいる。その色素が加熱されると黒く変化し、数字などの文字が現れるのだ。

感熱紙タイプがレジで多用されているのは、インク代がかからず、普通紙よりも安上がりに印刷できるから。ただ、感熱紙は光や熱に弱く、文字が薄れやすいという弱点があるのだ。

整形手術した人は、パスポートの写真を替えている？

整形手術を受けたときは、パスポートの写真を貼り替える必要はあるのだろうか？

美容整形で顔がどんなに変化しても、法的には写真を貼り替える義務はない。ただ、出国審査のさい、職員によって止められるケースはありうる。

そのため、整形手術で顔が大きく変わったときには、パスポートを申請し直したほうが、イミグレーションや税関で、いろいろなことがスムーズに進むはずである。

紙コップ式の自販機はいろんな味が混じらないのか？

映画館や劇場などでよく見かける紙コップ式の自動販売機。ジュースにコーヒー、コーラのどれを買っても、同じところから紙コップが出て、同じ注ぎ口から飲み物が注がれる。

前の人がコーヒーを買ったあとでオレンジジュースを買うと、味が混ざってしまうではないかという心配は無用。コーヒーの場合、最後に注がれるお湯や水でパイプを洗うような仕組みになっているのだ。

では、コーラの場合はどうか？ 実は、これも大丈夫なのだという。

まずコーラの原液が出て、次に炭酸水、最後に水が出る。あの自動販売機のタンクには、コーラがそのまま入っているわけではないのである。

冷蔵庫の野菜室が“大きなタッパー”といわれる理由は？

野菜は鮮度が命。そこで、冷蔵庫の野菜室には、さまざまな工夫が施されているが、メーカー各社がもっとも力を入れているのは「乾燥対策」だ。

野菜の多くは重量の90パーセント程度が水分であり、水分量が5パーセントも減ると、しおれてしまい、ツヤもなくなっていく。

そこで、冷蔵庫の野菜室は、野菜から放出される水分が外に逃げないように、密封構造にされている。いわば、野菜室全体が「大きなタッパー」のような仕組みになっているのだ。

また、野菜は水分をたえず放出しているので、そのままでは湿度が上がって、野菜がムレてしまうので、野菜室に余分な水蒸気を放出する装置がついている冷蔵庫もある。

野菜室に関する工夫でもう一つ重要なのは、「ガス対策」である。野菜からはエチレンガスなど、さまざまなガスが発生し、そのガスが野菜の劣化を早める。そのため、最近は、それらのガスを分解したり、ガスの発生を抑制するシステムを搭載した冷蔵庫も開発されている。

それでも、過信は禁物。野菜は1週間も放っておくと、やはり傷んでくる。本当に新鮮な野菜が食べたければ、冷蔵庫に入れる前に食べてしまうのがいちばんだ。

エアコンの「冷房」と「ドライ」はどこがどう違う？

「冷房」と「ドライ」の違いがよくわからないという人は少なくないようだ。

まず、冷房は室温を下げ、ドライは湿度を下げる機能というのが基本。そのうえで、最近のエアコンのドライ運転は、「弱冷房」と「再熱除湿」の2種類に分かれている。このうち、「弱冷房」は、普通の冷房と同じ運転法で、空気を冷やして、室内の湿気を外に出す。つまり、湿度も下がるが、室温も下がっていく。

一方の「再熱除湿」は、弱冷房で冷えた空気をもう一度暖め、室内へ送り返している。この方法だと、室温をほとんど変えずに、湿気だけを取り除くことができる。

電子レンジは「冷めるのが早い」ってどこまで本当？

肉まんを、蒸し器で10分間蒸した場合と、電子レンジで50秒間（肉まんにラップをかける）加熱した場合では、できあがりの温度はほぼ同じなのに、そのまま放置しておくと、電子レンジで加熱した肉まんのほうが、早く冷めてしまう。

これには、電子レンジ特有の加熱法が関係している。電子レンジのスイッチをオンにすると、マイクロ波が食品中の水分子を振動させて動きまわらせる。

その摩擦熱によって温度があがり、食品が温められるわけだが、マイクロ波のエネルギーで活発になった水分子の一部は、食品から外へ飛び出してしまい、そのときに、熱を奪い去っていくのだ。

もっとも、冷める前に食べれば問題はないし、最近では、電子レンジでいろいろな調理が可能な器具が登場して、パサつきがちだった肉まんも、レンジでふっくら蒸すことができるようになっている。

ボトルを凍らせ、「固体」にすれば機内に持ち込める？

旅客機に「液体」を手荷物として持ち込むことに規制が加わり、空港でペットボトル飲料が没収されるケースが増えた。なかには、ペットボトル飲料を凍らせて「固体」として持ち込もうとする人もいるというが、溶ければ液体になるものは認められないので、これも没収の対象となる。

違法駐車のクルマにぶつけても弁償の必要はあるの？

駐車禁止の場所に違法駐車しているクルマに、うっかりぶつけてしまったら、その責任はどうなるのだろうか？

駐車禁止の場所に停めているから、そんな事故が起きるわけで、ぶつけた側には責任はなく、弁償する義務はないようにも思える。ところが、法的には、そうした解釈は成立せず、ぶつけて損傷を与えれば、賠償責任が生じる。

もっとも、駐車違反側にも、責任がないわけではない。そこで、ぶつけた側の過失は相殺され、全額負担にはならないことが多い。相手の過失の度合いによって、5割負担になったり、7割負担になったりする。

和食器はなぜ5枚1組なの？

和食器はどうして5枚で1組なのだろうか？

さまざまな説があるが、そのなかで日本神話に由来するという説がある。

『古事記』によると、アマテラスとスサノヲの姉弟は、高天原《たかあまのはら》の川をはさんで向かい合い、アマテラスは、スサノヲが持っていた剣をとって三段に折った。

そこから、アマテラスは、三人の美しい女神を出現させる。一方、スサノヲは、アマテラスの髪飾りを使って五人の美しい男神を出現させた。

ここでいう五人の男神は、「天の稲穂」や「太陽」などを象徴しており、和食器が5枚1組なのは、この男神たちにちなむという説があるのだ。

洋食器はなぜ６枚１組なの？

一方、洋食器が６枚１組なのは、西洋の「聖数」に由来するという。

「６」という数字は、東西南北の四方向と、天頂（上）と天底（下）という二方向を加えた数として尊ばれてきた。また、西洋では、昔は12進法が中心。「６」というのは半ダースにあたる便利さもあったのだろう。

手の代わりのはずなのにフォークの歯はなぜ４本？

現在のフォークが手の代わりというなら、フォークには歯が５本あってもいいはず。しかし、４本しかないのは、どうしてなのだろうか。

この疑問を解くには、まず、フォークが手の代わりという考えを捨てる必要がある。フォークのルーツは、キリのような１本歯の調理器具。古代ギリシア時代、鍋の中の肉を突き刺し、引き上げるために使っていた。

やがて、肉を切り分けるときにも使われるようになり、肉を固定するのに便利だからと１本歯が２本歯に増えた。

さらに、２本歯のフォークは食卓でも使われるようになった。ところが、このとき新たな問題が生じたのである。たしかに肉を突き刺しやすいのだが、同時にはずれやすくもあった。この欠点を補うため、18世紀のドイツではずれにくい４本歯のフォークが生まれた。それが現在まで使われているのである。

４本歯のディナー・フォークが、イギリスで普及したのは19世紀。七つの海を制したイギリスを通して、世界中に広がることになる。

なぜモノレールは普通の電車よりも車内冷房温度が低い？

真夏になると、電車の冷房温度は通常、25～27度程度に設定されている。

しかし、ひときわ車内冷房温度が低い車両もある。それはモノレールで、23～24度と、ずいぶん低めに設定されているのだ。

その理由のひとつは、モノレールでは、普通の鉄道よりも各駅の間が短いためである。

そのぶん、ドアの開閉が多くなり、車内の冷気が外に逃げやすい。車内がなかなか冷えないため、冷房温度を最初から低めに設定してあるのだ。

また、モノレールが単線の場合、行き違う電車を駅で停車して待つことになる。その間、冷気が外に漏れ、外の暑い空気が流れ込んでくる。それをカバーする意味もある。

ほかに、モノレールはガラス窓が大きいという理由もある。車内に直射日光が入りやすく、車内温度が上昇しやすい。それを抑えるために、車内冷房温度を低く設定しているのだ。

しゃぶしゃぶ用の鍋にはなぜ丸い穴があいている？

しゃぶしゃぶの鍋の形は少し変わっている。

真ん中に煙突のような突起があって、丸い穴があいているのである。家庭でしゃぶしゃぶをするときには、普通の鍋でもちっとも困らない。なぜ、専門店ではわざわざ真ん中に穴のあいた独特の鍋を使うのだろうか。

真ん中に穴のあいた鍋は、中国から伝わったもの。中国へ行ったことのある人は、街中で「火鍋」という文字を見た人もいるだろう。火鍋とは中国の鍋料理のことだが、その専門店ではたいてい真ん中に穴のあいた鍋を使っている。

昔、中国では、鍋料理の燃料として炭を使っていた。鍋の真ん中の穴に、火のついた炭を入れて鍋全体を温めていたのである。また、鍋がドーナツ状になっていると、表面積が少ない分、水分の蒸発が少なくなる。そのため、温度が下がりにくいうえに一定に保つことができたのである。

その後、燃料はガスや電気に代わったが、鍋だけは生き残ってきた。普通の鍋は、鍋底が広いため、火のまわりが一定になりにくいうえ、水分が蒸発しやすい。穴あき鍋のほうが、ガス時代においても都合がいいのである。

この便利な鍋が日本にも伝わり、しゃぶしゃぶ用の鍋として定着したというわけだ。

銭湯の建物はなぜお寺のような形をしている？

最近の銭湯には、マンションの1階におさまっているものもある。

しかし、〝老舗〟と感じさせる銭湯には、屋根などがお寺風の造りになっている建物が多い。

とくに、東京周辺にそういう建物が目立つのには、関東大震災が関係している。

大正12年に起きた関東大震災では、東京じゅうの銭湯が甚大な被害を受けた。崩壊した銭湯の多くはその後再建されたが、当時大活躍したのが津村亨石という大工さん。宮大工の技術を持つ彼が、地震でも壊れない立派な建物をと考えて、お寺のような銭湯を次々と建てたのである。

正面から見ると左右対称に大きなカーブを描く屋根は、「唐破《からは》風《ふ》」と呼ばれる様式。玄関の上の板壁などには鶴や松などの縁起物が彫られ、これも人気を集めた。立派な瓦屋根を持つお寺風建築の評判が口コミで伝わり、次々とお寺のような銭湯が増えていったのである。

韓国料理の食器がステンレス製なのは？

日本では、陶磁器の食器と木でできた箸を使うが、韓国では皿、丼、スプーンから箸に至るまで、ステンレス製の食器が使われている。なぜだろうか？

そもそも、韓国では昔から金属製の食器が使われ、庶民は真鍮製の食器、王族は銀製の食器を使ってきた。韓国で、金属の食器が使われるのは、古くから中国やモンゴルの侵略を受けてきたことや、戦争や内乱が多かったことが原因と考えられている。重くて割れやすい陶器よりも、金属製の食器のほうが運び出す際などに便利だったのである。

とりわけ、ステンレス製食器は、1950年6月25日に始まった朝鮮戦争がきっかけとなり、一気に普及した。

カレーを入れる銀の器が不思議な形になったのは？

レストランでカレーを頼むと、

カレーとご飯が別々の容器に盛られて出てくることがある。そのとき、カレーは不思議な形の容器に入ってくるはずだ。

カレーの本場インドでは、あのような形の容器に入れて出すことはなく、陶器に盛ったり、植物の葉に盛ったりする。それなのに、日本であのような形の容器に盛るのは、イギリスの影響とみられる。日本にカレーを伝えたのは、インド人ではなく、イギリス人なのだ。

あの形の容器は、西洋では「ソースポット」と呼ばれ、ソース入れとして使われている。イギリスにもソースポットをカレー入れに使う習慣はないのだが、日本ではカレーが伝わったとき、ソースポットがカレーを入れるのに向いていることに誰かが気づき、ソースポットをカレー用にも使う習慣が生まれたとみられる。

中国の箸の先はどうして丸い？

中華料理の高級店に行くと、先が丸い箸が出てくるもの。なぜ、中国の箸は先が丸いのだろうか？

箸が使われはじめたのは、約5000年前の中国。揚子江南部で手では食べにくいコメが作られるようになって、箸が発明されたと考えられている。

その先の丸い中国式の箸が、日本へは稲作とともに弥生時代に入ってきた。やがて、日本では先がとがった形になったのは、日本人が古代から魚を食べていたからだろう。先の丸い中国の箸では小骨などを取り除きにくいので、しだいに先端が細くなったとみられる。

一方、当時の中国では、あまり魚を食べなかったため、箸の先端を細くする必要がなかったのである。

自販機に野菜ジュースが少ないのは？

日本国内に設置された自動販売機の約半分は、飲料用。飲料用自販機の売上げ順位を見ると、「缶コーヒー」が売上げの半分以上を稼ぎ、2位「炭酸飲料（約20％）」、3位「お茶（約15％）」とつづく。

それに比べて、「野菜ジュー

ス」の売上げはごくわずかだ。自販機で野菜ジュースをほとんど見かけないのは、野菜ジュースが「指名買い」の商品だからという。

野菜ジュースは、愛好者によって、どの商品を買うかがだいたい決まっている。そのため、不特定多数を相手にする街の自販機には不向きな商品なのだ。

ただし、社内食堂の自販機など、買う人が決まっている場所に置かれた自販機には、野菜ジュースが並んでいることもある。

チーズ用ナイフが波型になっているのは？

チーズ用のナイフは刃先が波型になっているもの。波型をつけてあるのは、粘着性のあるチーズをうまく切るためである。

普通の包丁で、プロセスチーズなどを切ると、ナイフにくっついて、ひどく切りづらい。一方、刃先が波状のナイフを使うと、チーズと接する表面積が小さくなるので、粘着性のあるチーズも、くっつきにくくなる。また、接する面積が小さい分、摩擦力が弱くなり、簡単に切り分けられるというわけだ。

缶詰に円筒型が多いのは？

缶詰の缶には、円筒型、楕円型、角型がある。そのうち、少数派の楕円型は、イワシのように魚の身を丸ごと詰めるのに適している。また、角型缶はサンマのかば焼などに使われている。

そうした例外を除いて、缶詰の大半は円筒型だが、その理由は経済性が高いからである。まず、缶が円いと、製造ラインをころがせるため、生産効率がアップする。

また、同じ容量の中身を入れる場合、円筒型にすると、使用する金属などが最も少なくてすむのだ。

献血がいつも呼びかけられているのは？

献血がいつも呼びかけられているのは、もっぱら血小板製剤の有効期間がひじょうに短いため。有効なのは、採血後わずか4日間で、検査などに必要な時間をさしひくと、実質的に使えるのは3日間ほどなのだ。

そのため、日々献血を呼びかけて、確保しなければならないというわけ。

選挙で誰も立候補しなかったらどうなる？

もし万が一、選挙で誰も立候補しないという事態に陥ったら、どうなるだろうか？　過去においてそんな例はないのだが、日本の法律は、それに近い状態をちゃんと想定している。

衆議院議員や参議院の選挙区選出議員、それに地方公共団体の長の選挙の場合、公職選挙法一〇九条によると、「当選人がいないとき又は当選人がその選挙における議員の定数に達しないとき」には、再選挙が行われることになると、規定してある。

もし、再選挙をしても誰も立候補しなかったら？　法律からすると、延々再選挙の繰り返し、ということになる。

保釈金の額はどうやって決まる？

芸能人や政治家が事件を起こしてニュースになると、その次にマスコミが注目するのは「保釈金の額はいくらか？」という問題。

そこで気になってくるのが、保釈金の額を誰が算出しているのか、払ったお金はどこへ行くのかという点だが、本題に入る前に、まずは「保釈金」についてご説明しておこう。

保釈金とは、刑事事件で起訴され「被告人」の立場にある者が支払うもの。だが、被告人といっても、有罪が確定するまでは、無罪と推定されるという原則がある。

そこで、人権保護の立場から、被告人を釈放し、普通の生活を送りながら、裁判を受けさせようというのが、保釈金制度である。そのさい、海外逃亡や証拠隠滅をさせないために、裁判所に金を納めさせる。それが保釈金で、正式には「保釈保証金」という。

保釈金の額はどのように算出するかというと、これはケースバイケース。犯罪の性質や大小、年齢や職業（社会的地位）、被告人の経済状態を考慮して、個別に決められている。

払った保釈金は、その後どうな

るかというと、裁判所に納めたあと、日本銀行に保管され、判決が出た段階で、有罪無罪にかかわらず返却される。なお、どんなに長く預けておいても、利息はつかない。

自動ドアが人間以外には反応しない最新事情とは？

海外の観光客が来日して驚くことの一つに、「自動ドア」の多さがある。

世界広しといえども、各店舗の入り口からタクシーまで、これほど多数の自動ドアが設置されている国は珍しい。

その自動ドアの最近のセールスポイントは、人間以外には反応しないという点。たとえば、イヌやネコが近づいてもドアが開かないのは、人間以外のものでは作動しないようにセンサーに記憶させているからである。

そういえば、昔の自動ドアは、体重の軽い幼児が乗っても感知せず、ドアが開かないことがあった。一方、大型犬が乗ると、ドアが開いたりもした。

というのも昔の自動ドアは、ドア手前のゴムマットの下にスイッチが設置されていたからである。人間がゴムマットの上に乗ると、その体重を感知してドアが開くという仕組みだった。

その後、自動ドアには近赤外線センサーが導入された。ドアに人間が近づくと、センサーが感知してスイッチが入り、ドアが開くという仕組みである。

ところが、10年以上前のセンサーは検知エリアが狭く、ドアに接近しないと開かなかったり、床のマットと色の似ている服を着ている人には反応が鈍いなどの欠点があった。

現在のセンサーは、検知エリアがひろくなったうえ、性能も大幅にアップしているので、雪や雨、イヌ、鳥など、さまざまなもののパターンを記憶させ、人間が接近したとき以外には反応しないようにプログラミングされている。

銃に黒いものが多いのは？

15世紀前半、ヨーロッパで火縄銃が発明され、火縄銃の鉄の部分は黒サビが発生したため、しぜんに黒ずんだ。

そこから、銃は黒っぽいものというイメージが生じた。

その後、小型拳銃が誕生しても、黒を基調とした色に塗られてきたのは、銃という性質上、目立つことが嫌われるからだ。

千葉県の最高峰に登るのに、なぜ自衛隊の許可がいる？

千葉県の最高峰は、愛宕山。標高は408メートルで、都道府県別の最高峰の中では、最も低い山だ。

この山、山頂付近に航空自衛隊の峯岡山分屯基地が置かれているため、じつは入山規制がしかれている。

自衛隊に申請し、許されたとしても、登山の際には隊員が同行してくる。

愛宕山山頂近くには、首都圏防空のためのレーダーサイトが設置され、この低山は首都の空を守る要の山なのだ。

法律的にも日の丸は〝白地に赤〟？

「国旗及び国歌に関する法律」では、日の丸の色を「赤白」ではなく、「紅白」と定めている。「紅」は鮮やかな赤という意味だが、色見本まではついていない。

なお、この法律は第二条までしかなく、
第一条　国旗は、日章旗とする。２　日章旗の制式は、別記第一のとおりとする。

第二条　国歌は、君が代とする。２　君が代の歌詞及び楽曲は、別記第二のとおりとする。

日の丸を「紅白」と定めているのは、その別表だ。

滑走路のまわりに芝が植えられているのは？

滑走路のまわりに芝を植えると、砂ほこりが舞い上がりにくくなり、機体への悪影響が減るというメリットがある。

また、騒音を軽減することができる。加えて、万が一の事故の際には、クッションになるという期待もある。

ただし、飛行機が鳥と衝突するバード・ストライクにつながる鳥の巣を見落とすのを防ぐため、たえず芝を短く刈りこまなければならないという作業が発生することになる。

幼稚園児といえば、なぜ黄色い通学帽？

幼稚園児や小学生は、黄色い通学帽をかぶるものだが、その発祥の地は和歌山県。1961年頃、和歌山西署の警ら交通課長らが、子どもの交通事故を防ぐため、ドライバーによく見える色は何かという実験を行い、黄色であることがわかって、黄色の帽子を配りはじめた。

そのアイデアが全国に知られ、黄色帽、黄色のランドセルカバー、黄色のカッパなどの着用が広まった。

エンジン停止中でもエアバッグは開くか？

エアバッグは、クルマのフロント部分に衝撃があったとき、運転手や助手席に乗る人を守ってくれる安全装置のこと。

では、駐車中、暴走車がぶつかってきたときには、エアバッグはエンジン停止中でも作動するのだろうか？

答えは、大半のクルマの場合、エンジン停止中、エアバッグは作動しない。

エアバッグが作動するには、事故の衝撃を感知するセンサーやコンピューターが働いていることが必要になる。

したがって、ほとんどのクルマでは、エンジン停止中は電気がストップしているので、センサーなどが働かず、エアバッグシステムは作動しないのだ。

◆10秒で相手の心をつかむ雑談ネタ　世の中編

東京スカイツリーの非常階段の総段数は2523段。タワー中心の心柱《しんばしら》内に設けられていて、1階から第2展望台まで行くことができる。

もし、奈良の大仏が立ち上がったら、身長29メートルになる見込み。人間の20倍弱のスケールで、歩幅は12メートル程度。時速90キロくらいで歩けるはず。

カーネルおじさんの本名は、ハーランド・デーヴィッド・サンダース。「カーネル」は、彼に授けられた名誉称号で、軍隊の「大佐」という意味。

世界には、あなたと同じ誕生日の人が約2000万人いる。

「へのへのもへじ」のかわりに、「へめへめくこひ」と書くと、女性っぽい顔が書ける。「こ」が口で、「ひ」が顔の輪郭。

3月14日に入籍すると、円周率のように「ずっと続く」という説がある。

ジョンソン・エンド・ジョンソンを創業したのは、2人兄弟ではなく、3人兄弟。

もみあげとひげがつながっているひげのスタイルを、「リンカニック」という。むろん、アメリカ16代大統領リンカーンからの命名。

コペンハーゲンの人魚姫の像は、過去に何度も〝テロ〟にあっている。ブラジャーとパンツを描かれたり、真っ赤に塗られたり、腕を折られたり、頭を切られて盗まれたりするなど、物語以上の受難が続いている。

敬礼は、もとは鎧を着た騎士が、鉄兜の目の部分（目庇《まびさし》）を上げる動作から始まった。

王族などに拝謁する際、顔の一部を見せて挨拶したのだ。

ハワイでは、野生の小鳥や鳩などに餌を与えると、500ドルの罰金。
餌を与えると、一部の種類が増え、生態系の破壊につながりかねないため。
旅行者にも適用されるので、ハワイ滞在中はご用心。

エアギター選手権の国際認定ルールは、優勝賞品は本物のエレキギターと規定している。

「虫取りをする子どもは頭がよくなる」という説がある。
手、足、脳を使うことで脳が発達し、またさまざまに試行錯誤することで問題解決能力が向上するという。

最大収容人数「2人」の刑務所がある。
イギリスのサーク島にある刑務所は、石造りの納屋のような建物。
同島の人口は600人で、収監者がいることはごくマレ。

野口英世の母の名は、野口シカ。姉は、野口イヌで、戌年生まれ。当時、福島地方などでは、動物の名前をつけると、元気に育つと言い伝えられていた。

スティーブ・ジョブズは、生前、仏前結婚式を挙げていた。執り行ったのは、曹洞宗の日本人僧侶の乙川弘文さん。

一言に「大使」といっても、多数の種類がある。大使館でいちばんエラい特命全権大使のほか、特派大使、特命大使、臨時代理大使、名称大使などがある。

ドナルド・トランプとチェ・ゲバラは、誕生日が同じ（6月14日）。アメリカ大統領は１９４６年生まれで、革命家は１９２８年生まれ。

コメダ珈琲店を展開するコメダの創業者は、米田氏ではなく、加藤太郎氏。

家業が米穀店で、その太郎であることから、米太↓コメダとなった。

設定によると、くまモンの職業は「公務員」で、肩書は「熊本県営業部長」兼「熊本県しあわせ部長」だそう。

あさま山荘の正式名称は、「河合楽器健康保険組合軽井沢保養所浅間山荘」。略すなら「浅間山荘」のはずだが、事件当時から警察・マスコミは「あさま山荘」と書いてきた。警察白書でも「あさま山荘」を用いている。

砂漠の国には、サウジアラビアやドバイをはじめ、砂を輸入している国が少なくない。砂漠の砂は粒子が細かすぎ、コンクリートや埋め立てに使えないから。

南極の昭和基地では、仲間内で酒を飲むときでも、お酌は禁止。お酌し合うと、適量を越えて飲み、翌日の仕事に支障が出たり、事故につながりかねないため。

いまどきの小学生は、ＨＢの鉛筆を使わない。２Ｂが主流。筋力の低下で筆圧が落ち、ＨＢでは適切な濃さに書けない子どもが増えている。

いま、自衛隊員が敵前逃亡すると、自衛隊法第１２２条等の規定により、7年以下の懲役または禁固の罪。

選挙の無効票には、係員の投票用紙の配付ミスによるものが含まれている。二つ以上の選挙が同時に行われるとき、係員が間違った投票用紙を渡してしまい、開票時、「用紙違い無効票」とされるケースなどだ。

楽天の電子マネー、Ｅｄｙは「ユーロ」「ドル」「円」の頭文字の組み合わせ。それらに次ぐ、第４の基軸通貨になってほしいという願いを込めて、名づけられた。

郵便物が1日50通以上届く事業所は、個別の郵便番号をもらえる。現実に、３万３０００もの個別番号が使われている。ただし、個別番号をもらえるのは

事業所に限られ、郵便物がいくら多くても、個人はもらえない。

行列に割り込むと、軽犯罪法に抵触する。同法第1条13項には、「待っている公衆の列に割り込み、若しくはその列を乱した者」とある。

エッフェル塔を設計したエッフェルは、ガーターベルトの原型も考案した。橋梁《きょうりょう》を組み立てる構造を応用して、ベルトから垂らした布とクリップで、靴下をとめる構造を考え出したのだった。

日本は長年、武器を輸出していなかったが、猟銃や競技用の銃（散弾銃やライフル）は、以前から輸出していた。

中国のトップ、習近平の弟の名は、習遠平。兄とは3つ違いで、省エネ環境保護関連の協会会長などをつとめている。

日本の造幣局は、外国のコインもつくっている。バングラデシュの2タカ貨幣（5億枚）のほか、ニュージーランド、スリランカ、ブルネイの記念貨幣など。

自転車の制限速度は、道路標識にある自動車用の制限速度と同じ。

総務省行政管理局の法令データによれば、わが国の法律の数は1961本（平成28年）。法令（法律＋政令・省令）は、8284本。

アメリカ大統領らのシークレットサービスがサングラスをかけているのは、カメラのフラッシュから、目を守るため。顔を隠すという目的は、二次的なもの。

2

雑 学

Interesting conversation starters!

ロープウェーのロープはどうやって運ばれたのか？

ロープウェーのロープは、登山隊がロープをもって山に入り、頂上まで運んでいったものだ。あの雄大な眺めも、人力による作業から得られたものなのである。

といっても、登山隊は、あの太い金属製のロープをかついで山に入るわけではない。

たとえば、1958年に完成し、日本最長の長さを誇る箱根ロープウェーの場合、登山隊はまず、1本の細いマニラ麻のロープをもって山へ入った。

軽くて丈夫なマニラ麻を、あらかじめ立てておいた滑車にかけながら頂上まで登る。折り返し点の停留所でUターンして戻ると、1本のマニラ麻が張られたことになる。

次に、このマニラ麻のロープに、少し太めのロープをつないで、動力で巻き上げる。さらに、この少し太めのロープに、本線となるべき太いロープをつないで同じことを繰り返し、実際に使用する金属製の太いロープを渡したのである。

ロープウェーのほか、多くのスキーリフトのロープも、最初は人間の手で山上まで運ばれている。

最近の超高層ビルがデコボコしているのは？

現在、日本でいちばん高いビルは、大阪の「あべのハルカス」。高さ300メートル、2014年の完成以来、日本一の座を維持している。

将来、これを抜くと目されているのが、目下、三菱地所が東京駅前に建設を予定しているビル。高さ390メートルで、完成予定は2027年とされている。

その新ビルの形状はまだ発表されていないが、近年の超高層ビルの特徴は、形がデコボコしていること。かつて、超高層ビルといえば、霞が関ビル、サンシャイン60のような直方体で、上から下まで同じ幅の建物がまっすぐ立っているものだった。ところが、今は、あべのハルカス、渋谷ヒカリエをはじめ、複雑な形をした建物が増えている。

これは、超高層ビルの機能の複

合化を反映しているといえる。近年の超高層ビルは、ひとつのビルの中に、オフィスのほか、商業施設、ホテル、劇場、映画館、美術館などが同居しているケースが多い。

たとえば、あべのハルカスは、低階には近鉄百貨店、中層階にはオフィス、上階にはホテル、最上階近くには展望台やレストランが入っている。それら多様な機能をもつことを示すには、デコボコした形のほうがわかりやすいというわけだ。

これは世界的な傾向といえ、世界1位のブルジュ・ハリファ（ドバイ・828メートル）、2位の上海中心（632メートル、上海）も、直方体ではなく、デザイン重視の形をしている。

渓流下りの船はどうやって上流まで戻してる？

スピードとスリルが味わえる渓流下りは、春や秋の行楽レジャーにピッタリ。

ところでこの渓流下り、乗っているほうは楽しいが、大変なのは船頭さんたち。渓流を下るのは慣れたものでも、上流へ戻るのは、どうしているのだろうか？

昔は、岸からロープで船を引っ張って、数十人がかりで上流まで戻していたという。

しかし、現在ではそんな面倒なことはしない。もっと簡単に運べる方法があるからだ。といえば想像がつくと思うが、全国のほとんどの渓流下りでトラックが使われている。渓流下りの船は意外に小さい。大型のトラックなら、楽々運べてしまうのだ。

浦島太郎に出てくるカメは、オスかメスか？

ある日、浦島太郎は子供たちにいじめられていたカメを助け、そのカメの甲羅に乗せられて、海の底の龍宮へと連れていかれる。

そこで、夢のような素晴らしい日々を過ごした後、別れの日に乙姫様から「けっして開けてはいけません」とさとされながら、玉手箱をもらう。

しかし、故郷へ帰った浦島太郎は、約束をやぶって玉手箱をあけてしまう。すると、白い煙がたちのぼり、浦島太郎はたちまち白髪の老人に……という話だ。

このおとぎ話で、カメは現世と異郷を結ぶ使者としての重要な役割をになっているわけだが、その性別にはなんらふれられていない。

カメの生態から、その答えを推理してみよう。

まず、海に棲むカメなのだから、あきらかにウミガメだ。

ウミガメのメスは、産卵期になると砂浜に上がり、砂の中にタマゴを産みつける。タマゴからかえったカメはすぐさま、本能的に波打ちぎわへとヨチヨチ歩きだし、海へ入る。そして、泳ぎ去り、海で暮らしはじめる。

このあとメスのウミガメは、成長して産卵期をむかえると、ふたたび浜に上がるわけだが、その一方、オスのウミガメは二度と陸地へ上がることはない。生涯を海の中で暮らす。

さて、浦島太郎に登場するカメは、ヨチヨチ歩きの生まれたてではない。大人のカメだ。つまりオスではありえない。メスのウミガメで、産卵のために浜に上がっていたところを子供たちに見つかって、いじめられていたと推定してよさそうである。

ミッキーマウスは、なぜ白手袋をしているの？

ウォルト・ディズニーによって生み出されたミッキーマウスは、いつも白手袋をしている。

1928年、ミッキーマウスが誕生したときには、黒い素手のままだったが、その後、白手袋をするようになった。それが、なぜなのか。いまとなっては謎である。

ただ、ディズニーの研究家たちは、あの白手袋は、ミッキーマウスが〝人格〟をもつキャラクターであることを示すシンボルとみている。また、白という色には、清潔という意味合いと、文明の象徴という意味が込められていると、解釈している人もいる。

ちなみに、ディズニーのキャラクターには、ほかにもグーフィーやクララベル・ガウなど、白手袋をはめたキャラクターが少なくない。

全世界の人が声を合わせて叫べば、月まで届く？

1人より2人、2人より3人で

声を合わせたほうが、遠くまで届く。

すると、地球上に住む75億人余り（2019年の推計値）が声を合わせれば、月まで届くのだろうか？

たとえば、75億人をひとつの大陸に集める。そして、全員で声を合わせ、月に向かって、「ワーッ」と叫んだとしたら、その「ワーッ」の響きは、月まで届くのだろうか。

月には、宇宙飛行士に行ってもらい、高性能のマイクをセットしておく。

自分の耳で聞こえなくても、高性能のマイクがキャッチすることができれば、声が届いたことにしてもいい。

ところが、そんな実験をしなくても、月まで声が届くはずはないことはわかりきっている。もし、地球の人口が100億人を超えてから挑戦しても、その声は届かない。たとえ、1兆人でやってもダメだ。

なぜなら、地球と月の間には「空気」が存在しないからである。

まだわかっていない方のために説明すると、音は気体や液体、固体など、なんらかの物質の中を伝わっていく。

ふだん、人の声が聞こえるのも、空気が振動して声を伝えているからである。

ところが、宇宙は真空の空間。声の伝わりようがない。

たとえ何十億人集めたとしても、月にどれほど高性能のマイクをセットしたとしても、月に声は伝わらない。

大学ノートの「大学」って、何大学のこと？

大学ノートはなぜその名で呼ばれるようになったのだろうか。

日本で最初に大学ノートが売り出されたのは、1884（明治17）年のこと。東京・本郷の後の東京帝国大学（現在の東京大学）近くの文房具屋が売り出した、といわれる。

要するに、この「大学」とは東京帝国大学のことと考えてよさそうだ。発売のきっかけは、一説には、洋行帰りの大学教授がその文房具屋にノートの発売をすすめたとも伝えられる。

また、別の説もあり、そのノートが東京帝国大学の学生によく使われたので、「大学ノート」と呼ばれるようになったともいわれる。いずれにせよ、この「大学」が東大を指すことは間違いないようである。

　ちなみに、小学生専用のノートは、明治40年頃、大阪で売り出されたのが最初だという。

カスが出ない最近のスクラッチくじは、どんな仕組み？

「スクラッチ」は、硬貨などでゴシゴシこすると、中から「当たり」や「はずれ」などの文字が出てきて景品が当たるくじのこと。スクラッチ（scratch）は「ひっかく」という意味で、この種のクジは英語圏ではscratch cardと呼ばれている。

　そのスクラッチの作り方は、意外に単純で、まず用紙に「当たり」や「はずれ」などと印刷した上に、アルミを含むインクを付着させて、カバーをかけてある。そのインクは落ちやすいので、硬貨や爪などでごしごしすると、その部分だけが落ちて、中から印刷された文字が現れるという仕組みだ。

　カバー部分を落とすとき、これまでのスクラッチでは、削りカスが出たが、最近はごしごしこすっても、削りカスが出ないタイプが登場している。なぜ、削りカスが出ないのだろうか？

　そのタイプは、さらに特殊なインクで印刷されている。コインなどに含まれる金属と反応して発色するインクが使われているのだ。

そのため、ニュータイプのスクラッチには、「10円玉でこすってください」と書かれていることが多い。これは、発色させるために、金属反応を必要とするため。爪など、金属以外のものでひっかいても、発色しないのだ

もし宇宙人からのメッセージを受け取ったら？

国際天文学連合は、次のようにガイドラインを定めている。

　宇宙からのメッセージの「発見者は信頼しうる証拠と判明するまでは公開してはならず、関連する国家の機関に通報する」――つまり、個人は、勝手に公表したり、宇宙人に返信したりせずに、まずは各国の天文機関に連絡せよ、ということ。

日本の場合は、国立天文台に連絡することになっている。

お巡りさんの自転車の白い箱には何が入ってる？

交番のお巡りさんがパトロールのときに乗る自転車の荷台の「白い箱」には、いったい何が入っているのだろうか？

あの箱には、付近の住民の名簿や、駐車違反用のステッカーなどが入っていることがある。また、雨が降りそうなときは、雨ガッパを入れることもあるが、何も入っていないこともあるという。

また、あの箱が普通の箱と違うのは、ふたの裏側が磁石になっていること。これは、赤色回転灯をのせるためである。事件が起きると、白い箱の上で赤色回転灯を光らせながら、現場へ駆けつけるというわけだ。

しかし、そんなふうにして、自転車で現場へ急行するお巡りさんを見たことのある人はいるだろうか。お巡りさんも恥ずかしくて、この方法はあまり使わないのかもしれない。

国賓の旅費は日本持ち？向こう持ち？

海外から要人を招いたときの交通費や宿泊費は、どちらの国が負担するのだろうか？

まずは、賓客にも種類があることを紹介しておこう。要人の来日には「公式訪問」と「非公式訪問」の2つがあるが、賓客の待遇を受けるのは公式訪問だけ。つまり、どんな〝エライ人〟でも、お忍びで日本にやってきたときには、非公式の訪問となり「国賓」や「公賓」とは呼ばれない。

また、国が招く要人には、「国賓」「公賓」「公式実務訪問賓客」「実務訪問賓客」「外務省賓客」などがあり、ランクごとに待遇が定められている。最高ランクは、むろん「国賓」で、これは国王や大統領など、国家元首に当たる人が正式に来日したとき。

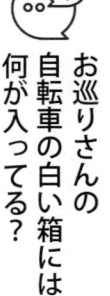

「公賓」は、首相や国王以外の王族などだが、国賓や公賓を日本に招待するときの経費は、旅費は相手国持ち、滞在費は日本持ちが基本となる。

いずれにせよ、海外からのVIPが日本国内をめぐるとあれば、行く先々で莫大なカネと人が動く。「ま、今回はうちが持ちますよ」「そうですかァ。じゃあお言葉に甘えて…」といった場当たりの対応ですませられる話ではない。当然のことながら、あらかじめ予算を組み、その範囲内でおもてなしをするのである。

園遊会の献立はどうなっている？

毎年、春と秋の2回、天皇・皇后両陛下の主催で開催される「園遊会」。東京・赤坂御苑に２０００人程度の人が招待され、会場には食べ物や飲み物がズラリと並べられる。

料理は、オードブル、サンドウイッチ、のりまき、ジンギスカン、焼き鳥などのほか、洋菓子やフルーツカクテルなどのデザート類も並ぶ。ドリンク類は、日本酒、ウイスキー、瓶ビール、お茶やジュースなどが用意される。

その素材は、たとえば、ジンギスカンや焼き鳥に使用されるのは、栃木県にある宮内庁直轄の御料牧場で育てられた羊と鶏。ソーセージやチーズも、御料牧場の生産品だ。

調理は、ふだんは皇族の方々の食事を用意している宮内庁大膳課の職員たちが中心になって担当している。

エレベーターで逃げる犯人に階段で追いつける？

刑事ドラマのクライマックスといえば、やはり犯人逮捕のシーンだろう。

必死で逃げる犯人がエレベーターに飛び込む。それを追う刑事がドアに手をかけようとすると、無情にも閉まってしまう。

で、刑事は階段を駆け下りる。そして結末は、すんでのところで入口から逃げようとする犯人を取り押さえて、みごと事件解決！

ところで、階段を走ってエレベーターと追いかけっこをして、本当に勝てるものだろうか？

おおむね、低いビルでは刑事の勝ち、高層ビルでは犯人の勝ちといっていい。具体的には、まず4〜5階建てのビルでは、まず刑事が勝つはずである。

こういうビルでは、エレベータ

ーの速さは分速で30~40メートルくらいだ。これなら、階段を駆け降りて追いかけて、犯人を十分に捕まえることができる。

6~12階建てになると、エレベーターの分速は60~90メートルにアップするが、時速にして3・605・4キロだから、まだ射程距離内だ。

しかし、それ以上の高さのビルには、分速150メートルクラスの高速機種が設置されている。こうなると、まず追いつくのは不可能だ。

さらに25階以上のビルでは分速210~240メートル、超高層ビルでは分速360メートルの超高速機種が設置されている。

これでは、刑事の足がどれほど速くても、犯人を取り逃がしてしまうことになるだろう。

スーパーを舞台にしたドラマをまず見かけないのは？

デパートにせよコンビニにせよ、小売店を舞台にしたドラマはセット作りが大変だが、とりわけスーパーの場合は撮影のたびに、生鮮食品を用意しておかなければならない。

そのコストを考えると、プロデューサーは、スーパーを舞台にするドラマ制作に二の足を踏むことになるのだ。

神社の木に結ばれたおみくじはその後どうなるか？

大きな神社では、初詣《はつもうで》の時期、境内《けいだい》にある木の枝が、結びつけられたおみくじで真っ白になってしまう。

その昔は、悪いくじが出たときにかぎり、「凶」を神社内にとどめて、「吉」に転じるようにと願いをこめて、枝に結んで帰るものだった。しかし最近では、「吉」も「凶」も関係なく、枝に結んでいく人が増えている。

ところで結んだおみくじがどうなるかだが、大きな神社では、神主が御祓《おはら》いをして一度に焼いている。正月に限らず、木の枝がいっぱいになった時点で焼くという。

一方、参拝客の少ない小さな神社では、いつまでたっても枝がおみくじでいっぱいになることはない。神主さんも、枝にチョウチョがとまっている、くらいにしか思わないようで、そのまま放っておくのが普通のようだ。

おみくじの吉や凶はいつからいつまで有効？

おみくじには、〝正しい引き方〟がある。

どんなことを神様にお伺いするか、何を願うかを心に決めて、お祈りしながら引くことが、正しい引き方の第一歩。そして、おみくじに書かれた言葉から教訓やアドバイスを読みとり、それらを実行してこそ、おみくじの意味があるのだという。

だからたとえ「凶」が出ても、それは神様の戒めなので、「運が悪い」とむやみに落ち込む必要はなく、「気をつけなさい」「がんばりなさい」という、神様の励ましと受け取るべきだという。

さて、おみくじの有効期限だが、〝正しい引き方〟を知れば、おのずと結論は見えてくるだろう。

自分が願ったことの期限、つまり合格祈願の受験生なら試験が終わるまで、安産祈願の妊婦なら出産までと、祈願した内容でおみくじの有効期限は違ってくるわけだ。

警察用自転車の前輪部にある「筒」の正体は？

警官がパトロール用に使う自転車の前輪部に、筒のようなものが取りつけられていることに、お気づきだろうか？　以前は、白い筒が1本だけついていたが、近ごろは透明の筒を2本備えていることもある。

それは、警棒と誘導棒の2本の棒を納める筒。近ごろ、それらの筒が透明になったのは、夜、誘導棒を赤く光らせたまま走り、ライト代わりにするため。ただの筒ながら、さまざまに警察業務を支えているのだ。

ホテルのベッドに、帯状のカバーがかかっているのは？

ホテルのベッドには、足元のほうに、40～50センチ幅の帯状のカバーがかかっているもの。それはベッドメイキング法のひとつ「デュベスタイル」で使われる「フットスロー」と呼ばれるカバーだ。

外国人は、部屋に入っても靴を脱がないため、土足でベッドに寝ころがることがある。その際、土足をフットスローの上に置けば、シーツが汚れることはないというわけ。

聞いたはずのない恐竜の声をどうやって再現できた？

恐竜映画の恐竜は、「ギャオ～」と鳴き、恐竜博物館でも入場者に恐竜の声を聞かせているものだ。

そういう恐竜の叫び声を聞きながら、「いったい、誰が恐竜の声を聞いたんだろう？」と疑問に思った人もいるかもしれない。

恐竜の声は、さまざまな科学的推測に基づいて再現されている。

まず、発見された恐竜の骨の化石には、声を出すのに影響する舌骨も、声帯を支える骨も含まれている。それらの骨をもとに、コンピュータでシミュレーションして声を再現しているのだ。

もちろん、シミュレーションだから、その声がどの程度正しいかは証明できない。現在発見された化石から考える限りという条件がつくのも確かである。

それでも、現在の科学力を駆使した結果、オリジナルとかなり近い声が再現されていると考えられている。

死刑は、土曜、日曜も行われているか？

刑事収容施設及び被収容者等の処遇に関する法律（刑事収容施設法）の１７８条によって、死刑は執行できない曜日などが定められている。

それによると、日曜日、土曜日のほか、国民の祝日と12月29日から1月3日までの年末年始は、死刑を執行することはできない。

だから、おおむね、年間１２０日余りは執行できないことになる。

書類送検では、どんな〝書類〟を送るのか？

書類送検は、事件を警察から検察に送ることを意味する。

その際、送られる書類は、被害届、告訴状、被疑者・目撃者の供述調書、鑑識資料、現場の検証調書など。加えて、起訴を求めるか、求めないかを記した「処分意見」も送られる。

小便小僧は、なぜ立ち小便をしているのか？

世界中にある小便小僧の〝本尊〟は、ベルギーのブリュッセルにある。

17世紀前半に作られたブロンズ像で、なぜ立ち小便をしているのかということをめぐっては、いろいろな説がある。

ひとつは、ベルギーがスペイン軍に侵攻されたときの出来事に由来するという。

スペイン軍は建物を爆破しようとして、爆薬の導火線に火をつけた。あわや爆発というとき、勇敢な子どもが現われ、おしっこをかけて消し止めた。その勇敢さを讃えて、小便小僧の像がつくられたという。

敵軍が攻めて来たことにちなむ話は、もう1つあって、ベルギーがフランスの侵攻を受けたとき、ブラバン公が木の上から敵の兵士に小便をひっかけた。そこから、小便にちなんだ像が生まれたともいう。

アップル社のシンボルマークのりんごは、どんな品種？

アップル社のマークに使われているのは、カナダのオンタリオ原産のりんごで、品種名は「Macintosh」。むろん、パソコンに使われたマッキントッシュ（マック）という名は、これに由来する。なお、シンボルマークのりんごがかじられているのは、「bite」（齧る）と「byte」（情報単位）をかけてのことだ。

りんごの「Macintosh」は、日本でも少量栽培され、和名は「旭」。ただし、現在はほとんど流通していない。

ひとこぶラクダとふたこぶラクダの子供のこぶは？

ラクダには、ひとこぶラクダとふたこぶラクダがいるのは、ご存じの通りである。

さて、そのひとこぶラクダとふたこぶラクダの間に子供が生まれると、〝なんこぶラクダ〟になるかご存じだろうか。

なんと「ひとこぶ半ラクダ」が生まれるのである。

実際、ひとこぶラクダとふたこ

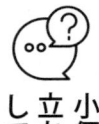

ぶラクダの間に生まれたラクダは、ふたこぶラクダに比べて、後ろのこぶが明らかに小さかった。半分ぐらいの大きさしかなかったそうである。

消しゴムの紙ケースってなんのため？

プラスチック製の消しゴムは、紙ケースに入っている。「使うときにじゃま」という理由で、すぐに取ってしまう人もいるが、あの紙ケースにはそれなりの意味がある。

消しゴムを置きっぱなしにしておくと、プラスチックの下敷きなどにへばりつき、ベトベトになってしまうことがあるのだ。

原因は、消しゴムの製造過程で使われる可塑《かそ》剤。これを用いた消しゴムが、他のプラスチック製品とくっつくと、やわらかくなったり溶け出してしまうのである。あの紙ケースは、そうしたトラブルを防ぐためについている。

消しゴムの汚れ防止用ぐらいにしか考えていなかった人も多いだろうが、あの紙ケースは、じつは化学反応を未然に防ぐという大切な役割を担っていたというわけだ。

豚乳、羊乳、犬乳が商品化されないのはなぜ？

日本人の食生活にすっかり定着した牛乳だが、考えてみれば、同じ家畜の豚や羊、馬も乳を出すし、犬や猫だって出す。

世界にはラクダの乳を飲んでいる地域もあるし、羊乳でつくったチーズは日本でも人気だ。

ならば、羊乳や豚や馬のお乳を商品化したっていいように思える。それなのに、牛乳しかお目にかからないのは、きわめて単純な理由だ。牛乳は、他の動物の乳と比べ、搾乳できる量が圧倒的に多いのだ。

また、牛以外の動物の場合、乳が出るのは授乳期だけで、毎日搾乳できるものではない。一方、品種改良を重ねられた乳牛は授乳期とは関係なく乳が出るので、非常に効率がいいのだ。

また、草食でおとなしい牛は、飼うのに手間がかからず、育てるコストを低く抑えられることも大きい理由だ。

麻雀の「東南西北」はなぜ実際の方角と逆になるの？

普通、四つの方角は、「東西南北」という。

ところが、麻雀では「東南西北」となる。しかも、時計とは反対回りに東南西北となり、実際の方角とは逆になる。東西を基準にすると南北が、南北を基準にすると東西が逆になってしまうのだ。

麻雀をしているとき、ふと気づいて、なぜ逆の配置になるのか不思議に思った人もいるだろう。

そのルーツははっきりしない。

有力な説とされているのは、まず多数を占める右利きの人がゲームがしやすいように、時計と逆回りの順番にし、その順番にあてはめ「東南西北」を並べたというものである。中国では、「東南西北」を方角ではなく、「一、二、三、四」というような順番を示す意味に使うことがあったのだ。

富士山を崩した土で、琵琶湖を埋め立てられる？

「富士山を崩せば、琵琶湖を埋め立てられるのか？」と問えば、バカなことを考える人がいるものだと思うかもしれない。ところが、この疑問はそんじょそこらの思いつきではない。

そもそも、「琵琶湖を掘った土を運んで、積み上げたのが富士山だ」という伝説が、14世紀の南北朝時代から語り継がれていた。

ところが、この伝説に「富士山の土の3分の1もあれば、琵琶湖を埋め立てられる」と科学的に反論したのが、江戸中期の天文学・和算の専門家中根元圭という学者だった。

しかし、ここで不思議なのは、富士山は円錐形なので、体積を計算するには三角関数を使う必要があるが、江戸時代には、まだ三角関数は知られていなかった。元圭がどんな計算法によって、「富士山を3分の1崩せば、琵琶湖は埋め立てることができる」というほぼ正確な数字を割り出したのかは、よくわかっていない。

なんでどの温泉地でも温泉まんじゅうを売ってるの？

温泉街には、「元祖・湯の花ま

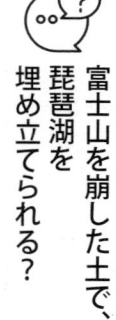

んじゅう」といったのぼりを立て、店頭で蒸《ふ》かしたての温泉まんじゅうを売る店があるもの。これは、どういうわけか？

温泉ではない普通の観光地では、あの手の店はあまり見かけないのに、なぜか、温泉といえばまんじゅうなのである。

じつは「温泉まんじゅう」こそ、日本でもっとも古くからある〝イメージ戦略商法〟の成功例といわれる。

そもそも手づくりまんじゅうは、小麦粉を練った皮でアンを包み、それを蒸籠《セイロ》で湯気を立てながら蒸していく。

温泉街で湯気を立ててまんじゅうが蒸される光景は、周囲に立ちのぼる湯煙と相まって、独特の温泉情緒を感じさせる。

「温泉に来たら、やっぱり、温泉まんじゅうだね」という気になるものなのだ。

そして、長年の間に、温泉客の頭にはそのイメージが深く刷り込まれてきた。

そんなわけで、全国津々浦々の温泉地に温泉まんじゅう店が増殖することになったというしだいである。

傘をさした制服警官を見かけないのは？

各県警では、警察職員の服務規定を定めている。その中には「制服着用時の態度」といった規定があり、「傘等、職務に支障を及ぼすものを携帯しない」などと書かれている。

だから、制服警察官は、雨の日であっても、傘をささずに合羽姿で、パトロールに出かけたり、交通整理をしているというわけだ。

ただし、それは制服着用時に関する規定なので、私服刑事が傘をさして聞き込みに歩くことは問題ない。

なお、自衛隊にも同様の規定があり、制服や戦闘服姿のときには、傘をささないことになっている。

動物のイタズラを、指紋で立証することはできる？

近所で飼っているネコが不在中のあなたの家に侵入して部屋の中をメチャクチャにした。近所でネコを飼っている人は、何人もいる。

あなたとしては、なんとか犯人、いや犯猫を見つけ出し、その飼い主に文句をいいたいところだろう。

その手段として、警察が泥棒に入られた家を捜査するときのように、指紋を採取。その指紋をもって近所をまわり、真犯猫を見つけ出すことは可能だろうか。

残念ながら、ネコにはそのような科学的捜査は通用しない。なにせネコには指紋がないのだ。このほか、イヌ、ウサギ、タヌキ、クマにも指紋がない。彼らにイタズラされたときは、一日中見張って、犯行現場をおさえ、現行犯で逮捕するしかないのだ。

なお、同じ哺乳類でもカンガルー、ネズミ、イタチ、ムササビ、サルなどには指紋がある。

露天風呂なのに、屋根が設けられているのは？

「露天風呂」という名前のわりに、屋根付きのものが多いのは、なぜだろうか？

日中は、その日陰にはいって、直射日光を避けることもできるが、それはあくまで副次的な話。屋根を設けるいちばんの目的は、光合成が活発になって、岩風呂内に藻が発生するのを防ぐという場合が多い。

橋の名前を書く橋名板に濁音が使われないのは？

国の作成する河川台帳では「濁音」まじりの河川名でも、橋にとりつけてある橋名板には清音で書かれていることが多い。「ばし」も「はし」と表記されることが多い。

これは、水が〝濁らない〟ようにという縁起かつぎ。濁った水は、単に汚れているというだけでなく、河川関係者には、氾濫《はんらん》、決壊、土石流などの水害を連想させるのだ。

水道水はどうやって山の上までのぼっていく？

水道水は通常、ダムに集められた水が、浄水場へ送られ、そこで、ろ過され、化学的な処理をほどこされてから、配水池を経て、各家庭に送られている。

大元のダムは、たいてい山の中にある。だから、浄水場までは川のように流れてくればよい。ところが、配水池から各家庭までは、すべて「下り」とは限らない。山の上や高台に立つ家もある。

そんなとき、水道水は、どうやって山の上や高台までのぼっていくのだろうか。

これには、「動水勾配」という方法が利用されている。動水勾配とは、ひと言でいうと、圧力をかけることで水を送り出す方法のことだ。

水道水を配水池から送り出すときには、1平方センチメートル当たり1・5キロの圧力がかけられている。このくらいの勢いで押し出されると、水は山の上や高台にものぼっていくのである。

裁判所を訴えた裁判ってこれまであった？

東京地裁を訴えた裁判が、東京地裁で行われたことがある。

1960年、東京地裁厚生部と取引していた業者が、損害賠償を求めて東京地裁を訴え、同地裁へ訴えを起こした。

同地裁で下された判決は、業者側の敗訴。しかし、その後、最高裁まで争われ、最高裁は業者勝訴、東京地裁敗訴の判決を下している。

水族館に金属探知機が欠かせないのは？

水族館では、金属探知機を使ってエサを調べている。エサとなる小魚などの体内に、釣り針が残っていないかどうかを調べるのだ。

小魚を丸飲みにする大型魚や海獣がいるためで、貴重な大型種を飼育している水族館ほど、慎重に調べている。

松屋のマークの三つの円の意味は？

牛丼チェーンの松屋のマークには、大きな赤い円の中に、小さい青い円、さらに小さい黄色の円が描かれている。そのうち、大きな円はお盆、その中の二つの小さな円は、丼物と味噌汁を表している。

なお、松屋は、創業時は中華料理店だった。1966年、東京都練馬区で中華飯店「松屋」として開業。１９６８年に、牛めし焼き肉定食店に業態変更している。

飲み物を注文するのに、喫茶店で水を出すのはなぜ？

日本の生活に慣れていない外国人が喫茶店に入ると、目の前にコップ一杯の水が出てくることに少なからず驚くようだ。

海外では注文もしないのに水が出てくることは少ない。「水は無料のサービス」という常識が、外国にはないのである。

この日本特有の習慣がいつ頃はじまったかは、よくわからない。一説に、バーで口直しに水を出したのが、昼の喫茶店で真似られるようになったとか、家庭や会社でお茶を出してもてなす代わりに、喫茶店では水を出すようになった、といわれる。

また、コーヒーを味わうためには、ほかの食べ物の味と混じらないように、水を飲んで口の中をきれいにする必要があるからという説もある。

実際、コーヒー通には、まず水を飲んでほかの食べ物の味を消してから、コーヒー本来の味をみる。そして、もう一度水を飲み、次に砂糖を入れたコーヒーを味わう。さらに、水で口の中をきれいにしてからクリームを入れ、マイルドな味を楽しむ人もいるという。

その効果のほどは別にして、コーヒー一杯飲むのに、これだけ理屈をつけてこだわるのは日本人ぐらいだろう。

海女さんは、なぜアクアラングを使わないのか？

海女さんが活動する地域では、乱獲防止のため、潜水器（アクアラングなど）の使用を条例や漁協の申し合わせで禁止していることが多い。

むろん、伝統やプライドの問題があることも、いうまでもない。

99円ショップは、１００円ショップより２円得になる⁉

99円ショップは、１００円ショップよりも、いくら安いか？

正解は、１円でなく、２円。消費税が関係するためで、99×１・０８は１０６・９２で、小数点以下を切り捨てる店が多いので、106円になる。一方、100円の店は消費税を加えると108円。その差2円は消費税10%でも変わらない。

柱時計は、いくつめの音が正しい時刻？

柱時計は、たとえば8時になると、ボーン、ボーン、ボーン……と8回音が鳴る。では、「8時00分00秒」は、最初のボーンという音のときなのか、それとも、8つめの音のときなのだろうか。あるいは、真ん中の4つ目と5つ目の間が、ちょうど8時なのだろうか？

柱時計の動きを見張っていると、長針が「12」を指すと、音が鳴ることがわかる。つまり、最初のボーンのときが、〝きっかり○時〟ということになる。

構造的にいっても、柱時計は、長針が「12」を指したとき、ツメが引っかかりをはずれて、音が鳴る仕掛けになっている。

なぜエレベーターの階数ボタンはキャンセルできない？

エレベーターで、「階数ボタン」を押し間違えても、たいていの場合キャンセルがきかない。

もっとも、技術的には、キャンセル機能を備えることは可能である。

しかし、そうすると価格がふつうのエレベーターよりも割高になるため、高級マンションや役員専用エレベーターぐらいにしか、備えられていないのである。

また、多くの人が利用するエレベーターでは、人の腕が、ちょっとぶつかったりしてキャンセルになり、かえって利用者同士のトラブルを招きかねない。そういった事情もあって、多くのエレベーターには、キャンセル機能がついていない。

異常乾燥注意報の出た日は、洗濯物もよく乾く？

空気が乾燥していれば、それだけ洗濯物が乾きやすいと思うのは、素人考え。異常乾燥注意報が出るのは、ほとんどが冬の間だが、たとえ異常に乾燥していても、やっぱり冬場は洗濯物が乾きにくいのである。

水分の蒸発量は、気温に比例して多くなる。たとえば、真夏のムシムシして不快指数の高い日は、湿度が高いはずだが、洗濯物はよく乾く。

　これは、ムシムシしていても、気温が高いため、大気中の水分の許容量が多くなるから。その分、水分は蒸発しやすくなり、洗濯物はよく乾く。

　一方、気温の低い冬は、乾燥していても、大気中の水分の許容量は少なくなってしまう。だから、異常乾燥注意報が出ていても、蒸発する水分は少なく、洗濯物はなかなか乾かない。

　乾燥した冬の日に、乾燥機のお世話になったり、室内に干す家庭が増えるのは、そのためだったのである。

カラーテレビを世界で2番目に放送し始めた国は？

　アメリカで世界初のテレビ・カラー放送が始まったのは、１９５４年のこと。

　二番目は、イギリスでもドイツでもなく、キューバ（１９５８年）。当時のキューバは革命前で、アメリカ資本が経済を牛耳っていたため、その影響をいち早く受けることになったというわけ。

卒業式にもらうのは、なぜ「第2ボタン」？

　日本の中学校などで、卒業式の日、好きな男子生徒から学生服の第２ボタンをもらうという〝儀式〟が行われてきたことはご承知のとおり。

　第２ボタン限定なのは、「心臓にいちばん近い位置にあるから」、「いちばんよく触るボタンだから」などの説がある。

日本初の超高層ビルを建てたのは「二階さん」!?

　日本初の超高層ビルは、東京の霞が関ビル。地上36階、１４７メートルは、現代ではさしたる高さではないが、それ以前のビルが高さ31メートルに制限されていたことを思えば、空前の高さだった。

　建設したのは、ゼネコン大手の鹿島建設で、所長をつとめたのは二階盛氏。つまり、地上36階の超高層ビルは二階さんが建てたのだった。

一本締めと三本締めの境界線はどこにあるか?

「お手を拝借、よーおぉ」という掛け声を聞いたとき、イメージするのは「一本締め」と「三本締め」のどちらだろうか。

ちなみに、「シャンシャンシャン、シャンシャンシャン、シャンシャンシャン、シャン」と打って、まず一本。これを3回繰り返すと、三本締めになる。

東京の下町では、「シャンシャンシャン、シャンシャンシャン、シャンシャンシャン」で、「九回」。最後に「シャン」を打つことで、「九」に点が入って「丸」になり、丸くおさまるという。つまり、一本締めが基本である。

そうかと思うと、歌舞伎の襲名披露など、口上を述べた後の手締めでは、「小屋（劇場）に一本、お客様に一本、そして襲名する当事者に一本」と三本締めにする。

また結婚式やパーティーでは、最近一本締めが主流になりつつある。三本締めは、時間がかかるため、間延びすることもあるのだろう。

さらに、「シャンシャンシャンシャン」もなくて、「よ〜、シャン」で1回だけ手を打って終わりということもある。これは本来「一丁締め」や「関東一本締め」と呼ばれる打ち方だが、近年は「一本締め」というと、こちらだと思う人も増えているので、最初に確認したほうがいいかもしれない。

サンタのソリをひくトナカイは、オス？　メス？

トナカイのオスの角は、晩秋から12月中旬にかけて落ちる。だから、クリスマスシーズンに角があるトナカイは、メスということになる。

ただし、去勢されたトナカイは、クリスマスシーズンにも角が残ってるので、サンタのそりをひいているのは、去勢オスという可能性もある。

てるてる坊主は、男性か女性か？

「てるてる坊主」の性別は男か女か——と問われれば、「坊主」とついていることから、「男」と答える人が多いだろう。ところが、そのルーツをさかのぼると、どうやら「女」のようである。

てるてる坊主のルーツは、中国の揚子江付近に伝わる「掃晴娘《そうせいじょう》」という人形。古代中国には、白い紙で作った女子の人形に、紙製の着物を着せ、小さな箒《ほうき》にくくりつけて、翌日の晴天を願うという風習があった。

つまり、ルーツの人形は女性だったのである。

それが、平安時代に日本へ伝わり、いつしか「娘」が「坊主」となった。

願いがかなって晴れると、坊主の顔に目を描き、川に流すという風習が生まれたのは、江戸時代になってからのことである。

シャネルの5番の前に1〜4番はあるのか？

海外旅行のおみやげとして、今でも「シャネルの5番」を買う男性は少なくない。

なにしろ「夜、眠るとき身につけるものは？」とたずねられたマリリン・モンローが、「シャネルの5番よ」と答えた香水である。贈られた女性も、気分が悪いはずはない。

シャネルが発売する香水の中でも、この「No.5」の知名度は抜群だ。

しかし、ひとつ疑問に思うのは、「No.1」から「No.4」の存在である。それらは、どこへいったのだろうか？

結論からいうと、試作品段階でボツとなったため、一度も日の目を見なかった。創業者ココ・シャネルが販売を許可しなかったからである。

シャネルブランドの香水を発売するため、ココ・シャネルはいくつもの試作品をつくり、順にラベリングしていった。その中で、彼女がもっとも気に入ったのが、「No.5」とラベリングされた試作品だった。それを納得のいくものに仕上げ、そのまま「No.5」という名で売り出したのである。

水族館の水槽の岩は、どうやって入れる？

水族館の水槽内の〝岩〟には、「擬岩《ぎがん》」が使われている。その素材は、硬質プラスチックのＦＲＰや、ＧＲＣ（ガラス繊維で補強したコンクリート）などだ。

ともに、工場で適当な大きさに分けてつくり、現場でそれらを岩のように組み立てている。

なお、プラスチックのＦＲＰと比べると、コンクリートであるＧＲＣの方が質感を本物の岩に近づけられるそうだ。ただ、重いため、作業に手間がかかるのが難点だという。

藁人形で人を呪って、罪になるケースとは？

「藁人形で人を呪っても、不能犯であり、犯罪にならない」というのは、法律雑学として有名な話。呪い殺そうとしても、じっさいに殺せるわけではないので、殺人未遂罪は成立しないというわけだ。

ただし、現実には、藁人形で人を呪ったため、罪に問われるケースがある。自分が呪っていることを故意に相手に知らせると、「脅迫罪」が成立することがあるのだ。

これまで、選挙にからんで、相手陣営に藁人形を送りつけた元町長や、知り合いの女性の駐車場に藁人形を置いたストーカーらが、この罪で検挙されている。

自販機のボタンを全部押したら、何が出てくる？

自販機のボタンはコンピュータ制御され、押されると瞬時に検知する。だから、人間が複数のボタンを同時に押したつもりでも、力の加減で一瞬でも早く押されたほうのドリンクが出てくる。

では、もし仮に完全に同時に複数のボタンを押すことができたとしたら、何が出てくるのだろうか？

その場合も2本出てくることはなく、上段の左側の商品が出てくる可能性が高い。

多くの自販機のボタン検知は、上段の左側からはじまり、隣のボタンへと順番に検知するシステムになっている。

完全に同時にボタンが押されたとすると、最初にコンピュータが読みとった上段の左側のボタンが優先され、そこに入っている商品が出てくる可能性が高い。

輸出入禁止のゾウが、サーカスで世界中を回れるのは？

ゾウは、アジアゾウ、アフリカゾウともに、ワシントン条約で輸出入が原則禁止されている。

ところが、サーカス団の一員として世界中を回っているゾウもいる。

輸出入禁止のはずのゾウが〝出入国〟できるのは、〝タレント〟として短期滞在が認められているからである。

飛行機で運ばれてきたサーカスのゾウは、輸入ではなく、興行目的の一時入国という扱いになる。その後は期間内に、帰国させるか、滞在延長の手続きをとればよい。

キャビンアテンダントも時差ボケするのだろうか？

海外へ出かけると、不眠が続いたり、昼間眠くてしかたなかったりするものだ。

いわゆる時差ボケである。それは、日本と海外を行ったり来たりしている国際線のキャビンアテンダントの場合でも変わらない。多少の慣れはあるにしても、人間である以上、時差ボケはあるようだ。そこで、航空会社の健康管理室では、次のような時差ボケ対策を指導している。一般の旅行客にも十分参考になるものだ。

まず、明るいうちに現地に到着したときは仮眠はとらず、夜、日が沈んでからきちんと眠る。

もしも、昼間から眠くてしかたがないようだったら、屋外で陽光を浴びるようにする。太陽の光を浴びると睡眠物質のメラトニンが減少するからだ。

また、どうしても眠いときには、軽い運動をする。運動で体温が上がると、交感神経の動きが活発になり、眠気が和らぐのである。

ともかく、そのとき身を置いている場所の〝時計〟に、多少無理をしても身体を合わせることが重要で、そのためには、まず現地時間に合わせて食事をとるのが時差ボケ解消の第一歩だという。

普通免許で消防車を運転できるか？

消防車は、普通免許さえあれば

運転できる。

はしご車のような大型車の場合は、大型免許や大型特殊免許が必要になるが、揚水や放水に使うポンプ車程度なら、普通免許を持っていれば運転できる。

ただし、あくまで「消防車を運転できる」というだけで、消防車としての機能を使うことはできない。

たとえば、普通免許だけで、火事のとき、赤色灯を灯し、サイレンを鳴らして走ることはできない。

そうするには、「緊急自動車運転資格」という、道路交通法が定める資格が必要になる。

また、ポンプから揚水・放水するにも、特別な研修や試験を受けることが必須条件となる。

ピラミッドって何語なの？

ピラミッドといえば、エジプトを象徴する建造物である。ただし、この「ピラミッド」という言葉はエジプトの言葉ではない。

あの三角錐の巨大建造物に「ピラミッド」と名付けたのは、ギリシャ人だった。起源前7世紀ごろから、エジプトには大勢のギリシャ人が住み、そのなかには学者もいた。

そのギリシャ人学者らが、自分たちの言葉で「ピラミッド」と名付けたのである。

当時、ギリシャでは、三角形のパンを「ピラムス」と呼んでいた。そこからピラミッドという言葉が生まれたとみられている。

中古ゴルフクラブの値段は、どうやって決まる？

中古クラブは、いくらくらいで買い取られ、いくらくらいで販売されているのだろうか？

買い取り価格は、新品の市価価格の10～40％が目安。モデルの年代や傷の程度によって評価がちがってくる。もちろん、傷は少なければ少ないほど高い値段がつく。また、新型の人気モデルであれば、これ以上の高率での買い取りも期待できる。

一方、売られるときの値段は、買い取り価格の10～50％増し。ただ、50％増しになるのは人気モデルで傷がないものにかぎられている。

他人の山で捕まえたクワガタは誰のもの？

たとえば、他人の山でクワガタを捕まえたところ、山の所有者に見つかり、「それはうちの山のクワガタなので、こっちによこせ」と言われたとしよう。そんな場合、引き渡さなければならないのだろうか？

結論から言えば、引き渡す必要はない。クワガタやカブトムシは法的には山から山へと移動するうえ、法的には「無主物」と呼ばれる。つまり、山の所有者の持ち物ではないのだ。鳥やイノシシも同様で、捕まえた人のものとなる。

一方、他人の山で、動かない木や山菜、花などを勝手に伐採したり、採取すると、窃盗罪が成立する。

健康な人が解熱剤を飲んだら、熱は下がるか？

子供の頃、こんな疑問を抱いたことはないだろうか。健康な人が、解熱剤を飲んだらどうなるんだろう？

解熱剤には、乱れた体温調節中枢を正常にし、高すぎる体温を下げる働きがある。だから、高熱の人が飲むと、熱の放散が促され、体温が下がる。

ところが、健康な人が、解熱剤を飲んでも、体温は変化しない。もともと、体温調節中枢の働きが正常なのだから当然と言えば当然の話だ。

ただし、発熱した人が解熱剤で熱を下げても、それで大元の病気が治ったわけではないから注意が必要。解熱剤で熱を下げるのは、苦しみをやわらげ、病気に打ち勝つ体力をつけるためなのだ。熱が下がったといって、仕事をしたり、遊びに行ったりすると、病気が悪化するから、用心してほしい。

アメリカ人に「揚げ豆腐！」はなんと聞こえる？

ネイティブに聞いてもらったところ、以下の4つは、十分〝英語〟に聞こえるという。

「揚げ豆腐！」→I get off（バスなどで「降ります」）

「夕方滅入《めい》る」→You got a

mail（メールが届いています）

「辛いです」→Try this（試してみて）

「湯飲み」→You know me?（私を知ってますか）

一方、「巨乳好き」→Can you ski?（スキー、できますか?）は、いささか無理があるそうである。

世界一大きいプールは？

南米チリのリゾート地、サン・アルフォンソ・デル・マルには、なんと長さ1キロのプールがある。

しかも、最深部の深さは35メートル。その維持費は、年間４００万ドル（4億5000万円）もかかるそうである。

クールミントガムのペンギンの〝メッセージ〟とは？

クールミントガムのパッケージには、ペンギンが5匹描かれているが、その2匹目だけが、左手（羽）をあげている。

製造元のロッテによると、古いパッケージに描かれていたクジラがいなくなったので、ペンギンはクジラに対して、感謝の気持ちを込め、挨拶しているのだという。

ＪＲが切符を「きっぷ」と表記するのは？

ＪＲでは、切符のことを「乗車券」という。そして、切符は「一時預かり品切符」など、別の意味で使ってきた。

しかし、世間一般では、乗車券のことを切符というので、ＪＲでは「乗車券」のほか、「きっぷ」とひらがなで書いて、乗車券を表すようになっている。

当日限り有効のキップで深夜12時以降、電車に乗れる？

都会では、深夜12時をすぎても、大勢の乗客が電車を利用している。すると、「当日限り有効」と書かれたキップは、深夜12時を過ぎて日付が変わると、無効になりはしないのだろうか？

ＪＲの営業規則によれば、入場後に有効期間をすぎたチケットは、途中下車しない限り、目的地まで使用することができる。いったん乗ってしまえば、日付が変わっても大丈夫というわけだ。

そもそも、東京と大阪の電車特区区間では、終電までは日付が変わっていても、前の日の日付として扱われることになっている。そうでなければ、深夜電車に一定以上の時間乗る人は、みんな不正乗車ということになってしまう。

日本人で初めて「乾杯」した人は？

1854年、日本は、アメリカと日米和親条約を結んだあと、イギリスと日英和親条約を結んだ。

それをめぐる会談後、イギリスのエルギン伯爵らと日本の井上信濃守清直らの間で行われたのが、記録に残る日本初の「乾杯」。それ以前、長崎の出島あたりで、記録には残っていない〝乾杯〟が行われていた可能性は否定できないが。

ケンタッキーの第1号店はケンタッキー州だった？

ケンタッキーフライドチキンの第1号店が出店されたのは、じつはケンタッキー州ではなかった。

1952年、ユタ州ソルトレイクシティに出店したのが、その第一号。他州に出店したからこそ、「ケンタッキー」と名のる必要があったといえる。

なお、日本では、大阪万博に出店された実験店をのぞけば、1970年11月、名古屋に第1号店が誕生している。

ごぼうの花言葉は？

かつて、モリマンと〝ごぼうしばき合い〟対決をした月亭方正（山崎方正）は、落語のまくらで、ごぼうの花言葉は「いじめないで」という話をくすぐりに使っている。

これは、本当の話で、ごぼうの花言葉は「いじめないで」や「私にさわらないで」など。

そんな言葉が選ばれたのは、ごぼうの花が、トゲがあるアザミに似ていることからの連想とみられる。アザミの花言葉は「触れないで」のほか、「報復」「厳格」「独立」など。こちらも、落語のまくらに使えそうな言葉が並んでいる。

宇宙ステーションに風呂はあるのか？

国際宇宙ステーションには、バスタブはおろか、シャワー室もない。かつて、米ソが打ち上げた宇宙ステーションには、シャワーが設置されていた。しかし、なにしろ、無重力状態であるため、シャワーの水は上から下へ流れない。水は水玉となって漂い、さまざまな支障が生じた。

そのため、現在は、シャワー設備は備えられていない。

中国にもいるトキの名がなぜ「ニッポニア・ニッポン」？

日本を代表する鳥、トキ。さすがに日本のシンボルともいえる鳥だけあって、その学名は「ニッポニア・ニッポン」という。

しかし、ここで不思議なことに気づかないだろうか？　トキは、中国にも分布している鳥だ。なのに、なぜ、ここまで日本にこだわった名前になったのだろうか？

これは、江戸後期、日本に来日していた外国人医師シーボルトのおかげといえる。

オランダ商館の医官として来日した彼は、博物学者でもあり、日本の風物に興味を持ってさまざまなものを収集、ヨーロッパに紹介した。その中にトキも含まれていた。シーボルトは、トキの剥製《はくせい》を手に入れてオランダに送ったのだった。

この標本をもとに、テミンクという人が１８３５年に論文を書き、新種の鳥としてヨーロッパの学界に報告。

１８５２年になって、ライヘン・バッハという人物が「ニッポニア・ニッポン」という学名をつけた。欧米の学界に最初に紹介されたのが、中国のトキではなく日本のトキだったため、こういう学名になったというわけだ。

草履のない国では、ゾウリムシをどう呼んでいる？

ゾウリムシは、本来、池や川など淡水に棲んでいる。つまり世界中どの国にもいる。だとすれば、ここで疑問がわいてくる。草履のない国では、あのムシのことを、いったいなんと呼んでいるのだろう？

まず英語では、Slippers animalcule。直訳すれば「スリッパ小動物」。ドイツ語でもフランス語でも、スリッパという意味の単語で呼ぶ。

どうやら、ゾウリムシの形から、履物っぽい形のものを想像するのは、万国共通のようである。

宇宙でもコンタクトレンズを使えるか？

宇宙空間でも、コンタクトレンズを使うことができる。いまは近視の宇宙飛行士もいて、コンタクトレンズを使用して矯正視力が1・0以上あれば、宇宙船に乗り込めるという。

では、無重力状態で、どうやってコンタクトをはめるかだが、指先に水をつけて触れば、レンズは指先にくっつき、ふわふわと浮かぶことはないという。

ただし、宇宙船では、レンズを洗浄や煮沸することはできないので、使えるのは使い捨てのコンタクトレンズのみだ。

宇宙飛行士は全員、盲腸を切除ずみって本当？

「宇宙飛行士は盲腸（虫垂）を切っている」という話を耳にするものだ。宇宙ステーション滞在中などに急性虫垂炎になっても手術ができない。そんなところから、このような噂が広まったのだろうが、これはまったくのデタラメ。地球を長く離れる宇宙飛行士でも、痛みも感じていない虫垂を切ることはない。

仮に、宇宙でお腹が痛くなり、急性虫垂炎と診断されても、抗生物質を投与して細菌を殺し、炎症をおさえることができる。俗に「薬で散らす」という方法である。

日本にいない動物の和名は誰がつけている？

動物には、たいていふたつの名前がある。ひとつは「学名」であり、もうひとつは「和名」である。

学名は、生物につけられる世界共通の学術上の名前。国際命名規約にのっとり、属名と種小名の2語のラテン語で表記することになっている。

たとえば、1965年に日本で新属新種のネコとして発見されたイリオモテヤマネコは、学名を「Prionailurus bengalensis iriomotensis」という。

一方、「イリオモテヤマネコ」というのが和名になるわけだが、この和名、誰がつけるかはっきり決まっていない。

一般的には、各学会で決めて統一することが多い。しかし、世界で発見される新種は、年間5000件近く。日本でも、ひんぱんに発見されている。各学会ではとても対応しきれないのが現状だという。

そこで、翻訳者が学術名や英名から翻訳して名づけたり、事典の編集者が研究者と相談して決めることもある。

また、魚や貝などの商品価値のあるものは、業者が通りのいい名前をつけてしまうこともある。その中には、タイでもないのに○○タイとか、けっこういいかげんな名前もある。

理想的な和名は、シマウマなど、聞いただけでイメージが浮かべやすいものだという。たとえば、「メダマコノハギス」という名は、専門家によると、木の葉のような後翅に目玉模様のあるキリギリスをよく表していて、なかなかいい名前に聞こえるという。

ニコライ堂の「ニコライ」って何のこと？

ＪＲ御茶ノ水駅の東口を出ると、青いドームの大きな建物が見えてくる。一般に「ニコライ堂」の名で知られる建物だ。

正式には、日本ハリストス正教会の東京復活大聖堂といい、日本におけるロシア正教の総本山。「ニコライ堂」は、この大聖堂を建てた人物名に由来する。

ニコライとは、幕末、ロシアから来日し、函館のロシア領事館付きの司祭となった宣教師。以後、50年にわたって布教活動をつづけ、日本で亡くなった。そのニコライ大主教が明治20年代に建てたのが、御茶ノ水の大聖堂なのである。

国会議事堂に使われている石の産地は？

国会議事堂は、日本には珍しい

100%石造りの建物。その外装や内装は、見る人が見れば、石の見本市のような状態だという。

まず、議事堂外まわりの1階部分には「黒髪石」が使われ、外まわりの2階以上や衆参両院の玄関の柱には「尾立石」がつかわれている。中庭の通路に使われている薄桃色の石は「草水みかげ」である。

一方、建物内部の中には、大理石がふんだんに使われている。なかでも、天皇陛下の休息室の暖炉には、「紅葉石」と呼ばれる赤褐色のひじょうに珍しい大理石が使われている。

「安全第一」というが、では「第二」は？

安全第一の次は、「品質第二、生産第三」と続く。

1903年、USスチールの社長に就任したエルバート・ヘンリー・ゲーターは、「安全第一、品質第二、生産第三」という経営方針を打ち出した。

この方針によって、労災事故が激減したうえ、品質は上向き、同社の利益は急伸した。

その後、この標語と方針は、製造業経営の常識となり、「安全第一」の形で世界に広まることになった。

名言「そこに山があるから」は誤訳って本当？

「そこに山があるから」は、登山家のジョージ・マロリーが残した登山史上に残る名言ということになっている。

彼は、1923年、ニューヨーク・タイムズのインタビューで、「なぜエベレストに登るのか」と問われ、「Because it is there」と答えた。これが、日本語には「そこに山があるから」と訳されたのだが、このitという代名詞が、山全般ではなく、エベレストを指しているのは明らかであり、「そこにエベレストがあるから」というのが正確な訳といえる。しかし、その正確な訳では、登山家精神を表す名言にはならなかっただろう。

樋口一葉の「葉」は何の葉？

樋口一葉は『たけくらべ』や

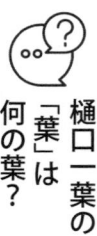

『にごりえ』で知られる明治の女流作家。本名は樋口奈津で、一葉はペンネームだ。

　この一葉の「葉」の種類は、葦の葉である。一葉は、禅宗の始祖達磨が一枚の葦の葉に乗って中国に渡ったという故事にちなんで、こう名乗るようになった。

　達磨には足がないが、自分の家にもお金（お足）がないというシャレだったという。

シンデレラ姫の本名は？

『シンデレラ』とは、じつはこの物語の主人公の本名ではない。継母から付けられた一種の〝あだ名〟だ。

　主人公の少女は、継母や姉からいじめられ、眠るのはベッドではなく、台所の暖炉のそば。

　ある日、彼女が暖炉の灰をかぶって、うとうとしていると、継母が「また、灰まみれになっている。そんなお前は、『シンダー・エラ』と呼ぶのがお似合いね」とあざ笑った。

「シンダー（cinder）」は「灰」のことで、「シンダー・エラ」を直訳すると、「灰まみれのエラ」になる。だから、この主人公の本名は「エラ」だったとみられる。

禁酒のはずのイスラム圏で蒸留酒が発明されたのはなぜ？

「酒の飲めない国」と聞けば、イスラム圏をイメージする人が多いだろう。

　ただ、これらの国々の人も、もともと酒嫌いだったわけではない。なにしろ、世界最初の蒸留酒づくりは、この地域で始まっているのだ。

　現在のイラク周辺では、古代、メソポタミア文明が栄えたが、この文明の遺跡からは、紀元前3000年ごろの酒の蒸留用土器が発見されているのだ。これが、世界初の酒づくりの道具とされている。

　西アジアの地で蒸留酒造りが始まったのは、穀物に恵まれていたことが大きい。

　以後、イスラム教が広まるまで、この地方の人々はよく酒を飲んでいた。あまりに飲みすぎた結果、ギャンブルに走る人が増えたため、ムハンマドは飲酒に対して批判的になったともいわれている。

姓をもたない民族はいるか？

日本では、姓があるのは当然の話だが、世界に視野を広げてみると、姓をもたない民族は意外なほどに多い。

たとえば、ミャンマーの場合、名前しかなく、有名なアウン・サン・スー・チー女史にしても、「アウン・サン」は彼女の父の名であり、一種の称号として付けているもの。「スー」と「チー」は、それぞれ「集合」「清らか」という意味で、これが本来の名前の部分だ。

アイスランド人も、姓をもたない。セカンドネームはあるが、それも自分の父親の名前からとったもので、家の名を指しているのではない。

このほか、モンゴル系、マレー系、パキスタン系、ラオ（ラオス）人などにも、姓をもたない人たちがいる。

国名がスリランカになっても、セイロン紅茶ってヘンじゃない？

紅茶のブランドは、「ダージリン」「アッサム」「セイロン」などが有名どころ。

いずれも地名に由来し、ダージリンやアッサムはインド北部の地名。セイロンは、インド南部に浮かぶ島国のかつての国名だが、現在はスリランカという名に変わっている。

スリランカは、イギリスの植民地時代、「ライオンの島」という意味の「セイロン」と呼ばれていた。そして１９４８年の独立後も、そのまま「セイロン」という国名を使いつづけていた。

ところが、イギリス連邦内の自治国という立場から共和制に移行したことをきっかけに、植民地時代の名前を改め、「光り輝く島」という意味の「スリランカ」を国名にしたのである。

それでも、紅茶の「セイロン」という名は、すでに世界中でブランドとして定着していたため、現在までその名が残ることになった。

走る車から飛び降りるなら、前と後ろどっちが安全？

長い人生だ。こんなことも一度

くらいはあるかもしれない。

もし、走行中の車から、突然、飛び下りなければならなくなったとしてみる。

その瞬間には、命を賭けたとっさの判断が必要になる。前へ飛んだほうがいいのか、後ろへ飛んだほうがいいのか。

進行方向、つまり前方へ飛び下りたほうがいいと思う人もいるかもしれない。しかし、安全なのは、後方へ飛び下りることである。

一般に、走りはじめた車から飛び下りると、慣性によって、乗り物と同じ速度で前方に動こうとする。

そのため、前方に飛び下りると、危険がより大きくなってしまうのである。

日本で、ダイヤモンドは見つかったことがあるか？

これまで、日本でダイアモンドは発見されていない。

日本で、それなりの量が発見されている宝石は、トパーズ、オパール、ガーネット、アクアマリン、トルマリンなど、比較的値段の安い宝石ばかり。ルビーとサファイアは、ごく少量、見つかっている。

サンタクロースは、なぜ煙突から入ってくる？

サンタクロースが煙突から入ってくるとされるのは、サンタクロースのモデルとされる聖ニコラスのエピソードに由来する。ニコラスは、3～4世紀のトルコに実在した聖職者だ。

聖ニコラスの教会の近くに住んでいた貧しい一家の父親は、3人の娘を売って、現金を手にすることを考えるようになっていた。その話を聞いたニコラスは、ある夜、その家の煙突に数枚の金貨を投げ込んだ。すると、金貨は、暖炉近くに干してあった靴下の中に入り、そのおかげで、娘たちは売られずにすんだという。

このエピソードから、煙突から家にこっそり入り、靴下にプレゼントを入れるという現在のサンタクロース像が生まれることになった。

◇この雑談のネタ、実はガセなんです

「大工が釘を口にくわえるのは、濡らして錆びやすくして、抜けにくくするため」というのはガセ。両手を自由に使うのが目的。錆びさせるのが目的なら、事前に水につけておけばいいだけの話。

「ムックのモデルは、ジョン・レノン。ガチャピンのモデルは、ポール・マッカトニー」という説がある。よくできた話ではあるが、根拠はない。

「ペンギンの目は水中に適した構造になっているため、陸上ではひどい近視」と以前はいわれていた。ところが、近年の研究で、ペンギンの目は調節機能にすぐれ、水陸両用、陸上でもしっかり見えていることがわかってきた。

「アメリカの高速道路では、戦時に滑走路として使うため、5マイルごとに平坦な直線部分を作らなければならない」という話があるが、ガセ。

唐代の詩人、杜甫の死因は「もらいものの牛肉を食べすぎたため」という話が伝わっているが、これは後世の創作の可能性が高く、本当の死因は不明。

味噌ラーメンを考案したのは、札幌の「味の三平」の店主だった大宮守人氏。その発祥をめぐり、お客の一人から「豚汁にラーメンを入れてほしい」といわれ、それをヒントに考案したという話が伝えられてきた。ところが、この話はガセ。二代目店主がホームページで、守人氏が「俺が考えたのに、なんでこんな話になるんだ？」と首をかしげていたというエピソードを明かしている。

バストのカップは、「Bはbeautifl、Cはcute、Dはdeluxe、Eはexcellent の略」という説がある。むろん、ガセなのだが、よくはできている。

「眼球は、産まれたときから、大きさが変わらない」

というのはガセ。産まれたときは16〜17ミリで、3歳までに22ミリくらいに成長。その後は成長スピードがゆるやかになり、14歳で23〜24ミリになって完成する。他の部位に比べると、成長割合は少ないが、大きさが変わらないわけではない。

「コカコーラのロゴは創業以来、変わっていない」というのはガセ。Cが渦巻き状になったり、元に戻ったりするなど、何度もスモールチェンジしている。基本となるあの字体は、コーラ新発売の1886年当時に流行していたスペンサリアン体という字体。

初代ファミコンにえんじ色のプラスチックが使われたのは「えんじ色のプラスチックが安かったから」という話があるが、じつは社長命令だったという。任天堂の山内博社長（当時）は、えんじ色が好きで、ファミコンのような色のマフラーを愛用していた。

3
グルメ

Interesting conversation starters!

教科書のレシピの味付けは、関東風？　関西風？

家庭科の教科書のレシピの味付けは、どちらかといえば、関東風ではなく、関西風になる。

ただし、当然ながら関西風の味を推奨しているわけではなく、塩分を適正とされる量におさえると、結果的に関西風の薄味になるというわけ。

丸い氷が四角い氷よりも溶けにくいのは？

バーでウイスキーの水割りなどを頼むと、グラスに丸い氷が入っていることがある。その形には、氷を長持ちさせるという実用的な目的が含まれている。丸い氷は、四角い氷に比べて、溶けるスピードが遅いのだ。

同じ体積の球体と立方体では、球体の表面積のほうが立方体よりも小さくなるので、空気や水に接触する面積が小さくなる分、溶けにくくなるのだ。

北京ダックの肉の部分は、誰が食べている？

北京ダックは、高タンパクのエサで太らせたアヒルを、こんがり焼き上げた料理。皮の部分だけを小麦粉の皮に巻いて食べる。すると、肉のほうはどうなるのだろうか？

中華料理店によっては、余った肉は使わないというところもあるが、ラーメンの具などに利用したり、従業員用のまかない料理に使う店もある。あるいは、皮と同じように、スライスして出してくれる店もあるなど、肉の使い方は、店によってまちまちだ。

ウニの瓶は、どうしてあんなに分厚いのか？

その昔は瓶詰だったものが、紙パックやペットボトル入りに変わって、どんどん軽くなっている。軽いほうが何かと便利なものだが、ウニだけは相変わらずズシリと重い昔からの瓶詰めが健在だ。

ウニにかぎって、あの分厚くて、重量感のある瓶を使い続けているのには、何か特別な理由があるのだろうか。

ひとつには、「分厚い瓶を通してみると、拡大鏡のレンズのような効果が働いて、ウニが肉厚に見える」ことがあるようだ。一般に、ウニのイメージは高級品である。ただし、中には、肉の薄い貧相なウニもある。かといって、分厚いウニばかりを瓶詰にしていたのでは、コストが高くなってしまう。

そこで、ウニが肉厚に見えるよう、分厚い瓶が使われはじめ、それが現在もつづいているというわけだ。

缶ビールはリットル表示なのに、缶コーヒーはなぜグラム表示？

缶ビールや缶チューハイの容量は、「リットル」や「ミリリットル」で表示される。一方、同じ缶入り飲料でも、コーヒーやお茶の容量は「グラム」表示だ。このように表示方法が異なるのは、単なる業界の慣習ではない。ちゃんとした理由がある。

グラムで表示される缶入り飲料は、90度前後に加熱されて缶に詰められるため、その時点では中身が高温で膨脹している。容量をリットルなど体積で表示すると、冷めたときに「表示より実際の中身が少ない」という現象が起きてしまうのだ。

それでは消費者からクレームがつきかねないが、重量なら、熱くても冷たくても変化しないので、「グラム」で表示されているというわけだ。

一方、ビールやチューハイ、炭酸飲料などは10度以下の状態で缶に詰められるため、あとで容量が変化することはない。それで「リットル」や「ミリリットル」で表示できるのだ。

つまり、表示を見れば、その飲料の製造工程がわかるというわけである。

毎月22日が「ショートケーキの日」なのは？

横組みのカレンダーでは、22日の上には、そのちょうど一週間前にあたる15日がくる。

そこで、15（イチゴ）が真上にある22は、ショートケーキという見立てで、ケーキ業界では、毎月22日をショートケーキの日としている。

この〝記念日〟には、ショートケーキを特売するケーキ店もあるので、要チェック。

「ババロア」って、どういう意味？

プディング状の洋菓子、ババロアの名は、ドイツ南部にあったバイエルン王国の名に由来する。

フランスのシェフが同国の貴族のために考案したのが、その始まりと伝えられている。

七味唐辛子の入れ物はなぜひょうたんの形？

七味唐辛子の入れ物は、ひょうたん形のことが多い。これは昔、本物のひょうたんに七味唐辛子が入れられていたことの名残りだ。

ひょうたん入りの七味入れが登場したのは江戸時代の中頃のこと。その頃、香辛料としての唐辛子が少しずつ広まり、浅草の仲見世に専門店が現れた。しかし当時、唐辛子はまた庶民にはなじみが薄かったので、人々の注目を集める必要があった。そこで、ひょうたんの中をくりぬき、その中に詰めて軒先からぶらさげたと伝えられている。

ペットボトル入りのビールがないのは？

茶、炭酸飲料、コーヒー、紅茶など、多様な飲み物がペットボトル入りで売られている。でも、ペットボトル入りのビールだけは見かけない。なぜだろうか？

これは、ペットボトルからは、わずかながら二酸化炭素が逃げていくため。サイダーやコーラなど、炭酸分の多い飲料なら、二酸化炭素が少々逃げ出しても、品質に変化はない。しかし、ビールに含まれている炭酸量は、サイダーなどの半分ほど。その分、炭酸ガスが逃げ出すと、気が抜けたような味になってしまうのだ。

ゆで玉子の黄身が緑色になることがあるのは？

卵をかた茹でにすると、黄身が緑色っぽくなることがある。なぜだろうか？

卵を長く茹でると、硫化水素が発生し、黄身に含まれる鉄分と反応して、硫化鉄となる。硫化鉄は黒っぽく、それが黄身の色とまじると、黒っぽい緑色に見えるというわけ。

カクテルを作るときに、激しくシェイクするのは？

カクテルをつくるとき、バーテンダーはシェーカーを激しくすばやく振る。カクテルは、シェーカーをどう振るかで味がまったく変わってしまうからだという。

シェイクする目的は、アルコールとジュース類をしっかり混ぜ合わせること。その際、すばやくシェイクすると、酒に酸素が混ざり、細かな気泡となって、飲んだときの刺激をやわらげてくれる。それによって、強い酒もまろやかな味となって、飲みやすくなるというわけだ。

カクテルに「スクリュードライバー」という名がついたのは？

「スクリュードライバー」といえば、英語で「ねじ回し」という意味。なぜカクテルにそんな名前がついたのだろうか？

最有力の説は、次のとおり。かつてイランの油田で、仕事を終えたアメリカ人労働者たちは、ウォッカとオレンジジュースを混ぜた酒をよく飲んでいた。ただし、作業現場だけに、ステア用のマドラーやバー・スプーンはない。

そこで、スクリュードライバー（ねじ回し）でかき混ぜたことから、この名がついたという。

三重県生まれの天むすが名古屋名物になったのは？

天むすは名古屋名物として知られているが、じつは発祥の地は三重県の津である。

同市の「千寿」という店で、まかない料理として作られはじめたものだった。忙しい合間に食べられるように、店主の奥さんが海老の天ぷら入りのおむすびを作ったところ、予想外に好評だった。そこで昭和32年から、店用のメニューに「天むす」を加えたのだった。

三重生まれの天むすが〝名古屋名物〟として日本中に広まったのは、２００５年開催の愛知万博以降のこと。万博開催時、千寿の天むすが「名古屋めし」として全国的に紹介され、人気を博した。以降、名古屋周辺で天むすを出す店が増えることになった。

角砂糖はあるのに角塩がないのは？

砂糖には角砂糖があるが、「角塩」という商品はない。なぜだろうか？

これは、塩はわざわざ固形にするよりも、粉状のほうが使いやすいからだ。たとえば、煮物をするにしても、塩は粒のままのほうが溶けやすいうえ、食材によくなじむ。

しかも、塩を固形にすると、塩加減を調整しにくくなり、塩分の摂り過ぎになるという心配もでてきそうだ。

バナナの値段が50年も変わらないのは？

日本が初めてバナナを輸入したのは、明治の終わり頃のこと。当時、植民地としていた台湾から運ばれた。

以降、バナナは高級品の時代が長く続いたのだが、庶民の口に入るようになったのは１９５０年代のこと。スーパーに山積みされるようになるのは、１９６４年にバナナ貿易が自由化されてからのことである。

当時、バナナの値段は、１キロ（中ぐらいのもの6、7本）で２４０～２６０円ぐらいだった。その後、多少の変動はあるものの、その値段は50年もの間ほとんど変わらない。

最初にバナナが輸入されたのは台湾からだったが、60年代には、病害虫に強いエクアドル産の輸入が増加。さらに、70年代には、フィリピンからの安いバナナの輸入が増える。このようにして安いバナナが大量に供給されてきた結果、値段はほとんど変わることがなかったというわけ。

刺し身についている菊の花は食べられるのか？

刺し身に菊の花を添えるのは、殺菌効果を期待してのことだが、食用菊が使われてるので、食べることもできる。

おすすめの食べ方は、菊花をバ

ラバラにして、醤油の中に入れ、それに刺し身をつけて食べる方法。こうすると、菊の香を楽しみながら、食べることができる。

ただし、アンケートによると、97％の人が食べていないそう。

「肉は腐る寸前がうまい」というが、魚はどうか？

よく「肉は腐る寸前がうまい」といわれる。

じっさい、時間が経過すると、肉はやわらかくなって食べやすくなるし、熟成させるほど、うま味成分は増えていく。最も熟成が進んだ状態は腐る寸前といえ、だから「うまい」というわけだ。

では、魚の場合はどうかというと、基本的には時間がたってからではなく、獲れたての状態で食べたほうがおいしい。下手に熟成させようなどと考えず、新鮮なうちにさっさと食べてしまったほうがいいのだ。

ただし、例外もあって、マグロやブリ、大ダイなどの大型魚の場合、肉質が動物に似ている。だから、動物と同様、低温で熟成させてから食べたほうがおいしくいただける。

缶入り茶の缶に窒素が詰められているのは？

缶入り緑茶は炭酸飲料ではないのに、開けたとき、「プシュッ」という音がする。あの音は、缶の中に詰められた窒素が抜けていく音だ。

もともと、茶は色や味、香りが変化しやすい飲み物。それは、茶が空気中の酸素と結びついて酸化するためで、茶は缶に詰めても、そのままでは缶の中で酸化が進行してしまう。

そこで、メーカーは缶に窒素を詰め、酸素を追い出すことで酸化を防止している。その窒素のおかげで、缶入り茶は多少日がたってもおいしく飲めるというわけだ。

アメリカ製ビールはなぜ味が淡白なのか？

アメリカでは、禁酒法以前には何百というビール製造業者がいて、多様なビールをつくっていた。それが、第2次世界大戦後、企業の合併、吸収が繰り返されるなか、大規模な企業が生まれた。そういった大企業が誕生する過程で、現在のように、淡白なビールがつくられるようになったのである。

　コクのあるビールよりも、淡白なビールのほうが飲みやすい。ジュースのようにガブ飲みできるビールをつくることで、消費を拡大。利益率をあげて、企業間の競争に勝ち抜こうとしてきたのだ。

コーヒーフレッシュにミルクは使われていない!?

　コーヒーフレッシュに、ミルクやクリームは使われていない。植物油に水と乳化剤（ミルクとは関係のない物質）などを混ぜ、ミルク風に仕立てたものだ。一種の〝工業製品〟であり、原価が安いので、ファーストフード店やファミレスなどで、使い放題にできるというわけ。

何をもって「おいしい水」とするのか?

アルプスの地層からこんこんと湧きでる水や、「○○の名水」として名高い水、海の底から採取する海洋深層水など、「おいしい水」が店頭に多数並んでいる。各地で採取された水がボトルに詰められて商品化されているわけである。

　でも、水といえば基本的に無味無臭。いったい何を指して「おいしい」といえるのか、また私たちはおいしく感じるのか、不思議に思ったことはないだろうか?

　一般に、水のおいしさの秘密は、水のなかに溶け込んだ物質にある。地底から何年もかけて湧きだした天然水には、カルシウムやマグネシウムなどのミネラル分が溶けだし、甘みやまろやかさが加わっている。また、少量の炭酸ガスが溶けこんでいる水も、飲んでおいしいと感じる水だとされる。

　一方、有機物が溶け込んでいると、まずく感じるのだが、しかし、水のなかに「どのような成分が、どれくらいの量含まれていれば、おいしくなるのか」という点については、まだ詳細にはわかっていないことが多い。

　単純に見えて、奥が深い水の世界。いまだ科学的には解明されていない部分に、おいしさの決め手となる秘密が隠されているようだ。

缶詰のミカンはどうしてきれいに袋がむけるのか？

ミカンの食べ方は人それぞれ。皮をむいただけで、何袋もいっぺんに頬張る人から、白い筋を取り、袋まではがそうとする人もいる。

ところが、白い筋はきれいに取れても、袋はなかなかうまく取れないもの。では、缶詰用のミカンはどうやってあんなにきれいに袋を取りはずしているのだろうか。

缶詰工場では、あの袋をむくのではなく、溶かしている。

まず、３００メートルもの樋《とい》に、ミカンの房と薄い酸性溶液を流す。30分以上かけてゆっくり流しながら、袋を溶かしていくのである。

さらに、同じ樋に、薄いアルカリ溶液を入れて15分ほどかけて流す。これで完全に溶かすとともに、中和もさせる。

最後に、水と一緒に流し直して、ミカンの身を引き締めるとともに、残った細かい皮を洗い流してできあがりである。

「パウンドケーキ」という名前の由来は？

バターケーキの一種のパウンドケーキは、小麦粉、バター、砂糖、卵を1パウンドずつ使うことから、この名がついた。

1パウンドは約４５４グラムなので、語源どおりに作ると、相当大きなケーキができあがることになる。

「クレープ」って、どういう意味？

クレープとは、フランス語で「絹のような」という意味。生地の焼き目が縮緬《ちりめん》のようであるところからこの名がついた。

なお、シフォンケーキのシフォン（Chiffon）のほうは、英語で「絹のような」という意味。

どうやってキャビアを壊さないでビン詰めにする？

「キャビア」は、もともとチョウザメの卵を塩漬けしたものだが、タラやニシン、トビウオなどの卵を塩漬け、着色されたものも、キャビアとして売られている。

本物のキャビアと模造品では、色も食感もまったく違うのに、模造品が幅をきかせているのは、チョウザメの収穫量が減っているうえに、取り扱いが難しいためである。

まず、チョウザメをさばくときも、痛みを与えることはできない。少しでも痛みを与えると、チョウザメは酸味のある化学物質を分泌し、卵の味が台無しになってしまうのだ。そこで、捕獲後、頭のすぐ下の部分を強打して全身マヒさせるのだが、急所を正確に一撃するには、熟練のワザが必要だ。

その後も腹子を取り出すところからビンや缶に詰めるところまで、すべて手作業で行われている。正真正銘のキャビアが高価なのは、そのためでもある。

ローストチキンの銀紙はなんのために巻いてある?

レストランやパーティーで出るローストチキンは、その根元の部分が銀紙で巻いてある。さらに、ていねいにリボンまで結んであることもある。

そんなローストチキンを前にして、どんな食べ方をすればいいか困ったことはないだろうか?

もちろん、銀紙部分を手に持ってかぶりつくという方法もある。しかし、それはあくまでホームパーティーなどのカジュアルな席で許されること。本来のマナーでは、リボンと銀紙をつけたままナイフとフォークで食べる。あの銀紙は、手で持つためのものではないのだ。

また、リボンをほどいて銀紙をはずしてしまうのもマナー違反になる。

リボンは飾りにすぎないが、あの銀紙は、もともとは足首の切断骨を隠すためのもの。調理跡を見せないための配慮なのだ。

「マシュマロ」って、どういう意味?

マシュマロは、もとは植物の名前。ウスベニタチアオイの英語名をマーシュマロウ(沼地の葵という意味)というのだ。

あのやわらかい菓子は、もとは、その樹液を使ってつくられたので、マシュマロという名になり、後にゼラチンを使うようになっても、その名が残ることになった。

ハチミツは腐らないって本当？

「ハチミツは腐らない」といわれるが、本当なのだろうか？

次のような実験が行われたことがある。糖度75％のハチミツと、水で薄めて糖度を20％に下げたハチミツを、ビーカーに用意する。

次に、この二つのビーカーそれぞれに、細菌の代表として酵母菌を入れ、12時間、保温室に置いた。そうして酵母菌がどれくらい増殖するかを調べたところ、はっきりとしたちがいが現れた。

まず、水で薄めたハチミツは、全体が泡立った。酵母菌が働いて、発酵が進んだためだ。一方、ハチミツをそのまま入れたビーカーの方は、まったく変化しなかった。

さらに、顕微鏡を使って詳しく観察すると、75％のハチミツの方では、酵母菌が仮死状態になって、まったく動く気配はなかった。以上の実験結果からすると、どうやら、ハチミツは腐らないという話は、ほぼ本当のようである。

泡は立たないのにどうして「泡盛」という？

シャンパンやビールのように、泡が立つわけではないのに、なぜ泡盛なのだろうか？

じつは、昔の泡盛は、本当に泡が立っていた。泡盛の原料となるのは米で、黒麹を使って発酵させると、泡がポコポコと浮かんできたのだ。

そもそも、泡盛をはじめ、酒はアルコール度数が高いほど、泡が立ちやすくなる。ポコポコと立つ泡は、アルコール度数の高さの象徴でもあったのだ。

そんな〝泡〟をネーミングに使ったのは、島津藩という説がある。島津藩は、自藩の名物である焼酎と区別するため、沖縄の蒸留酒には別の名を付けたかった。そこで、「注ぐと盛るように泡の立つ酒」ということで、泡盛と名付けたという。

また一方で、泡盛の「泡」は、もともと「粟」であったという説もある。いまの泡盛はタイ米を原料にしてつくられるが、ひところは粟と米を使っていたともいわれ、「粟を盛ってつくる酒」から「粟盛」となり、いつしか変化して「泡盛」になったともいう。

冷蔵庫で保存するタマゴを、なぜ常温で売っている？

タマゴを買ってきたら、すぐに冷蔵庫にしまう必要がある。タマゴは常温で保存すると鮮度が落ちやすい。食中毒を起こすサルモネラ菌などが繁殖しやすくなるおそれもある。

そんな冷蔵保存が鉄則のタマゴが、スーパーなどの店頭では、常温の場所で売られているのはなぜか。

そもそも、タマゴのカラには、目に見えない無数の穴があいている。生み立てのタマゴの場合は、カラの外側にクチクラという皮膜が張られていて、サルモネラ菌などの細菌が、穴から侵入するのをふせいでいる。

しかし、店で売られているタマゴは、出荷前に70度前後の湯で洗浄されているので、クチクラがはがれている。そのためカラに水滴がつくと、水滴が媒介してタマゴが細菌に汚染される可能性があるのだ。

タマゴを冷蔵ケースに置いて売ると、購入した客がタマゴを家に持ち帰る間に、温度変化でカラの表面に水滴がついてしまう。これを防ぐために、店ではタマゴを常温の場所に保管しているのだ。

天津飯は〝日本料理〟って本当？

中国の天津《てんしん》は、北京の玄関口となる港町であり、栗の産地ではない。それなのに、「天津甘栗」が有名なのは、かつて中国北部産の栗が天津港から輸出され、この名で流通したためだ。

とはいえ、天津と栗には多少の関係があるわけだが、天津飯と天津は縁もゆかりもない。「天津飯」は、日本独自の〝中華料理〟なのだ。

浅草の「来々軒」発祥説と大阪の「大正軒」発祥説が有力で、時期はともに戦後まもない頃。玉子丼にヒントを得て、ほぼ同時に誕生したのではないかとみられている。

〝売り切れごめん〟のラーメン店が、もっと麺を作らないのは？

ラーメンの有名店には、「1日100食まで」などと、麺の量を限定している店がある。しかし、店側も、足を運んでくれたお客に自慢の麺を味わってほしいはず。むろん、そのほうが、売上げアップにもつながる。

「売り切れごめん」のラーメン店が、麺をたくさん打たないのは、どうしてなのだろうか？

その理由は、自家製の手打ち麺は、品質管理がひじょうに難しいから。打った麺を厨房に置いておくと、ゆでる前に湿気でのびてしまう。

また、乾燥した場所に置くと、ヒビが入ってしまう。また、防腐剤を加えなければ、生麺は日持ちがしないので、売れ残ったら、その日のうちに捨てるしかない。

というわけで、生麺は作り置きができないので、麺にこだわる店ほど、その量を限定せざるをえないのだ。

たこさんウインナーの考案者は？

たこさんウインナーを考え出したのは、料理研究家の尚道子さん。かつて、NHKの『きょうの料理』の講師を長く務めていた人だ。

そもそも、ウインナーに切り込みを入れるのも、日本だけ。

なぜ切り込みを入れるのか。その目的は箸でつかみやすくすることで、それを始めたのも、尚さん。

甘いものは虫歯の原因なのに歯磨き粉はなぜ甘い？

「甘いものを食べると虫歯になるのに、どうして歯磨き粉が甘いの？」と子どもに聞かれたら、言葉に詰まってしまう大人も多いのではないか。

そもそも、歯磨き粉の甘味は、虫歯の原因になる糖分とは性質が違う。

歯磨きの甘味を出すためよく使われているのは、サッカリンナトリウムという甘味料。虫歯の原因となる糖分とは違うものだ。

では、そもそもなぜ歯磨き粉は甘くしてあるのかというと、苦みを消すため。甘味料を入れない歯磨き粉は、苦くて苦くて、とても口の中に入れられるものではないという。そこで、甘味料を入れて、なんとか味をマイルドにしているのだ。

ボジョレーヌーボーの解禁は、なぜ11月の第3木曜日？

ボジョレーヌーボーの一斉解禁日が設けられたのは、早出し競争による品質低下を防ぐため。

かつては、毎年11月15日だったのだが、この日が土曜・日曜だと、ワイン運搬業者の休日にあたってしまう。そこで、１９８５年から、11月の第3木曜日に変更され、現在に至っている。

ウイスキーの賞味期限は？

食品表示法では、ウイスキーは賞味期限表示が義務づけられていない。

ウイスキーは、アルコール度数が高いうえ、雑味成分をほとんど含んでいない。未開封で、保存状態がよければ、10年以上たっても味がほとんど変化しないため。

いったいどこからが「腐った納豆」なのか？

ご存じのとおり、納豆は大豆を発酵させたものである。つまり、簡単にいえば〝腐った大豆〟。しかし、納豆にも賞味期限があり、冷蔵庫に保存して早いうちに食べないと、腐ってしまうのだ。とはいえ、納豆はもともと腐っているもの。どうやって見分ければいいのだろう？

見分けるポイントは、意外と簡単。糸の引き方にカギがある。じつは、納豆は普通の食べ物とは逆で、腐ると糸を引かなくなるのだ。

実験してみるとわかるが、古くなるほど納豆は糸を引かなくなる。買ってきてそのまま置いておいたものなら、5日目くらいには糸を引かなくなり、同時にアンモニア臭を発しはじめる。こうなるとさすがの納豆ももう限界だ。糸の引き方以外では、豆の色が黒ずんでコゲ茶色になったり、表面にチロシンと呼ばれる白い斑点が浮かんできたりすると、腐った証拠。食べると強い酸味や苦味があるはずだ。

ドリンクバーでもとをとるには、何杯飲めばいい？

ドリンクバーの原価は、一杯平均20円前後。180円のドリンクバーなら、10杯は飲まないと、もとはとれない。とりわけ、炭酸系飲料、コーヒーは、原価が15円ほどと安いので、12杯は飲む必要がある。

一方、比較的原価が高いのは、果汁100％のジュースとココア系、抹茶系で、こちらの原価は25～30円程度。6杯から7杯でもとをとれる。

紙パックに果物をスライスした写真が載っているのは？

公正競争規約で、「果汁入り飲料」（果汁10％以上100％未満）や「その他の飲料」（果汁10％未満）は、紙パックなどの容器に、果物をスライスした写真や、そのしずくを載せることはできないとされている。

つまり、紙パックに果物の写真が使われているものは、果汁100％ということ。

日本酒の値段の違いはなんの違い？

日本酒を製造する際には、アルコール度数や味を調整するために、醸造用アルコールというエタノールの一種を添加することが多い。それを使わずに、米、米麹、水だけでつくられた酒のことを「純米酒」と呼ぶ。

その純米酒にも、純米吟醸酒、純米大吟醸酒といった分類がある。それらは、原料となる米の精米歩合によって分けられている。精米歩合というのは、精米した白米の玄米に対する重量割合のことで、簡単にいえば、米の表面をどれくらい削ったかという数値である。

たとえば、私たちがふだん食べている米は、玄米の表層部を10パーセントほど削ったもの。したがって、精米歩合は90パーセントである。

一方、酒に用いられる米の精米歩合は、「清酒の製法品質表示基準」によって定められている。米、米麹、水だけを原料としてつくられた清酒のうち、精米歩合60パーセント以下の米を使用した清酒などが「純米吟醸酒」などと表示されている。

ところで、酒を造るときに、米の表面を削るのはなぜかというと、米の外側にはタンパク質や脂質が含まれていて、これが雑味の原因になるから。

米は、内側の部分を使ったほうが味がよくなるのだが、たくさん削ってしまうと、できあがる酒の量が減ってしまう。

だから、吟醸酒や大吟醸酒は希少価値が高くなり、値段が跳ねあがることになるのである。

焼肉料理での各部位の名前の由来は？

焼肉料理では、牛の各部位を独特の名前で呼ぶ。

まず英語に由来するのが、「ハツ」と「タン」。ハツ（心臓）は英語のハートに由来し、「タン」（舌）も英語のタンに由来する。

胃袋を「ミノ」と呼ぶのは、胃を切り開いた様子が「蓑笠」に似ているから。ホホ肉を「ツラミ」と呼ぶのは「面の身」からで、牛の第三胃袋を「センマイ」と呼ぶのは、無数のヒダがついているところから「千枚」となった。

また、「カルビ」は韓国語で、「アバラ骨の間の肉」という意味である。

桜もちの葉は食べてもいいのか？

和菓子につかわれる葉は、本来、香りづけや保存性を高めるために使用されているので、厳密にいえば、食用を目的としたものではない。

ただし、そのなかで、桜もちの葉は食べることができる。

初めて桜もちをつくったのは、江戸向島の長命寺の門番、山本新六だったと伝えられる。

18世紀初頭の享保の頃、隅田川の堤にたくさんの桜の葉が落ちているのを見て、新六は「何かに利用できないだろうか」と頭をめぐらせた。

そして、つくりあげたこのほの

かに桜の香るお菓子が、花見客に大評判を呼んで、やがて江戸を代表する和菓子のひとつになったと伝えられる。

豆腐のパッケージに水が入っているのは？

豆腐のパッケージに水を入れる目的は二つある。

第一には、水をクッション代わりにして、形崩れを防ぐため。水を入れると、豆腐の揺れを防ぎ、ぶつかったときの衝撃も弱めることができるのだ。

第二の目的は、豆腐の水分を外に出さないようにするため。豆腐は80％が水分であり、乾燥を防ぐためには、水中につけておくのがベストの方法なのだ。

上質なウイスキーがつくれる五国とは？

上質のウイスキーをつくれる国は、世界にわずか5カ国しかない。

スコットランド（スコッチ）、アイルランド（アイリッシュ）、アメリカ（バーボン、アメリカン）、カナダ（カナディアン）、そして日本。これらが、世界の5大ウイスキーと呼ばれている。

食べ物をアルカリ性と酸性に分ける意味は？

梅干しは酸っぱい食べもの。それが、酸性食品でなく、アルカリ性食品とは、これいかに？　と疑問に思ったことはないだろうか。

じつは、よく使われる「アルカリ性食品」「酸性食品」という言い方は、日本だけの表現。

外国にはそのような分類法はなく、ほとんど意味をもたない言葉といえる。

この表現が広まったのは、大正時代、ある大学教授の発表がきっかけだった。

それが学会に発表されてから、「酸性の食品は体によくない」、「アルカリ性食品は体によい」という説が定説化し、そのまま根づいてしまったというわけだ。

その後、研究が進むと、酸性とアルカリ性は、食品を燃やした後に残る「灰」を用いて判断されることになった。

１００グラムの食品を焼いて、

その後に残った灰を水に溶かして、酸性・アルカリ性を測ったのだ。

梅干しの場合は、燃やした後の灰には、アルカリ性のミネラルが多く含まれているので、アルカリ性食品というわけである。

ただし、体に入った食べ物が、燃やしたときと同じような変化をするわけではない。

よく「肉ばかり食べていると、体が酸性に傾いてしまう」などといわれるが、これは肉ばかり食べている＝偏食していると、体によくないので注意せよ、というもののたとえくらいに受け止めたほうがいい。

肉を食べたからといって、体液のpHが酸性に傾くわけではないのだ。

エシャロットとエシャレットはどう違う？

エシャロットはネギ科の野菜で、小型のタマネギのようなもの。フランス・イタリア料理でよく使われ、近年、日本でも知名度が上がってきている。

一方、エシャレットは若採りのラッキョウで、日本生まれの野菜。最初は「根らっきょう」という名前だったが、卸業者がエシャレットの名で普及させた。当時は、日本ではまだエシャロットが出回っていなかったので、それでも問題はなかったのだ。

ところが、近年、エシャロットの知名度が上がるにつれて、両者を混同するケースが増えはじめている。

1キロの牛肉をつくるために、どれだけの穀物が必要？

1キロの肉を得るのに、家畜に食べさせる飼料の量はおおむね以下のとおり。飼育技術によっても多少は異なるが、ニワトリ1キロの肉を得るためには、飼料は2〜3キロ、豚で4〜5キロ、牛では7〜8キロの飼料が必要になる。

牛肉の価格がニワトリや豚とくらべて高いのは、飼料コストがかかっているからでもあるのだ。

クリームパンがグローブ形なのはどうして？

『パンの明治百年史』（パンの明

治百年史創刊会）によると、クリームパンを生んだのはパンや洋食の老舗、中村屋。１９０４（明治37）年、創業者の相馬愛蔵が、シュークリームのおいしさに感動したことが発想のきっかけとなった。

ただ、そのさい作られた元祖クリームパンは、三角形に近い形。では、いつ現在のような〝グローブ形〟になったのだろうか？

諸説あるようだが、生みの親である中村屋がウェブサイトで紹介している説では、

「中身に〝あん〟を詰めたパンは、細心の注意を払っても、（略）中に空洞が生じてしまうことがあります。それが原因で品質が落ちてしまう事はありませんが、お客様に損したような感じを抱かせてしまうのも事実です。そこで空洞が出来ないように空気抜きとして切れ目をいれた結果、見た目がグローブ形になった」

とある。

見た目と機能性の両方が兼ねそなわったかたち、それがあのグローブ形だったようだ。

イモ類の中で、ヤマイモだけが生で食べられるのは？

通常、澱粉は生では消化しにくいため、ジャガイモでもサツマイモでも、イモ類は加熱して食べるのが一般的。

ところが、ヤマイモは、炭水化物分解酵素のアミラーゼをたっぷりと含み、消化吸収がよいため、生で食べることができるというわけ。

「三角形のサンドウィッチは、日本生まれ」って本当？

これは、本当の話。東京の茗荷谷にあったフレンパンというパン店の経営者夫婦が、１９５０年に考案したものだ。

四角形よりも中身の具がよく見えると、当初から人気を博したという。

その後、経営者夫婦は特許をとるが、みんなが自由に使えるようにと、権利を手放す。そうして、三角形のサンドウィッチは全国に広まり、現在日本のコンビニで売られているサンドウィッチの９割以上は三角形である。

カビタイプのチーズはどうして食べられるのか？

普通、カビの生えたものを口にすると、お腹をこわす。しかし、なぜか、チーズにはカビタイプがある。それらは、身体に無害などころか、健康にいいとさえいわれている。

カビタイプのチーズが誕生するきっかけとなったのは、いまから2000年以上も昔のこと。南仏のルウェルグ地方で、羊の乳のチーズをつくっていた農夫が、たまたまチーズの上にパンを置き忘れてしまい、青カビが生えてしまった。

その農夫、勇気があったのか、ただの食いしんぼうだったのかはわからないが、かまわずカビの生えたチーズを口にした。すると、じつにおいしいチーズになっていたのである。

それから、長い試行錯誤の結果、ようやく商品としても安全でおいしいカビタイプのチーズができあがった。

現在、チーズのカビは、人工的に生えさせたもの。白カビはチーズのまわりに噴霧器で吹きつけ、青カビは注射器のようなものでチーズの中心に植えつける。ただし、日本のカビタイプのチーズは、日本人の舌に合わせてカビの繁殖に手心が加えられているので、本場のチーズよりはマイルドなことが多い。

なお、カビの生えたチーズでも、保存は冷蔵庫内が基本。そして、賞味期限を守ることが大切である。

それ以上、カビが生えると食べられなくなってしまう。

岡山県でばら寿司が発達したのはなぜ？

岡山藩六代藩主の池田斉政が「常々の食事は一汁一菜」というお触れを出したところ、庶民はその抜け道を探し、すし飯に魚や野菜を混ぜ、目立たないようにしたという説が有力。

以前は、初代藩主のお触れの影響といわれていたが、近年の研究で、初代では時代が合わないことがわかり、六代のお触れの影響と修正された。

コンビーフの缶は、どうしてああいう形になったの？

コンビーフ缶の形は最近様々あるが、もとは台形型で、「枕缶」と呼ばれている。昔の箱枕によく似ているので、缶詰業界でそう呼ばれるようになったのだが、あんな形になったのは、昔はコンビーフを手で詰めていたから。空気が入らないように詰めるには、あの台形型が都合がよかったのだ。

現在は機械詰めされているので、普通の丸缶でも問題はない。

ロブスターとイセエビはどこがどう違う？

ロブスターとイセエビは違う種類なのだが、とかく混同されがちである。

間違われやすい理由は、いくつかある。まず、アメリカ人が、イセエビのことをトゲのあるロブスターという意味で、「スパイニイ・ロブスター」と呼んでいたこと。

次に、日本の市場では、輸入モノのイセエビを、高値で取引される国産イセエビと区別するため、「ロブスター」と呼んでいたことが、理由としてあげられる。

実際には、このロブスターとイセエビ、実物を見れば違いは一目瞭然である。

まず、ロブスターがなめらかな頭部をして巨大なハサミを持っているのに対し、イセエビはトゲだらけの頭をして、ハサミはなく、長いヒゲがついている。

さらに、ロブスターは、ゆでると赤黒い色になるが、イセエビはゆでると真っ赤になる。味の面でも、弾力があって濃厚な味わいのするロブスターに対して、イセエビは淡白で繊細な味わいが特徴だ。

ちなみに、結婚式に出てくるエビには、輸入物のイセエビが使われることが多い。頭はトゲだらけで、ハサミはないはずである。

関東と関西でネギが大きく違うのは？

ネギには、土寄せして白く柔らかく育てた部分を主に利用する「根深《ねぶか》ネギ」と、緑色の柔らかい葉を用いる「葉ネギ」の２種類がある。

このうち、「根深ネギ」は、おもに関東以北で、葉ネギは関西以西で栽培されてきた。

ネギの原産国は中国西部で、それが日本に入ってきたのは8世紀頃のこと。中国では紀元前から栽培されていたとみられ、根深ネギは主に中国北部で、葉ネギは主に中国南部で栽培されていたとみられている。

それがそっくりそのままの形で、日本に輸入されることになった。というのも、根深ネギは寒さに強く、葉ネギは暑さに強いからである。

それで、関東から北の地方には、寒さに強い根深ネギが、西日本では暑さに強い葉ネギが盛んに栽培されるようになったというわけだ。

イチゴの品種「あまおう」の名の由来は？

福岡産のブランド・イチゴ「あまおう」の名は、「あまい、まるい、おおきい、うまい」を縮めたもの。

ところが、広告では、「あかい、あまい、おおきい、うまい」となっていることがあり、それでは「〝あああう〟ではないか」だという意見もある。

ワインを保管するとき、横に寝かせておくのは？

ワインを寝かせて保存するのは、コルクを乾燥させないため。コルクは乾燥すると、空気を通しやすくなり、中のワインが酸化してしまう。そこで、ボトルを横に寝かせて、コルクをたえず液体（ワイン）に触れさせておくというわけ。

ぬか味噌はかき混ぜたほうがおいしくなる秘密とは？

ぬか味噌は、乳酸発酵を利用してつくられる一種の発酵食品。最近、発酵食品が体によいといわれるようになり、その健康ブームに乗って、ぬか味噌もそのよさが見直されてきている。

とはいっても、おいしいぬか味噌をつくるには、たいへんな手間が必要なのも事実で、初心者が手を出すには、いささか敷居が高い。

まず、ぬか床は、毎日かき混ぜなければならないし、ぬかが減ったら足すなど、定期的な塩加減の調整も必要だ。

さらには、そのなかに野菜を漬けるには、ナスなど変色しやすい野菜は色どめにみょうばんを入れるなどの〝おばあちゃんの知恵〟も必要だ。

ぬか味噌が、ひんぱんにかき混ぜないとおいしくならないのは、乳酸発酵を起こすバクテリア（乳酸菌）が、酸素を必要とする「好気性バクテリア」だから。

乳酸菌の生育、つまり漬け物をうまく発酵させるには、酸素供給を欠かせない。そのため、毎日、ぬか床の底までひっくり返してかき混ぜ、空気を送り込まなければならないというわけだ。

りんごの「ミツ」の正体は？

りんごの芯のまわりの半透明の部分を「ミツ」と呼ぶ。その成分は「ソルビトール」という物質で、りんごの甘みである果糖や蔗糖に変化する。

ところが、十分に完熟していると、ソルビトールは果糖などに変わることなく、そのままの状態で残る。その残ったソルビトールがミツの正体だ。

だから、ミツがあるのは、そのリンゴが完熟していることの証拠といえる。

ただし、ソルビトール自体は糖に変化していないので、その部分はさして甘くはない。

ごまと塩を混ぜれば〝ごま塩〟になるか？

ごまを買ってきて食塩と混ぜればごま塩になるか？

実際にそうしたとしても、うまくいかないはずである。「水と油」という言葉があるが、これは「ごまと塩」と言いかえてもいいくらいだ。ごまと塩は、そう簡単には混ざり合わないのである。

なぜ、ごまと塩は混ざらないのだろうか。

塩は重くて粒子が小さく、ごまは軽くて粒が大きい。そのため、混ぜようとしゃかしゃか振っても、塩が下に沈んでごまは上に集まるのだ。無理に混ぜようと激しく振っても、ますます塩が下に沈んでごまが上に上がってきてしまう。

また、一時的に混ざり合ったとしても、使っているうちに塩が下に沈んでしまう。

では、市販のごま塩は、なぜうまく混ざり合っているのか。

1964年、はじめてびん入りのごま塩をつくったエスビー食品では、でんぷんと水を混ぜた液の中に塩を入れて食塩の小さな粒子を結集させ、ごまくらいの大きさにした。

そこで、はじめてごまと混ぜたのだ。この方法なら、大きさと重さが似ているから、うまく混ざるのである。

なお、このでんぷんは食塩に膜を作るので、べたつきを防ぐのにも役立っている。

イカスミがあるならタコスミ・パスタも作れるか?

タコの身体にもイカと同様、スミの詰まった「墨汁嚢《ぼくじゅうのう》」がある。となれば、イカスミ・パスタと並べてタコスミ・パスタをメニューに載せてもよさそうなものだ。

それなのに、なぜかタコスミ・パスタが存在しない理由は、いたって簡単。要は、できあがりがちっともおいしくないのである。

同じスミでもイカとタコでは、スミの性質がまったく違う。イカスミの人気の秘密は、あのウニにも匹敵するマッタリとした〝甘み〟がおいしいからだろう。じつはあの味は、イカスミにたっぷり含まれている〝うま味〟のもと、アミノ酸から出る味だ。ところが、タコスミには、イカスミの30分の1の量のアミノ酸しか含まれていない。

つまり、タコスミにはほとんど味がないのだ。

また、イカスミは粘りが強いので、ソースにするとパスタによくからむ。一方、タコスミは、粘り気がなくサラサラ。したがって、黒いソースがパスタにからまず、液体が皿の底にスープ状にたまってしまうだけという、見た目にもグロテスクな一皿になってしまうのだ。

九州名物・辛子明太子に北の魚が使われているのは?

辛子明太子には、スケトウダラ

の卵が使われている。スケトウダラといえば、北の魚のはず。それが、なぜ九州名物になったのだろうか？

じつは、辛子明太子は韓国をルーツとする。それが戦後、韓国から引き上げてきた人たちによって、福岡名物に育てられた。

そもそも、韓国ではスケトウダラを「明太《ミョンテ》」と呼ぶ。それがなまってメンタイ、タラコは明太の子なので「明太子」と呼ばれるようになった。

辛子明太子は、そのスケトウダラの卵を唐辛子と、昆布やかつおぶしなどからとった調味液につけて作られている。

現在、原料のスケトウダラの卵は、北海道産が最上とされ、北海道から福岡へ運ばれて辛子明太子に加工されている。

ただし、最近は、北海道産の漁獲量が減ってしまい、アラスカやカナダから輸入されるようになっている。

やきとり屋の人気メニュー「つくね」の意味は？

やきとりの「つくね」は、細かくたたいた鶏肉に調味料などを混ぜて練り合わせ、団子状にしたもの。

この「つくね」という名は、どこから来たものだろうか？

「つくね」の語源は動詞の「つくねる」で、その意味は「手でこねて丸くする」ということ。

「つくね」とは、その〝製法〟を名詞化した名前というわけだ。

ラム酒の「ラム」って、どういう意味？

ラム酒は、サトウキビの糖蜜を発酵させた後、蒸留して作る酒。この「ラム酒」の「ラム」とは、どういう意味なのだろうか？

これには、いくつかの説がある。まずは、原料のサトウキビにちなむという説。サトウキビをラテン語で「サッカルム(sacharum)」というので、その語尾の「rum」をとったという。

また、イギリス海軍の酒好き提督「オールド・ラミー（飲んだくれオヤジ）」に由来するという説もある。

さらに、イギリスの方言で、「乱痴気騒ぎ」を意味する「ラムバリオン（rumbullion）」に由来するという説もある。

その説によると、スペインの無敵艦隊を破った英国海軍が、カリブ海のバルバドス島に上陸すると、島民たちが酒を飲んで騒いでいた。それを見たイギリス人が「rumbullion」と呼び、そこからこの酒が「ラム」と呼ばれるようになったという。

出前の鮨にアカガイがはいっていないのは？

アカガイは人気の寿司ダネだが、「出前」のにぎりに使われることはない。なぜだろうか？

その理由のひとつは、アカガイが短時間で変色してしまうから。

もうひとつの理由は、アカガイは人気ネタであっても、出前の寿司桶に並べると、値段のわりに見栄えがしないことである。

マグロの赤身やイクラの軍艦巻きなどに比べると、見た目がパッとせず、豪華さを演出できないのだ。

豆板醤の「豆」は、どんな豆？

豆板醤《トウバンジャン》は、四川料理に欠かすことのできない辛味噌。味噌であっても、その原料は、大豆ではなくて、そらまめである。

そらまめでつくった豆みそに、麹や塩、トウガラシなどを混ぜて熟成・発酵させたものだ。

一方、甘味噌の代表格といえば、甜麺醤《テンメンジャン》。北京ダックを食べるときなどに使う調味料で、こちらの原料は小麦。

バルサミコ酢の「バルサミコ」って何？

バルサミコ酢は、イタリア料理に欠かせない調味料。オリーブオイルと相性がよく、オイルと合わせて、カルパッチョ、肉のソテー、焼き魚、揚げ物の風味付けなどに使われる。

この「バルサミコ」という名は、イタリア語で「香りがいい」とか「芳ばしい」という意味。

その名が表すとおり、香りが命であり、その香りづけにはかなりの手間がかかっている。

煮詰めたぶどう液（ぶどうジュース）を樽に入れ、平均3～4年も熟成させて作るのだ。

しかも、その間、カシ、クリ、サクラ、クワなど、材質の異なる樽へ一年ごとに移し替えて、香りを加えていく。古いものでは100年以上、熟成させたものがあり、むろんワインと同様、熟成期間の長いもののほうが値段は高い。

？モロヘイヤってどういう意味？

モロヘイヤは、大葉のような形をした緑黄色野菜。βカロチン、カルシウム、鉄分などをたっぷり含む近年人気の栄養野菜だ。

モロヘイヤの原産地はエジプトを中心とする東地中海地方。中東では古代から食べられていた野菜で、「モロヘイヤ」とはアラビア語の「ムルキーヤ」を語源とし、その意味は「王家のもの」。

昔、王様が病気で苦しんでいたとき、モロヘイヤのスープを飲んでいるうちに全快した。以来、「王様の野菜」と呼ばれるようになった。

？ペペロンチーノってどういう意味？

ペペロンチーノは、パスタ料理を代表するメニューの一つ。正式名は「スパゲティ・アーリオ・オーリオ・エ・ペペロンチーノ」という。

ペペロンチーノは赤とうがらしのことで、アーリオはニンニク、オーリオはオリーブオイルのことなので、長い名前を訳すと、「ニンニク、オリーブオイル、赤とうがらしのスパゲティ」ということになる。

それを日本では単にペペロンチーノ、つまり「赤とうがらし」と略しているわけだ。

？コンニャクが炭水化物なのにカロリーゼロなのは？

ダイエット食品の代表格、コンニャク。しかし、コンニャクは、コンニャク芋というイモからできている。炭水化物が原料なのに、食べてもカロリーゼロというのは、どういうわけだろうか？

これは、コンニャクがグルコマンナンからできているから。人間の消化管には、グルコマンナンを分解できる消化酵素が存在しない。だから、コンニャクを食べても、消化器を素通りとなる。
つまり、コンニャク自体にはカロリーがあるのだが、人間が消化できないために、エネルギー源としては利用できず、カロリーゼロとなるのである。

「乾物」と「干物」はどうちがう？

乾物にしろ干物にしろ、日本の風土が生んだ保存食品である。食品をそのまま保管すると、湿度の高い風土では、細菌が繁殖し、腐ってしまう。そこで、食品から水分を抜き、長期保存できるように工夫されてきた。それが乾物であり、干物である。

かつては、両者は同じ意味の言葉だったが、現在では便宜上、区別されている。乾物は、おおむね植物性食品を乾燥させた食品を指し、昆布やヒジキ、高野豆腐、切り干し大根などがこれにあたる。一方、干物は、魚介類を乾燥させた食品、干しアジ、干しダラ、スルメ、じゃこなどを指すようになっている。

サバずしが京都名物になったのは？

サバずしは、サバの身に塩をふって酢で身をしめ、棒状の酢飯にのせて、昆布で巻いた寿司のこと。このすし、今では京都名物の一つになっているが、京都といえば三方を山に囲まれた内陸の都市。なぜ、海の魚が名物料理に加わることになったのだろうか？

かつて、日本海でとれた魚は、人の手で京都まで運ばれていた。日本海側から運ぶのに、昔は一昼夜はかかったので、そのまま運んだのでは、足の早いサバは腐ってしまう。

そこで、日本海側で水揚げされたサバには、腐敗防止のために塩がふられていた。すると、京都に届くころ、ちょうどいい塩かげんになり、より美味しくなっていた。その塩サバから発展して、サバずしが生まれたのである。

タマネギを炒めるのに以前より時間がかかるのは？

昨今のタマネギは、炒めるのに昔よりも時間がかかるようになっている。その原因は、タマネギの品種改良にある。

昔のタマネギには、水分がたくさん含まれていたので、強火で炒めると、水分がどんどん蒸発、タマネギは短い時間でしなっとなった。ところが、近年は耐久性のあるタイプに改良されているので、含有水分量が少なくなり、長時間炒めなければ、しんなりとしなくなったのである。

ホウレンソウの葉っぱの形が変わったのは？

昔のホウレンソウの葉には、数多くの切れ込みがあり、ギザギザ状になっていた。一方、今のホウレンソウの葉には浅い切れ込みが2、3あるだけである。それは、ホウレンソウの品種が変わった証拠といえる。

もともと、日本では、江戸初期に中国から伝えられたホウレンソウが栽培されていた。その和種の葉が、ギザギザの剣葉だったのである。ところが、1970年代、従来の和種から和種と西洋種の雑種第一世代（F1）へと切り替えられはじめた。西洋種は、切れ込みのない丸葉なので、現在の日本のホウレンソウの葉は、ギザギザの和種と、丸葉の西洋種の中間の形をしているというわけ。

青汁の原料はどんな野菜？

青汁の原料は大麦若葉かケールという野菜の葉である。

まず、大麦若葉製の青汁は、大麦が初穂を実らせる前の葉や茎を絞ったもので、ミネラル、ビタミンなどをたくさん含む。

一方、ケールはキャベツの原種といわれる緑黄色野菜。こちらも、ミネラルやビタミン類をバランスよく含む。

なお、青汁は、新鮮で無農薬の野菜を買ってくれば、家庭でも作れる。

その場合、青汁に適するのは、大麦若葉、ケールの他、しその葉、パセリ、ダイコン葉、ニンジン葉、小松菜など。

サトウキビから、どうやって砂糖を取り出す？

サトウキビから砂糖を精製する

工程を追いかけてみると、まず機械化されたローラーを使って、サトウキビから砂糖分10％程度の〝ジュース〟を絞り出す。

そのジュースから不純物を取り除いたうえで、減圧装置に送り、水分を飛ばす。

すると、ジュースは砂糖分60％のシロップに変わる。

さらに、そのシロップを、真空釜の中で煮詰めると、白下《しろした》と呼ばれる、半流動状の塊りができる。

その白下を高速遠心分離機にかけると、砂糖の結晶を取り出せるので、後は結晶を乾かし、ふるいで粒の大きさを整えていく。

なお、こうした処理によって、1トンのサトウキビから、その約1割の量の砂糖が精製されている。

ウスターソースは何からできている？

ウスターソースが日本に渡ってきたのは、明治の文明開化期で、現在のウスターソースとはかなり味がちがい、相当しょっぱかったという。それが、洋食の普及にともなって、しだいに日本人好みの味にアレンジされ、現在のマイルドな風味になった。

現在のウスターソースは、タマネギ、ニンジン、トマト、リンゴ、セロリなどを煮て、熟成させた液体に、コショウ、トウガラシ、ニンニクなどの香辛料、砂糖、塩、酢を加えて、カラメルで着色し、1カ月ほど熟成させて作られている。

ピーナッツは大量の殻をどうやってむいている？

落花生をピーナッツに加工する際、どうやって大量の豆の殻をむいているのだろうか？

現在では、外側の殻から渋皮まで、皮むき作業はすべて機械化されている。まず、落花生の実は大皮脱皮機という機械に入れられる。中には、樫の木でできた羽がついており、その羽が回転して、ひょうたん型の殻を割り、割れた殻は、羽の風圧で外に吹き飛ばされていく。

次いで、豆を湯でふやかすか、乾燥させて、渋皮をはがしやすい状態にしてから、脱皮機に入れて、渋皮をむく。湯漬け法の場合は、後で乾燥機に入れるか、天日干しにして豆をよく乾燥させる。

シナチクはどうやって作られている？

ラーメンには欠かせないシナチク。その材料となるのは、中国産の麻竹《まちく》という種類のタケノコ。シナチクの作り方は、まず麻竹を細かく刻んだものを煮て、水切りしたあとで発酵させる。土の中に入れて約1カ月ほど発酵させるのだが、そのとき他の材料は入れない。土の中の細菌による自然発酵だけで、タケノコの色がだんだんと薄茶に変わり、あの独特の風味が生まれてくる。

その発酵したタケノコを、塩漬けにするか、天日干しで乾燥させるとシナチクのできあがりだ。日本には、塩漬けか乾燥状態で輸入され、各メーカーがこれを味付けして商品化されている。

ホワイトチョコレートをどうやって白くする？

チョコレートには、普通の茶色のチョコのほかに、真っ白な「ホワイトチョコレート」がある。そのホワイトチョコレートは、どのようにして白くしているのだろうか？

チョコレートは、カカオマス、ココアバター、乳製品、砂糖などから作られている。カカオマスは、カカオ豆をあぶって皮と胚芽《はいが》を取り除き、ペースト状にすりつぶしたもののことで、そのカカオマスの色がチョコレート色のベースになっている。

一方、ホワイトチョコレートは、カカオマスをそのままは入れず、カカオマスに含まれているココアバターだけを取り出して使う。ココアバターは、乳白色なので、チョコレートの色も白くなるというわけだ。

肉牛に〝雄〟はいないって本当？

肉牛は食用目的で飼育される牛だが、そのなかに〝雄〟はほとんどいない。雄牛は、生後2〜3ヶ月で去勢されてしまうからだ。「種牛候補」として去勢を免れるのは、200頭に1頭ほど。残りは雄としての能力を奪われてしまうのである。

　雄牛が早々と去勢されるのは、牛の性質を穏やかにして育てやすくし、また精肉したときの歩留りをよくするため。去勢したほうが食用にできる肉の割合が増えるのだ。

すし飯に砂糖を入れるようになったのは？

　江戸前寿司の寿司飯は、戦前までは塩と食酢だけで作られていた。ところが、戦後になると、寿司飯に砂糖を加えるようになった。米の質が低下し、砂糖を使わなければ、味が保てなくなったからだ。

　とりわけ、人工乾燥させた米は、吸水力が弱く、酢をふりかけても十分には吸わない。そこで、砂糖の保水力を利用して、米が酢を吸収するようにしたのである。

　また、砂糖を加えることによって、寿司飯につやがでて、輝きのある寿司になるという効果もある。合わせ酢をつくるとき、砂糖を溶けやすくするため、すこし加熱すると、飴のようなつやが生まれ、輝きのある寿司飯になるのだ。

「ちらし寿司」と「ばら寿司」は、どうちがう？

　関東のちらし寿司は、寿司飯の上に、マグロやエビ、こはだ、穴子などの寿司ネタを重ねたもの。一方、関西のばら寿司は、寿司飯にかんぴょう、ニンジン、高野豆腐、干しシイタケ、ごぼうなどの具をまぜ、金糸たまごをのせたもの。

　関東では、関西のばら寿司のように具をまぜるものは、「五目寿司」と呼ばれている。

ナマコのどの部分を食べているのか？

　ナマコは世界に約１５００種類もいるが、日本人が食べているのはマナマコという種類である。マナマコは、円筒形をしていて、腹側に小さな吸盤状の足がついている。一般的には、このマナマコの両端を切り落とし、内臓を取り出した残りの身を食用にしている。薄切りにしたナマコを三杯酢で食べるのが、もっともポピュラーな食べ方だ。

　また、取り出した内臓のうち、

腸を塩辛にすると「コノワタ」、卵巣を塩辛にすると「コノコ」になる。いずれも珍味で、日本酒好きの人には、酒の肴としてよく知られている。

？サンマが北で獲れるものほど脂がのっているのは？

サンマは、9月に北海道で獲れるものが、いちばん脂がのっているといわれる。

太平洋側のサンマは6月頃から北上を始めるが、その頃は身がパサパサしていて、あまりおいしくない。その後、北海道沖に進み、オキアミをタップリ食べることで、脂がのるのだ。

やがて、そのサンマも、北海道から南下するにしたがって、脂ののりが悪くなる。北海道沖で獲れるサンマに含まれる脂は20％ほどだが、それが11月頃、三陸沖で獲れるサンマは、約10％と半減する。さらに、南下して銚子沖に姿を表す12月頃は、脂分は約5％になっている。

？魚肉ソーセージはどうやって生まれた？

世界的にソーセージといえば豚肉製だが、日本には魚肉ソーセージという独自のソーセージがある。

そもそも、魚肉ソーセージが作られたのは、大正時代のこと。京都大学の清水亘博士などによって、かまぼこ用すり身をつかったソーセージが試作された。やがて戦争が始まり、食料難になると、マグロ、カツオなどのすり身に、豚の脂身をくわえてソーセージ風に味付けをした魚肉ソーセージが、出回るようになった。

当初は人気商品ではなかったが、1953年（昭和28）、太平洋のビキニ環礁で行われたアメリカの核実験で、日本の第五福竜丸という漁船が被爆、付近のマグロも放射能汚染されるという大事件が起きた。

すると、魚が買い控えられるようになったので、水産業界は売れなくなったマグロやカツオを原料にして魚肉ソーセージを売り出した。すると、今度は魚肉ソーセージの売り上げはうなぎのぼりに伸び、日本の食卓に定着することになったのだった。

噛み切りやすい海苔と、噛み切りにくい海苔のちがいは？

海苔には、確かに噛み切りやすいものと、噛み切りにくいものがある。二つのタイプのちがいは、海苔の細胞間を埋めている食物繊維の比率の差によって生じる。

海苔の細胞間の食物繊維には水に溶けやすい「ガラクタン」と、水に溶けにくい「アンドロガラクトゥース」があり、前者の比率が高いと噛み切りやすく、後者の比率が高いと噛み切りにくくなる。

無臭ニンニクの臭いの消し方は？

無臭ニンニクには、二つのタイプがある。ひとつは、エジプト産のニンニクを品種改良し、臭いを少なくしたもの。もうひとつは、ニンニクを温めて、臭いを弱くしたタイプだ。

ニンニクの臭いは、アリインという無臭の化合物が、アリナーゼという酵素によって、臭う物質であるアリシンへと変わることによって生じる。そこで、ニンニクに人工的に熱を加えると、アリナーゼの酵素作用が弱まるので、臭いのもとであるアリシンの生成が抑えられるというわけだ。

砂糖を入れると、熱いコーヒーが冷めてしまうのは？

これは気のせいではなく、コーヒーに砂糖を入れて、スプーンでかきまわすと、確実に冷めていく。

まず、砂糖を入れただけで、砂糖を溶かすために融解熱が必要となり、コーヒーから熱が奪われる。

さらに、スプーンでかき混ぜると、カップの中で対流現象が起き、これまた冷める原因になる。

その際、金属製のスプーンを使うと、金属は熱伝導率が高いため、コーヒーはさらに熱を奪われることになる。

そばの色のちがいは何のちがい？

そばには、白っぽいそばと黒っぽいそばがある。その色とそば粉の割合は無関係。色のちがいは、そば粉の種類のちがいによって生じる。

そば粉の種類は、色の濃淡によって大きく三つに分けられる。まず「一番粉」は、石臼でひいたとき、そばの実の中心部分から最初に取れる真っ白い粉。「二番粉」は一番粉が取れたあと、その周りから取れるやや黒みがかった粉。「三番粉」は、そばの実の一番外側から取れる黒っぽい粉を指す。

では、そば粉の種類によって、どんなそばできあがるのだろうか。

まず、一番粉の白い粉だけで打った白いそばは「更科そば」と呼ばれる。一方、黒っぽい二番粉、三番粉で打った黒っぽいそばは、通称「田舎そば」などと呼ばれることになる。そば専門店では、これら三種類の粉の割合を調整し、食感や香りに変化をつけているというわけである。

コーヒー豆に〝新豆〟はあるのか？

日本茶に「新茶」があるように、コーヒーにも〝新豆〟が存在する。

コーヒーには10月1日〜翌年の9月30日をサイクルとした「コーヒー年度」という期間の単位があり、それに基づいて新豆かどうかを判断されている。

具体的には、コーヒー年度内に収穫されたものは「カレントクロップ」、そのなかでもとれたての特徴を残した豆を新豆、「ニュークロップ」と呼ぶ。逆に2年以上置いた豆は、「オールドクロップ」と呼ばれる。

それぞれの味は、新豆（ニュークロップ）は、酸味、甘味ともに強いのが特徴。ただし、コーヒーの場合、新豆だからといって飛び抜けておいしくなるわけではなく、人によっては味の落ちついたオールドクロップを好む人もいる。

カップ麺の麺がカップ内で宙づりになっているのは？

カップ麺の麺は、容器の底までギッシリ詰まっているわけではない。カップ麺を分解したことがある人はご存じだろうが、容器の上下に隙間が空いていて、麺はカップ内に宙づりの状態で麺がおさまっているのだ。そうしておくと、麺が衝撃によって折れることなく輸送でき、カップの強度も強くなるためである。

また、カップの下に空間が空いていると、お湯を注いだとき、底のほうにも湯がたまるため、麺を上下からほぐすことができ、麺の仕上がりが一定になるのだ。

ニンニクの芽は、本当に芽？

中華料理でよく使われるニンニクの「芽」。ただ、そのニンニクの芽は鮮やかな緑色で細長く、どうみても「茎」にしか見えない。

事実、ニンニクは、春になると、地上では葉や茎が伸びるが、その伸びた「茎」が「ニンニクの芽」と呼ばれている部分なのである。


では、なぜ、茎を「芽」というようになったのだろうか？　ニンニクは中国では古来、若い茎の部分や葉っぱの部分を食用にしてきたが、この「茎ニンニク」が中国から日本に渡ってきたとき、つけられた名前が「ニンニクの芽」だったのである。それ以来、日本ではこの呼び方で親しまれている。

ちなみに、ニンニクの芽をとるための品種と、実のほうをとる品種とは別モノで、ニンニクの芽をとるときには、茎が伸びやすく、やわらかい品種が用いられている。

タコの足の先を切って調理する理由は？

タコを調理するときには、足の先を切り落とすのが常識。


これは、吸盤内に雑菌が棲みついているからだ。

そもそも、プロの料理人は、タコを調理する前に、大根おろしや塩で足をしごく。それも、タコの吸盤には雑菌がいるからである。

ただし、足先は細いため、吸盤が小さく、雑菌を洗い出しづらい。そこで、足の先は切り落とすのだ。

アイスクリームは太りにくいって本当？

アイスクリームは高カロリー食品なので、食べたら太りそうだが、じつはそうでもない。

その理由は冷たさにある。人間の体は、冷たいものを食べると、体温をもとに戻そうとする。そのさい、アイスクリームのカロリーの一部が、冷えた体を温めるために使われるので、すべてのカロリーが体に吸収されずにすむというわけだ。

「カルボナーラ」の名前の由来は？

スパゲティの「カルボナーラ」という名は、イタリア語の「炭」(carbone　カルボーネ）に由来し、「カルボナーラ」(carbonara)は「炭焼き人」という意味。

そんな名がついたのは、「炭焼き小屋の保存食用に作られ始めたから」という説が有力だ。

また、「黒こしょうが手についた炭を連想させた」という説もある。

ひやむぎの中に赤と緑の麺が混じっているのは？

白いひやむぎの中には、赤や緑の色つき麺がたまに混じっているのはなぜなのだろうか？

メーカーによると、色つき麺を混ぜるのは「涼しさを演出する」ためだという。真っ白なひやむぎに、赤や緑の彩りを加えると、白さが一層ひきたち、より涼やかに感じられるという。また、赤や緑が食欲を刺激する効果もねらっているそうだ。

納豆にも〝旬の季節〟はあるのか？

〝新豆〟がとれる、11月から12月にかけてが、納豆のベストシーズンといえる。

また、発酵のタイミングでいうと、納豆菌をつけて発酵させてから、だいたい一週間たった頃がベストの味とされる。

発酵が足りない納豆は豆のまわりが白くなるが、発酵から一週間ほどたつと、豆のまわりが、白ではなく、透明にかわってくる。

これが食べごろのサインだ。

アンパンの中身をどうやって入れる？

アンパンの中に、どうやって餡を入れるのだろうか？

答えは簡単で、焼く前の生地の段階で、具を入れているのである。

まず、一次発酵が終わったパン生地を平らに伸ばし、その真ん中に具をのせる。次に、まわりの生地を中央に寄せて、合わせ目をきちんと閉じる。

そして、具を入れた生地を二次発酵させてからオーブンで焼く。

その際、継ぎ目を下にして焼けば、焼き上がった時に継ぎ目がわからなくなるというわけだ。

なぜチーズには穴があいている？

チーズには、表面に細かな穴が開いているタイプがある。その穴は「チーズアイ（チーズの目）」と呼ばれるが、そんな穴ができるのは、製造中に「プロピオン酸菌」という微生物を加えるからである。

チーズの製法は、まず牛乳に酵素や乳酸菌を加えて凝固させ、ホエーと呼ばれる液体を分離させる。その後、熟成させる過程で、微生物を加える。それが、炭酸ガスを発生させ、そのガスの抜け道が「チーズアイ」となるのだ。

「しゃぶしゃぶ」という名前の由来は？

しゃぶしゃぶは、薄切りの牛肉を熱いスープにさっとくぐらせ、ポン酢やゴマダレで食べる鍋料理。もとは、中国北方民族の「シュワ・ヤン・ロウ」という羊肉を使った料理に由来するとみられる。その料理を、中国北部で生活していた人が日本に持ち帰り、羊肉の代わりに牛肉が使われるようになった。

しゃぶしゃぶを、現在のような形で出すようになったのは、大阪に店を構える肉料理の老舗・スエヒロ本店。そして昭和27年、この料理を考案中だったスエヒロの店主が、台所で布巾を洗う「じゃぶじゃぶ」という音を聞いて、この名に決めたと伝えられている。

ケンタッキーとテネシーがバーボンの聖地になったのは？

バーボンウイスキーの製造地としては、米ケンタッキー州と隣接するテネシー州が有名だ。この地域がバーボン産地になった背景には、税金が関係していた。

アメリカでは、独立戦争後の1

791年、「酒税法」が成立し、蒸留酒に重税がかけられることになった。

すると、ウィスキー製造の中心地だったペンシルベニア州などから、多くのウィスキー製造業者が、当時州に昇格したばかりで、政府の影響がおよびにくかったケンタッキーやテネシーに移り住んだ。

それが、この地でバーボンが発展する原動力になったのだ。

しかも、この地域には、バーボン製造に必要な条件がそろっていた。

原料のトウモロコシ栽培に向いていたうえ、ウィスキー作りに適した良水が手に入った。また、樽に使うオークにも恵まれていたのである。

カルパッチョってどういう意味？

イタリア料理のカルパッチョは、生の牛ヒレ肉に、マヨネーズとマスタードを混ぜたホワイトソースをかけた料理。この料理は歴史が意外に浅く、ベネチアの有名店「ハリーズ・バー」の初代オーナー、ジョゼッペ・チプリアーニが1950年にレシピを考えたもの。

この店の常連客の伯爵夫人が、医師から食事制限を言い渡されていた。

そこで、彼女のために低カロリーの特別メニューを作る際、店のオーナーの頭に浮かんだのは、ルネサンス期の画家であるヴィットーレ・カルパッチョだった。

そこで、その料理を「ビーフ・カルパッチョ」と命名したのだ。

しば漬けの「しば」って何のこと？

しば漬けの歴史は、鎌倉時代にまでさかのぼる。

発祥の地は京都郊外の大原で、平家の生き残りの建礼門院は、洛北の尼寺「寂光院」で暮らしていた。里の人たちが彼女に献上したのが、このしば漬けだったという。

ナスやキュウリ、ミョウガなどを紫蘇の葉で漬け込んだしば漬けを、建礼門院は気に入り、「紫《むらさき》葉《は》漬《づ》け」と名付けたという。つまり、「しば」とは紫蘇の葉という意味だったのだ。

カレー・ルーの辛さはどんな基準で決められる？

カレー・ルーのパッケージには、カレーの辛さが一目でわかるよう、「甘口」「中辛」「辛口」などと表記されている。では、その辛さは何を基準にして決められているのだろうか？

カレーの辛さは、おおむね、唐辛子の辛味成分「カプサイシン」と、こしょうの辛味成分「ピペリン」の量によって決まり、甘口・中辛・辛口は、それらをどう配合するかで分けられている。

ただし、各メーカーは配合量で機械的に分けているわけではなく、試作品を実際に食べてみて、最終的には人間の舌によって、辛口、甘口などに分類している。

春が旬なのに「夏みかん」と呼ぶのは？

「夏みかん」が店頭に出回るのは、2月から5月にかけて。冬から春のフルーツなのに、「夏みかん」と呼ばれるのは、なぜだろうか？

夏みかんの実がなるのは秋。ただし、なった実をすぐに収穫すると、酸っぱくて食べられたものではないので、木に実をつけたまま、酸味がやわらぐのを待つ。かつては、食べごろになるのは翌年の初夏あたりだったので、「夏みかん」という名前がついた。

その後、品種改良によって春先には出荷できるようになったのだが、名前は馴染み深い「夏みかん」と呼ばれつづけているというわけ。

ギョーザが三日月形をしているのは？

ギョーザが三日月形になった理由をめぐっては、二つの説がある。

一つは、清朝末期まで使われていた「元宝銀」という馬蹄形の銀貨をかたどったという説。もう一つは、祭事に使われていた「元宝」といわれる一種の紙幣を写し取ったという説で、いずれにせよお金と深く関わっている。

中国の人たちは、「春節」の日にギョーザをたらふく食べる。旧正月にあたる春節に、家族みんなで三日月形のギョーザを食べ、お金に恵まれることを願うのである。

家庭でイカを干してもスルメにはならないのは？

スルメは、イカを開いて内臓を取り、干してできる食品。ただし、家庭などで単に乾かしただけでは、スルメと呼べる味にはならない。微生物の働きが必要なのだ。

スルメは、納豆やチーズと同様の発酵食品で、独特のうま味は、微生物（発酵菌）が「イノシン酸」などのうま味成分を作ることによって生じる。スルメを作っている漁港の干し場には、そうした微生物が付着しているため、イカがスルメへと発酵するのだ。

一方、家庭にはそのような微生物がいないため、乾かした際、「干しイカ」にはなっても「スルメ」にはならないのだ。

固くなったヨウカンが白っぽくなるのは？

ヨウカンの端が白くなるのは、その部分に砂糖の結晶が噴き出してくるから。

ヨウカンには大量の砂糖が使われ、砂糖が防腐剤の役割を果たしている。砂糖づけにすると、細菌が生きられなくなるため、ヨウカンはひじょうに腐りにくい食べ物なのだ。

しかし、長期間保存していると、ヨウカンは端のほうからしだいに乾燥してくる。

すると、ヨウカン内部に溶けこんでいた砂糖が結晶となって表面に出てくる。それが白く見えるのだ。

ジャガイモの品種メークインの語源は？

ジャガイモの代表的品種「メークイン」（May Queen）。

早生多収で、「男爵」をおさえて、多く作られている。

このメークインという名は「早生多収」という特徴を表したもの。「メイ」は繁殖・成長の女神「Maia」（マイア）にあやかっている。

五月に多くの実をつける品種に

ぴったりの名だ。

日本で最初にお弁当に「お手拭き」をつけたのは？

日本で初めて、弁当にお手拭きをつけたのは、シウマイで有名な横浜の崎陽軒である。

昭和30年、アルコールをひたした紙を袋に詰めた「簡易お手拭き」を考案した人がいて、崎陽軒がそれを採用。駅弁に添えたのだ。

カキがホタテの貝殻で養殖されるのは？

カキはホタテの貝殻を利用して養殖されている。ホタテの貝殻のほうが、形や大きさがそろっているので作業がしやすいからだ。カキの貝殻は大きさがまちまちなうえ、表面がゴツゴツとしているので、作業しにくいのだ。

また、ホタテの貝殻には種ガキが付着しやすく、離れにくいというメリットもある。カキの養殖には、カキそのものより、ホタテの貝殻のほうが向いているのだ。

レタスは軽いほうが上質とされるのは？

通常、野菜を選ぶとき、同じ大きさなら、重いものを選んだほうがいいとされる。

たとえば、キャベツや白菜は重いもののほうが巻きがしっかりしていて、中身が詰まっている。

ところが、同じ葉ものでも、レタスは軽いものを選んだほうがいいとされる。重いレタスは、葉が固くなっているからだ。すると、サクサクしたレタスの持ち味を楽しめなくなってしまう。しかも、葉が固くなったレタスは、栄養が抜け落ちてしまい、味が落ちていることが多いのだ。

細長く切るのになぜ「ショートケーキ」？

「ショートケーキ」は小さく切ってあるから「ショートケーキ」だと思われがちだが、じつはまったくちがう。

英語の〝short〟には、「短い」のほかに、お菓子などが「もろい」という意味がある。スポンジを土台にしているショートケーキは、食べるとボロボロとくずれやすい。そこで、もろくて壊れやすいケーキという意味で、「ショートケーキ」と名付けられたのである。

ソーセージの包装にオレンジ色が使われるのは？

ソーセージの包装には、オレンジ色のフィルムが使われることが多いが、これは製品の劣化を防ぐため。透明色のフィルムだと、太陽光などの影響で製品が傷みやすいので、光をさえぎるオレンジ色が使われているのだ。

また、オレンジ色のような赤系統の暖色は、色彩心理学では「人間の食欲をそそる」とされている。要するに、オレンジ色を使うと、おいしく見え、売り上げが伸びるのである。

クリスマスにケーキを食べるのは？

クリスマスにケーキを食べるのは、クリスマスの前身である「冬至の祭り」に由来する。

冬至の祭りは、北欧にキリスト教が入る前に行われていた祭り。人々が1年の労働から解放され、食物に感謝をささげる行事であり、その祭りではデザートにケーキを食べる風習があった。

やがて、この祭りは3世紀末頃、キリストの誕生を祝う「クリスマス」に吸収されていき、日にちも12月25日と定められた。

その後、クリスマスにケーキを食べるという北欧の習慣が他地域にも影響をおよぼしたのである。

◆10秒で相手の心をつかむ雑談ネタ　グルメ編

弁当に入っている緑色のギザギザを「バラン」というのは、「葉蘭」というユリ科の植物名に由来する。その葉には、防臭、腐敗をふせぐ効果があり、昔の弁当には、その葉の本物が使われていた。

塩に賞味期限はない。ただし、ゴマ塩や塩コショウには、賞味期限がある。

おにぎり一つ当たりの米粒の数は２０００粒余り。１００グラム程度の標準的なおにぎりの場合の話。

モヤシは漢字では「萌やし」と書く。「萌やす」（土から萌え出ること）を名詞化した名。

「淡口醤油」と書いても、「うすくち醤油」と読む。醤油業界がこの表記を好むのは、薄口醤油では味が薄いと誤解されがちだからだという。

味噌煮込みうどんは、沸点の上昇現象により、170℃にまで達する。熱いはずである。

フキノトウ（蕗の薹）は、フキの花芽。小さい花芽は食用になるが、大きくなると食べられなくなるところから、「薹が立つ」という言葉が生まれた。

鶏には、香川エーコク、鳥取エーコクなど、「エーコク」という品種がある。この「エーコク」は英国のことで、イギリス船によって原種がもたらされたことに由来するとみられる。

レタスはキク科の植物。夏になると、小菊のような花を咲かせる。

「のれそれ」という珍味がある。高知県では、春が近づいたことを示す海の幸。

その正体はアナゴの幼生で、葉のような形をしている。

「青椒肉絲《チンジャオロース》」と「青椒牛肉絲《チンジャオニウロース》」は、ちがう料理。前者は豚肉、後者は牛肉を使ってつくる。

「医食同源」は、日本生まれの言葉。中国の「薬食同源」という言葉をもとに造語された。その後、中国に逆輸出され、今は中国でも使われている。

「カリッコリー」というカリフラワーとブロッコリーの中間種がある。味はブロッコリー、食感はカリフラワーに近い。

米ナスは、アメリカの品種ブラックビューティを日本で改良したもの。だから、米ナスという名前ながら、アメリカではまず手に入らない。

ステーキから、血は流れ出ない。ナイフを入れたときに赤く流れ出す汁は、ミオグロビンという色素に染まった水分。

「食材」という言葉は、テレビ番組『料理の鉄人』のヒットによって一般に広まった。かつてのワープロソフトでは、「しょくざい」が「食材」と変換されず、「贖罪」が最初に出てきたもの。

日本初の缶詰は、イワシの油漬け缶詰。1872年（明治4）、長崎の松田雅典がフランス人の指導のもと製造した。なお、1878年10月10日には、サケ缶が誕生し、現在、10月10日は「缶詰の日」とされている。

値段の高いトマトほど、水に沈む。糖度が高く、比重が大きくなるため。

肉まんの下についている紙の名は、グラシン紙という。パラフィン紙と性質が似ていて、耐油性、耐水性にすぐれている。

タコスは複数形で、単数形は「taco」（タコ）。

メキシコでは、1個はタコ、2個以上をタコスと呼ぶ。

バラ肉は、バラバラに切った肉ではなく、アバラ骨の周囲の肉のこと。それを韓国語ではカルビ、沖縄ではソーキ（骨つきの豚バラ肉）と呼ぶ。

「サルサソース」は、メキシコを代表する液状調味料。現地では単に「サルサ」と呼び、ソースという意味。だから、サルサソースは〝ソースソース〟といっていることになる。

グリンピースは、えんどう（豆）の未熟なもの。枝豆は、大豆の未熟なもの。

「オレタチ」という柑橘類がある。オレンジとカラタチのハイブリッド。

フレンチ・ドレッシングは、アメリカ生まれ。インディアナ州の主婦が考案したという説などがあり、フランス生まれではないことは確か。

ドリアは、イタリア料理ではなく、日本発の料理。戦前、横浜のホテルニューグランドの総料理長をつとめていたサリー・ワイル氏考案のメニュー。

8月8日は、たこ焼きの日（タコの足の数から）。10月10日は、お好み焼きの日（じゅうじゅうと焼くので）。そして、5月7日は、コナモン（粉物）の日。

日本のカレーの具に使われる野菜は、ジャガイモ、タマネギ、ニンジンと保存のきくものばかり。海軍の軍艦でよく食べられたことと関係するという説が有力。

マンゴーはウルシ科の植物で、「マンゴール」というウルシオールに似た物質を含んでいる。そのため、接触性のかぶれを起こすことがある。

イタリアには、パンツエロッティ（Panzerotti）という揚げピザがある。近年は、パンツェロッティと表記されることが増えてはいるが。

「天麩羅」は当て字ではあるが、「麩」には「ふすま」（小麦の粗粉）、「羅」には「うすもの」（薄衣の意）という訓読みがあり、なかなかよくできた当て字。

果物の「ザクロ」は、イラン周辺原産。
イラン高原の南西にそびえるザグロス山脈の名に由来するという説が有力。

スイカの種は、縞模様の黒い部分の内部に集中している。
だから、縞模様と縞模様の間を切れば、断面に種があらわれにくい。

塩と砂糖を同じ量混ぜてなめると、ひどく、塩っぱい。
塩味を感じる味蕾《みらい》のほうが数が多いうえ、

塩味のほうが脳に伝わるスピードも速いためという説が有力。

大葉と青じそは同じもの。静岡の生産組合が、青じそを販売するにあたって、芽と葉を区別する必要があり、葉のほうを「大葉」として売り出したのが始まり。

焼きそばパンにはいくつかの発祥説があるが、１９５０年代、東京の荒川区南千住のパン店「野澤屋」の店主が考案したという説が最も有力。

ウニ業界では、練りウニなどの加工食品は「雲丹」、生ウニは「海胆」と書き分けるのが、一般的。

きなこは、砂糖よりもカロリーが多い。砂糖１００グラムのカロリー量は３８７kcal。きなこ１００グラムは４３７kcal。きなこは、もとが大豆なので、油分がけっこう多いのだ。

カフェ・ラテの「ラテ」とは、イタリア語で「牛乳」のこと。
カフェ・オ・レの「レ」も、フランス語で「牛乳」という意味。

日本で初めて「ペットボトル入り」として売り出されたのは、清涼飲料でもお茶でもなく、醤油。1977年、キッコーマンが発売。

チョコレートをアルミ箔で包んでいる第一の目的は、虫よけ。加えて、内部の温度を一定に保ち、溶けるのを防ぐという目的もある。

「ガトー・オ・ショコラ」というと高級そうだが、単にフランス語で「チョコレートケーキ」という意味。
なお、ガトーは gâteau と綴り、フランス語でケーキという意味。

源氏パイ（1965年発売）を発売している三立製菓は、

約半世紀後の2012年から、平家パイも販売している。

「コーヒー豆」「カカオ豆」というが、コーヒーもカカオも、マメ科の植物ではない。コーヒーはアカネ科、カカオはアオイ科。

菓子の「グミ」の名は、ドイツ語のgummiに由来し、もとはゴムという意味。

「きのこの山」「たけのこの里」を発売している明治製菓は、かつて「すぎのこ村」を売り出したことがある。ただ、ヒットには至らず、2年足らずで製造中止。

ホワイトデーのお返しとして、菓子メーカーがパイを返すのを流行らせようともくろんだことがある。その理由は、3月14日↓3・14↓π（円周率）だから。

マクドナルドのチキンナゲットの形は、4パターンしかない。ナゲットはチキンのミンチを機械で型抜きしてつくられ、その型抜きの形が４種類ということ。

「台湾ラーメン」は名古屋発祥。１９７０年代、名古屋の中華料理店でまかない料理としてつくられたものが、激辛ラーメンに発展。

4
業界

Interesting
conversation
starters!

居酒屋の店先にぶらさがる茶色い球の正体は？

日本酒の品揃えを売り物にしている居酒屋の店先などで〝茶色い玉〟がぶらさがっているのを見かけたことはないだろうか。

あの茶色い玉の正式な名前は「酒林《さかばやし》」といい、もともとは造り酒屋で、新酒の完成を知らせたいときにぶらさげるものだった。毎年、秋に収穫された新米をつかった酒は、年の暮れ頃にできあがる。造り酒屋では、新酒の完成をアピールするため、杉の葉を束ねて丸く刈り込み、玉にしたものを門前にぶらさげた。造り酒屋では、緑色の杉玉が飾られていたというわけだ。

その習慣を居酒屋や小売りの酒店がマネて、玄関先にぶらさげるようになった。居酒屋や酒店では茶色の玉をぶらさげているのは、インテリアとして年中飾っているため、杉の葉が枯れて茶色になってしまっただけのことである。

ちなみに、杉の玉が作られるようになったのは、日本酒造りに欠かせない樽や桶には、殺菌効果のある杉が昔からつかわれてきたからである。

ガソリンスタンドの屋根があんなに高いのは？

ガソリンスタンドの屋根は、5～6メートルはあるもの。あんなに屋根が高い理由の一つはクレーン車の給油に対応するためだ。

もう一つ、安全上の問題もある。ガソリンは気化しやすいため、給油スペースの付近には、気化したガソリンがたえず漂っている。ガソリンスタンドの屋根が低いと、気化したガソリンが滞留しやすくなるので、それを防ぐため、屋根を高くして風通しをよくしているのだ。

ショールームの2階にある車はどうやって入れる？

自動車を展示・販売しているショールームでは、1階はもちろん、2、3階にも車を展示していることがあるが、上の階には、どうやって車を入れるのだろうか。

地下鉄に車両入線用の出入口があるように、カーショップにも、それ専用の出入口が設けられている。どのショールームにも、目立たぬように大きな扉が用意されているはずだ。

たとえば、あるショールームでは、2階以上は専用のカーリフトを使い、各階にある出入口から搬入搬出している。

よくみると、衝立《ついたて》の後ろあたりに大きな扉があるのがわかるはずだ。

ショーウィンドーの中の車はどうやって入れる？

前項につづいて車のショールームの話。それでは1階のウィンドーの中にどうやって車を入れるのか。ショールームの入口からは、どう考えても車を入れることは不可能である。

これもじつは簡単なこと。ショーウィンドーのガラスをはずして、車を出し入れするだけの話。大変な作業のように思えるが、それくらい、プロの手にかかればなんでもないことなのだ。

搬入の現場になかなか出くわすことがないのは、ショールームが休みの日や閉店した後の時間帯に作業をするからだという。

ガード下にやきとり屋が多いのは？

ガード下にやきとり屋が並ぶのは、戦後の闇市の最後の名残りといえる。

敗戦直後、日本人にとって肉は大変な貴重品だった。そこで肉の代わりに、牛や豚の内臓を串に刺して焼いたものを「やきとり」と称して売る店が増えた。安価で栄養豊富な〝やきとり〟は、好評を呼び、この手の店がどんどん増えていった。

そういう店の多くがガード下に店を構えたため、今日もガード下といえばやきとり屋という伝統が続いているのである。

ホテルの宿泊予約は、どれくらい先まで取れるか？

通常、日本のホテルでは、1、2年先までしか予約を受け付けていない。なかには、6カ月前にならないと予約を受け付けないホテルもあるくらいだ。

ただし、修学旅行のように恒例

化した団体旅行などの場合は、予約できる場合もある。こういうケースでも、予約を入れられるのは旅行代理店であって、個人が何年も先の予約をとるのは、ほぼ不可能だ。

南極越冬隊の収入はどれくらい？

南極大陸の昭和基地には、南極の気象や生物などを観測・調査するために、隊員が常駐している。彼らは正式には「南極地域観測隊」と呼ばれ、夏隊と冬を担当する越冬隊とがある。彼らの収入はどれくらいだろうか？

まず、南極での任務に就くのは、気象庁をはじめとする各省庁の職員が多い。彼らは公務員なので、公務員としての給料が支給されている。

ほかに、調理や医療、機械の修理といったサポート業務もある。その仕事に就く人たちは、公務員以外から集められる場合が多く、たとえば調理担当者は、大人数分の調理を効率よくこなせるホテルなどのスタッフから採用されている。帰国後は、元の職場に復帰することになる。とはいえ、特別に高い報酬が出るわけではなく、「一般の国家公務員レベル」と決められている。

ボールボーイのバイト代って、いくらくらい？

プロ野球のボールボーイは、専属の社員ではなく、全員がアルバイト。通常は、１年契約で採用されている。

そのアルバイト料は、１試合７０００円ほどが相場。オープン戦などを含め、１年間に１００試合くらい行われると、収入は年間70万円程度になる。アルバイトとして割がいいかどうかは意見の分かれるところだろうが、役得はむろんプロ選手のプレーを間近に観られること。野球好きにはたまらないアルバイトであり、採用にあたってはかなりの倍率になる。

各線乗り放題の乗車券代は、各社でどう分けられている？

東京都内をぶらりと散歩するときに便利なのが、ＪＲ、地下鉄、バス会社などの「１日フリー乗車券」。1日に何度乗り降りしても、一律の料金しかかからないため、〝各駅停車の旅〟をするには割安だ。

たとえば、東京メトロが1日乗り放題になる「東京メトロ1日乗車券」は600円、都営交通の「都営まるごときっぷ」は700円。JRの「都区内パス」の750円などが販売されている。

さらに、JR、東京メトロ（当時は営団地下鉄）、都営の3社線に自由に乗り降りできる1日乗車券「東京フリーきっぷ」（現在は1590円）を使えば、3社を乗り継ぐときの割高感を気にすることなく、最短ルートでサクサク移動できる。

ところで、複数社線にまたがって割引されているこのきっぷ、その割引分は誰が負担しているのだろうか。

大人1590円、子供800円の料金を3社でどのように分けているのかというと、あらかじめ売り上げの分配率が協定で決められている。売り上げは発券機で購入されたときにカウントされ、各会社へその分が支払われている。

縁日で売られているヒヨコの種類は？

寺社の縁日でヒヨコが売られていることがあるが、そのヒヨコにブロイラーの雛はいない。ブロイラー用のヒヨコは、鶏肉を売るために育てられるので、縁日で売られることはない。

縁日のヒヨコとして売られているのは、採卵用の白色レグホーン種のオスである。採卵用の白色レグホーン種は、卵からヒヨコにかえると、すぐにオスとメスに選別される。

卵を産むのはメスだけなので、オスは育てても意味がないのだ。それが縁日に回ってきたりするというわけだ。

警察の取調室では、本当にマジックミラーで犯人を確認する？

刑事モノのドラマには、取調室の場面がよく登場する。取調室には、たいていマジックミラーがあって、目撃者がそこから被疑者を確認したりするものだ。

これは、ドラマだけの話ではなく、実際の取調室でも、同じようなことが行われている。マジックミラー越しなら、目撃者が安心して確認でき、被疑者の恨みをかう心配もないというわけだ。

とはいえ、取調室馴れした被疑者なら、どこにマジックミラーがあるか、すぐにわかる。あえてマジックミラーをにらみつけたり、マジックミラーに向かって怒鳴りつける被疑者もいるから、気の弱い人はマジックミラー越しでも、おびえてしまうことがあるそうだ。

理髪店は1人散髪して、いくらくらい儲かる？

一般的な理髪店の料金は、都市部で４０００円程度、地方で３５００円くらいというのが一応の目安。都市部を例にとると、４０００円のうち40％は経費に消えていく。経費の内訳は、水道代、ガス代、整髪料代、家賃などである。

４０００円の料金のうち40％が経費とすると、お客１人当たり２４００円が粗利となる。

普通の調髪だと、50分から１時間はかかるので、時給にして２４００〜３０００円弱ということだ。

１日にこなせる客数は、８人ほど。８人とすると、１日の稼ぎは１万９２００円だ。これで月間25日働くとすると、粗利は50万円弱。年間の粗利は、約６００万円になる。

同じ商標が同じ日に申請されたら、特許庁はどうする？

誰かが特許庁に商標を登録すると、他の人はその名前を勝手に使えなくなる。

その登録商標は、１日でも早く特許庁に申請した人に与えられるのだが、ときに偶然が生じる。同じ日に、同じ名前が申請されることがあるのだ。

そのようなとき、どうするかというと、商標法にはそうした場合の対処法がきちんと書かれている。まず、申請した者同士で話し合いを行い、どちらかが譲れば、それで一件落着。話し合いで解決しない場合には「くじ」で解決するのだ。

申請が重なった企業などの代表者を特許庁に集め、歳末福引セールでおなじみのガラポンを回して、権利者を決めている。

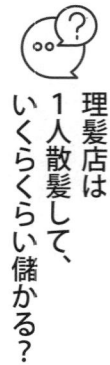

競馬騎手学校のメニューは？

競馬の騎手学校へ入学してくるのは、中学を卒業したばかりの生徒たち。騎手は太るわけにはいかないので、生徒たちは成長期でありながら、減量（体重維持）にもつとめなければならない。そこで、寮の食事メニューは、体作りと体重調整の両面を考え抜いたものとなっている。

その内容は、朝食は、食パン2枚にベーコンオムレツ、サラダ、チーズ。昼食は、ご飯とみそ汁に、天ぷら、こんにゃくの炒り煮など。夕食は、他の高校生に比べると軽めで、丼物に野菜料理、フルーツゼリーなど。

これで、1日の摂取カロリーは2200キロカロリー程度になる。騎手学校の生徒たちは、毎日、激しい運動をしているので、これで太ることはなく、体重を維持できるという。

救急車が消防署の管轄なのはどうして？

消火が専門の消防署が、救急車も運用しているのは、なぜだろうか？

消防署に初めて救急車が置かれたのは、昭和8年、神奈川県横浜市警察部の山下消防署でのこと。その翌年、愛知県名古屋市警察部の中消防署が、翌々年に東京都の警視庁消防部が、救急車を配備するようになった。以上からもわかるように、消防行政はもともと、都道府県の警察組織によって担われていたのだ。

戦後の昭和23年、消防署が警察から分離されることになったさい、消防署に通報設備があること、署員が応急処置を心得ていることなどの理由から、救急車は消防署の管轄になった。

名誉教授には、どんな特典がある？

「名誉教授」になる主な条件は、長年教授を務めていたこと。その年限は大学によってちがうが、国立大学ではおおむね15年間となっている。つまり、40代半ばまでに教授になり、定年まで無事に務めあげれば、定年後、名誉教授とい

4 業界

う称号がついてくるというわけである。

ただし、名誉教授は、その名前どおり、純然たる名誉職なので、〝特典〟はほとんどないという。大学や図書館の入館証が渡されるほかは、大学から定期刊行物が送られてくる程度だという。

ホテルのシングルベッドに枕がふたつある理由は？

ホテルに泊まると、シングルベッドなのに枕がふたつセットされていることがある。なぜ、1人で寝るのに枕がふたつあるのだろうか？

世の中には、「枕が変わると、眠れなくってね」という人がいる。枕がふたつあるのは、そんな人のためのサービスなのだ。

枕が低すぎると感じる人はふたつ重ねればいいし、ふたつ重ねでは枕が高いという人はひとつで寝ればいい。ふたつの枕を使いこなして高さを調節すればいいわけで、ふたつ用意されているのはそのためなのだ。

一方、和風の旅館では、相当高級な旅館に泊まっても枕はひとつしか出てこない。これは和風旅館が不親切だというより、枕の形の問題だろう。和風の枕では、ふたつ重ねて寝ると首を寝違えてしまう。

エレベーターガールはなぜみんな高い声で話すの？

エレベーターガールのやや高い声と独特の口調にはちゃんとした理由がある。

ちょっと高めの声でしゃべるのは、満員のエレベーター内でも、エレベーターガールの声としてはっきり識別できて、誰にでも聞き取りやすいようにするためだ。

ほかに、歴史的な理由もある。その昔、エレベーターガールは地方出身者が多かった。その訛《なまり》を隠すために、あのイントネーションが開発されたということもある。

また、高い声には、購買意欲を高める効果があるともいわれている。店頭キャンペーンや新商品発表会のコンパニオンの声が高いのも、この効果を利用しようとするもので、高い声のほうが客の気持ちを高ぶらせ、何か買おうかという気分にさせやすいという。たしかに、エレベーターガールに低い声でしゃべられると、陰気な気分になって、買い物どころではなくなるような気がする。

タクシーが燃料にLPガスを使うのは？

タクシーにはLPガス車が多いが、これはLPガスのほうが燃料費が安く上がるため。燃費は、LPガスはガソリンよりも劣るのだが、値段はLPガスのほうがガソリンよりもはるかに安い。結局、LPガスのほうが安く上がるというわけだ。

ただし、一般車の場合、ガソリンスタンドに比べてLPガスのスタンドは数が少ないため、給油するだけで一苦労となってしまう。タクシーの場合は、タクシー会社がLPガスのスタンドを持っているケースが多いので、給油に手間取らずにすむのである。

ファストフード店で「1万円入りまぁーす」と声をあげるのは？

ファストフード店やコーヒーショップチェーン店で会計をするさい、1万円札を差し出すと、レジ係が「1万円入りまぁ〜す」と声を張り上げることがある。

かけ声をかけられるのは、5千円か1万円など高額紙幣を出したときに限られるが、レジ係が「入りまーす」と声をあげるのには理由がある。

高額紙幣を受け取ったことをほかの店員に伝えるためだ。客から1万円札を受け取ったことを「複数人」で確認することで、間違いやトラブルを防ぐわけだ。

こうした確認作業は、多くのファストフード店で採用されているが、なかでも厳しいのが飲食系の大手チェーン。あるチェーン店では、高額紙幣が入ると、店の奥にいる責任者に渡して両替してもらう決まりになっている。

両替作業をはさむことで、客へ渡す釣り銭の間違いがより少なくなり、また、レジに高額紙幣を保管しないことで、レジ強盗などの犯罪を防ぐ意味もあるという。

新聞社は号外をタダで配って、大損しないか？

号外は、大事件が起きたとき

に、新聞社が朝刊、夕刊とは別に刷って、駅や繁華街の街頭で配るニュース速報紙のこと。もちろんタダである。

よく考えてみると、新聞社にとって、これは大きな負担になるはずだ。

かかる費用は少なく見積もっても数百万円以上。それに対する売り上げや広告収入はゼロ。つまり、号外を出すと、新聞社にとっては大損になるのである。

そんな損を承知で、なぜ、新聞社は号外を出すのだろうか？　その理由はふたつある。

ひとつに、新聞社は、号外を「〝事実をより早く知らせる〟新聞社の責任を果たすために必要なもの」と考えているから。ふたつめに、号外を「社のイメージアップにつながる広告効果の高いもの」とも考えているからだ。

そういえば、号外を配っているシーンは、必ずといっていいほど、テレビのニュース番組で取り上げられるもの。

その宣伝効果を考えると、新聞社にとって号外は案外安いものなのかも。

見えそうで見えない コックさんの 出世すごろくとは？

どんな仕事でも、努力なしに突然成功することはありえないが、苦しい修業に耐えられない人は、絶対に成功しないと言いきれるのが、料理人。なにしろ、学歴も家柄もいっさい関係なし、腕一本がものをいう世界だ。

西洋料理を例にとると、見習い時代は、先輩コックの雑用や皿洗い。包丁を持たせてもらえるようになっても、最初のうちは、野菜を1日中切っているだけ。

そんな下積み時代を経て、晴れて1人前になってからも、勤務中は立ちっぱなしだし、火を使う厨房内は、夏はとんでもない暑さになる。

寸胴鍋を運んだり、フライパンを振ったりするため、腰痛や腱《けん》鞘炎《しょうえん》になる人も多い。

しかし、そんな仕事だからこその夢もある。腕を磨いて独立し、自分の店を持つことだ。その店が人気になって知名度が上がれば、店の売り上げのほか、テレビ出演などの副収入も入ってくる。一方、コックが目指すもうひとつの大きな夢に、ホテルの料理長がある。一流ホテルの総料理長を務めれば、サミットのディナーなど、街のレストランでは経験できない大仕事がまわってくることもある。

決してラクな商売とはいえないし、夢をかなえることができる料理人はひとにぎり。それでも、ミラクルがじっさいに起きるのが、飲食業の面白さである。腕さえ磨いておけば、そんなチャンスがいつかめぐってくるかもしれない。その日を夢見て、日々精進を重ねている料理人が多いのだ。

フグの調理師が簡単には引越せない理由は？

フグの肝臓や卵巣には、テトロドトキシンという猛毒が含まれている。そのため、フグをさばくことができるのは、フグ調理師の免許をもつ人に限られている。また、フグを扱う店では、さばいたフグを処分するためのカギつきのゴミ箱を用意し、専門の廃棄業者に引き渡すなど、厳しい管理が義務づけられている。

フグの調理師免許を発行するのは、各都道府県。試験を受けて合格しなければ、フグ調理師の免許は得られない。さらに、規定が都道府県によってちがうため、免許を受けた都道府県以外では、フグを調理できるとは限らない。

だから、フグの調理師は、簡単には都道府県境を越えて店を移ったり、引越ししたりはできないそうだ。

探偵社の料金っていくらくらいなの？

探偵社の仕事の中身は、依頼者のニーズに応じるため多種多様。一般に多いのが浮気調査、結婚調査、人探し、企業の採用調査。

そういう探偵を雇うには多額の費用がかかる。たとえば、浮気調査なら一般に5～6日で30～60万円くらい。調査員2人で4時間尾行や張り込みをすると、1日の基本料金は6～10万円。しかし、〝ホシ〟が不倫相手とホテルに泊まったりすれば、超過料金・深夜料金が必要になり、100万円くらいかかってしまうのである。

探偵料がなぜ高いかというと、人件費がかさむから。張り込みの場合、ときにはホテルの出入り口をすべて探偵社のスタッフでおさえることもあるし、車での尾行は複数で行うため、どうしても費用が高額になってしまうのだ。

探偵からすれば、雨の日も風の日もカメラ、ケータイ、無線機を持って尾行、張り込みの日々である。体力と根気がないと、とても務まる仕事ではないし、それなりの〝実入り〟がないと、やってられないというところだろう。

お坊さんは、いくらくらい稼いでいるのか？

どんなお坊さんにも共通しているのは、収入の多くを占めるのが「お布施」であるという点。それには、一応〝相場〟のようなものがあるにしても、僧侶から価格表をみせるわけにはいかない。基本的に檀家や信者の〝お志〟にかかっているから、収入は不安定にならざるをえない。

また、よく知られているように、戒名料にも相場のようなものがある。巷間、戒名のランクは、お布施の金額によって決まるといわれる。

また、寺院に墓を建てる場合は、永代使用料という名目で、百万円単位のお金が寺の収入となるし、檀家の誰かが亡くなれば、葬式、初七日、四十九日、一周忌、三周忌、七周忌、十三周忌などの法要が営まれ、お寺にはそのたびにお布施として5万～数十万円が入ってくる。

ただ、最近は、檀家の数が減少し、経営難に陥っている寺院が少なくない。

なお、僧侶の仕事は「お経を読むだけ」で元手がいらないと思いがちだが、出ていく金もけっこう大きい。たとえば、寺院の住職だと、本山に上納金をおさめたり、敷地や庭のメンテナンスにもお金がかかる。

陳列棚に幅90センチのものが多いのは？

商品を並べる陳列棚には、幅90センチのものが多い。なぜかというと、この幅が客にとって一番見やすいサイズだからだ。

たとえば、お客がスーパーなどで目当ての商品が並んでいそうな棚の前に立ったとき、お客と棚の距離は70センチ程度。すると、お客の視野に入る棚の幅は約90センチ程度になるのだ。

事実、棚の幅が1メートルを超えると、商品が1度に視野に入ってこないため、お客は探しにくくなるし、反対に棚の幅が狭いと目線を棚の仕切りを越えて次々に移動させなければならないため、お客は買いにくくなってしまう。

スーパーの通路が奥に行くほど広くなるのは？

スーパーの客単価は、お客の動線の長さに比例する。つまり、1人のお客が使う金額は、そのお客が店内を歩き回った距離に比例する。

そこで、スーパーでは、客動線を伸ばすために、さまざまな工夫をしている。

店内奥の通路を他の通路に比べて広くしているのも、その作戦の一つ。

スーパーには、店内奥の通路のほか、レジ前通路や、中通路など、いくつもの通路があるものだが、奥の通路を広くするのは、通路に「メイン」と「サブ」の序列を作るため。「メイン」と「サブ」があれば、メインの方まで行ってみたくなるのが人間心理。結果、奥の通路を広くして、お客を引き込めば、客動線が伸びることになる。

そうして、店の奥まで引きずり込まれたお客は、知らず知らずのうちに〝ついで買い〟することになるのだ。

スーパーは値下げのタイミングをどう判断している？

スーパーでは、食品の賞味期限が迫ると、商品に「3割引」などと書いた〝お買い得シール〟を貼りつける。そうした商品値下げのタイミングをどうやって見計らっているのだろうか？

スーパーでは、日々、商品の鮮度チェックを行っている。チェックを担当するのは、「鮮度パトロール係」と呼ばれる店員さん。パトロール係は、一般食品をはじめ、お菓子や冷凍食品などの日付のラベルを、一品一品チェックしていく。賞味期限の過ぎたものが棚に並んでいると、店の信用が失われてしまうためだ。

加えて、パトロール係は、日付チェックと同時進行で、賞味期限の記載のない野菜や果物の鮮度チェックも行う。そして、賞味期限が迫っていたり、鮮度が落ちている食品に〝お買い得シール〟を貼っていくのだ。

つまり、値引き商品があるというのは、裏を返せば、商品チェックを念入りに行っている証拠だともいえる。

茶畑に大型扇風機が設置されているのは？

茶の栽培には山間地が適している。ところが、山間地では、新茶の時期に茶葉の天敵である霜が降りやすい。その霜害から茶葉を守るために用意されているのが、茶畑に立つ「扇風機」だ。業界では「防霜《ぼうそう》ファン」と呼ばれている。

早朝に冷えた空気は比重が重くなって、茶畑の低いところに降りてくる。それが、茶葉などに水分を結晶させて霜を結ぶ。

そこで、防霜ファンは、霜の降りそうな低温になると、センサーが働いて羽根が回り出す仕組みになっている。

冷たい空気を攪拌《かくはん》して、地表近くの気温がそれ以上下がらないようにして、霜を防いでいるというわけだ。

ニワトリに卵を産ませるのに、電気代がかかるのは？

採卵用のニワトリ「白色レグホン」は、1日1個近いペースで卵を産むように品種改良されている。しかし、いくら品種改良されていても、厳密には1日1個ではなく、実際には24時間とプラスαと、少しずつ卵を生む時間がズレていく。

たとえば、今朝7時に卵を産めば、翌日は8時近くになる。そうして徐々にずれていってしまうと、午後2時以降は卵を産まないので、その日の分は翌日に持ち越しになる。

すると、採卵ペースが落ちるので、電灯を照らして〝日照時間〟を長くするのだ。

すると、翌日にずれこむ分をその日に産んだり、なかには1日に2個産むニワトリも現れて、採卵ペースがアップするのだ。

銭湯にも家庭用の「内風呂」はあるの？

内風呂がある銭湯も、ない銭湯もある。ない場合、家族や従業員は、閉店後、残り湯に入るか、お掃除したうえ、翌日、お湯を張りなおして一番風呂に入るようだ。

内風呂がある場合、その理由はふたつに分けられる。

まず、銭湯と家が離れているケース。たいていの銭湯は、風呂場の裏に住居がくっついていることが多い。しかし、中には、銭湯と家が別で、離れていることもある。そんな家庭では、家に内風呂を設けている。

もうひとつは、銭湯を経営している家に赤ん坊がいるケースである。やはり手のすいたときに赤ん坊をパッと風呂へ入れたい。そのために、内風呂をつくるのである。

ホテルのベッドは客がなくてもベッドメーキングする？

ホテルに泊まると、ツインルームを1人で使うことがある。そんなとき、宿泊客は、ふた通りに分かれるという。

まずは、2つのベッドの両方に寝る人である。

たとえば、テレビを見るためのベッドと、寝るためのベッドを分けるなど、2つのベッドとも使うのだ。

一方、片方のベッドだけを使い、もうひとつのベッドは、まったく使わない人もいる。

ところが、ほとんどのホテルでは、使ってないベッドも、一からベッドメーキングするという。

「宿泊料をいただくのですから、当然のサービスです」

というのは、ホテル側の模範回答だが、じつは使っていないように見えるベッドにも、髪の毛が落ちていたりする。宿泊客は、髪の毛1本でも嫌うし、それ以外にも何が落ちているかわからない。もう一度、ベッドメーキングをやり直したほうが無難というのが、ホントのところである。

ベッドの脇に座り、そのまま後ろに寝っころがったぐらいでは、ベッドは乱れない。しかし、そのとき、髪の毛やお菓子のカスが落ちることもある。ホテル側は、それが怖いのである。

１００円ショップの仕入れ値は、どれくらい？

　１００円ショップの仕入れ値は、ひとつにつき60〜70円といわれる。

　原価率は6〜7割と高く、そのうえ駅前や繁華街に店を構えるため、割高となる家賃や人件費を差し引くと、1個あたりの純利益は10円くらいしかない。

　そこで、１００円ショップでは、商品の並べ方ひとつにしても、より多くの商品をカゴに入れてもらえるように様々な工夫をしている。

　たとえば、ある客が風呂桶を買いに来たとする。スーパーなら、風呂の備品コーナーに、プラスチックや木製など、いくつかの風呂桶が並べてあるだろうが、１００円ショップにはプラスチックの風呂桶しかない。その代わり、オレンジやピンク、ブルーといった色ごとに、風呂桶だけでなく、石けん入れや洗い椅子も多数並んでいる。

　すると、風呂桶を買いに来た客は、「せっかくだから、風呂の備品を同じ色で揃えよう」「1個１００円だしな」などと思いながら、風呂桶の他にも石けん入れや洗い椅子まで買っていく。

　このように、１００円ショップでは、あらゆる場所で1個でも余分に購入させる工夫を施し、薄利多売型の商法を徹底しているのである。

焼き肉店の店名にはどうして「苑」がつく？

　焼き肉店には、「○○苑」と「苑」の字がつくところが多いが、そもそもは焼き肉店をはじめるとき、店主が商売繁盛を願って付けたことによるという。

　日本の焼き肉の元祖は、内臓を焼いて食べるホルモン焼き。戦後まもなく、在日コリアンの人たちが広めた。

　その後、１９５０年代になり、ホルモン焼き店で貯えをつくった店主らが、ロースやカルビを自分で焼く現在の焼き肉店を次々に開店するようになった。

　そのとき、「苑」がつく店名が増えたのだ。もともと「苑」は、李朝時代、貴族らが集まる場所という意味があった。焼き肉店を開業する店主が祖国を思い、「店が、『苑』のように立派な場所になるように」という願いをこめて、屋号に「苑」をつけたという。

飲み屋のお通し、いらないと拒否したらどうなるか？

居酒屋では、座れば注文しなくても、「お通し」が出てくる。その分は、たいていの場合、「お通し代」として、後からちゃんとチャージされる。

それなりの居酒屋なら、季節の味をとり入れた、気のきいたお通しを出してくれる。そんな、うまいお通しに対しては、お通し代を払うことに、誰も異議をはさまないだろう。

だが、安酒場で出てくるような、情けないお通しになると、話は別だ。マズいお通しなんかいらない！ その分のおカネで、もう1杯飲みたい！と思ったことのある人は少なくないのではないか。

そこで、もしそうした居酒屋で「私、お通しはいりません。そのかわり、お通し代をチャージしないでください」と宣言して、はたして、それが通用するのだろうか。

結論としては、お通しに手をつける前に「お通し代を払いたくない」と主張すれば、受け入れてもらえるケースもないではない。が、お店には、そういう客に「お通し代をチャージするのはウチのルール。それが気に食わないなら、出ていってくれ」という権利もある。

というわけで、あくまでお通し代を払いたくないなら、「お通しが出てきたときに、お店にお通しはいらないので、チャージしないよう頼んでみる。ダメだったら、そこであきらめる」というのがギリギリの線のようだ。

ネットニュースの見出しが13文字なのは？

ネットのニュースサイトでは、基本的に見出しの長さが13文字以内におさめられている。なぜ、13文字かというと、横書きの文章を読む場合、人間が1度に知覚できる長さは13文字以内だからだ。この範囲内だと、眼球を動かすことなく、一目で見出しの内容を理解できるのである。

じつは、縦書きの場合も、13文字程度の見出しが読みやすいといわれる。読む人の視点は、次の行に移るとき、行末から行頭へと動くが、1行が長くなると視点を移動させる距離が長くなり、読みにくく感じるのだ。

住宅の原価は、どのように見ればいいのか？

人生最大の買い物といわれる1戸建て住宅。注文建築の場合は、家を建てたい人（施主）が、工務店や住宅メーカーに建てたい住宅のイメージを伝え、できあがった設計図をもとに見積もりを出してもらう。

届いた見積書には、まず仮設工事や基礎工事、組立工事、屋根工事、板金工事など、各部分の工費の見積もりが書いてある。しかし、その見積書のどこを探しても、「メーカー・マージン」とか、「工務店マージン」という項目はない。

じつは、1戸建て住宅の場合、見積書に書かれた各工費やそれぞれの部材に、メーカーや工務店のマージンが上乗せされている。その利益率は、総工費の25～30％程度といわれる。

業者では、そのマージンの乗せ方をいろいろ工夫していて、たとえば、最近、セールスポイントとなっている耐震構造や耐火構造の部分は、原価ギリギリにしてPRに使う。

一方、素人が相場を知りえない部材などに割高の値段をつけて埋め合わせるというわけだ。

バスの車体広告は、どうやって描いているの？

車体に広告が描かれたバスや電車。ボディいっぱいの広告は「ラッピング広告」と呼ばれ、すっかり定着した。

といっても、映画の大きな看板のように手描きではない。コンピュータを利用して、特殊なビニールシートに写真やイラストを印刷。バスのボディに貼り付けている。

両サイド用、背面用、前面用と特殊シートを四つに分け、順番に貼り付けることで、たわみを防止。さらに、細かな部分は、カッターで切り込みを入れながら、1台1台仕上げているという。

　この広告バスのルーツはアメリカで、1996年のアトランタ五輪のさい、世界各国に放映されたのをきっかけにして、その存在が世界に広く知られるようになった。

ホテルマンはどんなところで寝ている?

ホテルは、1年365日、24時間営業を続けているビジネスといえる。事実、ホテルでは、夜中も誰かしら働いている人がいるものだ。

　では、彼らはどんなところで仮眠をとっているのだろうか?

　これは、空いた客室ではなく、従業員用の仮眠室である。その多くは、カプセルホテルにあるカプセル部屋のようになっていて、早く起き出す人から入り口近くのカプセルを使うというルールになっていることが多い。

居酒屋の料理の原価は?

仕事帰りに、飲んで食べて、1人2~3000円ですむ居酒屋。おつまみの値段は、全体に安めに設定されているが、とりわけ枝豆や肉じゃが、揚げだし豆腐といった定番メニューは、他店と比較されやすいので、高値をつけられない。一括大量仕入れによって仕入れ値を抑えても、定番メニューの原価率は60%前後にも上るという。

　もちろん、他の商品でその埋め合わせがされている。居酒屋にとって、原価率の低い〝おいしい〟メニューは、麺類やサラダである。焼きそばや焼うどん、シャキシャキサラダやトマトサラダといったサラダ類は、原価数十円程度。それに、300~500円の値段をつければ、原価率は10~20%になり、利幅を大きくとれる。

　また、麺類やサラダ以上に稼いでくれるのは、飲み物。たとえば、サワーやウーロンハイなどは原価50~70円ほどなので、300円の値段をつければ、1杯分の粗利は200円以上となる。

　だから、居酒屋にとっての上客は、定番メニューはあまり頼まず、サラダと麺類が好みで、がんがん飲んでくれるお客様なのである。

粗利が大きくても、生花店の経営が難しいのは？

一般の生花店で、花の売値は仕入れ値の2～3倍。粗利は5～7割というのが、普通である。野菜や果物の粗利が3割程度なのに比べて、花は利益率の高い商品といえる。

といえば「花屋はそんなに儲かるのか」と思う人もいるだろう。しかし、現実には、生花店は粗利7割でも厳しい商売といわれる。

まず、花は、生活必需品ではないので、時期によって売れ行きに大きな違いが生じる。景気変動にも敏感な商品で、不況になると売上げが激減する。そうかといって、十分な仕入れをしないと、店頭が寂しくなって、よけいにお客が寄り付かなくなってしまう。

そのため、一般的な生花店では、仕入れた花の半分が売れ残ると計算して、粗利を高めに設定している。たとえば、10万円分の仕入れをして、3倍の売値で半分売れたとすると、売り上げは15万円。粗利は5万円ということになる。そこから、家賃、人件費、光熱・水道費などを捻出しなければならないのだ。

ホテルのドアに回転ドアが多いのは？

ホテルの入り口には、なぜか回転ドアが多い。これは、普通のドアにすると、開閉するたびに外気が館内に入り込むため。夏場は熱気、冬場は冷気が入り込み、せっかくの空調効果が薄れてしまうからだ。

回転ドアにしておくと、外気と屋内の空気が直接触れないので、出入口周辺の温度も適温に保つことができる。それが、電気代の節約にも省エネにもつながるというわけだ。

マンションの販売業者が「完売御礼」の広告を出す目的は？

マンション販売の折り込み広告には「完売御礼」と印刷されていることがある。

もう売り切れているのなら、そ

れ以上宣伝をする必要はないはずだが、なぜお金をかけてまで〝御礼〟するのだろうか？

じつは、この「完売御礼」広告こそ、最も効果的な宣伝文句だからである。「完売御礼」と印刷された広告には、「第一期販売」とか「第二期販売」という文字が並んでいるはずである。大規模なマンション開発では、いくつもの棟が建てられるが、それらを一度に売り出すと、完売までに時間がかかり、資金回収に手間どる。

そこで、不動産業者は何回にも分けて売り出し、たとえば第一期販売で全戸売れると、完売御礼の広告を出す。すると、広告を見た人は、完売するくらいなら、いいマンションなんだろうと考え、第二期販売に興味をもってくれるというわけである。

美術館は絵の購入価格をどうやって決めている？

国公立の美術館は、通常、絵画のオークションに参加しない。近年、絵画の値段は高騰し、オークションで買っていては、予算がいくらあっても足りないからだ。そこで、美術館では妥当な購入額を自ら決めて、その価格にもとづき、持ち主と交渉するというスタイルをとっている。つまり、購入価格を美術館側が決めるという方式である。

国公立美術館の場合、まず美術館ごとに設けられた価格評価委員会の委員に妥当と思われる値段を提出してもらう。そして美術館では、評価委員たちが示した金額のうち、最高と最低金額を除いた残りの金額の平均価格を購入妥当金額とする。

美術館では、その金額をもとに、画商らと交渉するのだが、むろん提示価格が低すぎて商談ががまとまらず、購入をあきらめるというケースもよくある。

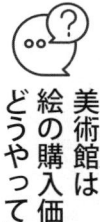

全米ナンバーワンの映画が数多くあるのはどうして？

アメリカ映画の宣伝コピーをみると、多数の映画が「観客動員、全米ナンバーワン」であることをセールスポイントにしていることに気づく。

「全米ナンバーワン」が多数あっても、それは配給会社がウソをついているわけではない。ただし、その「全米ナンバーワン」のうち、ほとんどは年間ナンバーワンでもなければ、月間ナンバーワンですらない。

その多くは、1週間だけのナンバーワンだ。たとえトップに立ったのは1週間でも、「全米ナンバーワン」であったことには間違いないのだ。

というわけで、アメリカ映画には、「全米ナンバーワン」を名乗る映画が何十本とあるのだ。

日本中で同じ土産物が売られているのは？

近年は、いろいろな地方で、同じような土産物が店頭に並んでいるもの。

これは、全国的規模でビジネスを展開している土産物の卸業者が、全国共通の商品を各地の土産物店に卸しているため。卸業者は、同じ土産物を、九州にも北海道にも卸し、九州では「九州土産」として、北海道では「北海道土産」として売り出している。そこで、商品名や外の包装はちがっても、中身は同じものが日本中に出回ることになるのだ。

ホテルの照明が薄暗いのはどうして？

ホテルの照明が暗いのには、それなりの理由がある。第一には、ホテルがくつろぐための場所だから。照明が明るいと、ゆっくりと休みにくい。そこで、明るさを落としてあるのだ。

また、お客によっては暗いほうがいいという人もいるため、ホテルの照明は明るさを調節できるようになっている。仕事をするため、明るい照明がほしいときは、フロントに申し出れば、多くのホテルでは卓上スタンドを貸してくれる。

日本の教会でライスシャワーが禁止されているのは？

結婚式を終え、教会から出てきた新郎新婦に、お米を浴びせる「ライスシャワー」。米が豊かに実るように、2人が子宝に恵まれ、食べ物に困りませんようにという願いが込められた儀式だ。

欧米ではポピュラーな儀式だ

が、日本の教会ではほぼ禁止されている。その理由は、後の掃除が大変だからだ。

日本では教会式の結婚式といっても、多くの場合、ホテルや結婚式場に併設された教会風の建物で行われている。

もし、米をばらまかれたら、次の式に間に合うように、大あわてで掃除しなければならない。式場側としては歓迎できない〝儀式〟というわけだ。

ラスベガスのホテルの窓が開かないのは？

ラスベガスのホテルでは、客室の窓が開かないことが多い。これは「カジノで財産をなくした人が自殺するのを防ぐため」という説がささやかれているが、本当の理由は別のところにある。

全自動窓拭き機を使用するためだ。ラスベガスのホテルは、とにかく大きいので、客室の窓を拭くには、機械式の全自動窓拭き機を使わざるをえない。そのためには、客室の窓が開かないほうが好都合なのだ。

また、窓が開かないということは、バルコニーがないということになるが、するとお客は室内でくつろぐ時間が短くなり、カジノに足を運びやすくなるというわけである。

ルイ・ヴィトンの柄は日本の家紋がヒントって本当？

「ルイ・ヴィトン」のデザインの定番は、「L・V」の文字に花や星のマークをあしらった「モノグラム・ライン」。このうち、丸の中に星がデザインされたマークは、薩摩藩・島津家の家紋によく似ている。

これは単なる偶然ではない。モノグラム・ラインが使われるようになったのは、１８９６年のことで、当時のフランスでは日本ブームが起きていた。しかも、１８６７年に開かれたパリ万国博覧には、徳川家とともに薩摩藩が参加していたのだ。

その際、薩摩藩の出展物の中に、島津家の家紋がついた品があり、ルイ・ヴィトンの関係者らが、それにヒント得てモノグラム・ラインの図案を作ったと考えられている。

警察官は旅客機内に銃を持ち込めるか？

一般人が旅客機内に拳銃などの凶器を持ち込もうとすれば、手荷物検査で引っかかり、逮捕されることになるというのは常識的に考えてもわかる。

一方、任務中の警察官は、機内への拳銃持ち込みが認められることがある。

ただし、事前に、警察から航空会社へ、拳銃を持ち込む者の氏名や日時、目的などを届け、当日、その内容を厳重にチェックされたうえのことである。

もちろん、非番の場合は、警察官といえども、拳銃はもちろん、凶器となりうる物はいっさい持ち込めない。

乗客がCAの制服姿で飛行機に乗ることはできるか？

乗客がコスプレ気分で、CAの制服を着て飛行機に乗ることは可能だろうか？　某航空会社に聞いてみると、「当社の制服は販売していないので、そんなことはできないでしょう」という答えが返ってきた。

他の航空会社に聞いてみると、「それを禁じる規則はない」とのこと。

そう。つまり、飛行機内でコスプレがしたければ、面倒なことも起きそうではあるが、できないことはないのではないかというのがさしあたっての結論。

パイロット用のトイレは、どこにある？

旅客機内のコックピット（操縦室）内にはトイレがないので、パイロットたちは乗客と同じように客室のトイレを使っている。

ただし、パイロットがトイレ前の行列に並ぶことはない。コックピットからトイレの利用状況を把握できるので、空いているときに利用するからである。

マクドナルドのロゴに2つの大文字があるのは？

ハンバーガー・チェーンの「マクドナルド」のロゴは、「McDonald's」。一つの単語の中に

「M」と「D」、2つの大文字が含まれている。スペルの途中に「D」という大文字があることを不思議に思う人もいるだろうが、このスペルで正しい。

「McDonald」の冒頭の「Mc」は「Mac」の略であり、「〜の息子」という意味。「McDonald」の場合なら、「Donald（ドナルド）」の息子ということになる。「Donald」は人名なので、その頭文字は大文字にしなければならない。だから、「McDonald」のスペルの途中にも文字の「D」がくることになるのだ。

ペット店で買うカメにメスが多いのは？

ペットショップで売られているカメには、メスが多い。

これは、ペット用に養殖すると、メスの出生率が高まるから。養殖業者は、カメの卵を早く孵化させるため、高めの温度で温める。すると、カメ類はメスが生まれやすくなるのだ。

カメだけでなく、ワニやトカゲなどの爬虫類には、卵時代の周辺温度によって雌雄の別が決まる種類が多い。

爬虫類が温度によって性を決定する仕組みを備えているのは、種の保存を図るためとみられている。一般的に、生物はメスのほうがサバイバルに向いているので、高温という過酷な環境ではメスが生まれ、低温という比較的楽な環境ではオスが生まれると考えられている。

刑事が必ずペアで動くのは？

刑事ドラマでは、刑事はペアで動くことが多いが、現実にも刑事はペアで捜査することが多い。その理由は単純で、一人での捜査には限界があるからだ。

たとえば、容疑者グループを尾行しているとき、グループが2組に分かれたとする。

一人で尾行していれば、1組の尾行を断念しなければならないが、ペアで尾行していれば、2組とも尾行できる。

さらに、ペアで張り込みをしていれば、一人がトイレへ行っている間も、もう一人が対象者の動きを監視できる。聞き込み捜査の場合でも、一人が話を聞くうちに、もう一人がメモをとれる。

なお、「捜査本部」が設置されるような事件では、警察本部から派遣された刑事と、所轄の刑事がペアを組むことになる。

ほとんどの場合、警察本部の刑事の方が、階級も経験も上なので、所轄の刑事は道案内兼運転手としてこき使われている。

お巡りさんは無線で何を連絡している？

警官が無線で連絡を取るときは、人物やその持ち物に問題がないかどうかを本部に照会していることが多い。

たとえば、自転車に乗っている人を呼び止めたときは、その自転車が盗品ではないかと照会しているのだ。

照会には、いろいろな種類がある。

まずは個人照会で、犯罪経歴の有無に始まり、指名手配の有無、暴力団に属していないかどうか、家出人となっているか、微罪処分歴があるか、交通違反や事故歴があるかなど、その内容はいろいろだ。

また、車両照会もある。自動車のナンバーから、持ち主の確認をはじめ、逃走車両、不審車両となっているかどうかなどを照会する。

ほかに、盗品照会もある。

この照会で、自動車が盗難品とわかれば、乗っていた人は交番まで連れて行かれ、そこでさらに追及されることになる。

警察官の制服は何種類あるのか？

警察官の制服には、季節や用途によって、夏服、冬服、合服、活動服の4種類がある。

このうち、冬服と合服は、おなじみの警官の制服姿。

合服には、素材に麻が使われ、見た目には冬服よりやや薄い色をしている。

夏服は薄い青色のワイシャツ姿。最近は形状記憶タイプになっていて、洗濯後のアイロンがけの必要はない。

活動服は、ジャンパータイプ。裾が短く動きやすく、交番のお巡りさんが着ていることが多い。

裁判官はなぜ黒い服を着ているのか？

法廷では、裁判官と書記官は「法服」と呼ばれる黒い服を着ている。そう、規則で決まっているのだが、なぜ法服は黒なのだろうか？

これには、いくつかの説がある。第一には、黒という色が他の色に染まらないことが、職務の中立性・公平性を象徴しているという説。また、黒という色は、法と良心に従って裁定を行うことの責任の重さを表しているという説もある。

この法服、総シルク製で、サイズはS、M、L、LLの４種類があり、１人１着ずつ支給されている。

自転車に乗った警察官は、緊急時に信号無視できる？

パトカーが緊急時に信号無視を認められているのは、公安委員会から緊急車両の指定を受けているから。

一方、警察官の乗る自転車は、そうした指定を公安委員会から受けていない。サイレンもつけていないので、緊急時に交通ルールを無視していいという〝特権〟は与えられていない。

もっとも、目の前に犯人がいるのに、赤信号で停まって、みすみす逃がしてしまうのはバカげた話。だから、現実的には、信号を無視して、犯人を追いかけることになる。

常識的にいって、それは社会通念上、許される行為と考えられるだろうが、ただ、それで事故を起こしたりすると、裁判でその警察官の行為が正当だったかどうかが争われることもありうるだろう。

パトカーや消防車に速度制限はあるか？

パトカーや消防車は、一刻も早く現場に到着しなければならないため、走行速度をめぐって特別の便宜が図られている。

日本の場合、クルマの最高速度は一般道で60キロ、高速道路で100キロだ。ところが、パトカーや消防車の場合、緊急時にはその限りでないことが、道路交通法によって定められている。

ホテルの各部屋に聖書がおかれているのは？

ホテルの各室のデスクの中には、聖書が置かれているもの。それは「日本国際ギデオン協会」という組織が各ホテルに贈呈したものだ。外国にも、同様の組織があって、ホテルに贈呈する活動が続けられている。

そうした活動が始まったのは、1世紀余り前のこと。アメリカのホテルで、２人のビジネスマンが相部屋になった。２人とも敬虔なクリスチャンで、夜寝る前、一緒に聖書を読んでお祈りをした。それがきっかけで親しくなった２人は、ホテルの各室に聖書が備えられていれば、キリスト教徒の助けになると考え、ホテルに聖書を贈呈する活動をスタートさせたのである。日本でも戦後まもない１９５０年から始まり、現在に至っている。

そもそもラーメンの原価は？

ラーメンの原価は、店によってじつにさまざま。まず原価を大きく左右するのは、スープにどれだけのコストと手間をかけるか。一般にスープは金と手間をかけるほどにうまくなる。つまり、うまいラーメンほど、原価がかかっている。

スープの素材となる豚ガラ、トリガラ、昆布、煮干し、削り節、野菜などの値段は、時期によって変動するが、1杯分で平均50～60円程度。味で客を集めている人気店には、1杯80～１００円もかけている店もある。

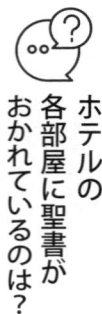

このスープに加えて、麺が50～70円で、トッピングはモヤシやネギやチャーシューなどをのせて、ざっと50円～１００円になる。これらを合計すると、平均的な店で、1杯５００円のラーメンを作るのに、１９０～２００円ほどかかっている。原価率は約40％である。

一般に、飲食店の値付けでは、主力品の利幅をおさえ、飲み物やサイドオーダーの利益で埋め合わせるという戦略をとる。ところがラーメン専門店では、ラーメンだけを注文する客が多い。そのため、人件費や家賃、それに1カ月に10万円以上使うガス代などの光熱費を考えれば、原価率40％はギリギリの採算ラインといえる。

一方、人気店の場合、原料の質にこだわるので、原価が３００～３５０円にもなる。それで、採算ベースの原価率40％に抑えようと思えば、どうしてもラーメン1杯の値段が７５０～９００円になってしまうのだ。しかも、トッピングとして値の張る自家製チャーシューを何枚も使えば、チャーシューメンの値段が1杯１０００円を超えるのも無理はないのである。

料理人になるには調理師免許がいる？

プロの調理人のなかにも、調理師免許をもっていない人は少なくない。調理の腕前があれば、お客に料理を出してもいいし、店を開いていいのだ。

ただし、飲食店を開く場合、必ず持っていなければならないのが「食品衛生責任者」という資格。これなしで開業すると、違法行為となる。

ペットの診察代があんなに高いのは？

慣れていない人にとっては、ペットの診察代はなんともバカ高い。その理由は、ペットの診察には公的な健康保険制度がないからだ。人間の場合、健康保険に加入していれば、窓口で支払う診察代は、実際にかかった費用の３割程度ですむ。それに対し、ペットの診察には公的な健康保険制度がないため、かかった費用の全額を窓口で支払う必要があるのだ。

また、医療機関側にも事情があって、人間の病院は、内科、外科、小児科、産婦人科などと細かく分かれているが、獣医師は一人ですべての病気を診る。そのため、動物病院にはさまざまな診療器具が必要で、コストが高くなる。というようなわけで、動物の診察代はどうしても高くなってしまうのだ。

また、獣医師会などが値段を一律にするなど、価格を統制すると、独占禁止法に抵触してしまうという事情もある。だから、料金のガイドラインもなく、診察料は獣医師が自由に決められるようになっているので、ペットが大きな病気をしたりすると、その医療費が家計を圧迫することにもなるのだ。

タクシー業界の隠語で「ワカメ」といったら？

どんな業界にも、仲間内でしか通用しない隠語があるものだが、なかでもタクシー業界は隠語の宝庫である。

たとえば、「神様」といえばお客さんのことで、「おばけ」といえば、あまり出会わないことから、遠距離乗車の客のこと。ほかにも、地下鉄の出入口を「もぐり」といったり、トイレは「045（おしっこ）」、営業の再開は「デッパツ」、客待ち車列の先頭になったことは「ハナ（鼻）番」などという。

また、燃料補給は「ガスチャージ」なので、食事を「ポンチャージ」、仮眠を「ドリームチャージ」という。

では、タクシー業界で「ワカメ」といえば、何のことかおわかりだろうか。答えは、営業時間を過ぎて車庫に帰るときなどに表示する「回送」サインのこと。もちろん、ワカメが「海藻（かいそう）」であることにかけたシャレである。

花火師は花火シーズン以外はどうしてる？

夏の花火大会シーズン、花火師たちは多忙をきわめるが、ではシーズン・オフの花火師たちは何をしているのだろうか？

花火師たちは夏場以外もけっこう忙しいという。まず、翌年のシーズンに備えて、冬の間から花火を作りはじめなければならない。また、春や秋は、行楽地の行事や文化行事などで、花火を打ち上げることがよくある。近年では、テーマパークなどで、冬場も花火を打ち上げる機会が増えている。最近では1年中打ち上げの仕事があるそうだ。

国会議員が辞めたとき、議員バッジはどうなる？

国会議員の胸には金色に輝く議員バッジが輝いているもの。あのバッジをつけていなければ、議員といえども、国会議事堂内を自由に歩けない。あのバッジは、国会議員が解散や任期満了で辞めたとき、どうなるのだろうか？

じつは、議員バッジは本人にプレゼントされている。バッジは、選挙後の初登院のさいに議員に配布され、その後、回収されることはないのだ。なお、バッジをなくしてしまったときには、自腹で新たに買うことになる。バッジは、議員会館の売店で販売されているのだ。

選挙のないとき、選挙管理委員会は、どんな仕事をしている？

選挙のない間、各自治体の選挙管理会の職員は何をしているのだろうか？　相当暇そうにも思えるが、職員たちは選挙がなくてもけっこう忙しいという。選挙のないとき、主となる業務は、選挙人の登録と管理事務である。新たに引っ越してきた住民を選挙人登録したり、転出した人を名簿からはずす作業である。その事務が膨大な量にのぼるうえ、突発的な議会の解散や首長の辞任による選挙に備えなければならない。また、いつ選挙があってもいいように、たびたび研修会を開いている。そんなわけで、選挙管理委員会は、選挙前後だけしか仕事がないというわけでもないのである。

プロ野球の審判員は、オフの間、何をしている？

プロ野球の審判員は、オフの間、何をしているのだろうか？

アンパイアは、オフの間は休みになる。講習会などに呼ばれることはあるが、基本的に何をするかは、本人にまかされている。

とはいえ、アンパイアのオフは、12月から翌年の1月中旬まで。2月には、各チームのキャンプに参加して紅白戦の審判などをつとめ、トレーニングを開始する。そのため、1月中旬から、自主的なトレーニングを始める人が多い。

国会閉会中、速記者はどうしている？

国会の速記者は、国会審議の様子を細大漏らさず記録するのが仕事。では、国会閉会中、速記者たちは何をしているのだろうか？

まず、彼らの身分は、衆議院か参議院に所属する公務員。だから、国会閉会中も国会に出勤して事務作業を行っている。国会閉会中、最も重要な仕事は、国会議事録の作成だというが、残業することはほとんどないそうだ。

国会の本会議場で〝席がえ〟は可能か？

国会議員の座る位置について、法律的な取り決めはないが、長年の慣習によって基本的なルールは存在する。

まず、衆議院の場合、議長席から見て右から左へ、所属議員数の多い会派（派閥や団体）順に座っていく。一方、参議院の場合、最も所属議員の多い会派が中央に座り、あとは左右順番に、大きな会派順に座っていく。

同一会派では、当選回数で席が決まっていき、新人議員はいちばん前で、当選回数が多いほど、後ろに座る。当選回数が同じなら、年配者のほうが後ろに座る。

つまり、自分がどの会派で、当選回数が何回かによって、自動的に座る位置はほぼ決まってしまうのだ。

もし、席替えをしたいのなら、本末転倒ながら、党を移ることだ。

中堅議員が若手議員の多い会派に移れば、後ろに座ることができる。あとは当選回数を増やして、後ろに下がっていくことを考えるしかない。

ネット銀行の支店名はどう〝棲み分け〟ている？

ネット銀行の支店名には、地名ではなく普通名詞が使われているが、大手ネット銀行では、次のように〝棲み分け〟ている。

住信ＳＢＩネット銀行は、イチゴ、ミカンなどの野菜・果物名。セブン銀行は、バラ、マーガレットなどの花の名。楽天銀行は、ジャズ、ロックといった音楽の種類の名。イオン銀行は、ダイヤモンド、ルビーといった宝石の名という具合だ。

◆10秒で相手の心をつかむ雑談ネタ　身の回り編

近年、「MADE IN PRC」という表記が増えているが、「PRC」は、中華人民共和国（People's Republic of China）の略。要するに、「中国製」では売れにくいので、表記を変えた模様。

お掃除ロボット・ルンバには、地雷探知技術が応用されている。製造元のアイロボット社は1996年、地雷探知ロボットを開発、その技術を生かして、2002年、初代ルンバを開発した。

剣玉のルーツは、フランスにある。近世に生まれ、国王アンリ3世も楽しんだと伝えられる。日本には、江戸時代に入ってきた。

気泡緩衝材、いわゆる「ぷちぷち」は、壁紙作りの失敗から生まれた。１９５７年、技術者がビニール製の壁紙を作ろうとしていたときに、気泡ができてしまったことがきっかけ。

女性用ビキニ水着の腰ヒモは、おおむねダミー。男性諸氏には残念なお知らせだが、結び目をほどいても、はずれない。

最近のランドセルは、背中にふれる部分がデコボコしている。通気性をよくして、汗で蒸れないようにするための工夫。

のど自慢でキンコンカンと鳴らす楽器の名は、チューブラー・ベル。鐘（ベル）を管状（チューブラー）にした楽器という意。

日本にある信号機の全電気代は年間約１２０億円。全国に約20万基の信号があり、その電気代を支払っているのは、各都道府県の県警。

近代的な合板の発明者は、イマヌエル・ノーベル。ダイナマイトの発明者であり、ノーベル賞の創立者であるアルフレッド・ノーベルの父親。

カツラに使われている金属は、ヘアピン程度なので、金属探知機には引っかからない。ただし、テロ事件が起きて、金属探知機の感度が上げられたときは、その限りではない。

「翡翠」には、価値が違う2つの種類がある。宝石として扱われるのはジェダイトで、和名では本翡翠や硬玉と呼ばれる。一方、ネフライト（和名・軟玉）は、パワーストーン用。値段は、比較にならないほど、ジェダイトが高い。

1945年以降、イギリスの戦車は、紅茶をいれる装置（給湯器）を標準装備している。現在の主力戦車チャレンジャー2も例外ではなく、お茶をいれるほか、レトルト食品を温めることもできる。

自動販売機を見れば、自分がいる所番地がわかる。2005年から、自動販売機には住所表示ステッカーが貼られているので、道に迷ったときのほか、110番・119番通報する際にも役立つ。

生コンに砂糖を0・05%でも入れると、硬化しなくなる。そのため、建設業界では、コンクリート打ちの際、コーラやジュースの持ち込みは厳禁。

電車のロングシート（横長の座席）は、当初は一等車に使われていた。当時の感覚では、足を前に投げ出せる分、ボックス席よりも楽で、上位の席とされたのだ。

200年ほど前まで、ダイヤモンドはさほど価値のない宝石だった。硬すぎて、加工できなかったため。

世界初の電動式の「綿菓子」製造機は、アメリカ人が考案。1897年のこと。

「マジックテープ」は登録商標で、普通名詞としては「面ファスナー」という。なお、英語では「ベルクロ」と呼ばれるが、これも商品名であり、面ファスナーを開発したスイスの企業名に由来する。

万華鏡は、二度と同じ模様が出ない。

金箔は、厚生労働省認可の食品添加物でもある。だから、金箔入りの日本酒を作ったり、着色料としても使うことができる。

ゴム製のビーチサンダルは、日本が生みだした世界的ヒット商品。1947年に発売し、輸出すると、ハワイだけで1カ月に10万足が売れる大ヒット商品となった。

蚊とり線香の長さは、8時間で燃え尽きるように設定されている。

これは、日本人の平均睡眠時間に合わせたもの。

リカちゃん人形は、視線が少しだけ向かって右を向いている。人間は、相手が人形でも、目が合うと圧迫感を感じるため、〝目が合わない〟ようにしてあるのだ。

プラモデルメーカーのタミヤは1976年、ポルシェ934ターボをプラモ化する際、取材では内部構造までわからなかったため、本物のポルシェ911を購入し分解、それをもとに金型を作成した。

クラシエ（旧カネボウ）のカモフラージュメイクは、自衛隊員にも使われている。顔面迷彩塗料として、官給品よりも肌にやさしく、伸びもよいという。

ファミレスの伝票入れが、円筒を斜めに切った形なのは、倒れたときに、ころがりにくくするため。

ゴルフスコアをつけるための簡易鉛筆の名は、ペグシル。1975年、製造元の岡屋の創業者が牛乳ビンのふたをはずす栓抜きをヒントに開発した。なお、値段は1本4~5円。

パチンコ玉の大きさは、国家公安委員会規則の遊戯機の認定及び型式の検定等に関する規則によって、厳密に定められている。直径11ミリ、重量5・4~5・7グラムの鋼製で、均質の材質であること、など。

使い捨てカイロ、乾電池、魚群探知機、胃カメラ、温水洗浄便座、自動改札機、シャープペンシル、レトルトカレー、カラオケの共通点は、いずれも日本人の発明。

5

ことば

Interesting conversation starters!

「鬼の居ぬ間に洗濯」で、洗ったものとは？

「鬼の居ぬ間に洗濯」という言葉があるが、この〝洗濯〟では、どんなものを洗ったのだろうか？

この洗濯は、衣服を洗うことではなく、「命の洗濯」をするという比喩表現。そこから、日頃の苦労や束縛から解放されて、気晴らしを楽しむという意味の言葉になった。

『源氏物語』で、最も多く使われている言葉は？

『源氏物語』を〝計量的〟に分析したところ、総語数約38万語のうち、最も多くの回数使われていた言葉は、副詞の「いと」であることがわかった。４２２５回も登場し、それは総語数の約２％に相当するという。

「いと」は「きわめて」「はなはだ」という意味だから、雅《みや》びな『源氏物語』は意外なほど、強調表現にあふれているというわけ。

「々」は1字で何と読む？

同じ漢字を繰り返すときに「々」という〝文字〟を用いるが、厳密にいうと、「々」は文字ではなく、「おどり字」と呼ばれる一種の記号。正式の読み方はないが、慣用的には次のように呼ばれている。

①どう――「々」は、仝（＝同）の字が変化したものだから。

②じおくり――前の字を繰り返すことから。

③ノマ――カタカナの「ノ」と「マ」を組み合わせたように見えるから。

ワープロソフトでは「どう」か「のま」と打ち込めば、変換候補の中に現れるはず。

「！」と「？」を業界では、どう呼んでいる？

印刷業界では、「！」（感嘆符）のことを「雨垂れ」（「しずく」とも）、「？」（疑問符）のことを「耳垂れ」（あるいは「耳」）と呼ぶことがある。

ワープロソフトによっては、「耳垂れ」と打って変換すると

「?」が出るはずだ。

なお、「!!」は「二つ雨だれ」、「??」は「二つ耳垂れ」、「?!」「!?」を「ダブル垂れ」（あるいは「両だれ」）と呼ぶこともある。

雨のよく降る6月を「水無月」と呼ぶのは？

日本の6月というと、雨がよく降る季節。それなのに、どうして「水無月《みなづき》」と呼ばれていたのだろう？

これは、旧暦の「水無月」が、いまの7月に当たるため。7月は梅雨が終わって、太陽が強烈に照りつけはじめ、水が枯れることもある。

そこから、「水無月」と呼ぶようになったのだ。

本にはさむ目印をなぜ「しおり」という？

本についている「しおり」は、もともと本とはまったく関係ない世界の言葉だった。

「しおり」は、もともとは山道を歩くときの目印のこと。山に分け入るときは、どの道を来たかを確認しておかないと、帰り道がわからなくなる。そこで、山に入る村人は、道すがら木の枝を折って、帰りの道しるべとした。あるいは、枝に紙や草などを巻き付けて、目印にした。

木の枝を折ることは「枝折る」と書いて、「しおる」と読む。そこから、帰路のための目印を「しおり」と呼ぶようになったのだ。

やがて、「しおり」は、「ここまでたどり着いた」という到達ポイントを意味する言葉になり、そこから本を読むとき、「ここまで読んだ」という目印として使う紙片やヒモを「しおり」と呼ぶようになった。

天王星や海王星など、遠い星に「王」の字がつくのは？

「スイ・キン・チ・カ・モク・ドッ・テン・カイ」といえば、太陽系の惑星「水星・金星・地球・火星・木星・土星・天王星・海王星」の記憶法。太陽から遠い2惑星に「王」の字がついているのはなぜだろうか？

天王星は1781年に、海王星は1845年に発見され、ヨーロッパ神話の神々の名がつけられることになった。天王星はギリシャ神話の「天の神」であるウラノス、海王星はローマ神話の「海の神」であるネプチューンから名づけられた。それらが日本語に訳されるさい、「王」という字が当てられた。

「腹黒い」という言葉と、魚のサヨリの関係とは?

サヨリは、ダツ目サヨリ科の魚。「腹黒い」という言葉は、このサヨリに由来するという説がある。

サヨリは、体表面が銀色に輝く魚だが、腹の内側は黒い薄膜で覆われている。その姿から、「腹黒い」というたとえが生まれたという。

その一方、先に「腹黒い」という言葉があり、サヨリの話は後からのこじつけという説もある。

「油を売る」ときの油の種類は?

「油を売る」という言葉が生まれたのは、江戸時代。

むろん、当時、ガソリンがあったはずもなく、この油は、整髪用の油のことである。

髪につける油を売る商人が、お客相手に世間話をしながら、油を売ったことから、この言葉が生まれた。

油は粘性が高いため、運んできた容器から、お客の入れ物に移しかえるのに時間がかかったのである。

イカを1パイ、2ハイと数えるのは?

イカは、1匹2匹ではなく、1パイ2ハイと数える。

イカを「ハイ」で数えるのは、一説には、イカの脚と内臓を抜くと、酒を飲む「杯」のようになるからだという。

イカを調理するには、まず内臓を抜かなければならないが、内臓を抜くと、残る胴体は袋状になり、そこに水を入れることができる。

つまり、お酒を飲む杯のようになるため、「1杯」「2杯」と数えるようになったのではないかという。

箪笥を一棹、二棹と数えるのは？

昔の箪笥《たんす》は、棹を通して、かついで運んだことから、一棹、二棹と数えるようになった。

長持、三味線、そして羊羹も一棹、二棹と数える。

なお、竿ではないことに注意。棹は木の棒、竿は竹竿を指し、竹竿ではぽきんと折れそうで、箪笥を運べない。

「ちんたら」の語源は？

「ちんたら、やってんじゃねぇ」などと使う「ちんたら」は、鹿児島弁の「ちんちんたらたら」に由来する。

かつて、鹿児島地方では、カブト釜式蒸留機（別名、チンタラ蒸留機）で、焼酎を蒸留していた。チンチンという音とともに蒸留し、1滴ずつタラタラと液化させる製法であり、そこから、ゆっくりな状態を「ちんたら」というようになった。

明治維新期、薩摩藩出身者が大挙上京し、この言葉を東京、そして全国に広めることになった。

「七転び八起き」って起きるのも七回では？

「七転び八起き」という言葉がある。「何度失敗してもくじけずにがんばること」といった意味だが、よく考えれば不思議なことわざでもある。

七回転んだら、起きあがるのも七回のはず。実際、何度数えても「七転び、七起き」となる。にもかかわらず、「七転び八起き」というのは、「最初に転んでいるところから数えるから」という説がある。

この場合、「人は最初の失敗をしてから、本当の意欲が湧いてくる」と解説する人もいる。それでも納得しない人には「七も八も、具体的な数というより象徴的な数字」と言ったほうがわかりやすいかもしれない。

たとえば「七度たずねて人を疑え」ということわざがあるように、七には「何度も」という意味がある。また、「嘘八百」「八百《やお》万《よろず》の神々」などと使うように、八には「たいへん多い」という意味がある。

そこから、言葉の調子をよくするため、「七転び八起き」としたという説が、いちばん説得力があるかもしれない。

雨の「小やみ」と「小降り」は、どう違う?

「小やみ」とは、降っていた雨がしばらくの間やんでいる状態をいう。でも、また、しばらくすれば降り出しそうなときに、つかわれる言葉である。したがって、雨宿りをしているときには、「小やみになったから、いまのうちに駅へ急ぎましょう」などとつかう。

また、雨がやまずに振り続けているとき、「小やみなく雨が降る」とつかわれることがある。

一方、弱くても、ポツポツと雨が降っているなら、「小降り」がふさわしい。「大降り」「本降り」に対して、雨の降り方が弱いときにつかわれる言葉だ。

「正午」って午前、それとも午後?

昼の12時のことを、昔は「午《うま》の刻」といった。だから「正午」は、「正に午の刻」という意味。

そして午の刻の前だから「午前」、後だから「午後」ということになる。

ということは、語源的に考えると「正午」自体は「正に午の刻」であり、午前でも午後でもないということになる。

しかし別の見方をすると、1日は24時間であり、午前と午後は12時間ずつというのが常識。どの時間もどちらかに属するはずが、正午を例外にすると、この原則と矛盾してしまう。しかし正午の扱いについての正式な決まりはない。ただし、一般的には、午後0時という場合が多く、午前12時ということは少ないので、「午後」と認識している人の多いのが現状のようだ。

「零」はなぜ雨かんむり?

「零」は「れい」と読むのが、もともとの読み方。英語由来の「ゼロ」と読むのは、戦闘機の「零戦」くらいのものだ。ところで、なぜ、数字の「0」を意味する漢字が、雨かんむりなのだろうか？

この「零」という漢字は、「雨」と「令」を組み合わせた文字で、この場合の「令」にはお告げという意味がある。お告げが天から降りることの連想から、まず「小雨」を意味するようになった。

そこから、「少ない」という意味が生じ、やがて「何もないさま」を意味するようになったという説が有力だ。

「飛行機」という言葉をつくった人は？

ライト兄弟が、アメリカのノースカロライナ州キティホークで、人類初の飛行機による有人動力飛行に成功したのは、1903年12月17日のことだった。

この偉大な成功は、当然ながら世界中に報道され、多くの人々を熱狂させた。日本で、「飛行機」という言葉が初めてつかわれたのも、ちょうどその頃のことだが、正確にいえば、ライト兄弟が偉業を成し遂げる3年も前のことだった。

当時、飛行機開発の動きは日本にも紹介されていて、「飛行器」「空中翔機械」「飛空機」「浮空機」などと訳されていたのだ。そんな時代に、「飛行機」という言葉をつくったのは、文豪の森鷗外だった。鷗外による『小倉日記』の1901年3月1日付けに、「飛行機」という言葉がつかわれているのだ。

英語では、飛行機のことを「エアプレーン（直訳すると、「空の板」）」というが、ドイツ語では「フリュックツォイク（飛行道具）」という。

ドイツに留学したこともある鷗外は、ドイツ語の「飛行道具」を念頭に「飛行機」という言葉を作ったのではないかとみられている。

常用漢字表に「朕」と「璽」が選ばれているのは？

日本国憲法に使われている漢字は、すべて常用漢字に選ばれている。

憲法前文の前の「上諭」という部分に、「朕」と御名御璽の「璽」が使われているので、「朕」と「璽」の2文字も常用漢字表に掲載されている。

ペットボトルの「ペット」って、どういう意味？

おなじみのペットボトルが、なぜ「ペットボトル」と呼ばれているかご存じだろうか。

これは、原料に使われている「ポリエチレン・テレフタレート」という物質の頭文字「ＰＥＴ」をとったもの。

ちなみに、ペットボトルは、繊維に加工するなど、リサイクルできる。

ボトルについている三角形のマークはそれを表しているが、三角形マークのところに記された数字は世界共通で、プラスチックの種類を表している。

新聞は読むものなのに、なぜ「聞」という字をつかう？

そもそも「新聞」という言葉は、中国語では「ニュース」という意味だった。ニュースとは「新しく聞くこと」だから、そう書くようになったという。

一方、日本で初めて新聞が発行されたのは、江戸時代末期の１８６２年のこと。当時、オランダ領だったインドネシアの首都バタビアで発行されていたオランダ総督府の機関誌を翻訳したもので、「官板バタビア新聞」と呼ばれた。

当時は、いうまでもなく、ラジオもテレビもない時代。そこで、ニュースを伝える印刷物に、中国語でニュースという意味の「新聞」と名づけたようだ。

その後、明治時代になると、「横浜毎日新聞」や「東京日日新聞」「郵便報知新聞」など、「新聞」と名づけられた印刷物が次々と創刊され、「新聞」という呼び名が定着していった。

ちなみに、中国語では、新聞のことは「報」という。人民日報の「報」である。

オートバイには車輪が２つあるのになぜ「単車」？

「単」という語は「単身」「単価」などと使うように、「ひとつ」という意味のはず。一輪車が単車なのはわかるが、二輪のオートバイが単車というのはヘンなのではないか。

オートバイが発明された当時は、サイドカーをつけて走るものだった。ふたつワンセットで、1台の乗り物にカウントされていた。

その後、サイドカーをはずして走るようになったときに、人々は、サイドカーなしを強調するために、わざわざ「単独の車」、略して「単車」と呼んだのである。

運転席の隣を「助手席」と呼ぶのはなぜ?

助手席はもともと「タクシー業界の業界用語だった」というのが定説。

大正時代、街中を流す交通手段といえば、もっぱら人力車のことで、タクシーはひじょうに珍しかった。当時、タクシーには、運転手とともに、もう一人、客の乗り降りを助け——何せ、当時のタクシーは外車で車高が高いうえに、客は着物姿。乗り降りには手助けが必要だった——地図を見て、道を指示する人が同乗していた。

彼らは「助手さん」と呼ばれ、そこから「助手席」という言葉が生まれた。その後タクシーに「助手さん」が同乗する慣習は消滅してしても、言葉だけは、そのまま残ったわけである。なお、英語ではpassenger seat（乗客用の席）であり、「助手席」に相当する言葉はない。

羊水はなぜ「羊」?

古代ギリシャの人々は、羊を大きな皮袋に入れて、神に捧げていた。羊の生贄《いけにえ》をアムノスと呼んだことから、羊を入れる袋と胎内の膜のイメージを重ねて、胎内の膜をアムニオンと呼ぶようになった。

それが、近代のヨーロッパ言語にも生き残り、日本語に伝わって「羊膜」と訳され、その中の水が「羊水」と呼ばれるようになった。

「笑殺」に「殺す」という漢字が出てくるのは?

「笑殺」の意味は、笑って問題にしないこと。あるいは、おおいに笑うことで「提案を笑殺する」などと使う。この「殺」は、意味を強める助字で、特段の意味はない。笑いを噛み殺すことではないので、注意しよう。

たった17文字で作る俳句、組み合わせが尽きないか？

五七五の17字で作る俳句。たった48字のカナから17字を選ぶわけだから、いつかはその組み合わせも尽きてしまうのでは、と心配になるかもしれない。

しかし、じつは俳句の数は事実上無限大といえるのだ。

そもそもカナは48字ではなく、濁音《だくおん》や半濁音や、促音《そくおん》、シャ、チャなどといった拗音《ようおん》も加えると、100を超える。

これを仮に100として計算すると、17字の組み合わせは100の17乗、1の後ろに0が34個つく数にのぼる。

これがどれくらいの数字かというと、たとえば1億2000万余りの日本人が毎日一句つくるとしても、100の17乗という数が消化されるのには、気の遠くなるような年数が必要だ。つまり俳句は尽きない。少なくとも〝数量的〟には、永遠の芸術なのだ。

皇寿、頑寿、昔寿って何歳のこと？

77歳を喜寿、80歳を傘寿、88歳を米寿、99歳を白寿と呼ぶことは、よく知られている。

では100歳以上には、どんな呼び方があるのだろうか？

まず、111歳は「皇寿」。「皇」の字を分解すると、百十十一となるから。

119歳は「頑寿」で、頑の字は「二、八、百、一、八」に分解でき、すべて足すと119歳になるから。

120歳は「昔寿」。「昔」という字を分解すると、廿（二十の別の書き方）と百になるから、だという。

写真を撮るとき、外国では何という？

写真を撮るとき、日本では「ハイ、チーズ」という。

英語圏は「Say cheese」。他の国では、中国では「茄子」（チェズ）が使われ、「1、2、3、チェズ」のようにいう。

韓国は「キムチ」、フランスでは「キュイキュイ」（小鳥の鳴き声）、ドイツ語は「ケーゼ」（チーズのこと）が使われ、メキシコでは「テキーラ〜」と叫ぶ。

現在、世界にラテン語を話せる人は、何人くらいいる？

現在、ラテン語を公用語としている国は、バチカン市国だけ。そのバチカンでも、日常的にはイタリア語が使われている。

現在、ラテン語を話せる人は、世界で100人以下とみられる。

釣りで1匹も釣れないとき、「ぼうず」というのは？

釣りの世界では、1匹も釣れないことを「ぼうず」と呼ぶ。なぜだろうか？

この「ぼうず」は、ご想像どおり、お寺の坊主に由来する。

僧侶は髪の毛を剃っているところから、釣り人は、1匹も釣れないのは「魚っけ（毛）がない」からだとし、そこから1匹も釣れない状態を毛のない坊主頭にたとえたという。

また、釣りで1匹も釣れずに終わったときは、お葬式を出したような気分になる。

寺院から坊主を呼んで、お経でもあげてもらいたい気分であるところから、「ぼうず」と呼ぶようになったという説もある。

格闘技でつまらない試合を「しょっぱい」というのは？

プロレスや総合格闘技では、つまらない試合は「しょっぱい！」と非難される。

この「しょっぱい」、もとは相撲界の隠語である。

角界では、弱い力士は土俵上にころがされ、土俵にまかれている塩をなめることになる。

そこから、いつも塩味を口にすることになる弱い力士を「しょっぱい」と呼ぶようになったのだ。

プロレス界で「しょっぱい」を最初に使ったのは、日本プロレスの祖である力道山である。

力道山は相撲からプロレスに転身してきたため、相撲世界の風習や言葉をプロレス界にも持ち込んだ。

その後、プロレス界では「しょっぱい」の意味が微妙に変化し、お客をシラけさせるようなつまらない試合やレスラーのことを「しょっぱい」と呼ぶようになった。

「Tシャツ」「Yシャツ」って、アメリカでも通じる？

アメリカでも「Tシャツ」という言葉は通じる。それも当たり前の話で、もともと「Tシャツ」はアメリカ生まれの言葉。両肩を結ぶ線がまっすぐで、広げるとT字形をしているところから、こう呼ばれるようになった。それが、戦後、日本にも伝わってきた。

一方、まず通じないのが「Yシャツ」。日本語の「ワイシャツ」は、明治時代に英語の「ホワイトシャツ」がなまってできた和製英語。アメリカでYシャツを買いたいときには、単に「シャーツ」か、「ドレス・シャーツ（礼装用）」と言えばいい。

ただし、発音のし方によっては、「Yシャツ」と言えば、もともとが「ホワイトシャツ」だけに、店員が「白いシャツ」をもってきてくれるかもしれないが……。

「コンビーフ」の「コン」って、どういう意味？

アメリカやイギリスで、「コンビーフをください」と言っても、そう簡単には通じないだろう。「コンビーフ」は和製英語だからである。アメリカでは「コーンビーフ（cornbeef）」、イギリスでは「コーンドビーフ（cornedbeef）」と呼ばれている。

「corn」とは塩漬けにするという意味で、「コーンドビーフ」は、塩漬けにした牛肉を表す。その牛肉の筋をとってほぐし、食用油脂を加えたものが缶に詰められる。日本へは、アメリカの「コーンビーフ」が伝わり、縮めて「コンビーフ」と呼ばれるようになった。

キスマークを英語では何という？

喉元などについたキスの跡を、日本では「キスマーク（kiss mark）」と呼ぶが、これは日本でしか通じない和製英語。

英語では、「キスマーク」に相当する言葉がいくつかある。まず喉元などについたキスの跡は、「passion mark」あるいは「love bite」という。「情熱の印」、「愛の噛み傷」という意味だ。

また、ワイシャツなどについた口紅の跡のことは、「リップスティック・マーク（lipstick mark）」と呼ばれている。

パソコンの「カーソル」を英語では何という？

パソコン画面に文字を入力するときは、表示棒のカーソル（cursor）を動かしながら、入力していく。

このカーソル、日本では綴りをローマ字読みして「カーソル」と読まれているが、英語圏では「カーサー」と読まれている。なお、もとの意味は「走る者」で、「スルスル滑る」といった語感があるところから、パソコン画面上をスルスルと滑るように動く表示棒のことをこう呼ぶようになった。

ウロコはないのになぜ「目からウロコが落ちる」？

ハッと気づいたときなどに「目からウロコが落ちる」というが、これは『新約聖書』にある次のエピソードに由来している。

キリストの弟子たちを迫害していたサウロ（後のパウロ）は、シリアの首都ダマスコへの旅の途中、天からの光につつまれて地上に倒れてしまった。

そして、「私は、あなたが迫害しているイエスである。……立って町に入れ。そうすれば、あなたのなすべきことが知らされる」という声を聞いたあと、目が見えなくなってしまった。

一方、ダマスコに住むアナニアという弟子は、まぼろしの中で、主の「サウロを訪ねよ」という声を聞く。

サウロの悪名の高さにアナニアは耳を疑ったが、続けて、主の「彼は私が選んだ器《うつわ》である。私の名を異邦人や王やイスラエルの子らにもたらすのは彼である」という声も聞いたので信じることにした。

さっそく、アナニアがサウロの家に入って祈ると、サウロの目からウロコのようなものが落ち、再び目が見えるようになったという。

以来、サウロはキリスト信仰に目覚め、パウロと改名、布教に命をかけた。

この聖書のエピソードがもとに

なって、「目からウロコが落ちる」という言葉が生まれた。

とび職を英語では何という？

とび職は、建設現場の高所で働く作業員のこと。「とび口」という道具を用いていたことから、江戸時代より「とび職」と呼ばれるようになった。

彼らは、英語では「スパイダーマン」と呼ばれている。もともと、英語では「construction worker（建設作業員）」や「scaffolding man（足場工）」と呼ばれていたのだが、近年、「spider man（蜘蛛男）」を呼ばれることが増えているのだ。

ご存じのように、「スパイダーマン」は、コミックから生まれ、映画化もされたクモのような特殊能力をもつヒーローのこと。とび職の仕事と、高所を苦もなく飛び回るヒーローのイメージが結びついたわけである。

スターバックスの社名の由来は？

コーヒーチェーンのスターバックス。この社名は、アメリカの作家メルビルの小説『白鯨』に由来する。

同社は、アメリカのシアトルで、3人の米国人によって起業された。そのうちの一人は、ゴードン・バウカーという作家で、彼は『白鯨』に登場する捕鯨船の船名から、「ピークウォド」という社名を提案した。

ところが、英語で「ピー」は尿、「クウォド」は刑務所を意味するため、却下され、結局、「ピークウォド」号に乗るコーヒー好きの一等航海士「スターバック」の名を使うことになった。

側頭部の髪を「もみあげ」と呼ぶのは？

側頭部の髪は、下に向かって生えているのに、なぜか「もみあげ」という。なぜだろうか？

この言葉のルーツは、江戸時代の中期までさかのぼる。江戸時代、髷《まげ》を結っていた侍たちは、耳の横にあるびん（側面の髪）に油をつけ、上にあげていた。ところが、この部分の髪は下に向かって生えているうえ、長さもないので上に持ちあげるのが難しい。そこで油に混ぜ物をして髪につけて揉み、上に持ちあげていた。揉んであげていたので、「もみあげ」と呼ぶようになったというわけだ。

おいしい新米が、悪い意味で使われるのはなぜ？

日本人にとって「新米」は、おいしい米の代名詞だ。ところが、サラリーマン社会で「新米社員」といえば、まだ未熟で失敗ばかりしている社員のこと。米の新米は喜ばれるのに、なぜか人間の新米は、180度転じて悪い意味を表す。

国語学者によると、人間のシンマイは、お米とはまったく関係がなく、江戸時代に使われていた〝シンマエ〟という言葉が語源だという。

当時、商人の社会では、店に新しく丁稚《でっち》に入った小僧に、主人が新しい前かけ＝〝新前かけ〟を支給する習慣があった。

そのシンマエカケが略されてシンマエになり、さらに月日が経つうちに、なまってシンマイになったというわけ。

そしてさらに漢字の表記も、語感や音の響きが似ていることから「新前」ではなく、「新米」が当てられるようになったという。

いなり寿司と海苔巻きのセットを「助六寿司」というのは？

地味な存在ながらも根強い人気を誇っているのが、「助六《すけろく》寿司」。ご存じのように、いなり寿司と海苔巻きをセットにしたシンプルな寿司弁当だが、なぜ「助六」と呼ばれるようになったのだろうか。

そもそもいなり寿司が誕生したのは、江戸時代のこと。天保の飢饉の頃、名古屋地方でアゲを使った料理がはじまり、そこにご飯を詰めるようになって、江戸でも人気の食べ物となった。

その江戸で、海苔巻きとセットにして、歌舞伎小屋用の軽食が売り出された。ただし、最初の名前は「揚巻《あげまき》寿司」といった。この名前は、江戸歌舞伎『助六由縁江戸桜』のヒロインである吉原の太夫、揚巻にちなんだものだった。

この寿司はよく売れ、やがて歌舞伎のヒーロー「助六」の名で呼ばれるようになった。こうして、現在まで伝わる「助六寿司」が誕生したのである。

テニスのサービスは思いっきり打つのに、なぜサービス？

テニスの試合で、攻撃側が打つ第一打目をサービスと呼ぶ。

サービスを打つときの基本は、「相手が打ち返せないように、思いっきり剛速球を打ちこむこと」。

考えてみれば、サービスとは「奉仕」の意味。それなのに、相手が打てない球を打つという、いってみればイジワルな行為をサービスというのはどうしてか？

テニスの原型は、13世紀のフランスの貴族たちが考案したジュ・ド・ポームという遊戯。はじめはコートの中で球を打ち合う〝お遊び〟だった。

お遊びゆえ、相手を打ち負かすことよりも、ラリーが何回続くかが重要だった。

そんなわけで、このジュ・ド・ポームのルールでは、最初の1球は、召使いが「では旦那様、まいります」と声をかけてから、プレーヤーがごく打ちやすい球をコートの中に投げ込むことになっていた。

そこで、貴族たちは、その第一球を、「召使いの奉仕」、フランス語でService＝セルビスと呼んだ。

その後、19世紀に入って、英国人は、ジュ・ド・ポームをもとに、いろいろとルールに変更を加え、テニスというスポーツを考案した。

その際に、選手自らが第一打目を打ち、試合を始めると変更された。

が、英国人たちは、そのゲームの第一打目をserviceと呼ぶことについては、そのまま継承することにしたのだ。

ゴキブリの語源は？

ゴキブリは、江戸時代には「ゴキカブリ」と呼ばれていた。

「ゴキカブリ」は漢字では「御器嚙り」とも「御器被り」とも書く。

「御器」は料理を盛る器で、「御器嚙り」は、食べ物を盛る器をかじるという意味である。ゴキブリは残飯どころか食べ物の器までかじるというので、この名が付いたらしい。

一方、「御器被り」は、ゴキブリの姿を表したもの。ゴキブリは、黒い漆塗りの器を被ったような姿をしている。そこから、この名が付いた。

明治になって「ゴキカブリ」が「ゴキブリ」になるのだが、これは誤記が重なった結果。まず、岩川友太郎の『生物学語彙』で「ゴキブリ」と誤ってふりがながふられた。

これを見た昆虫学者の松村松年が、『日本昆虫学』という本の中で、そのまま「ゴキブリ」と書いた。

この2つの誤記が、いつしか正式名称となったのだ。

誤記された名前が広まったのは、明治のころの日本には、まだゴキブリがあまりいなかったからだろう。

ゴキブリが飛躍的に増えるのは、戦後になってからのこと。家屋の機密性が高くなって、屋内が年中暖くなったため、ゴキブリが大繁殖することになったのだ。

貧乏ゆすりはどうして〝貧乏〟？

座っていると、本人の意志に関係なく、膝《ひざ》のあたりが小刻みに動きはじめる。これが俗にいう「貧乏ゆすり」。その名が示しているとおり、あまりカッコのいいものではない。

貧乏ゆすりの原因は、過度のストレスや緊張。それらが交感神経を刺激し、身体が小刻みに動いてしまうのだ。

ところで、「貧乏ゆすり」という名前の由来だが、明治・大正期、膝をゆする姿が、貧しくて空腹や寒さにふるえている姿に酷似することから、こう呼ばれはじめた。

金色でもないのに、どうして○玉なのか？

「金玉」とはいうが、実際に金色というわけではない。解剖学者によるとドス黒い赤褐色をしているという。

それが「金玉」と呼ばれるようになったのは、江戸時代からのこと。正確な語源はわからないのだが、「大切なもの＝金の玉」となったというしごく単純な説が有力である。

また飛鳥時代の大和語では「生《き》の玉」と呼ばれていたが、別名「厳《きび》したま」とも言われていた。この「きびしたま」が江戸時代になまって「きんたま」となったという説もある。

ちなみに、「厳したま」の語源は、男性の生命にかかわるもので、打ったり切られたりすると死ぬぐらい厳しい部分という意味からだという。

「切る」が禁句の結婚式でケーキを切るのはなぜ？

結婚披露宴で、「切る」「切れる」が禁句なのは、日本の常識。そのため、ケーキにナイフを入れることは「入刀」と言い換える。

というと、そこまで気を使うなら、そもそも披露宴でケーキを切らなくてもよいのでは？　と思う人もいるかもしれない。

ケーキカットのルーツはむろん外国にあり、もともとは新郎新婦がビスケットを配ることをルーツとしている。

その習慣を見て、ビジネスチャンスととらえたのがフランスのケーキ業界。ビスケットの代わりに、新郎新婦がケーキをカットし、出席者に配るというアイデアを広めた。

これが、新郎新婦によるケーキカットの始まりである。

しかし、現在、ケーキカットを行うのは日本ぐらい。外国の結婚式ではほとんど行われていない。

もちろん「切る」「切れる」を嫌ったわけではないのだろうが。

「レーザー」「レーダー」は、どんな言葉の略語？

レーザー光線、レーザーメスなどの「レーザー」の語源をご存じだろうか？

じつは、次のような長い言葉の略語だ。

light amplification by stimulated emission of radiation

意味は「誘導放射による光の増幅」。この言葉の各英単語の頭文字を並べてlaserとなった。

また、似た言葉のレーダーも略語で、こちらはradio detection and rangingの略。意味は「電波探知測距」。

「トラベル」と「トラブル」が似ているのは？

昔の旅はけっして楽しいものではなかった。

交通機関が発達していなかったため、旅行といえば徒歩による肉体労働。しかも、旅行者を狙う盗賊も横行していた。そのような時代、旅は苦しみ以外の何者でもなかったのである。

そこで、ラテン語の「trepalium」（拷問用具）を語源にして、英語の「travel」という言葉が生まれた。

その後、「travel」から派生して、現代の英語で「苦労・苦痛」を意味する「trouble」という単語が生まれた。あながち無関係でもないのである。

amazon のロゴの矢印の意味は？

アマゾンという社名は、ネットショップ名がＡＢＣ順に並べられることが多いことから、創業者がまず「Ａ」で始まる単語を辞書からピックアップ。そのなかから、世界最大の川のように、大きなシェアを獲得するという願いを込めて、amazon を選んだ。

その amazon のロゴマークでは、amazon という綴りの下に、矢印が描かれ、ａから出てｚに届いている。

これは、ａ to ｚということ、つまり何から何までそろうという意味を表している。

「カジノ」って、もともとどういう意味？

カジノは、イタリア語で小さな家を意味する casa（カーサ）に由来する。

もともと、casa は貴族の別荘を意味し、貴族がパーティの余興でカードゲームを楽しんだことから、現在の意味に広がった。

マッハはどうして速さの単位になった？

航空機やロケットの速さは、「マッハ」で表される。この「マッハ」という単位名は、オーストリアの物理学者、エルンスト・マッハ（１８３８～１９１６）の名に由来する。

エルンスト・マッハは、物理学、科学史、哲学、心理学など、多方面にわたる研究を行った学者。超音速研究にもすぐれた功績を残したので、その名が超スピードの単位名に残されることになったのだ。

操舵室を「ブリッジ」と呼ぶのは？

船の操舵室は「ブリッジ」と呼ばれる。そう呼ばれるようになったのは、一九世紀の外輪汽船時代のことだ。

外輪汽船は、右舷と左舷の両舷に設置した輪を回すことで進む船であり、両舷の外輪カバーの間に橋状のデッキが渡されていた。

やがて、その位置が、一段高くなっていて見通しがよいことから、そこで操船が行われるようになる。

その後、スクリュー船の時代になると、ブリッジは橋状の形を失うが、「ブリッジ」という名前は残り、操船する場所（操舵室）の意味で、そのまま現在でも使われている。

臆病者が「チキン」と呼ばれるのは？

英語の「チキン」には「臆病者」という意味がある。なぜ、こんな意味が生じたのだろうか？

日本で「チキン」というと、鶏肉だけを指す。一方、英語では生きているニワトリの意味でも使われ、とりわけヒヨコやメスの若鳥を指す。

ヒヨコやメスの若鳥は、人に追いかけられると、あわてて逃げ出すところから、チキンは「臆病者」のたとえとなった。

船を「it」ではなく「she」で表す理由とは？

英語では、船（ship）を「she」で表す。「it」ではなく、「she」で表すのだ。

昔は、新しく建造された船の安全を祈って、舳先《へさき》に女神の像が彫られることが多かったことから、船を「彼女」と呼ぶようになったと考えられる。

なお、英語では、船のほか、国（country）、地球（earth）、列車

(train)、月（moon）、海（sea）も「she」で表す。

「鳥肌」のことを英語では何という？

寒いときやゾッとするような恐ろしい経験をしたときに、皮膚にあらわれるブツブツ。説明するまでもないが、羽根をむしった鶏皮のブツブツに似ていることから「鳥肌」と呼ばれる。

近年では、恐怖を感じたり、寒さでブルブルっときたときだけではなく、感動したときも「あの演奏は鳥肌モノだったね」などと使われるようになっている。

では、英語で「鳥肌が立つ」ことは、どう表現するのだろうか？

そのまま英単語を当てはめれば、チキン・スキンとなりそうだが、残念ながらそれでは伝わらない。

正しくは「ホリピレイション」(horri-pilation)という。この「horri」は、「horror」（恐怖）のことだ。

チノパンの「チノ」ってどういう意味？

日本で「チノパン」と呼ばれているのは、コットン地のズボン。この「チノ」とは「中国」のことである。

20世紀の初め、英国製のこの生地がインドを経由して中国へ輸出されていた。

それに目をつけたのが、フィリピンに駐屯していたアメリカ軍。軍服用の生地として中国から買い付けはじめ、「チーノクロス」と呼ぶようになった。

そして、第2次世界大戦期、チーノクロスは下司官用の制服として用いられるようになり、戦後、元兵士たちが私服としても着用するようになった。

その生地製のズボンを「チーノパンツ」というようになり、それが日本では「チノパン」と呼ばれることになったのである。

「child」の複数形が「children」になるのは？

英語の名詞を複数形にするときは、おおむね語尾に「s」をつければOK。しかし、なかには例外もあり、変則的な複数形もある。

その代表格が「child」の複数形である「children」。

どうして「childs」ではなく、「children」となったのだろうか？

中世の英語には、複数形をつくる方法がいくつかあった。「child」にしても、13世紀のイギリス北部や中北部では「er」をつけた「childer」や、「re」をつけた「childre」が複数形として使われ、南部では「en」をつけた「childen」が使用されていた。その後、これらの単語が合体して、「children」となったとみられている。

現在でも、英語圏全部が、「children」に統一されているわけでもない。いまも「childer」や「childs」を使っている地方もある。

「know」の「k」を発音しないのは？

英単語の「know」（知る）の「k」は発音しない。

「know」（ノウ）のほかにも、英語には、「knife」（ナイフ）や「knight」（ナイト　騎士）など、頭文字の「k」を発音しない単語が多数ある。英語では、「k」という子音は、弱い音なので消えてしまうことが多いのだ。

ただし、もともとは、ちゃんと発音されていた。11世紀以前の古英語には「k」という字がなかったので、かわりに「c」が用いられ、「know」は「cnawan」、「knife」は「cnif」、「knight」は「cniht」と綴られ、それぞれ「クナーワン」「クニーフ」「クニヒト」と発音されていた。

ところが、言葉は人々が話すうちに変化していくもの。弱く発音する「k」は、やがて発音が省略されるようになり、綴りにだけその姿を残しているのである。

「ダイヤモンド」という名前の由来って？

ダイヤモンドという名は、ギリシア語の「アダマース」(adamas)と「ディアファネース」(diaphanes) に由来する。アダマースは「征服できない」「打ち負かすことができない」、ディアファネースは「透明な」という意味で、ラテン語ではこの二語を組み合わせて、ダイヤモンドを「ディアマース」(diamas「征服できない透明なもの」）と呼んだ。

これが、フランス語ではディヤマン(dimant)、イタリア語・スペイン語ではディマンテ(diamamte)となり、英語でダイアモンド(diamond)となったのだ。

「シップ」「ベッセル」「ボート」の違いは何？

英語には「シップ(ship)」「ベッセル(vessel)」「ボート(boat)」など、船を表す言葉がいくつもある。どう違うのだろうか？

まず「シップ」は旅客船や貨物船など、大型の船を表す。手漕ぎボートやモーターボートは「シップ」と呼ばない。

「ベッセル」は大型船から小型船までのすべての総称。ただ、やや古風な言葉であり、今は日常的にはあまり使われない。

「ボート」は小型の船を意味し、日本語化した「ボート」と同じような意味で用いられている。

「ストリート」「アベニュー」「ロード」のちがいは？

英語では、道路のことを「ストリート(street)」「アベニュー(avenue)」「アレイ(alley)」「ロード(road)」「ハイウェイ(highway)」など、さまざまな単語で呼び分ける。

これらの単語には、一応、使い分けの基準らしきものがある。まず、「ストリート」と「アベニュー」は、いずれも街中を走る大きな道を指す。ニューヨークでは、さらに厳密に使い分けられ、「ストリート」は東西に走る道、「アベニュー」は南北を走る道を指す。

一方、「アレイ」は小さな狭い道、小道を指す。さらには、路地、裏通りという意味もある。「ロード」は町と町を結ぶ田舎道のこと。「ハイウェイ」は2車線以上の舗装道路のことで、遠距離を結ぶ道路を指す。

1ドルを「buck」というワケは？

アメリカでは、「1ドル」のことをスラングで「buck」という。そう呼ぶようになった理由は、一説には、19世紀初頭まで、お金の代わりに鹿皮が使われたことに由来するという。

雄鹿の毛皮のことを「buck」といい、雄鹿の皮1頭分がおおむね1ドルで取引されていたところから、1ドルのことを「buck」と呼ぶようになったとみられる。

10セント硬貨のことを「ダイム」と呼ぶのは?

アメリカでは、10セント硬貨のことを「ダイム」と呼ぶ。なぜだろうか?

「ダイム」の語源をたどると、ラテン語の「デシマ」や「デセム」に行き当たる。これらのラテン語が「10分の1」という意味だったのだ。それがフランス語の「ディーム」を経て、英語に取り入れられ、10セント硬貨を表すようになった。

どうしてポンドを表す単位が「lb」なの?

通貨や質量の単位は「pound(ポンド)」なのに、それを表す記号は、「£」または「lb」で、ともに「l」を用いて表す。なぜ、「ポンド」なのに「p」ではなく、「l」を使うのだろうか?

このlは、古代ローマ帝国の通貨単位だった「リブラ・ポンドゥス(libra pondus)」の頭文字。

「リブラ」は天秤、「ポンドゥス」は「重さ」を意味し、古代ローマでは、1リブラ・ポンドゥスの銀から、240枚のデナリウス銀貨をつくっていた。

その単位が、ローマ帝国滅亡後も重さの単位として残り、「ポンド」を表すときに「libra pondus」から「lb」を用いてきた。

通貨記号の「£」も「l」の大文字から生まれた表記だ。

◆10秒で相手の心をつかむ雑談ネタ　日本語編

「ろりろり」という副詞がある。その意味は、恐怖や心配で、落ちつかない様子。「ろりめく」という動詞もある。ともに、広辞苑にも載っている言葉。

「屹度馬鹿《きつとばか》」という四字熟語がある。外見は立派だが、内心は愚かなこと。この語も、広辞苑に載っている。

「有財餓鬼」という四字熟語がある。読み方は「うざいがき」。意味は、財産があるのに、まだ物を欲しがる者、つまりは守銭奴のこと。

「ばかぼん」という仏教用語がある。サンスクリット語に漢字を当て、「薄伽梵」あるいは「婆伽梵」と書く。

煩悩を超越した徳のある人を指し、如来や釈迦を意味する。

「幸せ」をすばやく言うと、早口の「いらっしゃいませ」に聞こえる。

「喉ちんぽ」という言葉がある。広辞苑には、その意味は「のどちんこに同じ」とある。

県道に相当する北海道の道路は、「道道《どうどう》」。

動物を数える数詞には「食べずに残る部位名」が使われるという説がある。鳥は「羽」、魚は「尾」、牛や豚は「頭」という具合。そして人間は一名、二名と数え、死んで名を残すというわけ。作家の冲方丁《うぶかたとう》氏の発見。

「一巻の終わり」という言葉は、時代劇では使えない。無声映画の弁士の言葉から広まった言葉であり、この巻はフィルムを表すため。

時代劇では「牛耳る」も使えない。
「牛耳る」は、明治・大正の旧制高校生らが「牛耳を執る」を略して造った言葉。

日本には、「谷谷」さんが約30人いる。「たにや」あるいは「やや」などと読む。
過去には、谷《たえ》谷《かえ》谷《やつ》谷《や》という侍がいたという記録も残っている。

江戸時代の江戸っ子にとって、「忙しい」は禁句だった。
「忙しい」は「心を亡くす」と書くことから。
「お忙しいですか」、「忙しそうだね」という尋ね方も失礼とされた。

沖縄県の与那国島では、明治時代まで象形文字が使われていた。
「カイダ文字」と呼ばれ、おもに商取引の記録に用いられ、
取引品だった作物や家畜、船、家など、そして数字が文字化されていた。

登竜門の竜門は、門ではない。竜門山を切り開いてできた川（急流）の名。

沖縄方言には、「ん」で始まる言葉が多数ある。2001年発行の国立国語研究所の「沖縄語辞典」では、143語が取り上げられているほどだ。ンム（さつまいも）、ンブシー（味噌煮）などが、その代表例。

「柔よく剛を制す」という言葉は、「剛よく柔を断つ」と続く。本来は、合わせて、柔も剛も大事という「柔剛一体」の精神を表す言葉。

富山弁で「ちんちんかく」というと、正座するという意味。そして、「だんこちんこ」は、互い違いにという意。また、愛知県ではひじょうに熱いことを「ちんちん」、鳥取県では親しい友のことをやはり「ちんちん」と呼ぶ。

バレンタインデーの2月14日は、ふんどしの日でもある。2と14で「ふんどし」と読む語呂合わせから。また、「煮干しの日」でもある。

2（に）1（棒）4（し）で、「に棒し」という語呂合わせ。

早口言葉の「バスガス爆発」は言いにくいが、「バスが巣、爆発」と頭の中で〝漢字変換〟すると、噛まずに言える。

「塩」という漢字が土偏なのは、昔は岩塩が一般的だったから。

蛙に「圭」がつくのは「ケーケー」と鳴くから、鴉はガー（牙）と鳴くから、猫はミャオ（苗）と鳴くから、蚊はブーン（文）と飛ぶから——という説がある。

「収」の書き順の一画目は、左から2本目の縦棒。

鳥を「とっ」と読ませる言葉は、店名などの造語を除けば、「鳥取」しかない。

肉の「にく」という読み方は、音読み。訓読みは「しし」。

秋田弁では、「寝ない」は「ねね」、「寝ないといけない」は「ねねね」、「寝なければならない」は「ねねばね」という。

「壬辰《みずのえたつ》」の年の出産が縁起がいいといわれるのは、「壬辰」に女偏をつけると、「妊娠」になるから。

愛媛県や鹿児島県で、黒板消しのことを「ラーフル」というのは、オランダ語で、ぼろきれを意味する単語に由来するとみられる。黒板消しを「ラーフル」と呼ぶ地域には、かつて蘭学が盛んだった地域という共通点がある。

浅草の「雷門」の正式名称は風雷神門《ふうらいじんもん》。門に向かって、右側に風神、左側に雷神が配されている。昭和35年再建の鉄筋コンクリート製。

「奥の手」は左手のこと。広辞苑には、奥の手を左手とする理由として「左を右より尊んで」とある。

ダンテの『神曲』に「森に住み慣れたインド人をさえ、驚嘆させたであろう」という一節がある。これが「インド人もびっくり！」という言葉の語源という説もある。

racecar（レースカー）は、前から読んでも後ろから読んでも、racecar。

マラカスは複数形で、単体ではマラカという。

中国語の「走」は、歩くという意味。

乗り物のバスは、ドイツ語では「ブス」。綴りはbusで英語と同じだが、はっきり「ブス」と発音する。

インドネシア語では、勉強することを「ブラジャー」（belajar）という。

ピザハットのハットは「Hat」(帽子)ではなく、Hut(小屋)。エンブレムは、赤い小屋の屋根を模したもの。

「ハウンド」は猟犬のこと。だから、ハウンドドッグは「猟犬犬」といっていることになる。

ベトナム語では、鳩のことをチンポコという。「チンポウカウ」に近いが、日本人の耳には、ほぼチンポコに聞こえる。なお、「この鳩」は「チンポコナイ」となる。

アラビア語では、タバコのことを「シガーラ」という。日本人の耳には「スイガーラ」と聞こえなくもない。

ロシア語をめぐる雑学に、「ロシア語で、おばあちゃんはババーシュカという」という名作がある。ただし、残念ながら、本当の発音は「バーブゥシュカ」に近い。シュカは、日本語でいう「ちゃん」のような意味。

✎ 1から99までの数字を英語で書き表したとき、「a」は一度も現れない。

✎ 「世界の七不思議」は、誤訳に近い。wondersを「不思議」と訳したのだが、この単語には、驚き、驚異という意味もある。「世界の七不思議」は、不思議というよりも、驚きに満ちた建造物のはず。

✎ 「ムーディ」は、日本では、ムードがある、雰囲気がいいという意味で使われるが、英語の「moody」は、まったく意味の違う言葉。「不機嫌」「ふさぎ込む」「気まぐれ」といった意味で、ポジティブなニュアンスは含まれない。

✎ 縮小画像の「サムネイル」は、親指（サム）の爪（ネイル）くらい小さいという意味。

✎ スワヒリ語でトウガラシのことを「ピリピリ」という。

✎ 「Mojibake」（文字化け）は、世界で通じる言葉。アルファベットにはそういう概念がないので、日本のソフトウエア技術者が説明するうち、ソフトウエア界の世界的な共通語になった。

のど薬のトローチの名は、ギリシャ語の「小さな車輪」という意味の言葉に由来する。

パンチパーマの本来の名前は「チャンピオン・プレス」。1970年代、北九州市で考案されたときに付けられた名前。「これ以上のパーマはない」という意味。

ガスタンクは通称で、正式名はガスホルダー。英語でガスタンクというと、自動車のガソリンタンクのことになる。

葉巻のサイズを表す「チャーチル」という単位がある。太く（直径18ミリ〜20ミリ）て、長い（19センチ以上）タイプを指す。むろん、葉巻好きの英国首相ウィンストン・チャーチルの名に由来。

✎ 音波探知機のソナー（sonar）は、sound navigation ranging の略語。

✎ エアロビクス（有酸素運動）の反対語は、アネロビクス（無酸素運動）。100メートル走や筋トレなどを指す。

✎ 「飴と鞭」は、英語では「ニンジンと棒」（carrot and stick）という。なお、「飴と鞭」も日本語発ではなく、ドイツの宰相ビスマルクの政策を評して使われた言葉。

✎ 「海老で鯛を釣る」ということわざがあるが、ドイツには「ベーコンを求めてソーセージを投げる」という、同じ意味のことわざがある。小さなソーセージを投げ、ベーコンの塊を手に入れるという意味。

✎ ボーナスは、ラテン語の「bonus」（ボヌス）が語源。意味は「よいもの」。

✎ テーラーは洋服屋など、欧米の姓は職業と関係していることが多いが、あまり知られていないところでは、サッチャーは屋根屋、ワグナーは車大工、フォスターは鋏職人、クーパーは桶屋。

7月14日のフランス革命記念日を「パリ祭」と呼ぶのは、日本だけ。邦題を『巴里祭』と名づけた映画がヒットし、日本ではこの名で定着。夏の季語にもなっている。

マングローブは、マレー語と英語を合成した言葉。マングローブは河口などの汽水域に育つ植物の総称で、マレー語でそうした樹木を表す「マンギ・マンギ」と、英語で小さな森を表すgroveを合成した言葉。

日本では、集合住宅の名前に「ハイム」という言葉をよく使うが、もとはドイツ語のHeimで、わが家、家庭という意味。要するに、英語でいえば、ホーム。

蛇口を「カラン」というのは、オランダ語で、鶴を意味する「クラーン」(kraan)

に由来する。長く細く、曲がった水道管を鶴の首に見立てた言葉。

「カオリナイト」という石がある。〝かおりさんの夜〟というわけではなく、粘土の産地である中国の地名・高嶺《カオリン》に由来。

中国、韓国でも、「正」の字を書いて数をかぞえる。

プライマリー、セカンダリーの次の3はターシャリー、4はクォータナリー、5はクワイナリー、6はシーナリーと続く。ただし、3以降はほとんど使われない。

テレビ局で、3、2、1、「キュー」というが、綴りはCue。英語由来で、始まりの合図や信号として使われてきた語。発音が同じなので、Qと書くこともある。

中国語では、コンビニのことを「方便商店」という。セブンイレブンは「7—11」、あるいは「7—11便利店」。

R―18の「R」はRestrictedの略で、制限、規制を意味する。たとえば、R―18の映画は、0〜17歳の視聴が制限される。

「チンチン」という名のバラがある。ゴージャスな赤バラで、フランスでは人気種。なお、チンチンはフランス語で、乾杯という意味。

マイケル・ジャクソンの名曲『Beat it』の意味は「ずらかれ」に近い。歌詞は、「ケンカなんかせずに、逃げろ」という意味のことをさまざまなフレーズで繰り返している。

Blue-rayではなく、Blu-ray。Blue-rayだと、英語圏では、青色光ディスクという意味になる。すると、商標登録できない可能性があるため、Blu-rayと書くようにした模様。

◆どんな「人」「もの」「場所」のこと？

●王と呼ばれた人々

□**喜劇王**……ご存じ、俳優で映画監督のチャップリン。

□**ワルツ王**……ワルツ曲の『美しき青きドナウ』などを作曲したヨハン・シュトラウス。

□**歌曲王**……「歌曲」は、歌詞のあるクラシック音楽のこと。「歌曲王」は、『冬の旅』など、そうした歌曲を多数作曲したシューベルトのこと。

□**楽劇王**……「楽劇」は、ワーグナーが始めたオペラの様式。そのワーグナーが「楽劇王」と呼ばれるのは、当然の話。

□**帝王**……クラシック界では、指揮者のカラヤンのこと。ゴルフ界では、ジャック・ニクラウスを指す。一方、「皇帝」と呼ばれたのは、サッカーのベッケンバウワー。

□**鉄鋼王**……アンドリュー・カーネギー。USスチールの前身となる製鉄会社の創業者。

□**自動車王**……ヘンリー・フォード。自動車の大量生産技術を確立した。

□**真珠王**……真珠の人工養殖に成功した御木本幸吉。

□**ミステリーの女王**……名探偵ポワロ物など、多数のミステリーを著したアガサ・クリスティ。

□**サッカーの王様**……ペレ。「キング・ペレ」とも呼ばれるが、「サッカー王」とは言わない。

●神様と呼ばれた人々

□**憲政の神様**……尾崎行雄。日本の議会の創成期から半世紀にわたり、衆議院議員をつとめた政治家。

□**学問の神様**……平安時代の学者・政治家、菅原道真。

□**小説の神様**……志賀直哉。その作品の『小僧の神様』にかけて、こう呼ばれた。

□**マンガの神様**……手塚治虫。日本のマンガ文化の生みの親。

□**フォークの神様**……世界的にはボブ・ディラン。日本では岡林信康。

□**打撃の神様**……メジャーリーグでは、最後の4割打者、テッド・ウイリアムズ。日本では、V9時代の巨人軍監督をつとめた赤バットの川上哲治。

●父と呼ばれた人々

□**医学の父**……ヒポクラテス。古代ギリシャの医学者。「医聖」とも呼ばれる。

□**歴史学の父**……ヘロドトス。古代ギリシャの歴史家。

□**幾何学の父**……ユークリッド。古代ギリシャの数学者、天文学者。
□**経済学の父**……アダム・スミス。古典派経済学の創始者。
□**音楽の父**……バッハ。現代につながる西洋音楽の基礎を構築した。
□**交響曲の父**……ハイドン。「古典派音楽の父」とも呼ばれる。
□**近代オリンピックの父**……フランスのクーベルタン男爵。
□**コンピューターの父**……フォン・ノイマン。原爆開発に関与したことでも知られる。
□**水爆の父**……エドワード・テラー。水爆開発を主導した核物理学者。
□**日本資本主義の父**……渋沢栄一。第一国立銀行や東京証券取引所など、多様の組織、企業の設立にかかわった。むろん、こんど、お金の顔になる人物
□**近代郵便の父**……前島密。日本の近代的な郵便制度の創始者。1円切手の肖像で知られる。

●いろいろな異名をとる人々

□**鉄血宰相**……19世紀のドイツの宰相ビスマルク。外交上手で知られ、「誠実なる仲買人」という異名ももつ。
□**鉄の女**……イギリス病にあえいでいたイギリスを建て直したマーガレット・サッチャー元首相。
□**鉄人**……プロレスでは、ルー・テーズ。日本プロ野球界では、連続試合出場の世界記録をつくっ

た衣笠祥雄《さちお》・元選手。

□**万学《ばんがく》の祖**……アリストテレス。その〝研究範囲〟は、今の学問分野でいうと、哲学、倫理学、政治学、文学、論理学、自然科学などにおよぶ。

□**クリミアの天使**……ナイチンゲール。1854年、クリミア戦争の惨状を知り、約40人の看護師を率いて、野戦病院で看護に当たったことから。

□**暗黒街の帝王**……アル・カポネ。禁酒法時代のシカゴ・ギャング団のボスで、「スカー・フェース」（傷のある顔）とも呼ばれた。

□**ピアノの詩人**……ショパン。ポーランドの作曲家。

□**建築の詩人**……アントニー・ガウディ。スペインの建築家。

□**光の画家**……フェルメール。「光の魔術師」とも呼ばれる。

●どんなモノのことでしょうか？

□**赤いダイヤ**……「ダイヤ」は、高値で取引される商品の代名詞として使われる言葉。「赤いダイヤ」は小豆のことで、かつて価格が乱高下、高値をつけたことから。「黒いダイヤ」はオオクワガタ、あるいはトリュフのこと。「黄色いダイヤ」はカズノコ。これらも、かつて高値で取引されたことから。

□**海のミルク**……カキのこと。色が似ていて、栄養豊富であることから。なお、「海のキュウリ」はナマコのこと。これは、形が似ていることから。

□**キリストの血**……赤ワインのこと。一方、「キリストの涙」は白ワインのこと。

□**果物の王様**……ドリアンのこと。マレー半島で、国王が精力増強のために食べていたことも関係している。

□**沈黙の臓器**……肝臓。肝炎などにかかっても、目立った症状が現れないうちに、病状が進行することから。

□**赤い悪魔**……サッカーのマンチェスター・ユナイテッドの異名。ユニフォームが赤いことから。なお、サッカー界では、ベルギー、コンゴ、韓国の代表チーム、日本の浦和レッズも「赤い悪魔」と呼ばれている。

□**建築界のノーベル賞**……「○○界のノーベル賞」や「○○界の芥川賞」は、頻出の言い回し。「建築界のノーベル賞」は、プリツカー賞のこと。

□**鉄の貴婦人**……パリのエッフェル塔のこと。「鉄のレース編み」と呼ばれたこともある。

□**氷上の格闘技**……アイスホッケーのこと。なお、「氷上のチェス」はカーリング、「氷上の芸術」はフィギュアスケート、「水上の格闘技」は競艇のこと。

□**生きた化石**……魚のシーラカンスを指すことが多いが、ほかに古代から形を変えていない生物、カブトガニ、オウムガイ、メタセコイア、肺魚なども、こう呼ばれることがある。

□**液体のパン**……ビール。栄養価が高いことから。

●どこのことでしょう?

□**太陽の沈まない国**……最初にこう呼ばれた国は、大航海時代のスペイン。後に、19世紀、全盛期を迎えた大英帝国(イギリス)もこう呼ばれた。

□**微笑みの国**……タイをあらわすキャッチフレーズとして知られる。

□**火と氷の国**……アイスランド。北の海に浮かぶ、火山島であることから。

□**地球の肺**……アマゾン。酸素を大量供給していることから。

□**世界の火薬庫**……バルカン半島のこと。第一次世界大戦の引き金をひいた地域。後には、ユーゴスラビア紛争で、ポスト冷戦時代にも火薬庫となった。

□**中東の火薬庫**……こちらは、パレスチナ。

□**水の都**……ベネツィア、アムステルダムなど。日本では八百八橋の町、大阪。

□**東洋のシリコンバレー**……インドのバンガロール。

□**天国にいちばん近い島**……ニューカレドニア。作家の森村桂の小説のタイトルから広まったキャッチフレーズ。

□**東洋のスイス**……諏訪盆地。高地にあり、時計産業が盛んなことから。

□**○○の小京都**……こう呼ばれる都市は全国に50か所以上あるが、なかでも、飛騨の小京都(高山市)、薩摩の小京都(知覧)、山陰の小京都(津和野町)あたりが有名。いずれも、古い町並みが残る場所。

□**杜《もり》の都**……仙台市。同市では、1970年以降、「杜の都」という書き方を公文書でも統一表記として用いている。したがって「森の都」は仙台の代名詞ではないということ。

●この地名は、何を表しているでしょう？

□**霞が関**……中央省庁の総称。財務省（霞が関3丁目）や外務省（霞が関2丁目）。など、多数の官庁の庁舎が集まっていることから。

□**桜田門**……警視庁の代名詞。ただし、正式な住所は、外務省などと同じく、霞が関2丁目。

□**兜町**……証券・金融市場。東京証券取引場があり、その住所は日本橋兜町。

□**永田町**……政界を指す。国会議事堂の住所は、永田町1丁目7の1。なお、永田町1丁目1の1に建つのは憲政記念館。

□**目白**……かつて、政界で「目白」といえば、田中角栄元首相、あるいはその邸宅を意味した。ほか、音羽は鳩山一郎邸、南平台は三木武夫邸を指した。今は豪邸をもつ政治家が少なくなり、こうした呼び方は廃れている。

□**お台場**……テレビ業界では、フジテレビのこと。ちなみに「赤坂」はTBS、「汐留」は日本テレビ、「六本木」はテレビ朝日を意味する。

6
地 理

Interesting
conversation
starters!

「新」のつく駅名で、もっとも古いのは？

「新大阪」「新横浜」など、全国に「新」のつく駅名は多数あるが、そのうち最も古い「新〜駅」はどこだろうか？

正解は、JRでは東京の「新大久保」駅である。

開業は1914年（大正3）という100年以上の歴史を誇る〝新駅〟だ。

一方、私鉄では最古の「新〜駅」として、1900年（明治33）に命名された名鉄尾西線（当時は尾西鉄道）の「新一宮」駅がよく知られていた。ところが、残念なことにその後「名鉄一宮」駅に改称されている。

日本の地名なのにどうして「中国地方」？

四国地方と呼ばれるのは、その昔、四国に四つの国があったから。九州地方と呼ばれるのも、その昔は9つの国に分かれていたから。

では、「中国地方」と呼ばれるのは、なぜだろうか。この「中国」という呼び名は、昔から使われてきたもの。西暦927年に完成した『延喜式《えんぎしき》』にはすでに登場している。いつから使われだしたか正確にはわからないが、使われはじめた理由はだいたい想像できる。

古代から日本では、朝廷のあった近畿と、大陸文化の受け入れ窓口だった九州の2大勢力圏が栄えてきた。今の中国地方は、その中間に位置する。

そこで、畿内にある都では、自分たちを中心にそれぞれ近国、中国、遠国と呼ぶようになり、九州の遠国《おんごく》に対して、この地方が中国と呼ばれるようになったと考えられている。

当時から「中国」は、およそ現在の地域と重なる広域的な呼称として用いられ、中央の支配層もそう認識していたようだ。

名古屋の市街地でお墓を見かけないのは？

名古屋市の中心部には、どういうわけか墓地が見当たらない。どうしてだろうか？

話は、60年以上前にさかのぼ

る。第2次大戦が終わり、焼け野原になった街を復興するさい、名古屋市は前代未聞ともいえる大胆な都市整備を実施した。

クルマで名古屋の街を走ってみるとよくわかるが、名古屋の主要道路は3～5車線もあり、じつに広々としている。

これは60年以上前、将来のモータリゼーションに備えて拡充されたもので、南北にのびる久屋大通の地下には、地下駐車場も完備されている。

その復興整備で、名古屋市街地のじつに20％を超える土地が、道路・公園用地となったのである。

極めつけは、墓地の移転だった。戦災に遭った名古屋市街279寺の墓地の墓石18万9030基を集め、名古屋市の東山にある平和公園に、すっぽり移したのだ。

この計画が、檀家の猛反発を受けたことは言うまでもないが、どうにか実現にこぎつけたという。

その徹底ぶりは、尾張藩主の徳川宗春、赤穂義士の片岡源五右衛門ら、文化財ともいえる墓石まですべて移転したことでもわかる。

そのとき、墓地の移転に失敗していたら、名古屋の街は今も、東京のように狭い道路と渋滞に悩まされていたかもしれない。

琵琶湖の底に多数の遺跡が眠っているのは？

琵琶湖の底には、80か所以上の遺跡が沈んでいる。その時代は、縄文時代早期から安土・桃山時代までと幅広い。琵琶湖に数多くの遺跡が眠っている原因をめぐっては、「地盤沈下説」と「水位上昇説」がある。

現在、琵琶湖の周囲は約240キロだが、昔はもっと小さく、地盤沈下によって沿岸地域が陥没し、大きくなってきたとみられている。

その地盤沈下によって、沿岸にあった集落などが湖底に沈んだというのが、地盤沈下説だ。

一方、水位上昇説は、気候変動によって雨量が増加して、琵琶湖の水位が上昇、沿岸地域が水没したという説である。

横浜市はウソから生まれた大都市⁉

幕末までの横浜は、人口数百人

ほどの小さな漁村に過ぎなかった。それが急速に発展したのは、幕末に開港してからの話。だが、幕府はなぜそんな小さな村を外国との窓口に選んだのだろうか？

　まず、日米修好通商条約を結ぶ前の交渉で、アメリカは、江戸付近の港をひとつ開くことを望むが、いうまでもなく江戸は将軍家のお膝元であり、幕府としては近隣の港を開くわけにはいかなかった。そこで、幕府は、江戸からは離れた東海道の神奈川宿を提案する。神奈川宿は、現在のＪＲ京浜東北線、東神奈川付近だ。

　これにアメリカは合意するのだが、その後、幕府は神奈川宿にも問題があることに気づく。宿場町なので人の往来が多く、開港すれば、庶民と外国人の大規模な接触が避けられなかった。

　そこで、幕府は、神奈川宿の対岸の村に港をつくった。それが、横浜だったのである。

　１８５９年、日米修好通商条約にもとづいて開港が決まると、幕府は今の山下公園のあたりに歓楽街までつくって、「ここが神奈川港」とウソをついたのである。

　むろん、そんな子供だましが通用するはずもないのだが、フタを開けてみると、神奈川よりも、横浜のほうがよほど良港であることがわかった。それで、アメリカをはじめとする列強諸国は日本への抗議をあっさり引っ込め、その後、横浜はみるみる大都市へと発展していく。

　横浜が〝ウソから生まれた大都市〟ともいわれる背景には、そんな経緯があったのだ。

県と町村の間の「郡」は何のためにある？

　県と町や村の間の「郡」には、どんな意味や役割があるのだろうか？

　現在、日本の自治体制度は、都道府県と市町村の2本立てであり、「郡役場」や「郡議会」は存在しないが、かつては「郡役場」があり、「郡長」もいた。１８７８年（明治11年）、「郡区町村編成法」が施行され、郡には郡役場と郡長がおかれることになっていたのだ。

　その後、１９２３年の行政改革で、郡制は廃止されたが、明治から大正にかけて45年間も続いていた制度だっただけに、「郡」は町村のあるエリアを示す地名として今も生き残っているわけだ。

とりわけ、役所では、郡は今もかなりの意味をもち、たとえば各県の県警が町村部に警察署を配置するときには、郡がカバーするエリアの目安になっていることが多い。

三多摩が神奈川県から東京都になったのは？

東京都の「三多摩地域」とは、東京都のうち、23区内と島嶼部（大島など）を除いた地域である。東京都の西部に当たり、武蔵野市や三鷹市、八王子市などがある。

この地域は、江戸時代には直轄領や旗本領が多く、その分、徳川幕府への忠誠心が厚い土地柄だった。近藤勇（現在の調布市出身）や土方歳三（現在の日野市出身）など、新撰組の主要隊士を輩出したのも、その土地柄ゆえといえる。

明治維新後の廃藩置県で、多摩地区は、いったん神奈川県と入間県（現在の埼玉県）に分割編入された。その後、多摩郡内が横浜に居留する外国人の遊歩地区になると、全域が神奈川県に移管される。さらに、1878年（明治11）の郡区町村編制法により、神奈川県下の区域は西多摩郡、南多摩郡、北多摩郡となった。

ところが、それから15年後の1893年（明治26）、突然、神奈川県の多摩3郡が東京府へ編入された。神奈川県下の多摩地区にあった東京府民の水源を、編入によって直接管理するためとされた。

また、東京でコレラが大発生したさい、「玉川上水でコレラ患者の汚物を洗った者がいる」と新聞報道され、大騒ぎとなった。これをきっかけに、多摩地区の東京府移管案が浮上し、帝国議会で認められたのだ。

だが、この大合併のウラには、日清戦争に突き進もうとする政府の政治的企みがあったとみる人もいる。

当時、日清戦争に反対していた自由党が地盤としていたのが、三多摩地区だったのである。その自由党では、三多摩地区の養蚕業者と横浜の輸出業者が協力して、戦争よりも貿易振興策を求めていた。

そこで、政府は、三多摩地区を東京府に編入することで、日清戦争への反対勢力を地域的に分断することを狙ったというのが、政治的謀略説の論拠となっている。

厚木市にはないのに どうして 厚木基地？

神奈川県にある「厚木基地」は、1938年（昭和13）、旧日本軍が航空基地に定めたのが基地としてのはじまり。敗戦後は、アメリカに接収された。敗戦直後の8月30日、連合軍司令官マッカーサーが降り立った場所としても有名だ。

現在は、日米共同使用基地として使われているが、「厚木」基地といいながら、なぜか厚木市内にはない。基地の敷地は、大和市、綾瀬市、海老名市の3市にまたがっているが、厚木市にはかすりもしていないのである。

それなのに、厚木を名乗ったのはなぜか？　よく言われるのは、昔の大和市や綾瀬市は〝田舎〟だったが、そこからちょっと離れた厚木は、昔から宿場町として栄え、名前が通っていた。だから「厚木」基地としたという説である。

また「厚木」をめぐっては、駅名も複雑でわかりにくい。JR・小田急線の「厚木駅」は、厚木と名乗っているにもかかわらず、所在地は海老名市なのだ。そして、厚木市にある小田急線「本厚木駅」には、なぜか頭に「本」がつけられている。

ふつうに考えて、厚木市内にあるほうが「厚木駅」を名乗るのが本筋と思うが、どうしてこうなったのか。理由は単純で、JR相模線が小田急電鉄よりも先に開通したから。そのさい、やはり名の通った「厚木」を駅名にしたのだ。

そのため、後から開通した小田急電鉄は、当初「相模厚木駅」を名乗り、それが「本厚木駅」に変更されて現在に至っている。本厚木駅の「本」には、〝本当の厚木〟という意味が込められているそうだ。

地名は「四谷」で、駅名は「四ツ谷」の怪とは？

東京新宿区の「四谷」は、地図上の住所は「四谷」だが、JRの駅名では「四ツ谷」。東京メトロ丸ノ内線でも駅名は「四ツ谷」だが、「よつやさんちょうめ」になると「四谷三丁目」となって「ツ」が抜ける。

地名と駅名の表記が異なるケースは、四谷以外にも数多く存在する。以下は前者が地名で後者が駅名というケースで、市谷は「市ケ谷」、霞が関は「霞ケ関」、兵庫県の三宮は「三ノ宮」、西宮は「西ノ宮」という具合だ。

そもそも、日本各地の地名には、「ツ」「ノ」「ケ」など、仮名まじり表記が多かった。それが変化したのは、明治時代に入ってから。地方行政が整備されるに従って、仮名抜き表記で統一しよう、という自治体が増えたのである。

ところが、駅名には仮名が残ったままにされた。なぜ統一しなかったのか、その理由ははっきりとはわからない。ただ、鉄道ができた当時は、まだツやノの入った仮名まじりの地名がなじみ深かったので、それらが駅名に採用され、それが今日まで使われ続けてきたということのようだ。

さらには、経済的なコスト問題もからんでいたに違いない。いったん決めた駅名を変更するとなれば、たとえ1文字であっても、ホームの看板から時刻表まで、すべて変更しなければならない。鉄道会社の本音は「余計なコストや手間をかけたくない」ということだったのかもしれない。

目黒駅はなぜ目黒区ではなく品川区にある？

目黒駅は、駅名こそ目黒と名乗っているが、所在地は品川区上大崎にある。

山手線が通るとき、当初の計画では、目黒駅は当然、目黒区内にできるはずだったが、住民のモーレツな反対運動に遭って計画は変更され、あまり人通りのない権之助坂上に建設されることとなった。それが、品川区内だったのである。この1件は、俗に「目黒駅追上事件」と呼ばれているが、それは駅が坂の上に追い上げられたからである。

ちなみに「権之助坂」という坂名は、「菅沼権之助」という人物に由来する。江戸時代中期、中目黒村にいた名主で、村人を代表して年貢米の取り立てをゆるめてもらおうと訴え出たことで、死刑を言い渡されてしまう。当時、直訴は御法度だったからだ。

村人たちの懇願もむなしく、処刑場へ引かれる途中、権之助は「何か思い残すことはないか」と問われ、「自分の住んだ家をひと目見たい」と言って、坂の上からわが家を眺めたという。そこから、村人たちが権之助を偲んで「権之助坂」と呼ぶようになったといわれている。

戦前、日本で一番高い山は富士山ではなかったって本当？

日本最高峰が富士山であることは、小学生でも知っている。ところが、富士山は、過去もずっと日本最高峰だったわけではない。戦前の一時期、日本最高峰の座から転落していたことがあるのだ。

それは、日本の台湾領有と関連する。１８９５年、日清戦争で清国を破った日本は、清国から台湾を割譲される。以来、第2次世界大戦で日本が敗北するまで、台湾は日本領となり、日本語が公用語とされ、日本と同じ教育が行われた。

その新たな日本領となった台湾には、３５００メートルを超える高山が20もある。最高峰は標高３９５２メートルの玉山で、玉山は周辺に住むツオウ族からは「パトウンクァン」と呼ばれていた。

また、標高３８８６メートルの雪山もあり、こちらは先住民からは「マハマヤン」と呼ばれていた。いずれも富士山よりも高く、富士山は日本最高峰の座を玉山に譲ることになったばかりか、日本第2位の高峰ですらなくなっていたのだ。

玉山は、新たな日本最高峰という意味で、「新高山《にいたかやま》」と名付けられた。名付け親は、明治天皇である。

太平洋戦争のハワイ・真珠湾奇襲作戦では、「ニイタカヤマノボレ１２０８」という暗号が使われたことをご存じの方は多いだろう。

富士山が日本一の座を取り戻すのは、日本が戦争に破れ、台湾を失ってからのことである。

〝人災〟がもたらした九州最高峰の交代劇とは？

九州最高峰の山は鹿児島県・屋久島の宮之浦岳だが、これを九州本土に限ると、大分県の久住連山の一角となる。現在は、久重連山の中岳が標高1791メートルで、九州本土最高峰を誇る。ここで注目したいのは、あくまで「現在」という、ただし書きが付くことだ。

これまで、九州本土の最高峰は、たびたび入れかわってきているのだ。かつては、久重連山の主峰とされてきた久住山が、1788メートルで最高峰だった。それが同じ久重連山の大船山にその座を奪われ、後に奪回する。ふたたび、久住山が最高峰の座に返り咲いたのも束の間、今度は中岳が最高峰となり、現在に至っている。

なぜ、こんなことになるかというと、一つには〝人災〟がある。九州本土最高峰と謳われると、登山客がその山に集中する。登山客が増えると、山頂の岩場が崩れる。久住山の場合は、標高が1メートル低くなって、大船山に最高峰の座を譲ることになった。

そんななか、国土地理院が2万5000分の1の地形図を作成するため、久重連山をあらためて測量した。すると、無名だった中岳が久住山、大船山よりも高いことがわかったのだ。

ただ、中岳と久住山、大船山の標高差はわずか数メートル。今後も最高峰交代ということがあるかもしれない!?

東京にはなぜこんなに坂道が多い？

東京は坂の多い都市である。京都や神戸にも坂は多いが、これは東山や六甲山が迫っているからで、関東平野にある東京とは事情が異なる。

東京に坂が数多くあることには、関東平野を囲む山々、富士山や赤城山、浅間山などの噴火が関係している。とくに、富士山の影響が大きく、約8万年前から富士山が噴火するたびに、関東平野には大量の火山灰が撒き散らされてきた。その火山灰が堆積してできたのが武蔵野台地だ。

東京の西部分は、この武蔵野台地の東端に当たる。一方、東京の東部分は武蔵野台地より先にあり、平野が広がる。後世、平野部分は「下町」と呼ばれ、台地部分は「山の手」と総称されることになる。東京では、その平野と台地の接点に数多くの坂が生まれることになったのだ。

別の見方をすれば、東京は富士山噴火による火山灰の到達する東の限界で、そのため完全な台地にならず、平野のままでもなかった。複雑な起伏のある地形となり、そこに人が住み、坂と馴染む文化が生まれたのだ。

実際、東京には渋谷、四谷、市ヶ谷といった谷も多い。

谷の近くにはかならず坂がある。渋谷には宮益坂、道玄坂、四谷には円通寺坂、女夫坂といった具合で、四谷から市ヶ谷にかけては、「強力坂」と呼ばれる高低差約30メートルの坂もある。

不忍池は大昔、東京湾の入り江だった⁉

東京の上野公園に彩《いろど》りを添えている不忍池《しのばずのいけ》は周囲2キロほどの池だが、江戸時代からハスの名所として知られてきた。

じつは東京都内に池は珍しい。山手線沿線内に残っている池らしきものといえば、皇居のお堀を除けば、不忍池くらいのものだ。しかも、不忍池は昔は「海」だったという珍しい〝経歴〟をもつ池である。

東京湾は、かつてはいまより大きく、現在の内陸部にまで海水が押し寄せていた。縄文時代の暖期には、不忍池あたりは東京湾の入り江だったのだ。その後、海岸線はしだいに後退し、東京湾はいまの形に近づいていくが、入り江だった不忍池周辺だけは取り残され、ポツンと池として残ったのだ。

江戸時代になると、徳川家康が江戸の都市化を進め、家康のブレーンだった天海によって、上野に寛永寺が建立された。そのとき、天海は不忍池に目をつけ、琵琶湖に見立てて池の中に弁天島を築き、弁天堂を建立した。当時の弁天堂は戦災で消失し、現在の建物は１９５８年に再建されたものだ。

江戸時代の不忍池は今よりもやや大きく、いまの姿に近づくのは明治になってからのこと。明治時代、上野に競馬場を造る話が持ち上がり、不忍池の北側が埋め立てられ、ほぼ現在の形になったのだ。

その後の築堤工事により、池はいったん4つに分けられた後、そのうち2つが一緒になり、現在のように3つに分かれる形になった。一面ハスで覆われる蓮池、ボートを楽しむボート池、鵜が生息している鵜の池だ。

都道府県の面積を足しても、日本の総面積にならないのは？

日本の総面積をめぐっては、不思議なデータがある。日本の総面積は、北方領土を含めて、約37万7971平方キロ。ところが、全国各都道府県が公式発表しているそれぞれの面積を足しても、この数字には達しない。1万3000平方キロメートル以上も日本の総面積より少ないのだ。

日本の発表している総面積は、正確な数字だ。各自治体の発表している数字も正しい。それなのに、総面積と各都道府県の面積の和が違ってくるのは、日本列島には「県境の未定地域」が多数存在するからだ。

県境未定地を地図で見ると、県境線が消えている。

県境未定地の歴史は、江戸時代の初期にまでさかのぼる。江戸初期、全国に藩が生まれたとき、各藩は国境《くにざかい》を決めようとしたが、さまざまな理由から決められない土地ができた。それが明治の廃藩置県にも影響をおよぼし、いまなお未確定の土地が残っているのだ。

各県は、県境未定地域を自県の面積には加えていないため、日本の総面積と各都道府県の面積の和が大きく違ってくることになる。

「町」も「丁目」も存在しない無番地って何？

ハガキや宅配便を送るときは、宛先に「○町○丁目○番地」などと住所を書くものだが、日本のなかには番地がついていない場所がある。

「無番地」「番外地」と呼ばれる場所で、例は古いが、高倉健主演のヒット映画『網走番外地』の舞台となった網走刑務所も、昔は無番地のひとつだった。

無番地になるケースは、大きくいって2つある。ひとつは国有地の場合で、もうひとつは、県境などを巡ってトラブルになっているため、番地が決められないケースである。

しかし、そのどちらにも当てはまらず、ちゃんと人が住んでいるのに無番地なのが、東京都に属する「青ヶ島」。東京から358・4キロメートル離れたところにある、伊豆諸島の有人島の中でも、もっとも南に位置する島だ。

この青ヶ島の面積は、約6キロ平方メートル。小中学校もあれば民宿もあるのだが、どういうわけか「町」や「丁目」が決められていない。島全体がまるごと無番地なのである。

というと、「郵便物をどうやって配達するの？」と心配に思うかもしれないが、そのあたりの心配は無用。

なにしろ青ヶ島は、人口約165人ほどのこじんまりした村で、住民の大半は西の西郷、東の休戸郷という2つの集落に住んでいる。

そのため、配達員は宛先の名前を見ただけで、誰のことかすぐにわかるのだという。

千島海流が「親潮」と呼ばれるのは？

千島海流は、日本列島の太平洋側を北から流れる寒流。千島列島の方から流れてくるので、そうネーミングされているが、一般には「親潮」の名で知られている。

親潮は酸素や栄養分が豊富なので、プランクトンや海藻がよく育つ。プランクトンが多ければ、魚の種類も数も多くなる。そこで、漁師たちは、魚を育ててくれる潮流という意味で「親潮」と呼ぶようになり、それが一般化した。

一方、太平洋岸を北上する暖流「日本海流」は、通称「黒潮」と呼ばれている。黒潮には動物プランクトンが多く、海水が黒っぽくみえるところから、こう呼ばれるようになった。

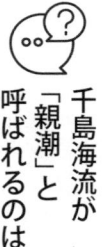

「サンシャイン60」はなぜ階ごとに郵便番号がちがう？

超高層ビルは、各階ごとに郵便番号が決まっているケースが多い。たとえば、「170‐6060」は、東京都豊島区東池袋サンシャイン60の60階のこと。「170‐6059」は　同じく東京都豊島区東池袋サンシャイン60の59階を指す。

サンシャイン60のような超高層ビルは、各階に郵便番号がつけられているのだ。

そうしている理由は、むろん配達を円滑に進めるため。サンシャイン60には、毎日、何千通という郵便物が届くので、あらかじめ階ごとに郵便番号を変えて分類しておくとスムーズに配達できるというわけだ。

なお、31階以上で、1日の配達数が1000通以上のビルの場合は、おおむね各階ごとに郵便番号がつけられている。

フォッサ・マグナの「フォッサ」って何？

日本列島は、本州の中央付近で「フォッサ・マグナ」によって東西に分断されている。

フォッサ・マグナは、日本語では「大地溝帯」と訳されるが、本来はラテン語で、フォッサは「割れ目」、マグナは「大きな」という意味。「マグマ」とは関係がない。

なお、フォッサ・マグナと、糸魚川から松本、諏訪、静岡を結ぶ「糸魚川—静岡構造線」と混同している人が少なくない。厳密にいうと両者は別物で、フォッサ・マグナは幅35キロ〜70キロに及ぶ大地溝で、その西端が「糸魚川—静岡構造線」である。

地図では上にある地域が「下越」と呼ばれるのは？

新潟県は、北から三つに分けて「下越」「中越」「上越」と呼ばれている。

不思議なのは、地図上で上になるエリアが「下越」と呼ばれ、下になる地域が「上越」と呼ばれていること。

これは、昔の日本では、京都を中心に位置関係を考えていたから。京都に近いほうが「上」、遠いほうが「下」とされたのである。

日本国内に「サラダ」という地名があるのは？

徳島県三好市池田町には、「サラダ」という地名がある。

もとは、さら田（さらの田＝新田）で、江戸時代の検地台帳には「皿田」と書かれていたが、文明開化期から「サラダ」と書かれるようになり、やがて正式名称になったとみられる。

このほか、池田町には、「シマ」「ハヤシ」「シンヤマ」「マチ」「イタノ」などの正式に認められたカタカナ地名が多数ある。

それらは江戸時代までは、サラダ同様、漢字で書かれていた。

しかし、明治初期、池田町出身の商人たちが横浜などを訪れた際、街にカタカナが溢れているのをみて、カタカナの時代が来ると思って、カタカナ名に改めたと伝えられている。

日本一短い川が、なぜ「ぶつぶつ川」？

ぶつぶつ川は、和歌山県の那智勝浦町を流れる2級河川で、その全長は13・5メートル（キロメートルではない！）。もちろん日本一短い川である。

地下から水がぶつぶつと湧きだしていることから、この名になったとみられる。

「南あわじ市市市」という地名があるのは？

兵庫県に「南あわじ市市市」という地名がある。

読み方は「南あわじ市・市《いち》市《いち》」。もとは、三原町市市だったのだが、平成の大合併で「南あわじ市」になり、「市市市」と市の字が3つ続くことになった。

なお、「町」のほうは、佐賀県に大町町大町《おおまちまちおおまち》、長崎県に鹿町町鹿《しかまちまちしか》町免《まちめん》という地名がある。

「面白山」という山名の由来は？

山形県と宮城県の県境に「面白山」（標高1264メートル）という山がある。

山肌に雪が白く残るところから、「つらしろ山」と呼ばれ、それに「面白山」と漢字が当てられ、やがて「おもしろ山」と読むようになった。

JR東日本の仙山線には「面白山高原駅」という駅もある。

名前が最も長い山は？

山梨県に、「牛奥ノ雁ケ腹摺山」という山がある。読み方は「うしおくのがんがはらすりやま」で、ひらがなにすると14文字。

国土地理院の2万5000分の1地形図に山名が載る山のなかでは、最長の名前だ。

名前の意味は、「空を飛んでいく雁が、腹を擂るほどに高い」ということだが、標高は1874メートル。近くにそびえる富士山のほぼ半分しかない。

宮崎県に「トロントロン」という地名があるのは？

宮崎県の「トロントロン」地区には、トロントロン商店街、トロントロンドーム、トロントロンという名のバス停などがある。

その名の由来は、湧き水の音に由来するという説が有力。西南戦争時、薩摩軍が通過したときに、トロントロンという音がしたので、そう名づけられたという説もある。

なお、岡山県倉敷市には「ドンドン」という地名がある。これも、川の流れる音に由来し、その音を「ドンドン」と表して生まれた地名とみられる。

釧路市に「鳥取」という地名があるのは？

釧路市に「鳥取」という地名があるのは、かつて、鳥取県出身の士族が入植したためで、1949年、釧路市に併合されるまでは、鳥取町という自治体があったくらい。

このほか、北海道には、宮城、山形、福島、茨城、栃木、長野、岐阜、岡山、土佐、熊本など、入植者の出身地に由来する地名が多数ある。

「青山一丁目」という駅はあるのに、地名がないのは？

東京メトロに「青山一丁目」という駅はあるのだが、青山1丁目という地名は存在しない。過去をさかのぼっても、青山1丁目という地名が使われていたことはない。なぜ、存在したことのない地名が駅名に使われることになったのだろうか？

東京メトロの前身が、同駅を開業したのは1938年のこと。当時の住所表示では、駅は「赤坂区青山南町1丁目」と「青山北町1丁目」の境あたりに位置していた。そこで、どちらの町内からも文句がでないように、双方に共通する言葉をとって「青山一丁目」

としたという説が有力だ。

沖ノ鳥島に郵便番号はあるか？

沖ノ鳥島は、日本最南端（北緯20度25分）の無人島。

北小島と東小島の2島からなるサンゴ礁の島だが、わが国の経済水域を広げるのに貢献していることは、ご承知のとおりである。

日本の領土である以上、沖ノ鳥島にも、当然、住所と郵便番号がある。

住所は、北小島が「東京都小笠原村沖ノ鳥島一番地」で、東小島は「同二番地」。

郵便番号はともに１００-２１００。東京から１７４０キロも離れているが、東京都内なのだ。

日本百名山のうち、いちばん低い山は？

日本百名山のうち、最も低い山は、茨城県の筑波山《つくばさん》で、標高８７７メートル。日本百名山のうち、標高１０００メートル未満の山は、同山と開聞岳《かいもんだけ》（９２４メートル）の二山だけだ。

逆にいうと、この二山は、その〝低さ〟にもかかわらず、百名山に選ばれているわけで、標高以外の魅力がたっぷりの山というわけ。

東京メトロの駅名に、ひらがなが入っているのは？

東京メトロの駅名のうち、ひらがなが使われているのは、「雑司が谷駅」ただひとつ。他の駅名に使われているカナはすべてカタカナで、たとえば霞ケ関駅は、カタカナで書く。

現在、地名は霞が関と書くのだが、駅名は１９６２年の住居表示法が施行される前から使われ、同法施行後も改名されることなく、カタカナが使われ続けている。路線名も同様で、丸ノ内線は、丸の内線ではなく、「ノ」と書く。

現在、日本でいちばん低い山は？

宮城県仙台市の日和山は、国土地理院の地形図に載っている山としては、現在、日本一低い山。

同山は、１９９１年から96年ま

では日本一低い山だったが、その後、大阪の天保山が地形図に掲載され、その座を失っていた。ところが、東日本大震災による地盤沈下などにより、2014年4月から日本一低い山として復活。現在標高3メートル。

新潟県に神社が多いのは？

47都道府県のうち、神社が最も多いのは、新潟県（4758社）である。

米どころであり、昔から村落共同体が多く、その分、産土神《うぶすながみ》などを祀る神社が増えることになった。なお、最も少ないのは、沖縄の14社。

吉祥寺に特別快速が停まらないのは？

中央線の特別快速は、吉祥寺には停まらない。住んでみたい街ナンバー1のこの街に停まらないのは、人気の高い街なので、停めると、乗客が多くなりすぎる懸念があるため、あえて停めないのだという。なお、隣の三鷹駅には停まる。

合併していない浦安市の面積が4倍以上になったのは？

千葉県浦安市の面積は、約17・3平方キロ。かつて町制が施行されたときは、4・4平方キロだったので、4倍以上にも〝成長〟している。

それは合併によるものではなく、すべて埋め立てによるもの。ディズニーランドも、埋め立て地の上に建設されている。

金精峠はイチモツが地名化したって本当？

性器崇拝は、世界的によくみられる信仰。人間の生殖活動と農耕の実りを結びつけた信仰である。

日本では、峠などに性器の形をした自然石を置いて魔除けにすることが多く、今も地方に行くと、ペニスそっくりの石や自然木、女性器の形をした岩などが、信仰の対象として残されている。

そのうち、男性器状の石や木、金属器などは「金精様」とか「カナマラ様」と呼ばれることが多いが、「金精様」と呼ばれるイチモツが、そのまま地名となったという場所がある。栃木県日光市と、群馬県利根郡片品村との境にある標高2024メートルの「金精峠」だ。

峠の上にあるのは、「金精大明神」。ご神体は銅にメッキした男根で、納められた男女交合の形に似た木の根株に願いごとをすればかなうといわれる。

ユニークなのは、その由来。奈良時代の僧侶・道鏡の男根を金精神として峠に祀ったのが始まりだというのだ。道鏡といえば、僧侶でありながら、皇位簒奪《さんだつ》を企んだ大悪僧として語られてきた人物。女帝の孝謙天皇の寵愛を一身に受けたのは、道鏡が稀に見る〝巨根〟の持ち主だったからと伝えられてきた。むろん、真偽のほどは定かでない話だ。

なお、奥日光の金精峠への道路は、冬は雪が積もって閉鎖されてしまうので、観光で訪れる際は事前に確認を。

向津具半島は珍名マニアが1度は訪れる名所⁉

山口県長門市は、同県の日本海側に位置する都市。ここには「ムカツク半島」（漢字では向津具と書く）という珍地名があり、珍地名マニアが1度は訪れる〝名所〟となっている。

半島の先端に「向津具」という集落があり、どうやらこちらがこの珍地名の生みの親らしい。一説には、「向こうにある地」を意味する古語の「ムカツクニ（向国）」が略され、「ムカツク」となり、「向津具」という漢字が当てられたという。

また、「向」は遠く、「津」は港、「具」は従者という意味から、貴人の従者が訪ねてきたか、ここから旅立ったか、いずれにしろ、貴人の従者に由来するのではないかという説もある。

この地には、今から約1250年前、安史の乱で殺害されたはずの楊貴妃が、生き延びて逃れ、漂着したという伝説が残っている。楊貴妃の墓まであるのだが、この伝説とからめて、貴人とは楊貴妃のことだったという説もある。

ちなみに、この地には、向津具小学校や向津具中学校もある。

山口県に銀座も新宿も青山もあるワケは？

山口県の周南《しゅうなん》市は、「平成の大合併」で、徳山市を中心に、新南陽市、熊毛町、鹿野町の2市2町が合併して誕生した市。

この市には、「銀座」や「有楽町」という繁華街がある。といえば、「繁華街に、そういう地名をつけるのは、よくある話」と思う人もいるだろう。

ところが、周南市の場合、その他にも「青山町」「代々木通り」「新宿」「原宿町」「千代田」、さらには、海沿いには「晴海町」まである。まるで、東京が引っ越してきたような街で、「山口県のリトル東京」とも呼ばれている。

こうした〝東京地名〟は、旧徳山市時代の1947年（昭和22）頃につけられたもの。戦前、徳山市には海軍の施設があったため、空襲によって市街地の9割が焼失した。戦後、復興事業に取り組むなか、地名が再検討され、東京の地名が真似られたというわけである。

新地名は、各自治会の意向をくみながら、市の「町名地番整理委員会」で正式に定められた。もとの「今宿」が新宿や原宿町に、もとの「代々小路」が代々木と名づけられたという。

各地にある「三国山」の意外な共通点とは？

全国には「三国山」「三国峠」「三国岳」といった山がたくさんある。

それらは、おおむね3つの国の境に位置する山や峠に付けられた名前である。

たとえば、上杉謙信が、越後（新潟）から関東へ攻め込むときに駆け下りた「三国峠」は、信濃（長野）・越後（新潟）・上野《こうづけ》（群馬）3カ国の国境にあるところから、そう呼ばれている。

あるいは、別名「三国山」と呼ばれる甲武信ヶ岳は、甲斐（山梨）・武蔵（埼玉）・信濃（長野）3カ国の国境にある。さらに、若狭（福井）・近江（滋賀）・丹波（京都）の国境には「三国岳」がある。

こうした「三国」とつく山の特徴は、現在でも信仰の対象となっている霊山が多いことだ。

というのも、かつて旅人がそこで旅の無事を祈ったからとみられている。

昔の旅は危険と隣り合わせだった。

山道を行くときには、断崖の細い道を岩壁にへばりつきながら進むこともあれば、クマやオオカミと遭遇することもあり、山賊に襲われることもあった。

そのため、旅人たちは、旅の安全を願って、国境の近くでその後の道中の無事を祈ったのだ。

やがて、そうした国境付近の山中や峠には社や祠《ほこら》が建立され、旅人たちの信仰を集めるようになった。

それが、現在まで続いているというわけだ。

北海道のあちこちに同じ名前の山があるのは？

北海道には、同じ名前の山があちこちにある。「もいわ山」である。カタカナで「モイワ山」と表記されることもあれば、漢字で「茂岩山」「藻岩山」「萠和山」などと書かれることもある。

この「モイワ」という言葉、アイヌ語で「モ」は小さい、「イワ」は山や丘を表すことから、「小さい山」という意味ではないかといわれるが、他にもモイワという言葉には「神聖な山」という意味が含まれているという説もあるなど、語源をめぐる確かなことはわかっていない。

北海道を代表する「モイワヤマ」を紹介しておくと、最も有名なのは、札幌のスキー場の一つで、デートスポットとしても人気の高い藻岩山だろう。

もとは、アイヌ語で「インカルシベ（いつもそこに上がって見張りするところ）」と呼ばれていたが、いつ頃からか「もいわ山」と呼ばれるようになり、「藻岩」という漢字が当てられた。

複数の区や市にまたがった駅の住所の決め方は？

東京には、鉄道の駅の敷地が、複数の区や市にまたがっているケースがいくつかある。たとえば、ＪＲ日暮里駅は、荒川区と文京区の２区。ＪＲ三鷹駅は、武蔵野市と三鷹市の２市にまたがっている。また、ＪＲ板橋駅は豊島区と板橋区と北区の３区にまたがっている。

当たり前のことだが、駅にも住所がある。では、今挙げたようなケースの駅では、どうやってひとつの住所に決めているのか？

ごく常識的な決め方をするなら、たぶん次の方法だろう。駅の所有権をもっとも多く持つ自治体つまり、駅の全敷地面積に占めるパーセンテージがもっとも高い自治体を、駅の住所に決めるという方法だ。

ところが実際は、じつに鉄道会社らしい方法で決められている。

駅の最高責任者といえば、駅長にほかならない。そこで、駅長のいる「駅長室」の置かれた自治体が、駅の住所として登録されている。

都道府県名になぜ旧国名がひとつも採用されなかったのか？

陸奥（青森県）、常陸（茨城県）、丹波（兵庫県）、大和（奈良県）など、旧国名には情緒豊かで響きのいい地名が多いものだ。ところが、明治の廃藩置県では、旧国名は新しい都道府県名にひとつも採用されなかった。

ここで、都道府県成立の流れをふりかえっておこう。まず、１８７１年（明治４）の廃藩置県では、３府３０２県が成立し、同じ年の11月には3府72県となった。その後も合併が繰り返され、47都道府県になったときには、結局、旧国境と県境はかなり一致していた。

当時の日本は、旧国ごとに独自の文化が育まれていたので、価値観が似通う地域を同県にまとめたほうが、なにかとスムーズにことが進んだからだ。

県境がこれまでと同じなら、旧国名をそのまま使えばよかったのに、と現代人なら思うところだが、新政府は旧国名を嫌い、新しい名前をつけることにこだわった。

そこには、新政府のひとつの決意があったと見ていいだろう。中央集権による近代国家建設をめざした新政府には、幕藩体制を解体する必要があった。欧米列強に対抗しうる強国をめざすには、封建時代の痕跡である旧国名を徹底排除しておく必要があったのだ。

内陸国のベラルーシに〝海軍〟があるのは？

南米のボリビアが内陸国なのに海軍を擁するのは、マニアの間では有名な話だが、同じ内陸国のベラルーシ（旧ソ連）も、〝海軍〟を持っていることは、あまり知られていない。

ドニエプル川などの大河を河川艦隊が守っているのだ。厳密にいうと、ベラルーシ国境軍が保有する艦船ということになる。

また、同じ内陸国のモンゴルにも、1997年までは海軍が存在し、北部のフブスグル湖で、おもにソ連（ロシア）から、石油を輸送する任務を担当していた。保有艦船は1隻で、兵員は7名だった。

英国が自ら〝グレート〟と名乗る理由は？

イギリスの公式名は「グレートブリテンおよび北アイルランド連合王国」。自ら「グレート」と名のっているわけだ。

現在の「グレートブリテン島」（イギリス本島）は、もともとは単に「ブリテン」と呼ばれていた。やがて、同島に住んでいたケルト民族が、ローマ帝国やアングロ・サクソン人の侵略を受け、5～6世紀頃にフランスのブルターニュ半島へ移住した。彼らは移住先を「小ブリテン」と呼び、もともと住んでいたブリテン島を「グレートブリテン」と呼んで区別した。それが、イギリス本島でも使われるようになったのである。

ポリネシアに〝重複語地名〟が多いのは？

ボラボラ島は、日本人の間でも、ハネムーン先として、あるいはスキューバダイビングの適地として人気の高い島。南太平洋に浮かぶタヒチ島から、北西260キロにある。マリンブルーの海の素晴らしさもあって、「南太平洋の真珠」とも呼ばれている。

この「ボラボラ（BoraBora）」という不思議な島名は、現地の人が「ポラポラ（PoraPora）」と言ったのをイギリスの海洋探検家ジェームズ・クックが聞き間違えたことに由来するといわれている。

その現地名の「ポラポラ」は、

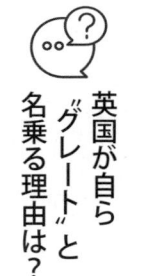

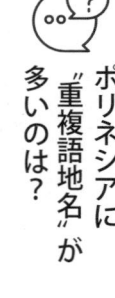

ババウという族長が、初めてこの島を統一したという伝説に由来し、「ババウ」がなまって「ポラポラ」となったと伝えられている。

　そういえば、ポリネシアには、「ボラボラ島」以外にも、クック諸島北部の「プーカプーカ島」や、アメリカ領サモアの中心都市「パゴパゴ」、西サモアのサバイイ島にそびえる「シリシリ山」など、重複語による地名が多い。

　また、一般に使われる言葉の中にも重複語が多いが、その理由は、ポリネシア語には子音の数が少なく、発音が限定されているために生じた苦肉の策とみられている。子音数はハワイ語で7種、タヒチ語で8種、サモア語で12種しかないので、重複させることで別の意味を表す単語が増えたというわけである。

　しかし、単語の中には、重複しても意味が変わらない言葉もあるところから、単に口調のよさから繰り返されている言葉もあるようだ。

現在、南極で犬ぞりを使えないのは？

かつて、南極では犬ぞりが活用されていた。タロとジロの物語も、そこから生まれた感動実話である。ところが半世紀も前から、南極での犬ぞり使用は禁止されている。

　禁止されたのは、タロとジロが極地で生き延びた時代よりも後の1969年のことである。この年に結ばれた南極条約によって、南極大陸に生息していない動物の持ち込みが禁じられたのだ。繁殖力の強い動物をもちこむと、生態系が崩れてしまうから、というのがその理由。犬も例外ではなく、南極に犬を連れていくことはできなくなったのだ。

南アフリカのなかに2つの独立国があるのはどうして？

南アフリカの地図を見ていると、奇妙なことに気づく。国内に、エスワティニ王国とレソト王国という2つの独立国家が存在するのだ。れっきとした独立国家であり、両国とも国連に加盟している。

　エスワティニ王国は、南アフリカの東部にあって、モザンビークとも国境を接している。面積は日本の四国よりやや小さい程度で、人口は約１３６万人。形式的には立憲君主制だが、実際には憲法で国王の強大な権力が認められ、政府の要職も王家の人々が占めている。

この国は、19世紀初めにスワジ族によって建国されたとみられるが、アフリカ大陸がヨーロッパ諸国によって植民地化されるなか、イギリスの保護領となった。１９１０年、南アフリカはイギリスから独立を果たすが、エスワティニ王国（旧国名スワジランド王国）はイギリス領のまま残った。

そして、１９６８年に独立し、南アフリカ国に囲まれた独立国家となったのである。

一方、レソト王国は、南アフリカ国内の東寄りに位置し、周りはすっぽり南アフリカに囲まれている。面積は九州よりやや小さく、人口は約２２３万人。標高が１４００メートルを越えるため、「アフリカのスイス」とも呼ばれている。

19世紀にソト族の国として築かれたが、その後、イギリスの植民地となる。そして、１９６６年にイギリスから独立して、レソト王国となった。

台湾は島なのに「湾」と呼ばれるのは？

台湾島に「タイワン」という名がついたのは、ちょっとした誤解からである。

昔、台湾の先住民たちは、中国大陸から訪れる客人のことを「タイヤン」「ターヤン」と呼んでいた。訪れた人々はそれを島名と勘違いし、島のことを「タイヤン」「ターヤン」と呼ぶようになった。

それに「台湾」という漢字が当てられたのだ。

ドバイには住所がないって本当？

ドバイに住所がないのは本当の話。かつて、遊牧民が定住しなかったことの名残りといえる。地域名やビル名はあるのだが、番地は存在しない。

そのため、ドバイでは、店やレストランも住所からは探せないので、たどりつくのが大変。郵便物は、郵便局か勤務先の私書箱で受け取るのが、この国の常識。

アメリカの大都市に共通する事実とは？

アメリカの地図を見ると、大西洋岸とアパラチア山脈の中間あたりに、大都市が点々とつづいている。

具体的には、北から南に向けて、フィラデルフィア、ボルチモア、ワシントン、リッチモンド、ローリー、コロンビア、コロンバスとなる。

ふつう大都市の成立は水と関係が深く、大河の流域や海岸線にできそうなものだ。日本の大都市もそうだし、アメリカの場合も、西部は海岸沿いに大都市が並んでいる。

アメリカ東部の都市も、じつは水と関係していて、それぞれアパラチア山脈から発した河川流域にある。

アパラチア山脈を源とする川は、中流近くで滝や急流をつくる。それが、開拓期のアメリカ人にはありがたい地形だったのだ。

まず、滝や急流付近には水車を設置できるので、水車を動力とする製粉業や製材業が発達した。

やがて、水位の落差を利用した水力発電が発明されると、滝付近に水力発電所が設けられた。それによって、発電が可能になり、さらに産業が振興して、滝や急流のそばに人が集まり、都市が生まれたのだ。

また、滝や急流のある地域は、海から貨物船が遡れる限界でもあった。そこに河港が生まれ、商品の集散地としても成長した。

こうした産業の源となる滝の並ぶラインを「滝線（フォール・ライン）」、あるいは「瀑布線」、滝線上に生まれた都市を「滝線都市」という。アメリカ東部の都市の多くは、そうした滝線都市なのだ。

太平洋と大西洋では、海の底の色がちがうのは？

太平洋と大西洋では、海の底の色がまるでちがう。海底の色が異なるのは、堆積物がちがうためである。

太平洋の深海底に堆積しているのは、海底火山が噴出した物質。太平洋の海底には海底火山が連なり、それらが噴出する海底火山分解物が堆積しているのだ。海底火山分解物を含む土の色は褐色であるため、太平洋の深海底は赤茶けて見えるのだ。

一方、大西洋は海底火山が少なく、おもにプランクトンの死骸を含んだ泥が堆積している。

プランクトンの殻は石灰質なので、その石灰質の白色によって大西洋の海底は白っぽく見えるのだ。

3色の国旗が多いのはどうして？

国旗にはさまざまな色やデザインがあるが、世界的には3色の国旗が優勢である。

とくに目立つのは欧州各国で、フランス、ドイツ、イタリア、ベルギー、オランダ、ルクセンブルク、アイルランドなど、多様な３色旗がはためく。

一般に、３色旗というと、「トリコロール」と呼ばれるフランスの国旗を思い浮かべる人が多いだろう。

しかし、３色旗の元祖はフランスではない。

国旗の歴史を調べてみると、１２００年前後、オーストリアで３色旗が使われており、オランダが独立後の１５７４年、オレンジ（のちに赤）、白、青の３色旗を国旗と制定した。

そして、このオランダ国旗が制定されてから、３色旗が増えはじめる。

実際、ロシア帝国時代の白、青、赤の3色旗は、ピョートル大帝が当時強国だったオランダに憧れて採用したという。

その影響で、ブルガリアやルーマニア、旧東ドイツなど旧社会主義国家でも、３色旗が使われるようになった。

プロの登山家にとって、世界一危険な山は？

プロ登山家にとってもっとも危険な山はアンナプルナ（ネパール）とみられる。同山は標高８０９１メートルの世界9番目の高山で、登頂者に対する死亡者率は30%にものぼる。

２０１４年には、トレッキングにおける最大級の事故が発生。雪崩によって、トレッキング客ら、

43名が死亡している。

太平洋で、ハワイ付近の海が最も塩辛いのは？

ハワイ付近の海水は、太平洋のなかでは最も塩辛い。

海表面の塩分濃度は気象条件に左右され、晴天が多く、水分蒸発量が多い地域ほど、塩分が濃くなる傾向がある。したがって、その条件が整いやすい南回帰線、北回帰線付近が、もっとも塩分濃度が高くなる。

北半球では、それがちょうどハワイ付近というわけである。ハワイ付近の塩分濃度は、3・55％程度で、他の海域よりも0・1～0・3％ほど塩分濃度が高くなっている。

フィリピン国旗の色がいつのまにか変わったのは？

フィリピン国旗は、左側の白地の3角形と、青と赤の上下に分けたデザインの旗。

そのうち、色を間違えているとされるのは、青色の部分である。本来は淡いライトブルーだったのだが、現在は紺色に近いダークブルーが使われている。

なぜそんなことになったのだろうか？

歴史をさかのぼると、フィリピン国旗が作られたのは1898年のこと。最初はライトブルーが使われていたのだが、その色の布地が底をつき、アメリカ星条旗用の紺色の布地で代用することになった。

当初はあくまで代用だったのだが、その状態が続くうちに、しだいにもとの色は忘れられ、紺色を使った旗が使い続けられてきたというわけだ。

地球の陸地面積の4分の1は砂漠って本当？

現在、地球上の陸地面積の4分の1は、砂漠である。厳密にいうと、それだけの土地が、すでに砂漠になっているか、砂漠化の影響を受けている。

世界一広い砂漠であるサハラ砂漠だけで、907万平方キロもあり、日本の国土の約24倍に相当する。

ナイルもインダスもメコンもメナムも、同じ意味⁉

ナイル川のナイル、インダス川のインダス、メコン川のメコン、メナム川のメナムは、すべて「川」という意味。だから、日本人は、これらの川を「川・川」と呼んでいることになる。

このうち、タイの中心部を流れるメナム川だけは、日本でも現地の呼び方に従って、チャオプラヤー川と呼ばれるようになっている。

中国の「東京」って、どんな町？

「東京」という言葉は、固有名詞であるとともに、「東の都」という普通名詞的な意味を含んでいる。

日本の「東京」も明治初期、事実上の遷都を行うとき、西の京都に対する名前として付けられたものだ。

中国にも、同様の理由から、「東京」という名の都市が多数あった。

後漢時代には、長安から洛陽（長安から見ると東にある）に遷都した際、東の都という意味で洛陽のことを「東京」と呼んだ。

隋・唐は長安に都をおき、洛陽は2番目の都と位置づけられて、やはり東京と呼ばれた。

以後、遼や北宋も、同様の意味で、東部の中心都市を「東京」と呼んだ。

さらに、朝鮮半島でも、高麗時代、東部の中心都市が「東京」と呼ばれたことがある。

なお、ベトナムのトンキン湾は、漢字で書くと「東京湾」になり、トンキンは首都ハノイの旧称でもある。

コロコロ島って、どんなところ？

コロコロ島（Corocoro Island）は、南米大陸の北側にある島。大部分はベネズエラ領で、一部はガイアナ領だ。

現在、国境線をめぐって係争中で、過去も国境線や帰属する国が、〝ころころ〟と変わってきた島。

地震のない国はあるか？

世界では、地震が起きない国のほうが多い。

まず、アフリカ大陸やオーストラリア大陸の大半は、地震がほとんど起きない。ヨーロッパでは、イタリアやギリシャは地震国だが、ドイツやフランス、イギリス、オーストリア、スカンジナビア半島のスウェーデンやノルウェー、フィンランドでは、地震はめったに起きない。

南米では、チリやペルーは地震国だが、アルゼンチンやブラジル、ウルグアイでは地震はほぼ起きない。

アジアでも、シンガポールやマレーシア、タイは地震がほとんど発生しない。

アメリカでは、アラスカ州とカリフォルニア州は地震があるが、その他の地域ではほとんど起きない。

ギリシャに禿山が多いのは？

現代のギリシャは禿山の目立つ国だが、これはギリシャが古代から海洋民族であったことの証拠といえる。

古代の地中海世界には森が広がっていたのだが、ギリシャでは多数のポリスが船をつくるため、樹木を大量に伐採した。しかも、植林を怠ったため、現在のような禿山が広がったというわけだ。

オーストラリアの国章は、なぜカンガルーとエミュー？

オーストラリアには、コアラやウォンバット、カモノハシなど、多種多様な動物が暮らしているが、その中から、同国の国章には、カンガルーとエミューが選ばれている。

この2種は、前には進めるが、後ろには進めない。オージーは、その2種を「常に前進する」ことのシンボルにしたのだ。

17カ国もの国を流れている川は？

ドナウ川はヨーロッパで2番目に長い川で、全長2860キロ。

ドイツ南部に端を発し、17カ国を流れ、黒海にそそいでいる。

なお、名曲『美しき青きドナウ』の影響もあって、ドナウ川といえば、オーストリアやドイツを流れる川というイメージがあるが、オーストリア国内を流れているのは、全体の10・3％、ドイツ国内は7・5％に過ぎない。全体の3分の1近い28・9％は、ルーマニア国内を流れている。

砂丘の砂が、黄砂のように飛ばないのは？

毎春、中国大陸から黄砂が飛んでくる。黄砂の発生地は、中国内陸部のタクラマカン砂漠やゴビ砂漠、黄土高原などの乾燥地帯。

強風で巻き上げられた砂塵が上昇気流に乗って、高度500～2000メートルまで上昇、偏西風などによって日本列島へ運ばれてくる。

一方、鳥取砂丘など日本の砂丘の砂は強風が吹いても、遠くまで飛ぶことはない。せいぜい「風紋」を描くぐらいで、鳥取砂丘の範囲を超えて飛んでいくことはない。

これは、鳥取砂丘の砂粒が、黄砂よりもずっと大きいからである。

鳥取砂丘の砂の粒は直径が0・35ミリ前後。

一方、黄砂の粒の直径は0・004ミリ。黄砂は砂粒というより、塵に近い存在なのだ。

◇10秒で相手の心をつかむ雑談ネタ　地理編

史上最大の自然災害は、1931年の「1931中国大洪水」。長江と淮河《わいが》が氾濫を繰り返し、200万人から400万の人が亡くなったと推定されている。

中米の国エルサルバドルの国名は、「救世主」という意味。そのため、漢字では「救世主国」と書く。

世界最大の祭りは、リオのカーニバルではなく、インドの「マハ・クンブメーラ」。世界最大のヒンドゥ教の祭典で、12年に一度開催され、1億人以上が集まる。

韓国では、今も、生まれた歳を1歳とする「数え年」が使われている。公的には1962年からは満年齢を使用することになっているのだが、民間では今も数え年が主流。

ノルウェー中部に「Hell」（地獄）という村がある。人口約1400人の小村だが、その名からカルト的な人気を呼び、「Go to Hell!」のかけ声のもと、ヨーロッパ各地などから、観光客を集めている。

アフリカ大陸の最南端は、喜望峰（南緯34度21分29秒）ではない。その東南東のアガラス岬（南緯34度50分）が最南端。

あのエロマンガ島は近年、イロマンゴ島と表記されることが増えている。そのほうが現地バヌアツの発音に近いというのだが、ますますエロくなったという評判。

シンガポールの象徴、マーライオンは有名なものだけでも5体ある。日本人観光客が足を運ぶのは、その一つのマーライオンパークのマーライオン。

ミニ国家、サンマリノの正式な国名は「最も清らかな共和国サンマリノ」。イタリア語のSerenissimaという単語が頭につき、英語にはMost Sereneと訳される。

東経111度11分11秒、北緯11度11分11秒の地点は、ベトナムの東海上にある。つまり、現在、中国が狙っている南シナ海の海上にある。

中国には、鏡泊湖《チンポー》という湖がある。北朝鮮との国境近くにある長さ45キロ、幅4キロほどの長細い湖。

赤道のうち、徒歩で歩けるのは、全体の5分の1の8000キロ程度。残りは海の上。

イギリスといえば、雨が多いというイメージがあるが、じつはロンドンの降水量は東京の半分以下。

世界の大陸の英語名は、Europeをのぞいて、すべてAで始まりaで終わる。

Asia, America, Australia, Africa という具合。

スコットランドの国獣はユニコーン。そう、あの架空の動物の一角獣である。

国境を接している国どうしで、首都同士がいちばん離れているのは、ロシア（モスクワ）と北朝鮮（平壌）。

永世中立国スイスには、無数の防空壕（地下核シェルター）がある。2006年まで、家を建てる際には、防空壕の設置が義務付けられていたため。

アドリア海に浮かぶガレシュニック島は、世界でいちばんハート型に近い島。クロアチア領のこの島は、周囲1545メートルの無人島。近年は、上空を遊覧飛行するハネムーンツアーなどが企画されている。

韓国の運動会では、白組と赤組ではなく、白組と青組に分かれて戦う。

反共の時代、共産党を連想させることから赤を嫌い、青を使うようになった。

アルゼンチンの大統領官邸の名は「カサ・ロサダ」。スペイン語で、ピンク色の館という意味で、通称ピンクハウス。１８７３年、それまで政争を繰り広げていた赤の党と白の党が統合、大統領府を中間色のピンクに塗った。

ドイツには、釣り免許があり、免許を取得しないと、釣り堀でも釣りができない。学科試験は30問で、25問以上の正解が必要。その後、実技試験が課される。

オーストラリアの鬼ごっこのルールは以下の通り。男女別のチームに分かれ、男の子の鬼が女の子を捕まえると、頬にキスをする。次は、女の子が鬼になり、男の子を捕まえると、キスをする——その繰り返し。名前は「キャッチ＆キス」。

イタリアのローマから国際郵便を出すときは、イタリア国内から出すよりも、バチカンから出したほうが、おおむね早く着く。

中国人観光客には、日本の寺院を訪れたとき、がっかりする人が少なくない。中国の寺院のように金ぴかではないため。だから、金閣寺の人気はひじょうに高い。

韓国の姓は280種余り。そのうち、金、李、朴、崔、鄭の「五姓」で5割以上を占めている。

中国では、蝙蝠《こうもり》は幸運のシンボル。蝙蝠の中国読みの音が「福が偏りくる」という言葉とよく似ていることと、「蝠」という漢字が「福」に似ているところから。

南米の国、コロンビアの綴りはColombiaであり、アメリカの名門コロンビア大学や都市のコロンビアのColumbiaと綴りが異なる。コロンビアでは、間違った綴りを防ぐキャンペーンを張っているが、事態はさして改善していない。

メキシコの正式名称は、メキシコ合衆国。「合衆国」と訳される国は、隣りの超大国とメキシコ、この二カ国だけ。

ヨーロッパ各国で、最も多い姓（ラストネーム）は、イギリスはスミス、フランスはマルタン、ドイツはミュラー、イタリアはロッシ、ロシアはスミルノフ。

鹿児島県の高千穂小学校には、温泉がある。標高の高い地域なので、プール授業のあとなど、体を温めるのにいいそうだ。その名も「わらべ湯」。

かつて、有名だった幸福駅が廃駅になったのは、すでに30年も前のこと。今、現役の縁起のいい駅名には、「おかどめ幸福駅」（くま川鉄道）、「寿駅」（富士急行）、「極楽駅」（明知鉄道）などがある。

国土交通省の調べでは、日本で法的に「河川」とされる川の数は35260。

国土地理院発行の地図に名前が載っている「山」を数え上げると、約１８０００。もっとも、山は定義は難しく、中央省庁も正確な数は把握していない。

国道のなかでは、日本一の急坂は、３０８号（大阪府～奈良県）の暗峠《くらがりとうげ》あたりにある。最大斜度37度。３０８号は、いわゆる「酷道」の代表格。

世界最古の宿泊施設は、山梨県早川町の西山温泉の慶雲館。ギネス認定。７０５年創業。

奈良県でいちばん高い建物は、今なお興福寺の五重塔（50・１メートル）。現代の建物で最も高いホテル日航奈良（地上46メートル）よりも、約４メートル高い。

東京の新宿警察署の署員数は、約６３０人。一方、鳥取県警は全警察官で１２００人余り。新宿署は、その半分以上を一つの署で占めているわけ。

群馬県と新潟県の境界あたりには、「にせ藤原山」（標高１７５０メートル）がある。

近くの藤原山（1709メートル）よりも、標高が高い。

愛知県の形は、猫の体型に見えなくもない。知多半島と渥美半島を前後の足に見立てると、ややずんぐりした猫の姿に見えないだろうか？

山口県には、下関のほか、上関、中関もある。

沖縄では「パイナップルは、ハブのいないところでは育たない」といわれる。ともに、酸性の土壌を好むため。

日本には、一県だけ、一級河川が流れていない県がある。沖縄県で、沖縄本島は幅が10～15キロ程度しかないので、大きな川が流れるようなスペースがないのだ。二級河川は75本もあるのだが。

長崎県営バスには、片道だけの定期券がある。長崎は坂の町なので、片道定期という、事実上、上り坂専用の定期を販売しているのだ。お客は、下るときは自分の足で歩き、坂を上るときだけ、バスに乗るというわけ。

47都道府県の名前のうち、北海道、愛媛、沖縄という「姓」をもつ人は確認されていない。なお、「東京」さんは、全国に10名ほどいる模様。

大阪のおばちゃんといえば、何かにつけて飴を配ることで有名だが、大阪人のキャンデー・飴類の消費量は意外に少ない。3・32袋（年間・一人当たり）で全国44位（2017年）。トップの佐賀県の一人当たり5・83袋の6割程度。

青海《あおみ》駅は、ゆりかもめの駅。青梅《おうめ》駅は、JRの青梅線の駅。待ち合わせたときは、お間違えのなきよう。

梅干しの産地、和歌山県みなべ町には、通称「梅干しでおにぎり条例」がある。

おにぎりをにぎるときは、梅干しを具にするように呼びかける条例で、正式名は「みなべ町紀州南高梅使用のおにぎり及び梅干しの普及に関する条例」。

秋田県のナマハゲは、赤鬼が男で、青鬼は女。酔っぱらって赤くなった男と、それを見て青ざめる女の姿を表しているといわれる。

通天閣（初代）は一時、吉本興業が所有していた。また、初代の通天閣の電灯工事には、松下幸之助氏（当時17歳）が配線工として参加している。当時、大阪電灯に勤務していた。

東京都内にある民放キー局5社の本社は、すべて「港区」内にある。お台場にあるフジテレビも、住所は港区台場2丁目。なお、ＮＨＫだけは渋谷区内。

東名高速には、水族館付きのパーキングエリアがある。淡水魚専門の水族館としては世界最大級の「アクア・トトぎふ」には、川島ＰＡから高速を降りることなく入館できる。

札幌は、北極点までは５２１６キロ、赤道までは４７５９キロの地点であり、赤道のほうにやや近い。

宮城県の仙台空港は、仙台市内にはない。名取市と岩沼市にまたがっていて、住所は空港事務所のある名取市。

大阪には「咲くやこの花高等学校」という高校がある。２００８年設立の市立の中高一貫校。古今集の和歌「難波津に　咲くやこの花　冬ごもり　今は春べと　咲くやこの花」にちなむ名。

国際基督教大学（ＩＣＵ）の芝生のキャンパスには、バカ山とアホ山という丘がある。気持ちのいい場所で寝てばかりいると、バカかアホになるという意味が込められた通称。

京都市左京区には、「田中春菜町《たなかはるなちょう》」がある。その近くには、田中北春菜町、田中西春菜町、田中東春菜町もある。

宮城県気仙沼市本吉町には、「津谷桜子」という女性の名前のような地名がある。「つやさくらご」と読む。

鉄道なのに「国道《こくどう》」という名の駅がある。JR鶴見線の「国道駅」で、第一京浜国道（国道15号）と鶴見線の交点にあることから、この名になった。

山手線の駅のうち、標高が最も高いのは、新宿駅（標高37メートル）。最も低いのは品川駅（標高3メートル）。山手線を走る電車は、一周する間に、それだけの高低差を昇り降りしている。

東京には、一から十まで、漢数字がつく地名がそろっている。一ツ橋、二子玉川、三宿《みしゅく》、四ツ木、五反田、六本木、七国、八王子、九段、十条など。

北海道には、日本最多の129の町があるが、「まち」と読むのは「森町《もりまち》」だけ。残りは「ちょう」と読む。

〝頭髪関係〟の駅名としては、北海道の「増毛《ましけ》駅」(2016年に廃駅)が有名だが、神奈川県には「かみおおい駅」(JR東海御殿場線の「上大井駅」)がある。

高知県四万十市には、半家《はげ》駅がある。この半家という地名は、平家の落人が平家の「平」の横線を一本下に下げ、「半」にしたという説がある。

静岡県には「月　3キロ」という看板がかかっている。「月」という地名があるためで、東京・名古屋からなら、日帰りでも〝月旅行〟に行ける。

北海道北部の音威子府《おといねっぷ》町には、「オカネナイ川」が流れている。アイヌ語で「ハンの木が生えている川」という意味。一方、その南の滝川市内には

「オサツナイ川」が流れている。こちらは「乾いた川」という意味。

航空自衛隊の新田原基地（宮崎県）は、「にゅうたばるきち」と読む。これは、「新」を「new」と読んだわけではなく、新を「にい」と読むことの転訛とみられる。

静岡県菊川市には、「金玉落としの谷」がある。かつて、この地をおさめていた横地氏には、金の玉を谷に落とし、家来たちが一斉に谷を駆け下りて玉を探すという、鍛練法があったと伝えられる。

青森県つがる市には、「大田光《おおたっぴ》」という地名がある。なお、「爆笑問題」のボケ役は「太田《おおた》光《ひかり》」。

7

歴 史

Interesting conversation starters!

海なし県で貝塚が発見されるのは？

海なし県の埼玉県や栃木県などからも、貝塚の跡が多数発見されている。これは、縄文時代の人たちが内陸部にまで貝を運んでいたからではない。

貝塚が発見されるのは、今は海なし県の一部でも、縄文時代には海に面していた地域だったからである。

実際、関東の内陸部で貝塚が発見された場所に印をつけていくと、海抜数メートル以下の標高の低い土地ばかりであることに気づく。

そのエリアは、縄文時代、海岸線が現在よりもずっと内陸部に食い込んでいたとき、海に近い場所だったということなのだ。

古代は、女性より男性の方が装身具を身につけたのは？

弥生時代の墳墓や住居跡からは、多数の装身具が見つかっている。

それらには、髪飾り、首飾り、胸飾り、腕輪、指輪、耳飾りなどがあるが、そうした装身具をつけていたのは、女性ではなく、男性だった。

古代の装身具の多くは魔よけの呪具として用いられていた。動物や貝の精霊が身を守ってくれると信じられていたので、一家を支える男性が魔よけのため、装身具を身につけていたのだ。

ただし、弥生後期になると、大きな権力が成立し、装身具は単なる呪具ではなく、権力者の地位を表すものになっていく。

権力者はより贅沢な装身具を身につけ、自らの権力を誇示するようになっていく。

縄文遺跡から、ストーン・サークルが見つかるのは？

「ストーン・サークル」は、立石を環状にめぐらせた古代遺跡のこと。世界的には、イギリスのエヴバリーやフランスのカルナックのものが有名だが、日本にも類似のストーン・サークルが存在し、とりわけ秋田県鹿角《かづの》市の縄文遺跡にある大湯《おおゆ》環状列石がよく知られている。

縄文人は、なぜそのような石組を作ったのだろうか。一つの説は日時計説である。たとえば、大湯環状列石の野中堂の組石の場合、立石の中心に、ほぼ正確に東西南北に丸石が置かれ、ちょうど12時、3時、6時、9時を指す形となっている。

ところが、研究者から有力とされているのは、共同墓地説である。

調査によって、環状列石を構成する一つひとつの組石の下に穴があり、そこから甕棺《かめかん》や人間の脂肪酸が発見されたケースが報告されているからだ。

ただし、日本のストーン・サークルが、なぜ北海道と東北地方に集中しているのか、その理由はよくわかっていない。

竪穴式住居に住んでいた縄文人の"夜の生活"は？

縄文時代の人々は、竪穴《たてあな》式住居を作って住んでいた。竪穴式住居は、たとえてみれば、キャンプ用テントのなかに家族が暮らしているようなもので、1人あたりのスペースがほぼ1坪（畳2枚分）ほどあったものの、プライバシーはゼロ。すると、夫婦のセックスは、どうしていたのだろうか？

といっても、当時の記録もなければ、その痕跡も発見されていないが、竪穴式住居の中ではなく、林の中で行っていたのではないかという説がある。

縄文文化の研究に生涯を捧げた考古学者の藤森栄一氏は、縄文時代の生活や習慣を比較的多く残していた木こりの生活に注目。その暮らしぶりから、縄文時代にも、夕方に狩猟から帰ってきた男性が、再び林の中へと入っていくと、女性が後を追い、林の中でセックスをして戻ってくるという方法をとっていたのではないかと考えた。

夕方、ブヨが引っ込み、藪蚊が現れるまでの黄昏の1時間は、林の中で素っ裸になっても虫に刺されにくい時間帯だということも、その論拠のひとつである。

邪馬台国の卑弥呼は、どんな呪術をつかった？

『魏志』倭人伝には、卑弥呼について「鬼道につかえ、人々を惑わしている」と記述されている。「鬼道」「惑わしている」と聞くと、現代の感覚では、卑弥呼が恐ろしい呪術をつかっていたように思えるが、じっさいのところ、それらの記述がどのようなことを表すのかは定かではない。

一説によれば、「鬼」は、当時の中国で「死者」を表したという。中国の揚子江流域から広まった原始道教には、死者＝鬼を祀るものがあり、卑弥呼の時代には、そうした信仰が伝わっていた可能性はある。

また、弥生中期以降に広まった銅剣と銅鏡を用いる祭祀も、揚子江流域の風習が伝わったものという説がある。

それらから推測すると、卑弥呼の時代には、中国から伝わった死者を祀る習俗が、祖霊信仰という形で信じられていたのかもしれない。

たとえば、祖先の霊がときおり下りてきて、子孫の行う農耕を見守っているというような素朴な信仰である。

というようなことから、卑弥呼の呪術とは、農耕神となった祖霊の意思をキャッチする霊界との交信のようなものだったのではないかと、考える研究者もいる。

古代の大寺院の設計図は誰が描いたのか？

奈良には、1000年以上前に建立された大寺院が残っているが、その建築法は、現在の名工が見ても、驚くほど緻密で、じつによく考えられた技術が駆使されているという。

とはいえ、それらの大寺院を建立するさい、設計図は描かれなかったようだ。代わりに、小型の模型をつくり、それをもとに現場で調整しながら建立された。

その建立には、材木を作る職人、材木を組み立てる職人、瓦を焼く職人、釘などの金属製品をつくる職人など、朝鮮半島からの渡来人も含む多くの職人たちがかかわっていた。

なお、その職人たちは、同じ出身地の人たちばかりが起用されたわけではなかった。

たとえば、飛鳥寺の場合、伽藍配置は高句麗式だが、瓦には百済系統の文様がつかわれているのである。

古代人の名前に動物名が多いのは？

古代の戸籍をみると、刀良売《とらめ》、比都自《ひつじ》などのように、男女とも動物にちなんだ名前が多い。たとえば、702年（大宝2）の北九州の戸籍では、登録者の半分が動物にちなむ名前だったという。

これは、干支《えと》にちなんで名づけられることが多かったからとみられている。

たとえば、721年（養老5）の大嶋郷（千葉県）の25戸分の戸籍をみると、「孔王部刀良売」という名前の人が6人もいるのだが、当時も日本にトラは棲息していなかった。そこから、十二支という漢字文化の知識が、名前に取り入られたのだろうと考えられている。

また、当時の暮らしは、自然が現代よりもはるかに身近にあり、動物とのかかわりも深かった。

そこから、人名にしぜんと動物名を使うことになったようだ。たとえば、斑鳩《いかるが》、熊鷲《くまわし》、熊、小熊、猿、羊、駒、犬養、鷹養、牛養、鯨、須受岐《すずき》、鯖麻呂といった名前がつけられていた。

藤原京や平城京では、トイレをどうしていた？

藤原京、平城京は、日本に初めて誕生した本格的な都市だ。ただ、両京とも、造営後まもなく、予想もしなかった問題に頭を痛めることになった。トイレ問題である。

藤原京や平城京からは、トイレらしき遺構が発見されている。宅地に深い穴が掘られていて、そこで用を足していたとみられるのだ。ただし、後世のような汲み取りシステムはなかったので、穴がいっぱいになった時点で、新しく穴を掘らなければならなかった。それを繰り返せば、おのずと衛生問題に発展する。

また、両京からは、水洗トイレの原型のような遺構も発見されている。藤原京、平城京の道路脇には側溝が設けられていて、そこを水が流れていた。この側溝を自分の邸宅内に引き込み、邸内にも溝をつくって道路側の側溝に合流させた遺構も発掘されている。外の溝から水を引き、その水で汚物を流し、外の溝に放出するという水洗システムだったと推定される。

しかし、このシステムが都の衛生状態をさらに悪化させていたようだ。

藤原京はわずか16年しか、都市として機能しなかったが、それは汚物問題を解決できなかったからという見方もある。

和同開珎の贋金を造ると、どんな刑になった？

和同開珎《かいちん》が発行されると、すぐにその贋金が造られはじめたことがわかっている。

というのは、贋金を造った者には、3年の懲役刑を課すと定められていたのだが、その程度の刑では効果が薄かったとみえる。

711年（和銅4）には、主犯は斬刑、共犯は没官《もっかん》（土地や家屋、その他財産の没収）、家族は流刑と、格段に厳しい刑罰に改められているからである。

もっとも、奈良時代の753年（天平勝宝5）には、主犯の刑が流刑に軽減されている。贋金造りで磨いた技術を活用するため、遠国の鋳銭所で働かせるようになったからだ。

記録に残る最古のギャンブルって、どんな種目？

『日本書紀』はギャンブルに関する記録を残している。685年9月18日、天武天皇の主催によって宮中で行われたというから、記録に残る日本最古のギャンブルは宮中で行われたことになる。賭博の種類までは記されていないが、双六の一種だったようだ。

当時、日本は、国家体制から文化まで中国に学んでいたが、ゲームやギャンブルも例外ではなかった。なにしろ、中国では、夏《か》の時代にはすでに囲碁が生まれていたという。飛鳥時代から平安時代にかけて、この囲碁の他に、将棋や闘鶏、打毬、放鷹などが日本へ伝えられるが、もっとも最初に入ってきたのは双六だった。天武天皇は中国の文化や故事にくわしかった分、中国伝来のギャンブルにも興味をもったようだ。

当時の双六盤は、木の台に目を刻んだもので、サイコロは骨製。2個のサイコロを筒に入れて振り出し、出た目の数によって駒を進め、相手陣へ早くすべての駒を入れたほうが勝ちだった。ルールはいろいろあって、たとえば、サイコロの目がそろうと、続けてサイコロを振ることができた。また、六つの目が続けて出れば、勝ちなので「双六」といったという説もある。

双六は、平安時代にも大流行する。清少納言もかなり熱中したようで、『枕草子』にも「満足なものに、双六で同じ目が多く出ること」と書き残している。

？なぜ公家は日記をつけるようになったのか？

平安時代には、多数の日記文学が著された。藤原道綱母の『蜻蛉《かげろう》日記』、藤原孝標女《たかすえのむすめ》の『更級《さらしな》日記』などが有名なため、当時、日記をよくつけていたのは女性だと思っている人も少なくないだろう。けれども、実際に日記をよくつけたのは、男性の公家のほうである。

実際、平安朝の男性の公家はよく日記をつけ、それが今日まで伝わっている。彼らが日記をつけたのは、文学趣味があったからではない。礼儀作法の詳細を後世に伝えるということが、いちばんの目的だった。

平安時代、とくに藤原氏の全盛時代は、ある意味平和な時代であり、公家らはさほど政治に頭をめぐらせる必要はなく、むしろ儀式を粗相なくこなすことが求められた。

そのため、儀式や年中行事の作法を記したマニュアル書が必要になった。日々の儀式では、公家各家ごとに役割が決められていたので、家ごとに、どんな儀式をどのように行ったか、詳細に書き残しておく必要があったのだ。

？平安時代の〝医学水準〟はどのくらい？

平安時代、医学はまだ未発達で、医者という職業すら存在しなかった。疫病対策など皆無だから、人は病気にかかりやすく、とくに平安京のような人口密集地では、都市衛生上の問題から、流行病がはびこった。

そんな時代、公家たちは、家族が病気になったとき、どうしたのだろうか。まず行ったのは、「呪《まじな》い」や「加持《かじ》」である。呪いは、呪文を唱えて神仏に願うことであり、加持は、仏の力添えを願うこと。いずれにせよ、まずは神仏頼みだった。

当時は、人がなぜ病気にかかるのか、その原因がまるでわからない時代だった。病気の原因は、祟《たた》りやけがれにあると考える人が多く、祟りやけがれを追い払うには、人間の力を超えた存在である神仏にすがるしかなかったのだ。

そこで、公家たちは、僧侶の力に期待した。すでに奈良時代には、聖武天皇崩御のさい、126名の僧らが看病に当たったことがあった。公家たちは、僧侶の呪験の力に期待をかけたのだ。

僧侶自身、その期待を応えようと、山中にはいって修行し、呪験の力を磨こうとした。彼らも、自らの加持によって病気を治癒できるものと信じていたのである。

また、僧侶には、後世の医学に通じる知識を備えた者もいた。山中で修行するうち、薬草の知識を得て、その薬草を投与することで病気を治す術を知るようになったのである。

もちろん、僧侶の力を当てにできるのは公家にかぎられ、庶民が僧侶の力を借りることはまずできなかった。

自ら呪いと加持を行うだけで、あとは自然治癒力にまかせるしかなかったというのが現実だった。

？ 紫式部は貴族の乱れた男女関係を書いてニラまれなかった？

平安時代には、多数の女流文学者が現れた。なかでも『源氏物語』の紫式部、『枕草子』の清少納言らが名高い。

平安時代の宮廷では、后らに仕える多くの女官（女房）が必要とされ、彼女たちはその才能によって登用された。紫式部も清少納言も、そうした女房の一人である。

彼女らが出仕した後宮の特徴は、男性も出入りしたことである。江戸時代の大奥のように、男子禁制の場ではなかったのだ。そのため、紫式部らは、藤原道長をはじめとする当代屈指の男性たちに接することができた。その経験が文学を生み出すのに役立ったといえる。

紫式部の『源氏物語』には、公家たちの乱脈ともいえる異性関係が描かれているが、時の権力者から罰せられることはなかった。これは時の権力者が寛容だったからではない。平安時代は、まだ儒教が日本には浸透していなかったので、男性が多くの女性と関係をもつのは、ごく自然のことだった。現代人から見れば、乱脈な男女関係であっても、当時はごく普通のことであり、それを描いたからといって、咎められるものではなかったのだ。

？『源氏物語』の光源氏のモデルと噂される人物って誰？

『源氏物語』の主人公・光源氏は、平安朝世界では理想的な男性といえる。女性にモテるうえ、最高権力まで手にした。

　この〝日本最初のヒーロー〟には、じつはモデルがいたのではないかと指摘されている。モデルと考えられている人物は複数いて、藤原道長、源融《とおる》、源高明《たかあきら》らが候補に挙げられてきた。

　まず、藤原道長は、藤原氏の黄金時代を築いた最高権力者。作者・紫式部は、藤原道長の娘・彰《しょう》子《し》に仕える身であった。紫式部は、栄華を極めた道長を身近にみるうち、彼をモデルとして光源氏をつくりあげたというのが、この説だ。

　モデルとして古くから有力視されているのは、源融。嵯峨天皇の子であり、藤原氏の権勢には及ばなかったものの、大金持ちで豪勢な生活をしていたことで知られる。権力の座に少し遠かった点以外は、光源氏のキャラクターとよく似ている。

　源高明も古くから、光源氏のモデルといわれてきた。醍醐天皇の子であり、左大臣にまでなったが、969年（安和《あんな》2）の安和の変で大宰府に流され、後に京都に戻っている。

　高貴な血筋、琵琶の名手、すぐれた歌人であることは、光源氏と共通する。また、大宰府に流されたという点は、光源氏がいったん須磨に追いやられたところと似ている。

　このように、光源氏のモデルに挙げられてきた人物は数多いが、いずれも帯に短したすきに長しで、光源氏のすべての魅力を満たしている人物はいない。紫式部は、以上のような人物のキャラクターを組み合わせ、理想のヒーロー像を創り上げたという見方もある。

古代の役人にも〝制服〟はあったのか？

飛鳥時代の役人はすでに制服を着用していた。その起源は、603年、聖徳太子によって定められた「冠位十二階《かんいじゅうにかい》の制」。この制度は、氏や姓に関係なく、優秀な人材を登用することをめざしたものので、人々は、その身分によって定められた色の冠、あるいは服を着用した。これは、公的な場での身分位階を示し、君臣の秩序を明確にするための試みだった。

奈良時代に入ると、役人の制服は、律令によって、より細かく定められた。中国の様式を真似たもので、位階によって着用する衣の色やその濃淡が規定されていた。

なぜ貴族は香を焚きこめていたのか？

平安貴族たちは、たえずお香を焚きこめていた。彼らは、和歌を詠んだ紙にも香を移らせたり、匂いをかいだだけでその人とわかる自分用の香を調合することにも熱心だった。

ただ、平安貴族が香を焚きこめたのは、おしゃれ感覚からだけではなく、そこにはより切実な理由があった。平安貴族にとって、お香は必要不可欠な「臭い消し」だったのだ。

平安貴族には、入浴の習慣がなかった。たまに蒸し風呂にはいる程度だったため、いつも体臭をぷんぷんとさせ、その臭いを消し去るため、香が発達することになったのだ。

さらには、平安貴族の住居事情もあった。当時の住宅にはトイレがなく、彼らは「樋箱」と呼ばれた砂を敷きつめた箱を室内に用意し、そこで用を足していた。それを翌朝、近くの川まで捨てに行かせたのだが、それまでの間は排泄物の臭いが室内に漂うことになる。

その臭いを消すためにも、お香が必要だったのだ。

平安美人が眉をおでこの真ん中に描いたのは？

平安時代特有の女性のメイクと

して、おでこの真ん中に眉を描くというものがあった。

当時、そんなメイクが流行したのは、目と眉が離れているほど、高貴な顔立ちとされたからである。

そのため、女の子は、成人とされる10歳になると、「美女のまゆびき」と呼ばれるテクニックを習った。

そのメイク法は、まず眉毛をすべて抜くところから始まった。眉毛をすべて抜くと、顔がのっぺりするが、それが当時の美人の第一条件だったのだ。そして、首筋から髪の生え際まで白粉を厚く塗っていく。

そして、おでこの真ん中あたりに眉を描くと、当時は高貴とされた顔立ちができあがった。

平安時代の女性がいつも扇を持っているのは？

平安貴族の女性たちは、自分の顔を隠すために扇を使っていた。当時、高貴な女性たちは、男性に顔を見せることはほとんどなかった。家族やよほど親しい男性以外には顔を見せなかったのだ。

さらに、化粧崩れも隠す意味もあった。当時のおしろいははげやすく、ムラができやすかった。そんなボロを隠すのにも、扇は役立ったのである。

12年続いた戦いなのにどうして「前九年の役」？

11世紀後半、東北地方で二つの反乱が相次いだ。「前九年の役」と「後三年の役」である。ただし、二つの戦いとも、その〝数字〟には誤りがある。

まず、前九年の役は1051年（永承6）にはじまり、1062年（康平5）に終わった戦い。つまり、足かけ12年かかった戦いであり、数字的には「前十二年の役」と言ったほうが正しい。

一方、後三年の役は、1083年（永保3）にはじまり、1087年（寛治3）に終わっている。足かけ5年間戦っているので「後五年の役」としたほうが正しい。

にもかかわらず、誤った数字で定着したのは、まず後三年の役は、後に『奥州後三年記』というタイトルでまとめられた戦記に由来する。この書名が流布するにしたがって、5年間続いた戦争が「後三年の役」として定着したのである。

一方、前九年の役は、最初はその年数どおり「奥州十二年合戦」と呼ばれていたが、『奥州後三年記』が知られるようになると、「奥州十二年合戦」の中に後三年の役が含まれていると誤解する者が現われ、前半の戦争は「12－3＝9年」で終わったと解釈されればじめた。そのため、12年かかった戦争が「前九年の役」という名で伝えられるようになったとみられる。

僧兵はなぜ覆面をしていたのか？

平安時代中期から、僧侶の一部が武器をとって戦いに参加するようになる。

僧兵の登場である。

当時、彼らの多くは、覆面をしていたが、その目的は何だったのだろうか？

ご想像どおり、身元を隠すためである。

平安中期以降、各寺院は、国司らの横暴から、所有地を自らの手で守らなければならなかった。やがて、国司らの攻撃に対し、寺院側も僧侶が武器を取ることになった。

こうして僧兵が誕生したのだが、僧侶の本分を考えれば、やはり殺生ははばかられる。そこで、戦いに参加する僧侶は、身元を隠すため、覆面をするようになったのだ。

北条氏が将軍になれなかったのは？

源頼朝の死後、ほどなくして鎌倉幕府の実権は北条氏に移る。その後、北条一族で執権職を世襲するようになり、北条氏は反抗的な将軍は追放して、自らに都合のいい者にすげ替えた。それなら、いっそ北条氏自らが将軍になってしまえばいいものを、なぜ執権の地位に留まり続けたのだろうか？

北条氏の「条」は、もともと郡や郷よりも、さらに小さな地域を表す単位。その名からも明らかなように、北条氏は伊豆の小豪族に過ぎなかった。

そうした身分を心得ていた北条氏は、将軍に皇室から親王を迎えるなど、世間に対しては家柄重視で将軍を立てながら、実権を握るという二重構造で、権力を維持し続けたのだ。

信長が将軍にならなかったのはなぜ？

武家が政権をとるには、平清盛のように、公家になり太政大臣にまでのぼりつめるか、源頼朝のように征夷大将軍になり、幕府を開くかの二つの方法がある。

信長は、将軍にはならなかった。その理由として、征夷大将軍には源氏しかなれない、という決まりがあったからだと説明される。信長は平氏を名乗っていたので、将軍になれなかったというわけだ。だが、最近の研究では、これは俗説で、「征夷大将軍は源氏しかなれない」というのは結果論であり、当時そんな決まりはなかったことがわかっている。その証拠に、信長は、朝廷から将軍職を打診されたのに断ったという記録が残されている。

では、どうして信長は、将軍職を断ったのか。これは、朝廷の権威に裏打ちされるポストの必要性を感じていなかったからと考えられる。

将軍とは、ようするに天皇を守る仕事である。将軍になるということは、天皇の家臣であると認めることを意味し、その地位が固定されてしまう。何にも縛られたくなかった信長には、そんなポストは無意味だったという見方があるのだ。

マニラに渡ったキリシタン大名はその後どうなった？

戦国大名のなかには、キリスト教の洗礼を受けたキリシタン大名がいる。一時は、北九州6カ国に勢力を伸ばした大友宗麟、肥後宇土城主の小西行長、播磨明石城主の高山右近、秀吉の軍師でもあった黒田官兵衛、会津黒川城主の蒲生氏郷《うじさと》らが有名なところだ。

彼らキリシタン大名のほとんどは、その後、豊臣秀吉と徳川家康によるキリスト教禁教令でキリスト教を捨てていく。そのなかで、キリスト教を捨てない大名もいた。

その代表格は、洗礼名をジュストといった高山右近である。高山右近は、父の影響でキリシタンとなり、豊臣秀吉の下で武将として名をあげ、播磨明石6万石の大名となった。1587年（天正15）、秀吉はキリシタン禁制を突如、打ち出した。秀吉が右近を呼び、キリスト教を取るか領土を取るか迫ったところ、右近が選択したのはキリスト教のほうだった。

ただ、その後、大名の地位を捨てた右近と秀吉の間柄が険悪になったわけではない。右近は前田利家の元に身を寄せ、秀吉の小田原遠征にも参戦している。秀吉も、右近に対して、それ以上は追及しなかったようだ。

1614年（慶長19）、今度は徳川家康によるキリシタン国外追放があった。このとき右近は、国外追放を甘んじて受け、ルソンのマニラに渡っている。マニラでは、国賓待遇を受け、翌1615年に当地で没している。

織田信長はどんな声をしていた？

織田信長は、どんな声をしていたのだろうか？　当時の人々の記録によると、信長の声は甲高く、遠くからでもひじょうによく通る声だったという。

たとえば、宣教師のルイス・フロイスは、著書のなかで「快い声だが、人並み外れた大声を出すことがある」と、その特徴をのべている。また、江戸初期の俳人、松永貞徳は、京都の自宅にいるときに信長の大声を聞いたといい、その様子を記録に残している。

1581年（天正9）、信長は列が進まなくなったことに腹を立て、隊列にむかって怒鳴り声をあげたという。そのとき、信長は、貞徳の家からはかなり離れたところにいたのだが、それでも信長の声が届いたというのだから、信長の声はよほど高く、よく通ったのだろう。

織田信長が上杉謙信に贈った甲冑のその後は？

織田信長が実際に使っていた甲冑の多くは、本能寺の変と、それに続く安土城炎上のさいに燃え尽きたとみられている。そのため、織田信長のものと伝えられる甲冑のうち、本物はきわめて少ないというのが、専門家の見方である。

そのなか、信長が上杉謙信に贈った甲冑が、現在まで残っている。

信長は、宿敵だった武田信玄・勝頼父子を牽制するため、ある時期まで謙信には丁重な態度で接していた。

そのなか、信長は、謙信を懐柔し、また自らの財力を誇示するため、狩野永徳の『洛中洛外図屏風』などの品々を多数贈った。そのなかに、甲冑も含まれていたのである。

ところが、信長が長篠合戦で武田勝頼を破ると、謙信との関係は急速に冷却。謙信は石山本願寺と同盟を結び、反信長の態度を鮮明にした。

しかし、両者の対立後も、信長の贈った甲冑は上杉家に残り、そのうちのいくつかが、山形県米沢市の上杉神社に宝物として伝えられている。

戦場では、どんな合言葉が使われたのか？

合戦に勝つには、味方同士のコミュニケーションが重要だ。戦国時代、そのコミュニケーション法の一つに「合言葉」があった。

合言葉は、まず敵味方の識別に使われた。小さな部隊同士の合戦ならともかく、大きな合戦となると、敵と味方の識別をしないと、同士討ちする恐れが生じる。そこで、鎧の袖に袖印をつけさせることもあったが、乱戦になると袖印が外れることもしばしばだった。そこで、合言葉が必要となったのだ。

とりわけ、夜襲を企てるときは、合言葉が不可欠だった。

たとえば、近江の浅井家では、「谷」と尋ねたとき、味方なら「山」と答えるようにしていた。大坂夏の陣では、徳川方は「旗」を合言葉にし、豊臣方は「山」を合言葉にした。

この合言葉を答え損ねると、味方の兵士であっても、敵と見なされ、討たれてしまう。実際、そんな同士討ちも多かったようだ。逆に敵の合言葉を知れば、味方になりすますことができた。

大坂夏の陣で大坂城が落ちたとき、徳川方の合言葉である「旗」を口にして、逃げのびた豊臣方の落ち武者もいたと伝えられている。

戦国時代、石臼が何かと重宝されたのは？

戦国時代の激戦地や、戦国大名の城跡からは、意外にも、たくさんの石臼が発見される。

それらの石臼を、武将たちはいったい何につかっていたのだろうか？

第一の利用目的は、鉄砲につかう火薬の調合である。戦国時代後半になると、合戦に鉄砲がつかわれるようになり、大量の火薬が必要になった。

火薬は、硫黄や硝石などさまざまな原料を粉にして混ぜ合わせてつくるため、石臼が欠かせなかったのである。

しかも、硫黄や硝石は、比較的簡単に粉になったが、木炭は、良質の石材をつかった石臼でなければ、なかなか細かくできなかった。そこで、高品質の石臼が、中国や朝鮮などから輸入され、激戦地へも運ばれていたのである。

また、石臼をつかった第二の目的は、抹茶をつくることだった。戦国時代に、茶の湯が武士の間に広まるが、抹茶は上質の碾茶《てんちゃ》をなるべく細かい粉に挽かなければ、深い味わいを得られない。ここでも、良質の石臼が必要で、専門業者から買い求めた高価な石臼が、戦国時代の城には常備されていたのである。

火薬とお茶。合戦のため、それによって疲れた心身を癒すため、石臼は欠かせない道具だったのである。

桃山時代の「桃山」ってどこのこと？

織田信長、豊臣秀吉の時代を総称する「安土桃山時代」。信長の居城が安土にあったことから、信長時代を「安土」と呼ぶのはわかりやすい。では、豊臣時代がなぜ「桃山」なのだろうか？

この桃山は、秀吉が晩年に住んでいた伏見城のこと。そのあたりに桃林があったので、桃山と呼ぶのだ。

ただし、秀吉が生きていた頃は桃山とは呼ばれてはいなかった。伏見のその一帯を桃山と呼ぶようになったのは、明治時代になってからのことで、むろん桃山時代という呼び方も明治以降に生まれたものだ。

もともと「桃山時代」というのは、政治史ではなく、美術史や建築史で使われていた言葉だった。この時代の華やかな建築・美術に「桃山」という名前がぴったりのイメージだったのだ。それが、やがて政治史の区分としても使われるようになったのである。

戦国時代、戦死者はどう扱われたか？

戦国時代の戦いでは、勝つか負けるかで、戦死者の扱い方は大きく異なった。勝ったほうは、身分の高い武士は、遺骸が故郷まで持ち帰られて葬儀が行われた。足軽クラスでも、戦死した土地の近くの寺に葬られた。

一方、負けたほうは、身分が高い武士も足軽も、遺体は捨ておかれた。

とりわけ当時は、首を取ることが功名の証だったため、勝った側の兵士たちが首を奪っていった。雑兵の首でさえ、何もないよりましと、持ち帰る者が少なくなかった。

その後は、近隣の農民たちが遺体から鎧や刀、服まではがして奪い去る。彼らは、それらを売ってお金に替えたのだ。結局のところ、敗軍の兵の遺体は首なしの裸の状態で野ざらしにされることになった。

ただ、勝った側が供養のため、首だけは集めて塚に埋めさせることがあった。各地の古戦場に残る首塚は、そうして生まれた。

戦国時代の侍は、怪我のときどう治療した？

戦国時代、傷ついた武士はどうやって治療したのだろうか？

まず負傷すると、傷口近くの心臓側のほうを縛って血を止めようとした。さらに、焼酎を吹きかけ、傷口を殺菌するという方法は知られていた。

その焼酎がないときは、自分の小便を傷口にかけたり、傷口に塩をすりこんだ。むろん、現代医学の目からみれば、不衛生であり、感染症を招きかねない対処法である。

また、矢が刺さったときは、釘抜きややっとこなどで、すぐに引き抜いた。放っておくと、肉が鏃《やじり》を締めつけて、抜けなくなるからだ。

雨の日は、火縄銃をどうやって使った？

初期の火縄銃の天敵は、雨だった。雨が降って火縄が濡れると、火薬に点火できなくなってしまう。火縄を雨から守っても、火皿に水が入れば同じことだった。

やがて、この点は改善され、雨の日でも撃てるようになる。火縄に木綿を使うと、雨に強くなることがわかったのだ。

さらに、水火縄や雨火縄と呼ばれる雨が降っても消えない火縄が開発された。その技法には、火縄に漆を塗って雨をはじくようにしたものもあれば、火縄を鉄漿（おはぐろ用の液）で煮て、火持ちをよくしたケースもあった。火皿にも改良が加えられ、雨で濡れないようにするため、革製の雨覆いが付けられるようになった。

密書は、どのように運ばれた？

戦国時代、他の武将のもとへ「密書」が届けられることがあった。「密書」を託された武士は、僧侶や山伏に変装して、他国へ潜入することが多かった。

それは当時、僧侶や山伏は、世俗から無縁の存在とみられていたからである。他の職業の者に比べて、怪しまれたり、取り調べを受けることが少なかったのだ。ただ、僧侶や山伏に変装した場合も、「密書」は着物の中に縫いこんだり、笠の緒にこよりのように巻き込んだりして、隠して運んだ。

重い鎧を着けて、なぜ行軍できたのか？

戦国ドラマを見ていると、甲冑を身につけた足軽らが行軍する場面が出てくる。しかし、重い甲冑を身につけて行軍できたのだろうか？

記録によると、大坂冬の陣の際、徳川軍が大坂に向かう途中で、家康の側近、本多正純が「そろそろ甲冑を着けさせましょうか」と家康にお伺いを立てたという話が残っている。

このことから、兵士たちは、ふだんは平装で、甲冑をつけていなかったことがわかる。結局、家康は甲冑はギリギリまで身につけさせず、現在の大阪市住吉区に入ったあたりで、はじめて兵士たちに甲冑を着るよう命じたという。

　大坂は敵地なので、さすがに完全武装が必要だったというわけだ。

戦国時代、戦場で火事を出したときの罰則は？

　戦国時代、陣中で火事を出すと、全員でクジ引きをして、当たった者一人が死罪となった。

　このようなルールが決められた裏には、当時の戦いでは、忍びの者らが出没し、敵陣を放火するスキをうかがっていたという事情がある。そのため、陣中での出火は、全員の連帯責任とされたのだ。しかし、全員を罰しては、戦力に影響が出かねない。そこで、クジ引きで誰か一人に責任をとらせ、一罰百戒の効果を上げようとしたのだ。

武士はハゲたとき、髷をどうしていたのか？

　実際、髪が薄くなって、髷が結えなくなる武士は多数いた。そういう武士たちはどうしていたかというと、カツラを着用していた。

　江戸時代、身分や階級によって髷の形や大きさが決まっていた。そのため、自らの身分を証明するため、武士はハゲても髷が必要だったのだ。髪が薄くなった武士は、まず入れ髪をしはじめ、すっかりハゲてしまうと、身分に応じてつくられたカツラを着用していた。

戦場の侍は、旗差し物が邪魔ではなかったのか？

　戦国時代の侍は、戦闘のとき、背中に「旗差し物」を立てて戦った。なぜ、邪魔な旗を背負っていたのだろうか？

　当時の戦場には「軍目付《いくさめつけ》」という役がいて、武士たちの働きを見張っていた。「あの侍が一番槍」などと、個々の侍の働きをチェックしていたのである。

　当時は、戦場での活躍が出世の基準だったが、いくら敵の首をとっても、軍目付の目にとまらなければ意味がなかった。

　そこで、侍たちは、より目立つ

ために旗差し物を背負うようになった。旗差し物は、軍目付に対して自分をアピールするための小道具だったのである。

戦国の「名器」の持ち主は、どう変わったか？

茶の湯の道具の一つに「茶入れ」がある。抹茶を入れる陶製の小型器だが、戦国時代には、この小さな陶器が権力の象徴として脚光を浴びた。戦国大名たちは、権力と財力を誇るため、金に糸目もつけず、あるいは武力に訴えてでも、手に入れようとしたのである。

なかでも、権力を象徴する「名物茶入れ」と呼ばれたのが、「初《はつ》花肩衝《はなかたつき》」と「楢柴《ならしば》肩衝」「新田肩衝」の三器である。それぞれの持ち主の系譜を見ると、じつに錚々たる顔ぶれが並んでいる。

「初花肩衝」の最初の持ち主は、足利義政。その形、色などが春をイメージさせたので、咲く花にたとえられ、「初花肩衝」と名づけられた。その後、茶道に通じた鳥《とり》居《い》引拙《いんせつ》の手にわたり、京都の豪商・大文字屋宗観を経て、信長の手に渡る。

さらに、信長から子の信忠へ、そこからいったん家康へ渡って秀吉の下へ引き取られた。その後、宇喜多秀家の手を経て、再び、天下を統一した家康の手に戻ってきた。

「楢柴肩衝」は、もともと唐の茶器だったが、博多の豪商・鳥居家によって日本へ持ち込まれた。この鳥居家から、他の豪商の手を経て、博多の豪商・島井宗室の手に渡る。ところが、筑前領主の秋月種実が武力で奪いとろうとしたため、島井はやむなく種実に譲る。

その頃、種実は、秀吉が討とうとしていた島津家に味方して、秀吉の怒りを買っていた。本来なら討ち首になるところだったが、この名器を差し出したため、命拾いしたという。

秀吉の死後、家康の手に渡ったが、その後、火災で喪失したといわれている。

「新田肩衝」は、茶人の村《む》田《た》珠光《じゅこう》の手から茶人としても有名だった三好政長の手に渡り、その後、信長に譲られた。本能寺の変後、いったん明智光秀の手に渡ったが、山崎の合戦で光秀が戦死すると、大友宗麟のものとなった。しかし、秀吉が欲しがったため、宗麟は泣く泣く献上したといわれている。

京都に武者修行に行く武士が多かったのは？

武者修行は、戦国時代の中頃、中国地方の武士だった山内源兵衛が、修行の旅に出たのが始まりといわれる。また、同じ頃、上州（現在の群馬県）の侍である海野能登守輝之が旅に出て、行く先々で他流試合を行ったという記録が残っている。

こうした武者修行の目的のひとつは、もちろん槍や剣術の腕前をあげることにあった。

剣術の奥義を教えてもらおうと各地の達人を訪ね、他流試合や道場破りを重ねたのも、武士としてより強くなるためだった。

ところが、武者修行にはもう一つ重要な目的があった。就職活動である。

戦国時代では、昨日まで一国一城の主でも、戦に敗れれば命がなく、主君を失った家臣たちは路頭に迷うことになった。

その一方、大名たちは、腕の立つ武士を一人でも多く召抱え、戦力の整備を図る必要があった。しかし、戦国時代には、就職情報誌もなければ、ハローワークもない。

そこで、主君を失った武士は、旅に出て他流試合をして武名をとどろかせ、それをきっかけに仕官の口を見つけ、どこかの大名に雇ってもらおうともくろんだのである。つまり、他流試合も道場破りも、浪人たちのＰＲの場だったのだ。

そのため、武者修行といいながら、行き先は公家の町の京都が圧倒的に多かった。

京都にはあまり強い武士がいないわりに、大名が集まる機会が多く、それだけ就職口を見つけやすかったためである。

合戦中、睡眠時間はどうやって確保した？

合戦は、ふつう一日では終わらない。敵方とにらみあったまま、何日も膠着状態になることもあれば、戦線が広がり、転戦しなければならないこともある。

何日間もそうした状態が続け

ば、体力のある武将たちでも、睡眠をしっかりとらないことには、体がもたなかった。

実際、合戦中でも、武将たちは、かなりしっかり睡眠をとっていた。むろん、夜襲の恐れもあるわけで、武将たちは無防備に眠りこけていたわけではない。

通常、「陣城《じんしろ》」と呼ばれた囲いをつくって防御ラインを築き、見張りを各地に立てたうえで、幔幕を張り、そのなかで睡眠をとった。藁にもぐって寝る者もいれば、板の上で寝る者もいた。

明日にも合戦という緊迫した状態が続けば、鎧兜をつけたまま寝ることもあったが、緊張状態が和らいでいるときは、鎧兜を脱ぎ、当時の寝巻である小袖姿で眠りについた。

城のまわりに松の木が多いのは？

日本の城のまわりには、ほぼ例外なく松の木が植えられている。松の木が選ばれた背景には、実用的な理由があった。

松が籠城するさいの非常食になるからである。

松の木の可食部は、皮の内側の白い部分。その部分を取り出し、臼でつき、水に浸してアクを抜く。それをこしてできる白い粉から餅を作ることができるのだ。

松の木が食べられることは、江戸期以前の人にとっては常識といえ、籠城時以外にも飢饉のときなどには、人々は松の皮をはいで食べていた。

島流しでは、どの島がいちばん楽だった？

江戸時代の流刑では、近江を境に、東の罪人は伊豆七島や佐渡島へ、西の罪人は薩摩、五島列島、壱岐、隠岐、天草島などへ流された。

島に流された罪人らは「渡世勝手次第」とされ、労役は課されなかった代わりに、自分で仕事を見つけて、生計をたてなければならなかった。

そのため、島が飢饉に襲われたときなどには、餓死する流刑者もいた。

その点、恵まれた環境にあったのは、佐渡島へ流された囚人である。当時の佐渡は金の採掘などで景気がよかった。廻船業や漁業も盛んで、流刑者も仕事に恵まれていたのだ。

江戸時代の寺子屋の授業カリキュラムは？

寺子屋は江戸時代の塾。僧侶や神主、浪人などが教師をつとめ、10～30人くらいの子供を集めて、寺院や神社、民家の一室を利用して教えていた。

その授業時間は、現代の小学校とさして変わらず、朝の8時ごろから昼の12時まで。年長組になると、午後の2時くらいまで勉強した。

教えていたのは、いわゆる読み書き、そろばん。なかでも重要視されていたのは習字で、「いろは」や数字の手習いからスタートし、しだいにそろばんや算術、歴史や道徳などを教わった。

同じ美濃守が3人も4人もいたのは？

美濃守、越前守といった国名のつく役職名を「受《ず》領《りょう》名」という。

平安時代には、実質を伴った官職名であり、現在でいえば、都道府県知事や副知事にあたった。

ところが、江戸時代の頃には、受領名は形骸化し、旗本だけでも、美濃守が3人も4人もいるような状態になった。

受領名の形骸化がはじまったのは、各国に守護が設置された鎌倉時代である。すでに国府は存在しなかったにもかかわらず、受領名が乱発されるようになったのだ。

戦国時代には、戦国大名たちが自身の家系に箔《はく》をつけるため、朝廷に働きかけて受領名を購入するようになった。

江戸時代になると、中級武士である旗本までが、朝廷には無断で受領名を名乗るようになり、同じ○○守が何人も存在する事態に至ったのである。

大奥は完全な男子禁制だったのか？

江戸城の大奥は、男子禁制の場所。ただし、男性がまったく入れなかったというわけではなかった。

将軍以外にも、警備の侍や料理人は入ることが許されていたし、老中ら幕府の高官が急用のあるときには入ることがあった。
また、10歳未満の男の子の出入りも許されていた。

江戸時代の人は、自分たちの時代を何と呼んでいた?

「江戸時代」という言葉が生まれたのは意外に早く、17世紀後半の歴史学者の文献には、すでに「江戸時代」という言葉が見られる。ただし、一般にこの呼び名が定着したのは明治時代に入ってからのことだ。

では、江戸時代の人々は、一般的に自分たちの時代をどう呼んでいたのだろうか?

答えは「年号」。現在のわれわれが「平成の時代」「令和の時代」などといっているように、江戸時代の人たちも「天保」「元禄」などと、年号で自分の生きる時代を表していた。

江戸時代、居酒屋で一杯飲むと、いくらくらいかかった?

江戸時代の居酒屋の一つに、「縄のれん」というスタイルがある。食事だけでもOKだし、酒と肴を楽しんでもいい店のことだ。入口に縄のれんをかけていたことから、この名が付いた。

江戸時代後期の文化・文政年間(1804~1829年)、縄のれんでは酒1合が、20文から24文ぐらいだったという記録が残っている。

1文はいまのお金に直せば、15円ぐらいなので、江戸時代のお酒は、1合300円から360円ぐらいだったことになる。現代のチェーン系居酒屋と、同じような値段といったところだろう。

また、酒を3合飲んでつまみを2、3品食べた場合、100文前後の支払いだったというから、いまのお金に換算して1500円ぐらい。これも、いまの値段と似たようなものだ。

江戸には、この縄のれんよりも、さらに安い店もあった。「なん八屋」と呼ばれ、酒の肴はなんでも8文、つまりは約120円でいいという店だ。

こちらは、現在のセンベロ店(1000円でべろべろに酔える飲み屋)といったところか。

弥次さん、喜多さんは東海道の旅のあとどう帰った？

江戸時代に十返舎一九が書いた滑稽本『東海道中膝栗毛』で、弥次さん、喜多さんは、江戸の神田をスタート地点に、箱根の山を越え、京都の三条大橋にいたる東海道五十三次を歩いた……と、ここまではよく知られている。では、京都へゴールインした後、２人はどこへ向かったのか？

じつはそのまま、もと来た道を帰京したのではない。二人の旅はさらに続いたのだ。

そのルートは、まずは大坂に足をのばし難波見物。その際に泊まった難波の宿でたまたま知り合った男に誘われるまま、一緒に四国に渡って金比羅詣で。そこから瀬戸内海を広島に渡り、安芸の宮島を見物。

さらに、長野は信濃の善光寺にお参りして、それから草津温泉に立ち寄って旅の疲れをじっくりいやした。で、中山道を経由して江戸に戻ったのだ。

つまり、東海道の終点に到達してから先のほうが、旅は長かったのである。

ところで、弥次さんと喜多さんの血を分けた孫たちが、同じようにコンビを組んで旅に出た話をご存じだろうか？　明治時代に仮名垣魯文が書いた『西洋道中膝栗毛』では、弥次、喜多の孫――弥次郎兵衛と喜多八が、横浜からロンドンへ、博覧会見物旅行に出かけている。

窓際に追いやられた武士は、その後どうなった？

江戸時代、旗本、御家人といった武士にも、窓際に追いやられた者がいた。「小普請組《こぶしんぐみ》」という地位が窓際にあたる。

小普請組の仕事は、もともとはお城の修繕や造営。小普請組に入った旗本や御家人は、人手を集めて派遣し、工事に当たらせていた。

ところが、江戸時代の中ごろから、人手の派遣の代わりに、お金を納めればよくなる。納めるお金は、家禄によって異なるが、お金さえ納めれば、あとは仕事がないのだから、いつしか小普請は何もしない閑職のように扱われるようになったのだ。

どんなとき、小普請組に回されたかというと、何らかの仕事に失敗したときが多い。

また家督を継いだものの、適した役職がすぐ見当たらない。そんな場合、つなぎとして小普請組に入ることもあった。

江戸の庶民はどうやって寝ていたのか？

江戸時代、貧乏長屋の住人は、敷き布団は使っていたものの、掛け布団は今のような形ではなく、「夜着」と呼ばれた綿入れを使っていた。

夜着は襟と袖がついていて、着物よりも一回り大きいドテラのようなものである。

一方、夏場は、夜着を小ぶりにした掻巻《かいまき》を掛け、敷き布団の上には「寝ござ」を敷いた。シーツ（敷布）を使うようになったのは、明治時代以降のことである。

武士が食べなかった3種類の魚とは？

武士は、魚のうち、フグ、コノシロ、マグロは食べなかった。

まず、フグは内臓などに毒を持つ魚。武士が食べなかった理由も、中毒死を避けるためだ。

ただし、命を落とすこと自体を恐れたわけではなく、いざというときには主君のために戦場で散らす命をフグに当たって落とすなど、不名誉なこととされていたので、食べなかった。

コノシロが嫌われたのは、縁起かつぎから。コノシロを食うことが、「この城を食う」に通じるとして嫌われたのである。

マグロを食べなかったのも、縁起かつぎ。マグロは別名「シビ」と呼ばれるので、それが「死日」につながると忌まれたのである。

参勤交代の途中、旅費が尽きた大名はいなかった？

江戸時代の大名には、参勤交代が義務づけられ、大名たちは自藩から江戸まで、いわゆる大名行列を組んで、往復しなければならなかった。

これには、たいへんなコストがかかった。江戸まで最も遠い薩摩藩の場合、参勤交代にかかる旅費だけで、藩の年間支出の5パーセントにものぼったという。

　そんな金食い虫の参勤交代だけに、江戸への道中、旅費が尽きてしまった大名もいた。出羽の庄内藩は、1772年、参勤交代で国元に帰る途中、福島でお金が尽きてしまったのだ。

　配下の者がなんとか工面をすることで、ふたたび出羽への道をたどることができたものの、数日は福島に足止め状態になったという。

江戸っ子が信じた迷信とは？

　江戸時代には、数多くのタブーが庶民の行動を規制していた。

　たとえば、「茶屋へ寄り　鰻を食わぬで年が知れ」という川柳が残っているが、これは当時、「丑年や寅年生まれの人は、一生ウナギを食べてはいけない」とされていたから。

　当時、ウナギは丑年、寅年生まれの守り神である虚空蔵《こくぞう》菩薩の使者と考えられていたのである。

　さらに、江戸時代には「庚申《こうしん》信仰」由来のタブーもあった。60日ごとにめぐってくる庚申の日の夜は、一睡もしてはいけなかったのだ。

　その日の夜には、人間の体の中にいるサンシという虫が、寝ているスキに体から抜け出して天に昇り、その人の悪事を天帝に告げる。

　悪事によっては天罰が下ることもあるので、その夜は一睡もせず、サンシが体から抜け出るのを阻止しようとしたのだ。

　さらに、庚申の日の夜には夫婦の営みもタブーで、この夜にできた子どもは、大きくなってから泥棒になるといわれた。「泥棒ができたらままよとおっぱじめ」という川柳も残っている。

　この庚申をめぐるタブーは、平安時代に中国から伝わったもので、平安貴族たちは歌合せや四方《よも》山《やま》話をすることで夜明かししていたという。

　江戸時代には、その禁忌《きんき》が庶民の間にまで広がったというわけだ。

　なお、「食後、すぐ横になると牛になる」という禁忌は、商家の主人が奉公人をさっさと働かせるために言い出したものとみられる。

江戸っ子のタブー「夜言葉」っていったい何?

「おかか」といえば、カツオブシを削って醤《しょう》油《ゆ》で煮たもの。おにぎりの具やふりかけとして人気がある。

この「おかか」という言葉が庶民の間に広まったのは、江戸時代のこと。本来は「カツオブシ」そのものを指すが、当時は夜にだけ使われる言葉だった。

江戸時代の人々は、闇が広がる夜という時間帯に恐れを覚え、夜にはふさわしくない言葉があると考えていた。現在、結婚式や葬式では使えない〝忌《いみ》言葉〟があるのと同様、夜には使えない言葉があったのだ。

その中に「カツオブシ」も含まれ、夜に限っては「おかか」と呼ばれていたのである。

「おかか」以外にも、野菜をアオモノ、醤油をオシタジ、塩をナミノハナ、水をオヒヤ、田楽をオデン、箸をオテモト、銭をオアシ、母をオフクロ、髪をオミグシ、汁をオミオツケなどと言い換えるのも、夜の忌み言葉がルーツとなっている。

これらの言葉の多くは、室町時代以前の女房言葉に由来する。

もともと、宮中に仕える女性が隠語的に使っていた言葉が、江戸時代に一般化。夜にふさわしくない言葉の言い換えとして、おもに女性の間で使われるようになった。

小判の紙包みには、墨で何と書いてある?

時代劇で、紙に包まれた小判の束を取り出すシーンをよく見ていると、小判を包んだ紙に、何か墨で書いてあるのがみてとれる。そこには、小判を包んだ人の名前が書かれていた。

現在の硬貨は、機械で大量生産されているが、江戸時代まで、小判は金座で1枚ずつ手作りされていた。厳密に重さを測った金と銀を混ぜて溶かし、これを鋳型に流す。固まった棹金《さおがね》を2人の職人が鉄槌で叩いて伸ばしていく。できあがったものが延金《のしきん》で、これをもとに形や重さに気をつけながら、小判に仕上げていく。

仕上がった小判は、役人がきびしく量目を調べ、紙に包んで封をした。そこに役人の名前を書いたのは、責任の所在を明らかにするためだった。

幕末、ペリーとは何語で交渉した？

1853年（嘉永6年）、アメリカのペリー提督が黒船を率いて日本を訪れ、開国を迫った。このとき、最初にペリー側と話をしたのは、浦賀奉行与力の中島三郎助《さぶろうすけ》と通訳の堀達之助である。

そのころ堀達之助は、オランダ語専門の通訳だった。

当時の日本は、いわゆる鎖国中であり、オランダと中国以外の来航を禁じていた。そのため、浦賀奉行所には、英語を話せる者がいなかったのだった。

もっとも、ペリーは、事前に日本側の事情をよく調査しており、オランダ語の通訳を同行していた。ペリーは10日間、浦賀沖に停泊。久里浜に上陸して、フィルモア大統領の国書を奉行に手渡すが、その間、達之助がずっとオランダ語で通訳を務めることになった。

破れば死罪も免れない江戸城内の規則とは？

江戸時代、武士の主要な仕事場は、各地にあったお城である。たとえば徳川家の旗本の多くは、番《ばん》方《かた》として江戸城に出勤しなければならなかった。番方は、江戸城の宿直や警備を担う仕事で、そこには現代のビジネスマン社会に通じる就業規則があった。

1622年（元和8年）、江戸城内の服務規定が作られた。それによると「1カ所に集まって談笑してはならない」「書類を持ち出してはいけない」「チリを捨てたり便所以外のところで小便をしてはならない」「囲碁や将棋、相撲をしてはならない」などとある。

そんな規定の中に、現代では厳しすぎてありえないものもあった。「落書きをしたら死罪」というものだ。もし、誰が書いたものかわからないときは、座敷当番に銀10枚の罰金が科せられた。

幕府が落書きの罪を過剰に重くしたのは、そこに体制批判の芽を見たからである。一つの落書きを放置すれば、どんどん落書きが増えていき、何を書かれるかわかったものではない。そこで、最初から封じるため、厳罰を課したのだ。

　なお、番方は昼夜三交代で、朝番は午前8時、夕番は午前10時、宿直の寝番は午後4時からの勤務だった。自分勝手な欠勤や早退は許されず、交代時間の前に帰った場合はその年の知行召し上げ、無断欠勤は改易とされた。幕府は、遅刻や欠勤にはひじょうに厳しかったのである。

江戸の水車小屋で、爆発が多発したのはなぜ？

　ペリー来航以降、江戸近郊では爆発事件が続出した。といっても、開国反対論者が、幕府の施設を攻撃したのではない。爆発事故は、田園地帯に建つ水車小屋で頻発した。その原因は、精米や製粉に使われていた水車小屋で、急きょ火薬の製造が始められたからである。

　ペリーらから開国を迫られると、幕府はさっそく軍備拡張を始めた。ところが、大砲や鉄砲といった近代兵器をそろえたところで、肝心の火薬を大量に製造できる施設がなかった。

　そこで幕府は、農村にある水車を火薬製造の動力源とすることを思いつき、江戸近郊の農家に命じ、にわかに火薬作りを始めた。

　しかし、専門家を養成する余裕はなく、素人に製造させた結果、あちこちで爆発騒ぎが起きる結果となったのだ。

　なかでも、大きな被害を出したのが、神田川にあった淀橋水車である。現在の新宿区と中野区の境あたりに、直径約4・85メートルという大きな水車が、間口20メートル、奥行10メートルの小屋の中で回っていた。

　1854年（安政元年）、この水車小屋で大爆発が起きる。その爆風で、中野村では何軒もの農家が吹き飛ばされ、多数の死者が出る惨事となった。

武器が禁止されていた農民は一揆のときどうやって戦った？

　1588年（天正16年）、豊臣秀吉は刀狩りを行い、農民から武器を取り上げた。刀や脇差し、弓、槍、鉄砲などを提出させたのだ。しかし、農家一軒一軒を隅々まで調べられるわけもなく、隠そうと思えば隠せた。そのため、江戸時代になってからも、幕府は何度か農民の帯刀規制を行っている。それでも、農家から武器を完全に取り上げることはできなかった。

とはいえ、農民も農民で、一揆の際に鉄砲や弓矢を使うことは〝自主規制〟していた。仮に、鉄砲や弓矢を使えば、幕府や藩の鎮圧軍の総攻撃を受ける。日頃から戦闘訓練している武士に、素人が武器で刃向かうことの無謀さはよくわかっていたのだ。

その代わり、農民は農民らしく、斧《おの》や鎌、木槌などを手に、筵《むしろ》旗を押し立てて戦った。何十人、何百人という農民が団結し、木槌や丸太で叩けば、たいていの建物は壊れる。

とくに、江戸中期以降、豪商、豪農に対する打ちこわしが多くなるが、そこでも木槌や丸太、石などが農民の〝武器〟になった。

ちなみに、農村に残っていた膨大な武器がほぼ完全に没収されたのは、第2次世界大戦後のことである。占領軍によって鉄砲等所持禁止令が施行され、その後、警察が徹底調査することで、全国から100万振り以上の刀剣が没収された。

？江戸の葬式と現在の葬式の違いとは？

現代では、臨終を病院で迎える人が多いが、江戸時代には、臨終は自宅で迎えるものだった。

自宅で、家族や親しい人に見守られながら、最期のときを迎えたのだ。

その後、遺体は頭を北向きにし、胸または枕元に刃物を置いた。北向きにするのは、お釈迦様が亡くなったときと同じ方向にするため、刃物はいわゆる守り刀、魔よけのためである。

葬儀は自宅で行われるのが普通で、遺族は近所の人に手伝ってもらいながら、死に装束である経帷《きょうかた》子《びら》を縫ったり、お供えのダンゴをつくった。

遺体を納める棺は、現在のような寝棺《ねかん》ではなく、遺体を座らせて納める座棺《ざかん》が主流だった。そのため、遺体の首と膝に縄をかけ、折り曲げて納めた。

葬儀後、棺は葬列に付き添われて墓場まで運ばれた。土葬が多かったので、葬式が行われている午前中に、4人ほどで深さ1メートルほどの墓穴を掘った。

ただし、疫病で亡くなった場合には火葬にされた。埋葬後は、盛り土の上に石を置き、卒塔婆《そとば》などを立てて墓標とした。

庶民が「春画」を購入した意外な目的とは？

江戸時代、隆盛をきわめた浮世絵の中でも、とくに男女のセックスを描写したのが「春画」である。

男女の性器、その結合の様子を描いたセックス図絵は、現代のアダルトビデオ並に刺激的な表現といえる。

ところが、江戸時代、春画はけっして日陰の存在というわけではなく、葛飾北斎《かつしかほくさい》や喜多川歌麿《きたがわうたまろ》をはじめとする大物絵師も多数描いていた。

それほどに需要が多かったからともいえるが、じつは春画の買い手は男性ばかりではなかった。

もちろん、独身男性を中心とする男性需要が主だったが、女性の需要もあった。嫁入り前の娘に、母親が買い与えたのである。

当時、嫁入り前の娘の多くはバージンであり、セックスがどんなものか、ペニスがどんなものか、まったく知らなかった。

そのまま嫁いでは、新婚初夜が心配というわけで、母親が親心から娘に買い与えたのだ。

春画では、男性のイチモツが、実物よりもはるかに大きく描かれている。春画で巨大な男根を見ておけば、初夜の際、それほどの驚きや恐怖を感じずにすむという効果もあったようだ。

犬と猫、どっちがペットとして人気があった？

江戸時代、天下泰平の世の中、暮らしに余裕ができると、人々はさまざまなペットを飼い始めた。

庶民にもっとも人気のあったペットは、夏の金魚と秋の虫である。

夏には金魚売り、秋には虫売りの売り声が町々に響き渡った。

人気の虫は、鳴き声のきれいな

鈴虫と松虫。ほかに、コオロギ、カンタン、カネタタキ、ウマオイ、クツワムシなども人気があった。また、小鳥も手軽なペットとして人気を呼び、とりわけウグイスやコマドリが人気を集めた。

猫を飼う人もしだいに増え、とりわけ江戸よりも上方で人気があった。関西で人気になったのは、ネズミを取ってくれる実用ペットだったからだろう。

一方、犬はどうかというと、飼い犬も野犬も、ほとんどは街中で放し飼い状態になっていた。生類憐みの令の後遺症もあって、大人気というわけではなかったようだ。

なお、将軍家では、鷹狩り用の鷹と、同じく鷹狩りで使われる鷹犬が大事にされていた。大奥では、お座敷犬が飼われ、とくに狆《ちん》は最高級のペットとして別格の存在だった。

江戸っ子の定番「朝ご飯」「昼ご飯」「夕ご飯」とは？

戦国時代までは一日2食だったが、江戸初期から一日3食が定着してくる。

その意味で、江戸時代は、日本人の食生活に大きな変化が起きた時代だったといえる。

江戸の町では主食は、米が主体。江戸には米が集まってきたため、庶民にも行きわたっていたのだ。

朝はご飯を炊き、これに味噌汁、漬物がついた。

味噌汁の具には、江戸前でとれるアサリが人気だった。少しお金のある家なら、煮豆などもちゃぶ台に上った。

昼は、朝食の残りが中心。温め直した味噌汁を冷えたご飯にかけて、流し込む。外に出かける職人は弁当持参で、中身はご飯に煮物といったところだ。

夕食は、残り物のご飯と味噌汁に、おかずが1品か2品ついた。イモ類、大根、カボチャ、ゴボウやレンコン、ワカメ、ヒジキといったところが、おもな素材だ。これに、魚介類がつくこともあった。

食卓によくのぼったのは、目刺し、焼きサンマ、タタミイワシ、アサリのむき身と切り干し大根の煮物、マグロの味噌汁といったところである。

江戸中期になると、お金持ち相

手の料理茶屋が登場し、新しいメニューが次々と考案されていく。後期になると、屋台が登場し、寿司屋、天ぷら屋、二八そば屋などが人気を呼んだ。

長屋の店賃は月いくら必要だったか？

江戸では、表長屋は家賃が高かったので、庶民の多くは裏長屋に住んでいた。

そんな裏長屋の家賃は、文政年間（1818～29年）ごろで1カ月800～1000文程度。

当時、大工や左官といった職人の手間賃が一日300文程度だったから、1カ月に25日働いて7500文。勤勉な職人で、月収に占める家賃の割合は、11～13%だったという計算になる。

現在のアパートやマンションの家賃を考えると割安だと思えるかもしれないが、東京でも路地裏にある古くて狭い木賃アパートと比較すれば、だいたい似たような比率になるだろう。

ただし、江戸の庶民は、勤勉な人ばかりではなかった。落語に「店賃《たなちん》？　たしか親父の時代に一度納めたと聞いたことがある」というセリフも登場するほど、店賃を払わないまま居座る住人も少なくなかった。

なぜ新撰組の旗印は「誠」の一字だったのか？

幕末の京で暴れまくった新撰組のトレードマークといえば、ダンダラ染めの羽織と「誠」一字の旗印である。その旗は緋羅紗《ひらしゃ》製で、縦4尺（約120センチ）、幅3尺（約90センチ）、「誠」の1文字が白く染め抜かれていた。

一説によれば、高島屋に注文して作ったといわれるが、なぜ「誠」という文字になったか、詳しいことはわかっていない。わかっているのは、もともとは「誠忠」の2文字だったのが、いつからか「誠」1文字になったということである。

そもそも、「誠忠」の2文字を染め抜いたのは、新撰組の前身である壬生浪士《みぶろうし》組を結成したときである。

尊王攘夷を志す集団として、天皇に対する思いをこめて「誠忠」という言葉が使われたとみられる。

1863年（文久3年）、薩摩藩や会津藩などの公武合体派が尊王攘夷派の長州藩を京都から追放した8月18日の政変のときにも、新撰組の旗には「誠忠」の2文字が染め抜かれていた。

それが、いつからか「誠」1文字になり、新撰組のシンボルとして知られるようになった。誰の発案であったかも、今となっては定かではない。

新撰組の衣装の値段は？

新撰組のユニフォームである袖口に入山形のギザギザ模様の入った羽織。その値段は、最初に作ったとき、着物と袴を合わせて50数人分で200両。1人当たりは4両弱で、現在の金銭価値でいえば30万円くらいになる。

京都の大丸呉服店に染めるところから注文してあつらえたと伝えられ、一説には当時、隊長だった芹沢鴨が、豪商の鴻池に資金を出させてつくったといわれている。

ドイツ人のシーボルトが鎖国中の日本で活動できたのは？

シーボルトは1823年、長崎出島のオランダ商館の医者として来日、翌年、鳴滝《なるたき》塾を開いて西洋医学を教えた。さらに、日本の様子を詳しく調査した。

シーボルトはオランダ人を装っていたが、本当はドイツ人だった。当時、鎖国中の日本では、ドイツ人であることが発覚すれば、即座に追放されたはずである。

現実に、シーボルトの言葉の発音が他のオランダ人と微妙にちがうことを、日本人の通詞が指摘したこともあったようだ。

その際、シーボルトは「自分は身分が高いので、身分の低い者とは言葉が少しちがう」などと言ってごまかしたと伝えられる。

また、幕府はうすうす怪しいとは思っていたが、シーボルトの国籍を詮索するよりも、医学知識などを教えてもらったほうが得策と判断していたという説もある。

ペリー提督は、日本に来るまで何日くらいかかった？

1853年（嘉永6）7月、ア

メリカ海軍のペリー提督が、黒船を率いて浦賀沖に姿を表した。ペリー艦隊はアメリカを出発してから日本に着くまでには、地球をほぼ3分の2周、約7ヵ月もかかっていた。太平洋をまっすぐ渡ってきたわけではなかったのだ。

ペリーは1852年11月24日、ミシシッピ号に乗り込み、アメリカ東海岸のノーフォークの港を出発した。

当時、パナマ運河はまだなかったので、船は大西洋を横断後、アフリカ大陸西岸を南下、喜望峰をまわってインド洋に出た。

スリランカ、シンガポールを経由して北上し、香港に到着すると、他の船の到着を待って再出発。アメリカを出てから半年後、ようやく上海に着いた。

ペリー提督は、上海でサスケハナ号に乗り換えて、まずは琉球（沖縄）に到着。

ペリーは国王との面会を強要、首里城に押し入った。

ペリーはその後、小笠原諸島を探検してその領有を宣言。それから琉球に戻り、改めて4隻による艦隊を編成すると、最終目的地である日本を目指した。というような間に、アメリカを出発してから、7ヵ月が経過していた。

国会議事堂はかつて日比谷にあったって本当？

現在の国会議事堂は東京の永田町にあるが、初代の国会議事堂は、永田町ではなく、日比谷にあった。住所でいえば、現在の港区内幸町あたりである。

1890年、初の帝国議会が招集されたとき、伊藤博文をはじめ、招集された議員たちは、日比谷の議事堂に登院したのだった。

もっとも、日比谷の国会議事堂は、当時から「仮議事堂」と呼ばれていた。当時すでに永田町に議事堂を建築する計画があったのだが、帝国議会開設に間に合わせるため、急きょ日比谷に木造の議事堂が建てられたのだった。

後にこの仮議事堂は火災で焼失している。

自転車が日本へ輸入されたのはいつ頃？

自転車が初めて輸入されたの

は、戊辰戦争中だったとみられる。

やがて、物珍しさもあって自転車のレンタル業が始まった。

1872年（明治5）、横浜の元町で、3台の自転車を用いてレンタル業を始めた人は、宣伝のため、東京まで自転車で走ったという。

しかし、一時的に話題になったものの、ブームは一過性で、その時点では普及せず、自転車は高価な遊具というイメージで見られていた。

明治20年代から、しだいに輸入台数が増えていく。そして、少しずつ普及すると、自転車を修理したり、部品を製造することが必要となり、そこで活躍したのが、金属についての知識と加工技術をもっていた鉄砲鍛冶職人だった。

その後、第一次世界大戦が始まると、戦争で輸入がストップし、国内生産が拡大し、国内の自転車産業が発達しはじめた。

あのミッドウェー島は今どうなっている？

「ミッドウェー島」といえば、太平洋戦争中の激戦地。1942年（昭和17）6月、日本海軍は同島の占領を狙ったが、米空母部隊に待ち伏せされ、主力空母4隻を失うという大敗を喫した。

同島には、戦後も冷戦時代には米軍が駐留していたが、冷戦終結後、撤退。現在、同島は国立野生生物保護区に指定され、300万羽の野鳥の楽園となっている。

とくに、クロアシアホウドリの世界最大の繁殖地として知られている。

その他では、セグロアジサシ、クロアジサシ、ナンヨウマミジロアジサシなど、アジサシ類の海鳥が多数生息しており、戦争当時の滑走路は草におおわれ、海鳥が歩き回っているという。

関西人と関東人の総理大臣はどちらが多い？

松下電器を創業した故松下幸之助氏をはじめ、関西出身の名社長は枚挙にいとまがない。

逆に、関西出身者が少ないのは、総理大臣の椅子、要するに首相である。

初代の伊藤博文から安倍晋三に

至るまで、歴代62人の総理がいるが、そのうち関西出身者は6人。人数的にはまずまずの数字だが、ほとんど全員が短命政権に終わっているのだ。

戦前に京都府出身の西園寺公望、終戦内閣に大阪府出身の鈴木貫太郎、戦後初の首相に京都府出身の東久邇宮稔彦がいて、その後、和歌山県出身の片山哲、京都府出身の芦田均、滋賀県出身の宇野宗佑となる。

4人は戦中戦後のどさくさに総理の椅子についた人であり、西園寺首相を除けば、短命の首相ばかりだ。

一方の関東はというと、こちらはすでに17人の首相を出している。

それも、東条英機、吉田茂、中曾根康弘ら、有名な首相を輩出しており、この3人はいずれも長期政権を築いている。

アメリカ大統領と太平洋戦争の法則とは？

戦後のアメリカの大統領経験者は、第2次世界大戦時、ヨーロッパ戦線ではなく、太平洋で日本軍と戦った元軍人・兵士が大半を占めている。

まず、アイゼンアワーはヨーロッパ戦線の連合軍司令官。続くケネディは海軍のパトロール魚雷艇艦長、ジョンソンは海軍少佐として従軍、ニクソンは士官として南太平洋に派遣された。

フォードは軽空母に乗り、太平洋の作戦に参加。ブッシュ父は海軍のパイロットとして、太平洋で戦った。

なお、ブッシュ父までの大統領のうち、例外は2人で、カーターは第2次世界大戦では戦った経験がなく、戦後、海軍兵学校に入学。レーガンは、陸軍の映画部隊に所属していた。

ライト兄弟は、何人兄弟？

ライト兄弟は7人兄弟。そのうち、2人は幼児期に亡くなり、成人したのは5人（4男1女）だった。

いわゆる「ライト兄弟」の、ウィルバーは3男で、オーヴィルは4男。ほかに兄が2人、妹が1人いた。

第一次世界大戦は、11月11日午前11時に休戦した⁉

第一次世界大戦は、1918年の11月11日午前11時（パリ時間）をもって休戦した。連合国とドイツの休戦協定がこの日の午前5時に同意され、その6時間後に発効したもので、ゾロ目であることに意味はない。

停戦期間は当初1カ月間とされたが、結局、ヴェルサイユ条約が結ばれるまで延長され続け、事実上、この日をもって第一次世界大戦は終了した。

そのため、11月11日は日本ではあまり意識されない日付だが、国際的には多くの国々で休日や記念日になっている。

イギリスのオックスフォード大学はいつできた？

イギリスのオックスフォード大学が設立されたのは、日本の平安時代。藤原氏が権勢をほこった時代のことだ。

正式な創立年は1167年とされるが、1096年にはすでに講義が行われていたという記録が残っている。

聖書には、「犬」「猫」という単語が何回登場する？

聖書には、「犬」という単語が54回（旧約聖書45回、新約聖書9回）も登場するが、「猫」は1回（旧約聖書）しか出てこない。

猫がほとんど登場しないのは、当時、猫が、ユダヤ民族と敵対していたエジプトを代表する動物だったからという見方がある。

アインシュタインの謎につつまれた最後の言葉は？

アメリカの病院で、息を引き取る間際、アインシュタインは何かをつぶやいたとされる。

しかし、ドイツ語だったため、傍にいた看護婦が理解できなかった。いまにいたるまで、天才の最期の言葉の内容はわかっていない。

ヒトラーは、ノーベル平和賞にノミネートされていた⁉

1939年、スウェーデンのエ

リック・ブラントという国会議員がアドルフ・ヒトラーをノーベル平和賞に推薦した。

ブラントは反ファシズムの政治家であり、皮肉を込めたものだったと伝えられる。

オリンピックは過去に何回中止になっている？

１９４０年の東京五輪が中止になったことが有名なので、過去五輪が中止になったのは、その1回だけと思っている人もいるだろう。ところが、オリンピックはその他にも4回、計5回も中止になっている。

まず、１９１６年のベルリン五輪が第一次世界大戦のために中止になり、１９４０年の東京五輪と札幌冬季五輪が日中戦争のために中止、そして１９４４年のロンドン五輪とコルティナダンペッツォ冬季五輪が第2次世界大戦のために中止になっている。

江戸時代の寺子屋では、どんな算数の教科書を使っていた？

江戸時代の学校といえば、藩校や寺子屋である。藩校は武士が学ぶところであり、庶民は寺子屋に通った。寺子屋の基本は「読み書き、そろばん」だが、単にそろばんだけでなく、いまでいう算数のようなものも教えていた。

そのさい、〝教科書〟もあって『塵劫記《じんこうき》』という書物が使われていた。江戸初期の１６２７年に吉田光由が著したもので、『塵劫記』の「塵」は極めて小さい数、「劫」は極めて大きな数のことだ。なかには九九やそろばん、体積・面積など、いろいろな〝単元〟が網羅されていた。

江戸時代の多くの学者は、「子どものころにもっとも読んだ本」として、この教科書を挙げているほど。当時の算数の教科書は、江戸時代を通じて読まれ続けたベストセラーだった。

◆10秒で相手の心をつかむ雑談ネタ　歴史編

古代ギリシャの都市スパルタには、1万の市民（参政権あり）、2万人の劣格市民（参政権なし）と、5万～10万人の奴隷（おもに先住民）がいたとみられる。

インカ帝国の初代皇帝は、マンコ・カパック。そして、スペインの傀儡と化した15代皇帝は、マンコ・インカ・ユパンキ（マンコ・カパック2世）。

古代ローマには、「ヌメリアヌス」という名の皇帝がいた。在位は、国力の衰えが目立ちはじめた283年12月からの一年弱。謀殺されたとみられている。

野口英世は、好意を抱いた女性に頭蓋骨をプレゼントしたことがある。相手は、看護婦をしながら女医をめざしていた山内ヨネ子という女性。

むろん、どん引きされた。

千利休の本名は、田中与四郎。

赤穂浪士の討ち入りは、「生類憐れみの令」の真っ最中に行われた。

1200年前から、女性皇族の名前には、全員「子」がつく。
嵯峨天皇が12人の内親王全員の名に「子」をつけたのが始まりとみられる。近年も、民間から皇室に入られた方々を含め、女性皇族の名には、すべて「子」がつく。

隠れキリシタンを見つけるため、「踏み絵」を踏ませる行為は、本来は「絵踏《えぶみ》」と呼ばれる。現在の歴史教科書では、道具としての「踏み絵」と、行為としての「絵踏」を区別するようになっている。

金閣寺に使われている金箔は、金箔としてはひじょうに分厚い。

一般に、金箔の厚みは0・1ミクロン（1万分の1ミリ）ほどだが、金閣寺に貼られている金箔は、その5倍もの厚みがある。

三蔵法師とは、仏典（三蔵）に精通した高僧のこと。転じて、インドの経典を漢訳した僧侶の尊称。つまり、三蔵法師とは一般名詞であり、歴史上150人くらいいる。『西遊記』で、孫悟空らと天竺を目指した玄奘《げんじょう》三蔵は、そのうちの一人。

夏目漱石の脳は、エタノール漬けにされて、東京大学医学部の標本室に保管されている。同標本室は、他に横山大観、斉藤茂吉、内村鑑三らの脳を保管している。

太平洋戦争中の1944と45年、フィリピン沖や沖縄で、コブラ台風、ルイーズ台風と呼ばれる大型台風が吹き荒れた。米海軍の艦船は大打撃を受けたが、日本にとって昭和の「神風」となるには至らなかった。

ヨーロッパの貴婦人が、片足を後ろに引き、スカートを持ち上げながらする挨拶は「カーテシー」(curtsy)という。今では、もっぱらフィギュアスケートでおなじみの挨拶法。

ペリーの黒船が黒かったのは、船体にコールタールを塗っていたから。木造船であったため、防水・防腐のために塗る必要があったのだ。

1917年にロシアで勃発した10月革命は、実は、11月(グレゴリオ暦)に起きている。「10月革命」と呼ばれるのは、当時ロシアで使われていたユリウス暦では10月25日に当たったから。

8
スポーツ・カルチャー

Interesting conversation starters!

東京五輪で最も紫外線を浴びる可能性が高い選手は？

紫外線を浴びると、皮膚の加齢化が進むうえ、皮膚がんのリスクが高まるとされる。

また、目にも悪く、白内障の原因になる。

最近、オーストラリアの研究チームが、東京五輪で行われる14４種の屋外競技で、決勝まで戦うメダリストたちが、どの程度、紫外線を浴びるか、その量を推計した。

全種目中、最も紫外線を浴びると推計されるのは、女子テニス選手で1680・4（単位はジュール毎平方メートル）。要するに、大坂なおみ選手の可能性が高いというわけだ。テニスの女子選手は、帽子をかぶっていない分、試合時間がより長い男子選手以上に紫外線を浴びることになるという。

2位は、試合時間が長い男子ゴルフで、1530・4。次いで、男子自転車（941・1）、女子ビーチバレー（909・8）、男子ホッケー（832・7）と続く。

それ以下も、トライアスロンをのぞくと、ラグビー、サッカー、ソフトボールなど、試合時間の長い球技が上位にくる。

このデータからは、一般人も、テニスをはじめ、競技時間が長くなりがちな球技を楽しむさいには、とりわけ紫外線にご用心という教訓を得られそうだ。

聖火は、運ばれる途中、飛行機の中でも燃えている？

オリンピックの際、ギリシアのオリンピアで採火される聖火は、飛行機で運ぶとき、「危険物扱い」となる。

そのため、トーチに灯していた火をカンテラなどに移し、ごくごく小さな火にしてから、機内に持ち込まれている。

通常、ギリシアで採火された聖火は、まずギリシア国内を一巡し、飛行機で開催国へ運ばれる。たとえば、1998年の長野オリンピックのときは、アテネから成田空港まで、日本航空の特別機で運ばれた。

そのとき、トーチの火は、ベン

ゼンを燃料とする懐炉（縦11センチ、横7センチ、幅2センチ）に移す方法がとられ、火気を機内に持ち込むための「爆発物等輸送承認申請書」を運輸省（現国土交通省）に提出したという。

また、1964年の東京オリンピック、1972年の札幌オリンピックでは、消火器とセットになったカンテラが使われた。

オリンピックの開会式で、旗手がもつ旗は誰が用意する？

オリンピックの開会式では、自国の国旗を掲げた旗手が選手団を先導する。その際に使われる国旗は、参加国が自国から持参するわけではなく、オリンピック開催国が用意したものが使われている。

これは、開会式の統一感を演出するためでもある。各国の国旗には縦横の比率がちがうものがあり、それぞれの国が自国から国旗を持ち寄ると、旗の形がバラバラになって、入場シーンの統一感が薄れてしまう。そこで、開催国が、縦横の比率もサイズも統一した旗を用意しているのだ。

ハンマーを投げないのにどうして「ハンマー投げ」？

陸上競技のハンマー投げに使われているのは、ハンマー（金槌）ではない。三角形のハンドル先端と金属球をワイヤーでつないだものを「ハンマー」と呼んでいる。

じつは、現在のような〝ハンマー〟を使うようになったのは近代になってからのことで、昔は本物のハンマーが投げられていた。そこから、「ハンマー投げ」という名前が付いたのだ。

本物のハンマーを投げて、飛んだ距離を競う競技は、1000年以上前からあったとみられる。昔の人々は祭りのときなどに、本物のハンマーを投げて力を競い合っていたのだ。

日本人が100メートル走の世界記録を出していた⁉

1902年、東大生だった藤井實が、10秒24で走ったという記録が残っている。

当時はまだ、国際陸上連盟（1912年設立）の設立前で、公式の世界記録は存在しなかったが、もしこの話が本当だとすれば、当時の水準からみて、世界最速だったことは間違いない。なにしろ、藤井のタイムを日本人が破ったのは、89年後の1991年のことなのだから。

ただし、当然のことながら、藤井の記録は、タイム計測法などに疑義が投げかけられている。

なお、1935年には、「暁の超特急」の異名をとった吉岡隆徳選手が、10秒3の世界タイ記録をマークしたことがある。

円盤投げは向かい風のほうがよく飛ぶのは？

野球やゴルフなどでは、追い風のときのほうが球はよく飛ぶが、陸上競技の円盤投げでは、適度な向かい風があったほうが円盤がよく飛ぶ。

これは、上向きの角度で飛んでいる円盤に向かい風が当たると、円盤が浮力を受け、落下するのが遅くなるため。同じことが、スキーのジャンプ競技にもいえ、向かい風のほうが遠くまで飛べる。

途中で打ち切る試合がなぜ「コールドゲーム」？

天候が悪かったり、得点差がつきすぎたとき、試合が途中で打ち切られることがあるが、なぜそんな試合を「コールドゲーム」というのだろうか？

このコールドは、「寒い」とか「冷える」という意味のcoldではなく、動詞のcallの過去形。called gameだ。

スポーツの世界では、callは「審判が宣言する」という意味で使われている。要するに、審判が「今日はこれでゲームセットだ」と宣言するから、コールドゲームというわけだ。

陸上のリレーで、3走がバトンを落としやすいのは？

陸上競技の100メートル×4の400メートルリレーでは、4人の走者が走るが、バトンの受け渡しの難易度は、走る順番によってまったく違う。

まず、1走は渡すだけで、4走は受けるだけ。受け渡しの両方を行うのは、2走と3走の二人だ。その分、1走、4走よりは、バトンを落とす危険性が高くなる。

さらに、2走は直線部を走るが、3走はトラックのカーブの部分を走る。つまり、3走はカーブの入り口でバトンをもらい、その出口で4走にバトンを渡さなければならない。それは直線部で受け渡すよりも技術的に難しく、その分、3走は詰まったり、バトンを落とすことになりやすい。それが、劇的な終盤の逆転劇を生むというわけだ。

シンクロ選手の髪の毛がテカテカ光っているのは？

アーティスティックスイミング（2017年まではシンクロナイズドスイミング）の選手が引っ詰めにした髪は、妙にテカテカと光っているもの。なぜ、彼女たちの髪は光っているのだろうか？

同競技は、水中で激しい動きをするスポーツ。だから、普通に髪をゴムで束ねているだけでは、ほどける心配がある。そこで、髪の乱れを防ぐため、選手たちは、水に溶かしたゼラチンで髪を塗り固めている。だから、彼女たちの髪は、テカテカと光っているのだ。

Jリーグのゴールネットの網目が、六角形になったのは？

Jリーグのゴールネットには、網目が四角（格子状）のものが用いられていたが、現在は網目が6角形のものに変更されている。

そのほうが、ゴールが決まったときに、ネットとボールがからむ時間が長くなり、美しく揺れるから。網目も、ゴールシーンの演出に一役買っているというわけだ。

ヘディングは頭に悪くないか？

昔は、サッカーでは革製のボールが使用され、雨でボールが水を吸うと、重さが2割～3割も増え、ヘディングすると頭に大きな衝撃が加わった。そのため、長く選手をつづけた人には、脳障害に見舞われる人もいた。

一方、現在のボールは昔とちがって、水を吸いにくくなっている。ただし、ボールのスピードは増しているので、ヘディングで受ける衝撃はかえって増していると指摘する専門家もいる。

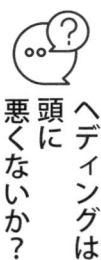

そこで、外国のサッカー協会には、子供のヘディングを禁止しようとする動きもある。

野球でノーヒットのことを「タコ」っていうのは？

野球界で「3タコ」といえば、3打数ノーヒットだったという意味。野球ファンにもおなじみのこの「タコ」という言葉、なぜノーヒットを意味するのだろうか？

一説には、海にすむタコと関係あるという。かつては、ハゲ頭の人は、タコにたとえられ、「タコ入道」とか「タコ坊主」と呼ばれることがあった。それを略して、釣りでまったく釣れないことなど、何もないことを「ボウズ」と呼ぶようになるが、野球界では、「タコ坊主」の「坊主」のほうを略して「タコ」というようになり、「ノーヒット＝タコ」となったというのだ。

テニス選手の腕時計は、試合中ジャマにならない？

テニスの試合を見ていると、腕時計をしたままのトッププレイヤーをけっこう見かける。世界ランクに名を連ねる錦織圭選手もその一人。

テニスは、腕を激しく振るスポーツであり、しかも時間制限はなく、試合中に時間を気にしなければならない競技でもない。わざわざ腕時計をする必要はないはずなのに、なぜテニスプレーヤーは腕時計をしているのだろうか？

大きい理由としては、利き腕でなければ、邪魔にはならないし、違和感もないということがあるようだ。

そもそもテニス選手が腕時計をするようになったきっかけは、かつてのテニス界の女王クリス・エバートにあるといわれる。

じつは彼女、ブランド時計のメーカーと広告契約を結んでいた。それで、腕時計をして試合に出場するようになったのだが、以降、契約していない選手も、同じメーカーの腕時計をするのが流行りとなった。

なぜ野球のユニフォームには、横縞がない？

プロ野球のユニフォームは、縦

縞のものは多いが、横縞は見かけない。

これは、横縞にすると、投手の投球上、不利になるため。横縞の位置によって、投げる瞬間の手の位置、つまりボールの出どころがわかりやすくなるのだ。

プロ野球の選手は、試合中にスマホをいじれるか？

プロ野球では、1999年、「試合中の情報伝達行為の禁止」という規定が設けられ、選手らが試合中に携帯電話などの電子機器を使うことを禁じている。

過去、試合中にツイッターでささやいた外国人選手が厳重注意を受けたこともある。

外から見えないメジャーリーグの暗黙の掟とは？

メジャーリーグのアンリトン・ルール（不文律）では、「大量リードしているとき、盗塁をしてはならない」「大量リードしているときは、ノースリーからは見逃さなければならない」などが有名だが、「ノーヒットノーランをバントで阻止してはならない」という不文律もある。

大相撲の優勝祝い用の大鯛は、養殖物？、天然物？

大相撲の優勝祝いでは、優勝力士が「大鯛」の尾をもち、高く掲げるのがお約束のシーン。それにしても、あんなに大きな5～10キロクラスの鯛をどうやって調達しているのだろうか？

あのような大鯛は、ほぼ天然物に限られる。養殖物の鯛は、回転寿司で使うサイズで、2キロ程度のもの。真鯛はそれくらいのサイズが最もおいしいのだ。養殖では、最大限大きくしても3キロ程度で、それ以上、大きくしても、エサ代がかかるうえ、味は落ちていくのだ。

だから、それ以上のサイズの鯛は、ほぼすべて天然物で、とりわけ優勝力士が掲げるような〝横綱級〟の大鯛は、間違いなく天然物ということになる。

そうした大鯛は、鯛の本場である兵庫県明石市の漁港でも、年に数尾上がるかどうかという〝貴重品〟である。後援会の幹部ら、いわゆるタニマチが、あちこちの漁港に連絡して用意するケースが多いそうだ。

土俵の東西が実際の方角とちがうのは?

大相撲の番付には東と西があるが、その方角は実際の方角とは一致していない。

これは、土俵をつくるときは、まず正面を決めてその方角を「北」としたうえで、「北」に向かって右手を「東」、左手を「西」とするためである。

建物の正面はかならずしも北を向いているわけではないので、土俵の「東西」は、実際の方角とはズレることになるのだ。

土俵入りで、力士が化粧回しをつまんで持ち上げる意味は?

大相撲では、幕内力士の土俵入りが行われる。下位の者から四股名を呼ばれ、華やかな化粧回しをつけた力士たちが、順番に土俵に上がってくる。

土俵に上がった力士たちは、土俵に沿って並び、土俵の中央を向くのだが、ここでちょっと不思議な所作をする。全員、化粧回しを両手でちょいとつまみ、持ち上げてみせるのだ。

これは何のための所作かというと、じつは四股を踏む代わり。

幕内力士の土俵入りのあとに行われる横綱の土俵入りでは、横綱はちゃんと四股を踏んでみせる。右足で2回、左足で1回しこを踏み、そのたびに観客から「よいしょ」と声がかかる。

昔は、横綱以外の幕内力士も四股を踏んでいたのだが、現在のように約40人以上も幕内力士がいたのでは、とても全員が四股を踏むスペースはとれない。そこで、化粧回しをつまむ所作が恒例化したわけだ。

スポーツ実況のアナは、どうやって選手名を覚える?

実況アナウンサーは、どうやって選手の名前を覚えているのだろうか?

基本は、背番号、名前、ポジション、特徴を、本番前に頭に叩き込んでおくことだという。とくに、国際大会では、アナウンサーも初めて耳にする面倒な名の外国人選手が大勢出場する。予習していなければ、実況アナウンスは不可能だ。

　また、データを暗記するだけでなく、彼らは事前に実況する試合に登場するチームを取材していることが多い。それが、実況中に生きてくるのだ。

判断の悪いプレーを「ボーン・ヘッド」というのは？

　スポーツでの判断の悪いプレーを「ボーン・ヘッド（bone head）」と呼ぶ。なぜ、「つまらないミス」のことをこういうのだろうか？

「ボーン・ヘッド」の「bone」は「骨」、「head」は「頭」なので、「ボーン・ヘッド」を直訳すると「骨頭」という意味になる。骨頭とは、頭の中が骨ばかりでできていて、脳味噌がないという意味。そこから「脳味噌がないような間抜けなプレー」を意味するようになったのだ。

ダンクシュートの「ダンク」って何？

　バスケットボールで、ボールから手を離さず、ゴールリングの上から押し込むように決めるシュートを「ダンクシュート」という。

「ダンク」とは、もともとパンなどをミルクなどに浸すこと。つまり、ボールをリングの中に沈める動作が、パンをミルクなどに沈めるしぐさに似ていることから、この名で呼ばれるようになった。

相撲の行司の軍配はなぜあの形？

　軍配のルーツは唐の時代に中国で使われていた団扇。形は今の軍配と同じだが、もともとは紙や絹でできていて、もっぱら風を送るために使われていた。

　奈良時代に日本に伝わってからも、当初は、団扇として使われていた。ところが、戦国時代になると、戦国武将たちが軍隊の配置や進退を指揮するときに使う軍配として用いはじめた。その後、相撲の世界でも、行事たちが軍配を持って勝負を判定するスタイルを考え出した、とみられている。

危険なボールを「ビーンボール」というのは?

野球では、デッド・ボールまがいの危険球を「ビーンボール(bean ball)」と呼ぶが、このビーンボールの「bean」は「頭」の俗称。頭に向けて投げられたと思われる「ボール」だから、「ビーンボール」となるわけだ。

同じく危険な球でも、打者の胸や下半身に向けて投げられた球は、ビーン（頭）ボールとは呼ばれない。

サッカーで、チームメイトに乱暴したら退場?

サッカーでは、相手選手に手や足を出すと、レッドカードを示され、「退場」を宣告される。

では、相手チームの選手でなく、味方選手に乱暴すると、どんな判定が下されるのだろうか?

サッカーのルールでは、味方選手への暴行であっても、手や足を出したことがわかれば、警告や退場の対象になる。

また、暴力を振るわなくても、味方選手に汚い言葉を浴びせたり、プレーを邪魔する行為をしただけでも、警告や退場の対象になりうる。

１１０mハードルの距離がやけに中途半端なのは?

陸上競技の男子ハードルには、４００メートルと１１０メートルがある。短距離のほうが「１１０メートル」という中途半端な距離になっているのは、かつての「ヤード法」の名残りである。

ハードル競技はイギリスで始まり、アメリカで発達した競技。両国とも、かつてはヤード法が主流の国で「１２０ヤード競争」という種目があり、ハードル間の距離は「10ヤード」と決まっていた。

その後、メートル法に切り替える国が増えると、「１２０ヤード競争」もメートル法に切り換えられ、ほぼ同距離の「１１０メートルハードル」となった。

現在では、ハードル間の距離も「メートル」法で表示され、「９・14メートル」(=約10ヤード)という中途半端な距離になっている。

オリンピックで陸上競技を後半に行うのは？

オリンピックの会期は2週間余りだが、陸上競技が行われるのは、つねに会期の後半である。なぜ、会期の後半に行われるかというと、閉会式を盛り上げるためだ。

陸上競技は種目数が多い分、選手の数も多い。陸上競技が早めに終わると、その大選手団は、閉会式を待たずに帰国してしまう。すると、閉会式は閑古鳥が鳴く寂しいものになってしまう。事実、陸上競技が会期前半に行われた第16回のメルボルン大会（１９５６年）では、陸上選手の大半が帰国してしまい、閉会式は寂しいものになってしまった。

そこで、以降の大会では、陸上競技を大会期間の後半に行い、選手を足止めしているというわけである。

ダーツボードのデザインはどうやって決まった？

ダーツは、小さな矢を的に投げ、得点を競う競技。その的《まと》、「ダーツボード」は円を20等分してあり、エリアごとに得点が分かれている。

そうしたダーツボードのデザインは、丸太の亀裂から生まれたものとみられている。ダーツは、14世紀の百年戦争の最中、バーにたむろしていたイギリス兵が、空になったワイン樽の底をめがけて矢を投げたのが始まりとされる。やがて、樽に代わって丸太を切ったものが使われるようになるが、丸太には年輪があるので、そのラインを利用して、得点エリアが設定されるようになった。

さらに、丸太は長く使っているうちに、ヒビ割れが生じてきたので、その亀裂に応じて得点はより細分化されていった。それが、いまのダーツボードのデザインのもとになったとみられている。

プロ野球選手が２００球打っただけで、バットを替えるのは？

野球用品のメーカーは、木製バットを１０００球程度まで打てるように作っているが、プロ野球選手は２００球も打つと、新品に交換している。それ以上打つと飛距離が落ちるうえ、折れるリスクが増すからだという。

２００球といえば、特打ち２回分程度の球数である。

そのため、シーズン中には大量の「使用済みバット」が出ることになるが、年間にどれくらいの本数のバットが使われているかというと、プロ野球界全体でじつに約45万本にのぼっている。

サッカーのユニフォームに光沢のある生地が使われるのは？

サッカーのユニフォームには、光沢のある生地が使われているもの。その理由はじつにわかりやすく、そのほうが目立つからである。

サッカーの試合はナイターが多い。夜間照明を浴びたとき、光沢のないユニフォームは遠目には目立ちにくいが、つやつやと光沢のある蛍光色の地を使うと、選手のユニフォーム姿が照明に映えて鮮やかに浮かび上がる。

すると、ユニフォームに入った「広告」が、はっきりと見えるというわけである。

相撲に引き分けはあるか？

じつは、大相撲も引き分けに終わることがある。引き分けになるのは、まず両者が休場したとき。これでは決着のつけようがないので、引き分けとなる。

もう一つは、取り直しとなったものの、双方の力士が負傷し、それ以上相撲がとれなくなったとき。

その場合も決着のつけようがないので、引き分けとなる。

マラソン選手は先導車の排気ガスが煙たくないのか？

マラソンで先頭を走るランナーの前には、先導の白バイやテレビ中継車が走っている。ランナーは、その排気ガスを煙たくは思っていないのだろうか？

じつは、テレビ中継車はランナーの約50メートル前、白バイも約30メートル前と、ランナーのかなり前方を走っている。排気ガスが気になるほどには近づいていないのだ。テレビでは、ランナーの少し前を白バイやクルマが走っているように見えるが、それは望遠レンズで撮っているからだ。

アフリカ系のマラソン選手が意外に暑さに弱いのは？

現在、男子マラソンのランキング上位は、ほとんどがアフリカの選手で占められている。ところが、アフリカのマラソン選手たちは、夏に開催されるオリンピックでは期待はずれに終わることが多い。これは、ケニアやエチオピアの選手たちが、意外に暑さに弱いことによるといえる。

ケニアもエチオピアも赤道に近い国ではあるが、両国ともに首都は2000メートル前後の高地にある。高地は湿度が低いので、夏でも蒸し暑くはない。彼らは、カラッとした暑さには慣れていても、温帯地方の夏の蒸し暑さには不慣れなことが多い。そのため、ケニアやエチオピアの選手には、温帯で真夏に開催される五輪では力を発揮しにくいというわけだ。

体操の技の名前は、どうやって決まる？

2013年（平成25）の世界選手権後、白井健三選手が決めた床の「後方伸身宙返り4回ひねり」という技に「シライ」という名前がつけられた。このように、体操の新技には、国際大会で初披露した選手名がつけられることが多い。

そうした新技には、「後方伸身宙返り4回ひねり」といった呼び名もあるが、いかにも長い。そこで、最初に決めた選手の名前がつけられるようになった。これまで、鉄棒のツカハラ、跳馬のカサマツ、平行棒のグシケン、モリスエなど、体操の技には日本選手の名前が20以上もついている。

サッカー場の芝生が縞模様に見えるのは？

サッカー場の芝生が、濃い緑と薄い緑の縞模様になっていることがある。芝を刈る方向を交互に反対にしていくと、遠目には縞模様に見えるのだ。

具体的には、芝を刈り揃える際、メインスタンド側からとバックスタンド側からの交互に刈っていく。メイン側から刈れば、芝の先はバック側へ寝る。反対にバック側から刈れば、芝の先端がメイン側へ寝る。

　これをメインとバックのそれぞれスタンドから見れば、芝の先の寝る側によって濃淡がつき、縞模様に見えるというわけ。

背泳ぎの選手は鼻に水が入るのをどうやって防ぐ？

水泳の背泳ぎでは、スタートやターンの直後、バサロ泳法を行う。仰向きに潜水したまま、両手を頭上に伸ばし、裏返しのドルフインキックをするような泳ぎ方である。背泳ぎでは、このバサロ泳法のとき、鼻に水が入りやすい。

　そこで、背泳ぎの選手たちは、それを防ぐために唇で鼻の穴をふさぐというテクニックを身につけている。

シンクロの選手は、水中でちゃんと音楽が聞こえているの？

アーティスティックスイミングの採点では、芸術点よりも何よりも、まず音楽のメロディーと演技のフリがぴったり一致していることが重視される。

　そう聞くと、「選手たちは大変だ。水中にもぐっているときは、会場に流れる音楽がちゃんと聞こえないだろうに」などと気づかいたくもなる。

　でも、その心配はまったくない。

　じつは同競技のプールは、水中にもスピーカーが設置されているのだ。そこからも会場と同じ音楽が流れていて、選手たちは水中にもぐっているときも、その音を聞いて演技することができるのである。

　水中だと音が伝わりにくそうなイメージもあるが、実は音が伝わる速さは、固体、液体、気体の順で、地上より水中のほうが音は伝わりやすい。

試し割する前に、瓦をよく乾燥させておくのは？

空手の瓦の試し割には、割れやすくする裏ワザがある。事前に瓦をよく乾燥させておくのだ。

　瓦は含有水分量が多くなると、強く突きや蹴りを入れても、そのパワーを吸収してしまう。実際、湿気の多い梅雨時には、試し割で割れる枚数が減る傾向があるのだ。

そこで、空手の大会などでは、試し割する前には、選手のケガを防ぐため、また割れる枚数が増えてショーアップされるように、瓦を乾燥させておくのである。

テニスの国際審判は、世界各国の悪口を知っている!?

テニスのルールでは、選手は、審判に対して、礼儀正しい態度で接しなければならないとされている。

審判に対する悪口雑言もルール違反になるため、国際審判は各国の選手が母国語で放つ悪口を聞き分ける能力を身につけている。

日本でいちばん選手が多いプロスポーツは?

プロスポーツ選手の数は競輪が圧倒的に多い。競輪の選手は、この10年で1000人以上減っているが、それでも全国に約2300人の選手がいる。

それは、プロ野球選手の約900人(支配下登録選手＋育成選手)の2・5倍以上に匹敵する数字だ。

バドミントンのシャトルは気温によって使い分ける!?

バドミントンのシャトル(羽)は、気温が高いときにはよく飛び、気温が低いときには飛びにくくなる。

そこで、羽は1番から5番まで、気温別に分けられ、夏場は飛びにくい2番シャトル、冬場は飛びやすい5番が使用されることが多い。これらの番号は、「飛び番号」や「スピード番号」と呼ばれている。

ヘッドスライディングより走り抜けるほうが速いって本当?

野球界では、「一塁へはすべりこむよりも、駆け抜けたほうが速い」というのが定説になっている。ところが、実際にタイムを計った調査によると、かならずしもそうともいえないようだ。

結局、どちらが速いかは、ヘッドスライディングの技術に関係するようだ。ベースの手前4～5メートルから、空中を飛ぶようにダイブし、なめらかにすべれば、ヘッドスライディングのほうが速くなる。ところが、うまくすべれないと、駆け抜けるほうが速いというわけだ。

断髪式のなかった力士は どうやって マゲを落とす？

引退力士は、マゲを切り落とす。力士の象徴を切り落とすことで、力士としての自分に見切りをつけるのである。だから、マゲを切り落とす儀式は「断髪式」と呼ばれて、相撲界では重要な儀式となっている。

横綱、大関クラスともなると、断髪式は国技館などで華やかに行われる。もっとも、そんな断髪式をしてもらえるのは、ごくわずかな有名力士だけである。毎年、たくさんの入門者があるのに、そのほとんどが相撲ファンも知らないうちにマゲを切り、相撲界から離れていく。

そんな力士たちの断髪式は、ほとんどが所属する部屋で行われる。同じ部屋の力士と親方、後援者など、ごく親しい人を呼んで行う程度である。芽の出なかった力士は、ひっそりと土俵人生に別れを告げるのが、相撲界のオキテなのだ。

競馬でメーンレースを 最終レースに しないのは？

ボクシングをはじめ、多くのスポーツでは、その日のメーンイベントは最後に行われる。ところが、競馬では、メーンレースは最終レースのひとつ前に行われている。

これは、帰路の混雑を防ぐためである。

大レースが行われると、競馬場に数万人もの観客が詰めかけることになる。すると、それだけの人数が一斉に帰路につくと、駅に人があふれ、道路は大渋滞してしまう。そこで、メーンの後にもう1レース設けておくのだ。すると、メーンレースが終わっても、「もう一勝負してから帰ろう」という観客が出てくる。つまり、メーンレースの後にもう1レース行うのは、観客を分散し、混雑とパニックを防ぐためというわけだ。

五輪のメダルとノーベル賞を両方受賞した人はいる?

オリンピックのメダルとノーベル賞をともに受賞した人が、人類史上、一人だけいる。

イギリスのフィリップ・ノエルベーカーは、１９２０年のアントワープ五輪で男子１５００メートルで銀メダルを獲得。その後、政治家に転身し、１９５９年のノーベル平和賞を受賞している。

ルアー・フィッシングにスプーンを使うのは?

疑似餌で魚を釣り上げるルアーフィッシング。それに用いるルアーには、現在ではいろいろな形のものがあるが、元祖はスプーン型である。

なぜ、スプーンの形が原型になったかというと、昔、ヨーロッパで、ピクニックの最中にスプーンを湖に誤って落としたことがきっかけになったと伝えられる。

スプーンを落とした人が、湖底に沈んでいくスプーンを見ていると、鱒がスプーンに食いついてきた。それをヒントにして、スプーンの柄を切り、針をつけて釣りはじめたのが、ルアー・フィッシングの始まりと伝えられている。

タイトルがいちばん短い映画は?

世界でいちばん短い映画のタイトルは、『Z』。１９６９年に制作されたフランス・アルジェリアの合作映画だ。

この『Z』は、かなりの名作。アカデミー賞の5部門でノミネートされ、外国語映画賞・編集賞を受賞した。他にもカンヌ国際映画祭審査員特別賞、ゴールデン・グローブ外国映画賞など、各賞を総なめにした名作である。内容は、ギリシャで１９６３年に起きた暗殺事件をテーマとし、ギリシャでは上映禁止となった問題作だった。

なぜ「パンク・ロック」というのか?

激しいビートと過激なパフォーマンスが売り物の「パンク・ロック」(punk rock)。１９７０年代中頃、イギリスで登場したロックのジャンルだ。

この「パンク」、タイヤの「パンク」を連想してしまうが、タイヤを「パンクさせる」ことは英語では「puncture」という。音楽の「パンク」は、「ろくでもない人間、若造」や「価値のないもの、ガラクタ」を意味する「punk」に由来する。

ゴシックってどういう意味？

「ゴシック」は12世紀の半ば、フランスを中心にはじまった美術様式のこと。その名称は、ゲルマン民族のゴート族にちなんだもので、もとは軽蔑的な意味で用いられていた。

イタリア・ルネサンスの芸術家たちは、中世美術を低いレベルのものと見下していたので、古代ローマ美術をほろぼしたゴート族と結びつけ、軽蔑的に「ゴート風の」と呼んだのである。つまり、ゴート族は名前を使われただけで、ゴシック美術をゴート族が発展させたというわけではない。

イタリア美術の『モナリザ』がフランスにあるのは？

『モナ・リザ』は、イタリア人であるレオナルド・ダ・ヴィンチが描いた絵。それなのに、なぜかフランス・パリのルーブル美術館にある。

イタリアから買いとったか、フランスの支配時代に持ち出したのか？——と考える人もいるだろうが、じつはレオナルド本人がイタリアからフランスにこの絵を持ち込んだのである。

レオナルドは晩年、当時のフランス王フランソワ1世の招きに応じて、『モナ・リザ』含めて3枚の絵画を携えて、イタリアからフランスのアンボワーズへ移住した。

そのとき、ダ・ヴィンチはすでに64歳になっていた。67歳で生涯を終えるまで、フランス・アンボワーズの地で過ごし、彼の死後『モナ・リザ』はフランス王の宮殿に運ばれた。それが後に、ルーブル美術館に移されたのである。

バロック、ロココって、もともとどういう意味？

音楽でバロックといえば、『四

季』のヴィヴァルディに代表される。一方、バロック時代の絵画には、グロテスクなまでに肉感的な絵が多い。

そもそも、バロックとはポルトガル語で「ゆがんだ真珠」という意味。もとは否定的な意味であり、ほめ言葉ではなかった。その後、「気まぐれ」「装飾過多」「風変わり」といった意味が生じてくる。

要するに、バロックと呼ばれる作品は、当初は「異端」だったのである。それが、やがて一大潮流となり、ひとつの様式として確立されたのだ。

一方、ロココは、バロックの次に短期間、パリを中心に流行した様式。ロココは「ロカイユ」というつる草や貝殻をあしらった模様に由来するとみられる。

ゴッホが『ひまわり』を描きつづけた理由は?

画家のゴッホは多数の『ひまわり』の絵を残している。なぜ、他の花ではなく、ひまわりにこだわったのだろうか?

それは、ゴッホが牧師の家に生まれたことと関係しているといわれる。日本人にはイメージが結びつきにくいが、ひまわりはキリスト教と縁の深い花であり、西洋美術の世界では17世紀以降、よく絵に描かれてきた。ひまわりは、太陽に向かって咲くところから、信仰や愛、忠誠心の象徴と考えられていたのだ。

また、ゴッホの場合、彼の描いた『ひまわり』の多くは、12本のひまわりによって構成されている。12という数字は、キリストに12人の使徒がいたことにちなむとみられる。

楽譜はなぜ五線譜でなければいけないのか?

楽譜が五線になったのは17世紀のこと。イタリアのオペラ界で、五線に統一しようという運動が起きた結果だった。

もともと楽譜に線はなかった。たとえば、邦楽の楽譜は漢文の返り点のようなものがふってあるだけだし、古代ギリシアでは、文字と記号で音の高低や長さを表した。

楽譜が登場するのは10世紀頃。

音の高低を見やすくするため、まず1～2本の線を引くようになった。

　その後、複雑な音楽が登場するにつれ、7、8本も線を引くようになり、かえって見にくくなってしまった。

　そこで、イタリアのオペラ界が中心になって、五線に統一される。

　ド・レ・ミ・ファ・ソ・ラ・シ・ドで8音階だから、四線でもよかったのだろうが、使いやすく、見やすく、ちょうど切りがいいということで、五線が採用されたようだ。

　以降、五線の楽譜が広がり、ベートーヴェンもモーツァルトも、五線譜の上に名曲を残してきたのである。

マラカスの中には何が入っている？

　マラカスは、もとは中南米やアフリカの民族楽器で「マラカ」というヤシ科の木の実を乾燥させ、そのなかに植物の種や小石を入れたものだ。

　ただし、いまではマラカスには、種や小石の他に、木片や木の実、さらにはプラスチックや金属片などが入れられている。

　人工素材が使われるようになったのは、耐久性が高いから。種や木片、木の実などは、長く使ううち、粒が削れて音が変化してしまう。

　一方、プラスチックや金属片はなかなか磨耗しないので、長期間同じような音を出すことができるというわけ。

梨園の名門以外の一般人でも、歌舞伎のスターになれる？

　歌舞伎の世界は、基本的に世襲制である。歌舞伎役者の子は親の後を継ぐことが多く、家の芸は基本的にその家の子どもに伝えられる。

　なかでも、花形役者の場合、おじいさんも花形、お父さんもスターというケースがほとんどだ。芸だけでなく、人気も〝世襲〟されるのが、歌舞伎界なのだ。

　そんな歌舞伎界において、梨園の名門以外でも歌舞伎のスターになれるかというと、まったく不可能ではない。

本人の能力、容姿、意欲、さらに運に恵まれると、ふつうの家庭に生まれた子どもも、歌舞伎のスターになることができる。

その道には、大きく2通りある。一つは、素質を早くから認められて、梨園の名門の養子に迎えられるというものだ。

もう一つは、国立劇場の研修所に入ったり、スター役者のもとに弟子入りするというルートだ。

西遊記があるなら、東遊記、北遊記、南遊記もあるか？

西遊記のほか、東遊記、北遊記、南遊記という物語もある。

明代《みんだい》、西遊記がヒットすると、東遊記などが明代から清代にかけて書かれた。「四遊記」と総称され、たとえば東遊記は、仙人が東の海を渡り、妖魔と戦う物語。要するに、二番煎じの作品は、昔からあったという話。

ほとんど収入がなくても新人落語家が食べていけるのは？

売れっ子落語家になったらどれくらいの収入が得られるのだろうか？

これには、2つのパターンがある。ひとつは、落語家兼タレントの二足のワラジで稼いでいるタイプで、テレビへの露出度が高ければ、かなりの年収になる。収入の多くは「テレビタレント」としての仕事によるものだ。

一方、落語での収入だけに絞ってみると、年収は最高でも5千万円あたりが限界。しかも、実力も人気もあって、独演会はいつも満員、くわえてＤＶＤや本を出すたびに売れなければ、この収入には届かない。

では、知名度も人気もない〝その他大勢〟の落語家はどうだろう。

落語の世界に前座、二つ目、真打の3クラスがあることは、よく知られているが、入りたての前座のうちは、ほとんど高座に上がるチャンスはなく、寄席の下働きが主な仕事。これで、月に7〜8万円くらいの手当てが出る。

師匠の家に住み込んでいる人もいるし、ほかの師匠からもお年玉やご祝儀をもらったりするから、なんとかやっていけるのだ。

その後、二つ目になると、実力の世界。そのため、二つ目になると、前座時代よりも、かえって生活が苦しくなることもある。

落語家にとっての主戦場である寄席の出演料は、総入場者を出演者の数で割って1人分の単価を決めるが、これが1日1万円として10日で10万円。決して多くはなく、収入の柱となるのは、寄席以外の仕事なのだ。

たとえば、ホール落語と呼ばれる落語会や、イベントや披露宴の司会。そうしたギャラが主な収入源となるが、それでも二つ目クラスには年収１００万円程度の人がゴロゴロいる。

だが、そこが踏ん張りどころ。せっせと芸を磨き、晴れて真打に昇進すれば、おおむね年収４００〜５００万円は稼げるようになる。

一番新しい「古典落語」と一番古い「新作落語」の境目は？

古典と新作の定義をめぐってはいろいろな説がある。

たとえば、

①明治維新を境に、それ以前に作られた落語は「古典」。それ以降の作は「新作」

②噺《はなし》の設定が江戸時代なら「古典」。それ以外は「新作」

③最後に〝落ち〟がつけば「古典」。形式が自由なのが「新作」

などなど。また、「新作も、誰かに教えた瞬間に古典になる」という意見もある。

こうなると、一番新しい古典落語と、一番古い新作落語なんて、簡単に決められそうもない。

でも、少なくとも、古典落語（この場合、江戸時代の作の落語をさす）の発掘で知られた故・桂小南《こなん》師匠は、かつて雑誌のインタビュー記事で「一番新しい古典落語といえば？」と聞かれて「明治時代に円朝がつくった『鰍沢《かじかざわ》』あたりが、そうなるのでしょうかねえ……」と答えている。

花札の桜の短冊に「みよしの」と書かれているのは？

「みよしの」とは、桜の名所、奈良の「吉野」の雅称。後鳥羽上皇の「み吉野の高嶺の桜散りにけり嵐も白き春のあけぼの」という和歌がもとになっているとみられる。

芥川賞、直木賞を辞退した作家っている？

芥川賞を辞退した作家も、直木賞も断った作家も、一人ずついる。

まず、昭和15年、高木卓という作家が芥川賞を辞退している。高木卓は一高のドイツ語教授で、その年、賞に選ばれた作品よりも、前年、落選した作品のほうが自信作だったため、辞退したといわれる。また、先輩作家に賞を譲るつもりだったという説もある。

一方、直木賞を辞退したのは、『樅の木は残った』などの山本周五郎で、１９４３年のこと。山本は、直木賞だけでなく、戦後にもさまざまな文学賞を辞退している。

グラミー賞の「グラミー」って、どういう意味？

「グラミー」はアメリカの発明家、エミール・ベルリナーが発明した円盤式蓄音機（グラモフォン）の名にちなむ。

エジソンが発明した蓄音機は、実用にはほど遠く、ベルリナーはその実用化に成功した人物。グラモフォンは、レコード型蓄音機、レコードプレーヤの原型。

『真夏の夜の夢』が『夏の夜の夢』に変わったのは？

シェイクスピアの喜劇『真夏の夜の夢』の題名は、近年、誤訳の疑いがかかっている。

原題には「midsummer night」とあり、英語のmid-summerは夏至を意味し、6月24日の聖ヨハネ祭前後の時期を指す。

そこで、この戯曲のタイトルは、日本でも近頃は「真夏」ではなくなり、『夏の夜の夢』と訳されることが増えている。

『ヴィーナスの誕生』の貝殻はどんな種類？

ボッティチェリの名画『ヴィーナスの誕生』では、女神が大きな貝殻の上に立っている。あの貝の〝モデル〟となったのは、「ジェームズホタテ貝」。

地中海に生息するホタテ貝の仲間だが、むろんあんなに大きいわけではなく、殻長はせいぜい12センチ程度の貝だ。

交響曲をめぐる「第九の呪い」とは？

クラシック音楽をめぐり、「第九の呪い」という言葉がある。なぜか「交響曲第九番を作曲した作曲家は死ぬ」というのだ。

確かに、９番目の交響曲の作曲と前後して死んだ作曲家には、ベートーヴェンをはじめ、マーラー、ブルックナー、シュニトケ、ヴェレスらがいる。

歌舞伎の黒子は、雪のシーンでも黒い衣を着るのか？

歌舞伎の黒子は、どんなシーンでも黒い衣を着ているというわけではない。ふだんは黒の衣をまとっているが、海の上や水辺の場面では、ブルーの衣装、「波衣《なみご》」を身につける。また、雪の場面では白装束の「雪衣《ゆきご》」を着用する。

『２００１年宇宙の旅』のコンピューターの謎とは？

映画『２００１年宇宙の旅』に登場するコンピューター、ＨＡＬ９０００の「ＨＡＬ」は、ＩＢＭの一文字ずつ前のアルファベットを並べたという説がある。Ｉの前がＨ、Ｂの前がＡ、Ｌの前がＭというわけだ。ただし、監督や脚本家はこの説を否定している。

一方、日本のゲーム会社のＨＡＬ研究所は、ＩＢＭの一歩先をいくという意味で名づけたという。

ターミネーター、エイリアン……に殺された男とは？

俳優のランス・ヘンリクセンは、ターミネーター、エイリアン、プレデターの三者に殺されている。

『エイリアン２』で、医療アンドロイドのビショップ役を演じた俳優で、『ターミネーター』では捜査官役、『エイリアンvsプレデター』では、大金持ちのビショップ・ウエイランド役を演じ、いずれも怪物たちに殺されているのである。

『ロッキー』の試合撮影をめぐる意外な話とは？

映画『ロッキー』のラストのボ

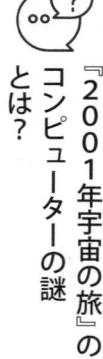

クシングシーンは、最終ラウンドから1ラウンドへと、逆の順番に撮影された。

あの有名なシーンでは、ラウンドが進むごとに、ロッキーの顔が傷つき、腫れ上がっていくが、逆順に撮影して特殊メークをはがしていくほうが、安上がりに撮影できたため。

世界一売れている小説は？

ドイツの『宇宙英雄ペリー・ローダン』シリーズは、通算15億部以上売れている。これは、ハリー・ポッター・シリーズ（4億5000万部）も遠くおよばない数字。

ただし、ペリー・ローダン・シリーズは、一人の作家が書いているわけではなく、30人以上の作家によって書き継がれているリレー小説。

探偵小説が推理小説に変わったのは？

1946年、当用漢字が決められた。それは、あくまで漢字使用の指針を示したものだったが、当時はそれ以外の漢字は使えないという雰囲気が広がった。

「偵」という漢字は、当用漢字に採用されなかったため、「探偵」と書きにくくなり、「探偵小説」から「推理小説」への言い換えが進むことになった。その後、「偵」は常用漢字には採用されたのだが、もとの「探偵小説」が主流に返り咲くことはなかった。

世界でいちばん万引きされた本は？

世界一万引きされた本について、明確な統計はないが、欧米の書店業界では「聖書」で間違いないとみられている。

なお、聖書は、著作権のない本まで含めたときの世界最大のベストセラーでもある。

アルファベットのEをまったく使わない小説とは？

1939年に書かれた『ギャズビー―Eの文字を使わない5万語以上の物語』という小説には、アルファベットのEがまったく使われていない。英語圏では、こうしたゲーム的な文章制作上の制限を「リポグラム」と呼び、その後、さまざまなリポグラム小説が書かれてきた。

ゴルフボールの表面がツルツルなら、その飛距離は？

ゴルフボールの表面には、ディンプルと呼ばれる凹凸がつけられている。もし、ディンプルがなければ、300ヤードくらい飛ばすプロゴルファーでも、150ヤード程度しか飛ばせない。

凹凸があるからこそ、ゴルフボールは揚力を得ることができるのだ。

『猫ふんじゃった』の曲名は国によって違うって本当？

『猫踏んじゃった』には、世界で30種類近い名前がつけられている。ドイツ、ベルギーでは「ノミのワルツ」、ロシアでは「犬のワルツ」、韓国では「猫の踊り」。

このあたりは、日本の曲名とも通じるところがあるが、アメリカでは「トトトの踊り」、フランスでは「カツレツ」、スペインでは「チョコレート」というタイトルで知られている。依然、作曲者も生まれた国も不明の状態が続く、インターナショナルな謎の1曲だ。

◆10秒で相手の心をつかむ雑談ネタ　カルチャー編

ムンクの『叫び』は5枚ある。まずムンクは、1893年に油彩で描き、同年と1895年にパステル、1895年にリトグラフ、1910年にテンペラで、同じ題名、同じ構図の絵を製作した。

アカデミー賞に賞金はない。オスカー像と呼ばれる男性の金メッキ像が贈られるだけ。

美術品を紹介する言葉のうち、「○○家所蔵」とあれば、その家（公家や大名家など）が今も所蔵している品。一方、「○○家伝来」は、すでに売り払い、今は所有していないもの。

村上龍が芥川賞を受賞した小説『限りなく透明に近いブルー』は、

当初は『クリトリスにバターを』という題名だった。しかし、当時としては余りの過激さから、改題された。

「むましか」という名の妖怪がいる。鹿の体に馬の頭をもつ妖怪で、その名は漢字では「馬鹿」と書く。室町時代に成立した『百鬼夜行絵巻』にも登場する。

伊勢神宮に、おみくじはない。そもそも伊勢神宮は、個人的なことを願うのも、よしとしない特別な神社。昔は伊勢にたどりつけただけで、大吉とされたという。

「鏡物」と呼ばれる四冊の歴史書は、「大こん水増し」と覚えると忘れない。「大鏡」「今鏡」「水鏡」「増鏡」の四冊。

中国の霊獣・麒麟は、麒がオスで、麟がメス。

ヒップホップグループの「ケツメイシ」は、もとは漢方薬の名前。

「決明子」と書き、エビスぐさの種子の生薬で、便秘や結膜炎に効くとされる。
なお、ケツメイシのメンバーのうち二人は、薬剤師免許をもつ。

雑誌『セブンティーン』は、17歳向けという意味ではない。
サーティーンからナインティーンまで、7つのティーン、
みんなに読んでもらいたいという意味が込められている。

旧暦十月には、八百万の神々が出雲に集まるといわれるが、それに参加しないのが、
恵比寿さん。十月には恵比寿講があるので、参加できないとされる。

予言者のノストラダムスは、『化粧品ジャム論』（1555年）という本も書いている。
彼は占星術師であるとともに、医師でもあり、料理研究家でもあったのだ。
同書は、フランス初のジャム作りのハウツウ書。

1961年、マチスの「舟」という作品は、ニューヨーク近代美術館で

逆さまに展示された。そして、最終日前日までの47日間、誰一人、そのことに気づかなかった。その間の入場客数は11万6000人にのぼった。

札幌市には、天使大学がある。カトリック系の大学で、もとは天使女子短期大学。2000年に共学科し、この名になった。看護学科と栄養学科などがある。

YMOの代表曲『ライディーン』は、坂本龍一ではなく、高橋幸宏の作曲。高橋幸宏の鼻唄を坂本龍一がメモしたと伝えられる。

山口百恵の『いい日旅立ち』は、国鉄（当時）のキャンペーンソング。その曲名には、国鉄の指定券発売システムを使用していた日本旅行（日旅）と、国鉄車両を製造していた日立製作所（日立）の社名が入っている。

パフィの『これが私の生きる道』は、資生堂のCMソング。曲名に「私・生・道」の文字が入っている。

『瞳をとじて』という曲があるが、瞳は閉じられない。閉じるのは、まぶた。

宮崎駿監督のアニメには「の」の法則がある。『風の谷のナウシカ』から『崖の上のポニョ』までの宮崎作品には、かならずタイトルに「の」が入っているのだ。ただし、『風立ちぬ』によって、この法則は崩れている。

『26世紀青年』という映画がある。日本では、劇場未公開。

サンリオのキャラクター、「けろけろけろっぴ」のフルネームは「はすの上けろっぴ」。弟は「はすの上ころっぴ」。ガールフレンドの名は「けろりーぬ」。

グリム童話は、グリム兄弟が書いたわけではなく、彼らが集めてきたメルヘン集。

『バス男』という映画がある。日本では劇場未公開だが、

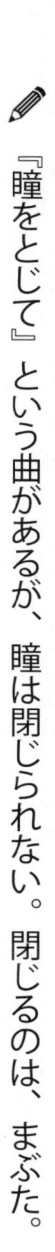

人気だった『電車男』に便乗し、『バス男』という名でDVD化された。ただし、後に『ナポレオン・ダイナマイト』という原題に近いタイトルに変更されている。

『14日の土曜日』という映画がある。ホラー・コメディ。

約30年間も、ミッキーマウスの声優をつとめたウェイン・オルウィンと、ミニーマウスの声優ルシー・テイラーは、現実でも夫婦だった。

映画『スタンド・バイ・ミー』の原作のタイトルは、『The Body』。要するに「死体」。短編集『恐怖の四季』におさめられた一編。

「キティ・チャン」という中国人女優がいる。漢字では張雨綺と書き、日本映画の『少林少女』にも出演している。むろん、キティちゃんとは関係ない。

『ちびまる子ちゃん』に登場するサッカー好きのクラスメート「ケンタ」は、

ＦＣ東京監督の長谷川健太がモデル。長谷川は、作者のさくらももこの小学校の同級生。

ドラえもんの「できすぎくん」のフルネームは出木杉英才。「出来杉」ではない。

アニメ『サザエさん』のマスオさんの声は、マスオカさんがつとめている。大ベテラン声優・俳優の増岡弘さんの声。

『3年B組金八先生』の先生の名は、金曜8時の放送だったことから、「金八」になった。坂本という姓は、武田鉄矢が尊敬する坂本龍馬から。

視聴率の調査装置が取りつけられたばかりの家は、その直後から数週間は、視聴率にカウントされない。見栄をはるためだろう、教養番組の視聴率がひじょうに高くなるのだ。

アニメでは、女性の声優が少年の声を演じることが多いが、その基本をつくったのは、『鉄腕アトム』。

清水マリ、田上和枝（清水の出産中の代役）がアトムの声を担当した。

必殺シリーズの第14作『翔べ！必殺うらごろし』には、和田アキ子が仕事人役で出演している。そのときの得意とする殺し方は「撲殺」。必殺マニアの間で、シリーズきっての異色作とされる作品。

雑誌『じゃらん』の名前の意味はインドネシア語のｊａｌａｎ（道という意）に由来する。また、「Ｊａｐａｎの真ん中にＬ」（レジャーの頭文字）という意味もあるという。

紅白歌合戦は、１９５３年だけ、年に2回放送された。同年1月2日に正月番組として放送され、同年の12月31日に年末番組として開催されたため。

◇10秒で相手の心をつかむ雑談ネタ　スポーツ編

メジャーリーグでは、監督と選手の交換トレードが成立したことがある。２０１１年秋、ホワイトソックスのオジー・ギーエン監督がマーリンズへ、マーリンズの若手選手がホワイトソックスへ交換トレードされた。

カーリングのストーンは、高級品になると1個10万円以上する。競技には16個のストーンが必要なので、それだけで１６０万円以上はかかることになる。

力士が場所中に鶏肉のちゃんこを食べるのは鶏は2本足で、手をつかずに立っているから。力士は手をつくと負けなので。

日本人初のプロレスラーは、ソラキチ・マツダ（本名・松田幸次郎）。

1859年生まれで、力士を序二段で廃業後、アメリカ人興行師の誘いで渡米。1883年、ニューヨークでデビューした。

体操競技や跳び箱に使うロイター板の「ロイター」は、開発者の名前。

ドーハの悲劇（1993年）のとき、日本は負けたわけではない。イラクと2対2で引き分け。四半世紀以上がたち、実際に見ていない人が増えて、誤解が広がっているようなので。

五輪の開会式と閉会式で、国名が変わった国がある。1964年の東京五輪の開会式に、「イギリス領北ローデシア」として臨んだ〝国〟は、10月24日の閉会式には、新独立国のザンビアとして新国旗を掲げて行進した。

日本腕相撲協会の公式ルールによると、腕相撲にも48の決まり手がある。

卓球のルールには、ラケットの形、大きさ、重さに関する規定はない。つまり、どんなに大きなラケットを使ってもよい。

新体操は、英名では「リズミックジムナスティックス」という。日本で「新体操」と呼ばれるのは、もともと「モダン体操」と呼ばれていたことの名残り。

1900年のパリ五輪では「釣り」が正式競技として行われた。セーヌ川で糸を垂れ、釣った魚の総重量を競い合った。

体操で使う白い粉は「タンマ」と呼ばれる。炭酸マグネシウムの略。

フットサルのポジションの名前は、11人制のサッカーとはまったく違う。フットサルは、南米のポルトガル語圏発祥なので、ポルトガル語が使われ、ゴールキーパーは「ゴレイロ」、フォワードは「ピヴォ」という。

日本で、夏季と冬季、両方の五輪競技が行われた唯一の町は長野県の軽井沢町。
東京五輪（１９６４年）では馬術、
長野五輪（１９９８年）ではカーリングの会場になった。

9
しきたり

Interesting
conversation
starters!

お遍路さんが八十八か所を巡ると、いくらかかる？

弘法大師の足跡をたどる四国八十八か所の霊場めぐり。全行程は1400キロ、すべての霊場を回るお遍路さんだけで年間15万人にものぼる。

もちろん、その多くはバスで回る人たちだが、なかには徒歩で挑戦する人もいる。では、すべての行程を歩いて回った場合、費用はどれぐらいかかるのだろうか？

まず、遍路用の衣装、白装束に金剛杖、菅笠をそろえると、1万5000円ほどかかる。次に、八十八か所を歩いて回ると、40～50日間はかかるので、旅館や民宿での宿泊費用が1泊6000円で計24万～30万円。各札所で支払う納経料が300円×88、その他食費などの経費が10万円程度で、合わせて13万円ほどがかかる。

というわけで、総計40～50万円程度。それに、四国までの旅費が加わることになる。

お坊さんはなぜ頭を剃っている？

お坊さんが剃髪（頭の髪の毛を剃ること）するのは、仏教の創始者である釈迦がそうしたことを真似たもの。釈迦は、髪を伸ばし、髪型について考えることも、煩悩を招く原因になると考え、頭を丸めたのである。

その釈迦の精神が伝わり、世俗と決別する決意を表す行為として、剃髪の風習が始まったとみられる。

ただし、現代の日本では、髪を伸ばすことを禁じていない宗派が少なくない。

たとえば、浄土真宗を開いた親鸞の教えには「非僧非俗」という考え方があり、同宗ではその教えに基づき、剃髪という「形」よりも、「心」の純粋性を重んじるため、髪を伸ばすことが禁じられてはいない。明治以降は、浄土真宗以外も有髪《うはつ》の僧が多くなっている。

手を合わせる「合掌」にはどんな意味がある？

仏教では、お祈りをするとき、両手のひらを合わせて合掌をする。合掌の歴史は古く、仏教成立以前から、古代インドで行われていた作法が元祖とみられる。サンスクリット語で「アンジャリ(anjali)」と呼ばれたものだ。

古代インドで始まった合掌は、やがて仏教に取り入れられ、独自の意味をもつようになる。仏教では、右手は清らかな仏のものであり、左手は穢れた衆生の手と考える。その仏の手と衆生の手を合わせることで、仏と衆生が合体するというわけだ。

ただし、現在では、宗派によって合掌に関する解釈はちがっているし、合掌の作法も一つではなく、両手のひらを顔の前で合わせることを正式とする宗派もあれば、胸の高さで合わせる宗派もある。

お寺の料理といえば、お粥が出てくるのは?

釈迦は妻子を捨てて出家後、断食などの苦行の末、行き倒れる寸前までやせ衰えていた。そんなとき、釈迦は肉体的な苦行では悟りを開けないことと気づき、村の娘スジャータが差し出した一椀の粥を食べ、一命を取りとめた。

この一椀によって、釈迦は体力・気力を回復、菩提樹の下で座禅を組み始め、ついに悟りを開く。

この故事にちなみ、中国では、仏教行事で、粥を食べる習慣が受け継がれてきた。日本の禅宗の寺でも、釈迦が悟りを開いたことを記念して、法会《ほうえ》を行ない、粥を食べる。そんなところから、参詣者が食べるお寺の料理にも、お粥が出てくるのだ。

釈迦の誕生日を「花祭り」というのは?

4月8日は釈迦の誕生日とされ、仏教ではこの日にいわゆる「花祭り」を催して祝う。

その名で呼ばれるのは、寺の境内の花御堂《はなみどう》に、さまざまな花を飾るから。花を飾るのは、もともとは浄土宗のスタイルだったが、やがて他の宗派にも取り入れられて、花祭りとして定着した。

花で飾られた花御堂の中には、水盤の上に銅製の釈迦の誕生像が安置されている。参詣客は、甘茶を竹杓に取って、釈迦の像の頭上に注いで拝む。

甘茶をかけるのは、釈迦の誕生に際して、竜王がお祝いに香水を注ぎかけたという伝説にもとづくもの。

江戸時代に中国から黄檗宗《おうばくしゅう》が伝わったときに、同時にもたらされた習慣とみられている。

線香をたく意味は？

仏教国には、仏壇やお墓の前で、線香をたく習慣がある。このしきたりは、古代インドや中国の伝統的な生活習慣に由来するとみられる。

インドは猛暑の国であり、体臭対策として古くから香をたきつめてきた。中国にも、体臭を消すため、古代から香をたく習慣があった。

やがて、これらの国では、体臭を消す香には、身を清めるものという意味が生じ、その香を仏の供養にも使い始めたのが、線香の始まりとみられる。

線香やロウソクの火を息で吹き消してはいけないのは？

仏教では、ロウソクや線香の炎に息を吹きかけることは、タブーとされている。

口は、いろいろなものを食べ、ときには人の悪口を言ったりする。その汚れた口で、線香やロウソクを吹き消すことは、仏様を汚すことになると考えられるからだ。

なお、ロウソクや線香の炎を消すときには、手であおいで風を送って消すのが正しいお作法だ。

通夜では寝ない理由は？

通夜には、近親者が遺体のそばで添い寝する習慣がある。なぜだろうか？

昔は、夜は魔物が現れる時間帯と考えられていた。忍び寄る邪悪なものから、故人の霊を守るため、近親者は眠らないで、死者のそばに付き添おうと考えられたのだ。

その一方で、通夜には、近親者の悲しみをやわらげるための儀式という意味もあった。肉親が亡くなることは、遺族にとっても耐え難い悲しみである。それでも、故人を前に、ともに過ごした時間を振り返り、近親者同士で思い出を語り合えば、少しは気持ちを落ち着かせることができる。

通夜は、遺族にとって、故人を偲び、故人の死を受け入れるための時間というわけである。

なぜ、香典返しにお茶を贈るのか？

香典返しには、緑茶が選ばれることが多いが、それには二つの理由がある。

一つは、消耗品であることだ。お茶なら飲めばなくなってしまう。そこから、いつまでも悲しみが残らないようにと、選ばれるのだ。

もう一つの理由は、静岡茶の販売策にあった。静岡でお茶の栽培が本格的に始まったのは、明治維新後のこと。徳川家の静岡への移封に伴い、江戸から多くの旗本・御家人が静岡に移住したが、新しい仕事がなかなか見つからなかった。

そこで、静岡県が失業者の救済事業として茶の栽培を奨励。その販路として、東京や関東に売り込みをかけ、香典返しにふさわしいと宣伝した。そこから、関東地方を中心として、この習慣が広まることになった。

彼岸にお墓参りをする意味は？

「春分の日」と「秋分の日」は、昼と夜の時間が同じ長さになる日であり、その日をはさんで、前後3日ずつの計7日が「彼岸」とされる。仏教寺院では、その彼岸の期間中に、「彼岸会《ひがんえ》」という行事が催される。

仏教で彼岸が重要な日とされるのは、太陽が真西に沈むことと関係する。「彼岸」は極楽浄土の別名でもあり、「西方浄土」という言葉があるように、はるか西方にあると考えられている。そのため、太陽が真西に沈む春分と秋分の日には、太陽が極楽浄土を照らし出し、現世と極楽浄土がもっとも近くなる日と考えられるのだ。

そこから、特別な期間である彼岸に「彼岸会」が催されるようになった。それが、現代まで受け継がれ、寺に参ったり、先祖の墓に参る日とされるようになった。

いつまでに行けば「初詣」になる？

厳密にいうと、元日の早朝に参拝してこそ、初詣といえる。

初詣のルーツは「年ごもり」にある。昔は大晦日の夜、社寺に籠もって新年を迎える風習があった。ただし、当時は正確な時計があるわけではなかったので、大晦日の陽が暮れると、その年は終わったと考えられていた。だから、大晦日の夜は新年の始まりにあたり、年ごもりは新年の最初に行う行事と認識されていたのである。

明治時代になって、太陽暦が導入され、年の始まりは大晦日の日没からではなく、午前零時からとなった。そこから、大晦日の夜ではなく、元日の早朝、神社に参拝する習慣が生まれてきた。それが本来の初詣なので、1月2日や3日に参るのは、本来の初詣の趣旨からははずれていることになる。

おみくじは本来、自分で振るものではないって本当？

神社などでひくおみくじは、ふつう「振りくじ」と呼ばれるタイプで、竹籤（くじ）を木筒の中に入れておき、筒を振ったさい、穴から出てくる一本をもって、ご神宣とする。

ほかに、「玉くじ」と呼ばれるタイプもあって、これはご神宣の書かれた小石や紙などを散らばせ、神主がそのうちのひとつを手で取るもの。

双方のうち、本来のおみくじのスタイルを保っているのは、玉くじのほうである。

本来、おみくじは「神様の神聖な意思」を表すものであり、神事を司る神官自身がくじを引くのが、本来のあり方というわけだ。

正月に門松を立てるのは何のため？

門松は、いわば年の初めに神様を迎えるための目印。門松を飾っておかないと、年神が迷って家に降りてきてくれないかもしれない。それで、正月には目印となる門松を神の宿る依代《よりしろ》として飾るようになったのだ。

平安時代以前は、杉や竹、椿、

榊など、常緑樹なら何でもよかったようだが、その後、「松」に限られるようになったのは、松がもともと縁起のいい木とされていたからだろう。加えて、竹もまっすぐに伸びて縁起がいいということで、松に添えられるようになり、こうして現代のような門松が生まれた。

古くなったお守りはどうすればいい？

神社から授かったお守りも、何年かたつと、古びてくるもの。新しいお守りを授かったときなど、古いお守りを処分するには、どうすればいいのだろうか？

　神社から授かる「御神札」などは、新しい御札をもらうと、古い御札を左義長《さぎちょう》やどんど焼きで焚き上げるという風習がある。お守りも、それと同様で、授かった社寺に返せばいい。あとは社寺のほうで、焚き上げてくれる。

節分に豆をまくのは？

節分には豆をまく風習があるが、これは中国から伝わった「追《つい》儺《な》」という儀式に由来する。中国では、鬼の面をかぶった人を桃の弓などで追い払う行事が、大晦日に行われていた。それが、日本で行われていた行事と結びつき、現在の節分行事へと変化してきたのだ。

　ただし、中国の追儺では「豆」は使われない。日本の節分で豆をまくようになった目的は、疫病や邪気にたとえた鬼を追い払うためだが、それ以外の理由もあった。

　節分では、豆をまいたあと、年の数だけ豆を食べる習慣がある。これは節分の頃は寒さが厳しく、季節の変わり目でもあるので、病気になりやすい。そこで、〝畑の牛肉〟ともいわれる大豆を食べて、タンパク質を補給するという意味も生じたのだ。

5月5日に菖蒲湯に入るのは？

昔、中国では、5月5日は重五《ちょうご》と呼ばれ、病気や厄をはらう日とされていた。そこで、この日、匂いの強い菖蒲を門につるしたり、菖蒲酒を飲んでケガレを払う風習があり、それが日本にも伝わってきた。

一方、日本にも魔よけとして菖蒲を身につけたり、屋根にかける習慣があった。その両者が結びついて、日本では、端午の節句に菖蒲湯に入る習慣が生まれた。

端午の節句に柏餅を食べるのはなぜ？

5月5日の男子の節句に柏餅を食べるようになったのは、江戸時代の中頃。日本で誕生した風習だ。

柏餅が端午の節句と結びついたのは、柏の葉には、新しい葉が育つまで古い葉が落ちないという特徴があるから。そこから「子が育つまで親が死なない」↓「家系が絶えない」と縁起をかつがれたのである。

七夕に願い事を短冊に書いて吊るすのは？

七夕には、色とりどりの短冊に願いごとを書き、笹竹に結びつける。その短冊の色は、もとは赤、青、黄、白、黒の五色だった。これは、中国の風習にならったものの。

中国では、七夕の日に乞巧奠《きこうでん》という技術の上達を祈る祭りが催されてきた。この祭りの起源は古く、唐の時代には、竹の先に赤、青、黄、白、黒の五色の糸をかけるという風習があった。それらの色にはそれぞれ意味があり、赤は火と礼《れい》、青が木と仁《じん》、黄が土と信《しん》、白が金と義《ぎ》、黒が水と智《ち》を表す。

その風習が平安時代の日本に伝わり、公家たちは五色の絹の布を飾りつけて、書や楽器、詩歌など芸事の上達を祈るようになった。

その後、この風習が庶民の間に広まると、五色の短冊を結んで飾るようになる。やがて字の上達などを願って、短冊に願い事を書く習慣が生じた。

夏にお中元を贈るようになったのは？

そもそも、「中元」は道教の祭日「上元」「中元」「下元」の一つ。上元は陰暦1月15日、中元は陰暦7月15日、下元は陰暦10月15日で、上元の日には天官（天神様）、中元の日には地官（慈悲神様）、下元の日には水官（水と火を防ぐ神様）の誕生日として、それぞれをお祀りした。

そのうち、やがて中元が仏教の盂蘭盆会（お盆）の行事と結びつき、仏に備えた供物をやりとりするようになる。

そこに、暑中見舞いの習慣も加わって、親しい人やお世話になっている人へ贈り物をするようになったのだ。

こうした習慣が庶民にまで広まったのは、そう古いことではない。明治30年代、百貨店が夏の売り上げを増やそうと宣伝して、もともとは日付を意味する「中元」という言葉が「夏の贈り物」という意味でも使われるようになった。

なぜお盆に盆踊りを踊るのか？

お盆といえば、祖先を供養する厳粛な日のはず。それなのに、なぜにぎやかに踊るのだろうか？

盆踊りのルーツについては、『盂蘭盆経』という書物に次のような記述がある。

釈迦の弟子である目連《もくれん》は修行を積んだ結果、亡くなった自分の母親が地獄に堕ちて苦しんでいるのを知る。目連は、それを救うために7月15日に供養すると、母は極楽浄土へ行くことができたという。それを知った目連と弟子たちは、歓喜のあまり踊り出した——これが盆踊りのはじまりという。

しかし、実際には、盆踊りのような風習は日本に古くからあり、仏教にのみ由来するとは言いきれない。盆踊りは、仏教の影響を受けながら、民衆の夏の楽しみとして生まれ、さまざまな習俗と結びついて、今のような形に変化してきたといっていいだろう。

なぜ七五三は11月15日？

七五三が庶民の間に定着したのは、江戸時代の元禄年間（１６８８〜１７０４年）に入ってからのこと。

それ以前にも、七五三のような行事は行われていたのだが、特定の日に行うというようなしきたりがあったわけではなかった。

それが11月15日に固定されたの

は、五代将軍・徳川綱吉のときに、その世継ぎの徳松の「髪置き」のお祝いを、天和元年（1681）の11月15日に行ったことがきっかけとなった。

その後、江戸の呉服屋が「七五三」用の晴れ着を売り出し、大いに宣伝した。その宣伝が当たって、七五三の日、子供に晴れ着を着せる習慣が生まれた。

冬至にゆず湯に入るのは？

冬至は、一年のなかで日中の時間がもっとも短い日。

現在の暦でいうと、例年12月22～23日に当たり、日本ではこの日にゆず湯に入るしきたりがある。このしきたりの由来は、端午の節句の菖蒲湯と同様、邪気をはらうことにある。

また、ゆずには薬効があり、しもやけやあかぎれなど、冬特有の症状を和らげるし、風邪の予防効果もある。その実用性にも、長く受け継がれる風習となった理由があるようだ。

除夜の鐘は何時何分からつき始めるのが正式？

除夜の鐘を何時何分からつきはじめるかについて、決まりはない。ただ、昔は新年になってからつくものだった。

前述したように、江戸時代までは、大晦日の日没をもってその年は終わりとされ、そこから先は新年と考えられていた。そこで、現在でいう大晦日の夜につく除夜の鐘は、新年を告げる行事だったのである。

明治になり、正確な時計や太陽暦が導入されると、新年は大晦日の日没からではなくて、午前零時からスタートすることになった。

そこで、除夜の鐘は旧年・新年と二つの年をまたがってつかれることが多くなった。一〇七までを旧年のうちにつき、最後の一〇八つ目の鐘を新年につくというスタイルも生まれた。

結婚式で三三九度をする意味は？

神前結婚式では、新郎新婦が「三三九度」の作法にのっとって、お神酒《みき》を飲むことによって、夫婦の契りを結ぶ。

その作法は、大中小の三つの盃がワンセットになったものに、巫女が小さい盃（第一献）からお神酒を注ぎ、新郎が飲んだら新婦がそのあとに飲む。その際、巫女は三回に分けて酒を注ぎ、飲むほうも3回に分けて飲み干す。同じように、中の杯（第二献）、大の杯（第三献）と、それぞれ繰り返し、計三つの盃に注がれた酒を3口ずつで飲むところから、三三九度と呼ぶ。

この儀式で「3」という数字にこだわるのは、中国の数字信仰に由来する。3などの奇数は陽数とされ、陽数を重ねるのはおめでたいこととされてきた。そこで、結婚式では、3という陽数にこだわって儀式を進めるというわけだ。

千羽鶴を折ると、願いがかなうといわれるのは？

千羽鶴は、願いをこめて色紙で1000羽の鶴を折るもの。スポーツで必勝を祈願して折ったり、病人が元気になるようにという願いをこめて折る。近年ではオバマ大統領が広島で折った鶴が話題になった。

この「千羽鶴を折ると願いがかなう」というのは、比較的新しい風習だ。

鶴は昔から縁起のいい鳥とされ、社寺に千羽鶴を奉納する習慣はあった。ただし、「千羽折ると願いがかなう」という考え方は、戦前の千人針からの連想で生まれたものとみられる。

千人針は、出征する兵士に贈られたお守り。さらしに一人が一針ずつ赤い糸を縫っていき、千人という多くの人の気持ちを集めることで、弾丸よけとなり、無事帰還できると期待された。

この千人針の風習が、原爆を投下された広島で千羽鶴に変わる。被曝し、白血病に苦しむ少女が、お見舞いに折り鶴をもらった。それをきっかけに、少女は千羽を目標に鶴を折りつづけ、病気の回復を願った。

その後、少女は白血病で亡くなったが、彼女の姿は広島平和記念公園にある原爆の子の像として残っている。

この話が有名になり、千羽鶴は病気が治ることを祈って贈られるものとなり、さらには願いをかなえるためのお守りにもなったのだのである。

還暦を赤ずくめで祝うのは？

還暦の祝いでは、数えで61歳になった人は、赤い頭巾をかぶり、赤いちゃんちゃんこを羽織り、赤い座布団に座って祝われる。

還暦を赤ずくめにして祝う理由の一つは、赤がめでたい色だから。

赤は太陽の色であり、生命力のシンボル。これから先も健康に生きられるよう、赤色を着るのである。

さらに赤は、魔除けの色と信じられてきた。これから先の人生で、災いがないようにという、おまじないの意味もある。

尾頭つきの頭を左にするのは？

尾頭つきの魚を供するときは、頭を左、尾を右向きにする。この作法は、漢字を書くときの筆の運び順に由来するといわれる。

日本では、古来、左を上位とする。漢字も、横線は左から右へ引く。この左を上とするのが、日本の礼儀やしきたりの原則なのである。

ただ、尾頭つきの魚の場合は、頭を左に盛りつけたほうが食べやすいという実用的な理由もあったようだ。その証拠に、右を上位とするヨーロッパでも、魚の頭は日本と同様に左側に盛りつける。

「バンザイ」の意味は？

日本人がうれしいときやおめでたいときにするバンザイは、もとは「万歳」と書き、中国をルーツとする。皇帝を讃えるため、「一万年の歳月がありますように」という願いを込めた挨拶だったのだ。

それが日本に伝わり、言葉として使われていたのだが、現在のように両手をあげて「バンザイ！」と叫ぶようになったのは、明治20年代のことである。

その頃、国家元首である天皇をどう迎えるか、議論になり、バンザイと叫ぶ方式が採用されたのである。このバンザイが、一般にも広まり、やがて、結婚式や会社のお祝いなどでもひんぱんに行われるようになった。

商売繁盛を願って、ダルマを飾るのは？

飲食店や小売店には、商売繁盛を願って、ダルマを飾っている店が多い。ダルマが商売繁盛を願う縁起物になったのは、「起き上がり小法師」のヒットがきっかけだった。

「起き上がり小法師」は、座禅する達磨大師の姿を模した人形で、倒しても倒しても、起き上がってくる。

江戸時代の中頃、この「起き上がり小法師」がヒットし、倒れてもすぐに起き上がるところから、縁起物として全国に広まった。

そして「倒れない」→「倒産しない」→「商売が繁盛する」と、商店などに飾られるようになったのである。

床の間の前が上座とされるのは？

床の間のある和室では、床の間の前が上座になるが、その床の間が登場したのは、室町時代に書院造の建物がつくられはじめてからのことである。

その仏間に、人の座る場所よりも一段高いところに、仏を祭る空間が設けられるようになった。その空間には畳が敷かれ、その畳のことを床と呼んだ。そこから、一段高くなった仏を祭る場所が「床の間」と呼ばれるようになったのである。

やがて、そのスペースに、仏画などを掛けるようになり、それが現在の床の間につながる。

というわけで、もともと仏のための空間であった床の間は神聖なスペースであり、その前は、人が座る場所のなかでは、もっとも上座とされるようになったのである。

東が角餅、西が丸餅になったのは？

おもに関東では角餅、関西では丸餅を食べる。東西で分かれた理由は、関東人のせっかちさにあったといわれる。

もともと、餅は、鏡餅に代表されるように、丸いものだった。その理由は、「望月（満月）をかたどったものだから」「神聖な物だった鏡に似せた」などといわれる。

ただし、丸い餅をつくるには、いちいち両手で丸めなければならない。その作業が、せっかちな江戸っ子にはわずらわしかったのだろう。手早くつくるため、つきたての餅を板状にのばし、固まったところを包丁で切るという方法がとられるようになった。

この方法だと、包丁で切るので、餅は四角くならざるをえなかったというわけである。

節分にかぶりつく「恵方巻」が流行ったきっかけは？

近年、節分になると、スーパーやコンビニの店頭に「恵方巻《えほうまき》」と呼ばれる太巻き寿司が並ぶ。「節分の夜、恵方（陰陽道で歳徳神《としとくじん》がいるとされる方角）を向いて、太巻き寿司を食べると幸福がおとずれる」とされているからだ。

もともと、「恵方巻」の風習は関西圏のしきたり。それが近年、全国区になったのは、コンビニや食品メーカーが宣伝をしかけて市場拡大に取り組んだからである。

畳をすべて同じ方向に敷かない理由は？

寺院や旅館の広間は、畳が同じ方向に敷き詰められているが、一般家庭でそうしないのは不吉を避けるためである。

一般家庭のように畳の向きを変えて敷く方法を「祝儀敷き」と呼び、寺院のように同じ方向に敷く方法を「不祝儀敷き」と呼ぶ。不祝儀敷きは、四隅が合うことから「死」を連想させると、昔から嫌われてきた。そこで、一般家庭では、畳の向きを変えて敷くようになったのだ。

秋田の「竿灯」という名の由来は？

8月に秋田県で行なわれる「竿《かん》灯《とう》」。仙台の七夕、青森のねぶた、山形の花笠踊りと並ぶ東北四大祭りのひとつとして知られる。

「竿灯」は親竹に横竹を数本取り付け、それに46個の提灯をつり下げたもの。その長さ約12メートル、重さ約50キロもある竿灯を、若衆たちが肩でかついで街を練り歩く様子は、まさしく壮観である。

竿灯はもともと「ねぶり流し」と呼ばれていたが、明治14年９月、明治天皇が東北巡幸で秋田を回られたことを記念して、後に第5代秋田市長を務めた大久保鉄作がこう名づけた。

吉野に10万本ものヤマザクラがあるのは？

奈良県の吉野山といえば、日本を代表する桜の名所。ヤマザクラが山と谷を埋めつくし、その数は10万本を越えるとみられる。吉野山にそれだけの桜が植えられているのは、山岳宗教と関係している。

約１３００年前、後に修験道の開祖とされる役行者《えんのぎょうじゃ》が、桜の木に金剛蔵王権現の姿を刻んで吉野山に祀ったという。後世、修験道が盛んになると、その桜が「御神木」として信仰されるようになり、やがて桜の木が盛んに献木されるようになった。そうして、吉野山には桜の木が増えてきたのである。

１５７９年（天正７）には、末吉勘兵衛という大坂の豪商が、１万本の苗木を寄進したという記録も残っている。

京都の清水寺が崖の途中に建てられたのは？

「清水の舞台から飛び降りる」という言葉があるが、そもそも京都の清水寺は、なぜ崖の途中に建立されたのだろうか？

清水寺は、西国三十三カ所霊場めぐりの第十六番の札所で、平安時代になる前の７８０年、坂上田村麻呂が観世音菩薩像を安置するため、音羽山山中に仏殿を建てたのが始まりとされる。崖の途中に仏堂を建てることに、天に昇りたいという夢を託したという説が有力とされている。

歌舞伎南座の「顔見世」が年末に行われるのは？

京都市・四条大橋そばの「南座」。この劇場では、例年年末になると、歌舞伎の「顔見世」興行が行われる。師走の風物詩ともなっているこの顔見世、なぜ年末に行われるのだろう？

その始まりは元禄年間（1688〜1704）のこととされる。

当時、役者たちには、一年ごとに契約を更新する年俸制でギャラが支払われていた。11月初めに契約が更新され、11月半ばになると、契約をすませた役者の名が、「まねき」という細長い板に書かれ、劇場前にずらりと掲げられた。

年末の顔見世は、その新しい顔ぶれで初めて行う興行のことだったのである。

?「見返り美人」は何を振り返っている？

戦後初の記念切手にもなった菱川師宣《もろのぶ》の傑作「見返り美人図」。着物姿の若い女性が、後ろを振り返っている図だが、なぜ彼女は振り返っているのだろうか？

女性が振り向いているのは、呼び止められたわけでも、別れを惜しんでいるわけでもないようだ。

専門家の見方では、当時流行の帯の結び方や、髪の結い上げ方をはっきり見せるために、後ろ向きに描かれたという。

彼女は帯を「吉弥《きちや》結び」にしている。それは、女形役者・上村吉弥が舞台上で結んでいた帯の形で、当時流行したスタイル。

つまり、この作品は、当時の最先端ファッションを描いたものだったのだ。

当時の浮世絵の美人画には、最先端の流行を描いたものが多く、美人画は今でいうモード雑誌のグラビアのようなものだった。江戸の女性たちは、美人画に描かれた着物や、帯の結び方、かんざしや小物を見て、最新ファッション情報を入手していたのだ。

?如来像がシンプルで、菩薩像がゴージャスなのは？

仏像のなかでも、釈迦如来像は、ほかの仏像に比べ、デザインがシンプルだ。他の仏像はアクセサリーをつけたり、手に何かを持っているものが多いが、釈迦如来像は簡素な布を一枚体にまとっているだけだ。

釈迦は、29歳のときに、地位や財産などすべてを投げ打ち、出家した。釈迦如来像はその姿をモデルにしているから、布一枚きりの姿をしているのだ。

一方、菩薩像は、ゴージャスな

雰囲気が特徴。宝冠をかぶり、腕輪などを身につけ、さまざまな持《じ》物《ぶつ》を手にしている。それは、釈迦の出家前の姿をモデルにしているからだ。

出家前の釈迦は王子の座にあったので、豪華な衣装を着てネックレスやブレスレットなどを身につけていた。そのため、王子時代を描いた菩薩像は、きらびやかな装いをしているのだ。

焼き物の「土」は、普通の土とどうちがう？

いくら腕のいい陶芸家でも、そのあたりの土では、焼き物を作ることはできない。

焼き物に使う土は、次の三つを含んでいる必要がある。「粘土」「長石」「珪石《けいせき》」だ。

まず「粘土」には形を作る役割があり、「長石」には焼いたとき、土を固める役割、「珪石」には乾燥を防ぎ、生地の焼き縮みをコントロールする働きがある。

いい焼き物ができるのは、これらがそろったときであり、一つでも欠けていると名品は生まれない。

中秋の名月に、なぜススキを飾るのか？

旧暦は月の満ち欠けにもとづく暦であり、真ん中の15日は満月かそれに近い月になる。

さらに、秋の空は空気が澄んで月がはっきりと見えることから、旧暦8月15日の月を「中秋の名月」と呼び、月を観賞する習慣が生まれた。

月見にはススキを飾るが、これは稲穂の代わりにしたもの。その時期は、実った稲穂を飾るにはまだ早いので、五穀豊穣への感謝と願いを込めて、よく似たススキで代用したという。

また、ススキには、神様がとりつくという自然信仰もあったことで、月見をしながら、神様と一緒に過ごすという意味もあったようだ。

かけそばともりそば、年越しそばではどちらが正式？

大晦日、大忙しとなる店のひとつが、そば屋さん。昼すぎから深夜まで、年越しそばの注文がひっきりなしに入ってくる。

そこで、見ていると不思議なことに気づく。ふだんと違って大晦日は、もりとかけ、つまり具のないそばが、断トツの人気なのである。そして、もりとかけの注文数は、なかなかいい勝負。

では、年越しそばを食べる場合、もりとかけ、どちらが正式なのかと思うが、地方によって、もり派とかけ派の勢力分布はかなり違っている。

たとえば東京はもり派のほうが優勢。もともと、そば粉を湯で練った「そばがき」を食べていたのを、細いめん状にして食べはじめたのが江戸の人たちだ。江戸時代は、現在のもりそば一種類しかなかったという。そして、もりを威勢よくかき込むのがイキとされ、それが現在まで受け継がれている。

そういう伝統を背景にして、東京では、依然もり派が多いのである。

ところが同じ江戸で、汁につけて食べるのが面倒だという人たちが、そばに汁をぶっかけて食べるようになった。これが、ぶっかけだが、やがて寒い時期には、汁を温めてかけるようになった。こうして、かけそばが生まれた。

今ではどちらが正式というのはなく、暖かい地方では、比較的、冷たいもりが好まれ、寒い地方では温かいかけが好まれるようだ。

10

科 学

Interesting conversation starters!

羽根のない扇風機は、どうやって風を起こしている？

近年、イギリスのダイソン製など、〝羽根のない扇風機〟がよく売れている。

値段は普通の扇風機に比べると割高だが、回転羽根がないため、小さな子供やペットのいる家庭でも安心ということでよく利用されている。自然の風に近いやわらかな風が〝吹く〟という点でも好評だ。

しかし、それにしても、なぜ羽根がなく、輪っかだけが立っているような状態で、風を吹かせることができるのだろうか？

その謎を解く手がかりは、おなじみのドライヤーにある。髪を乾かすドライヤーも羽根はないのに、風が吹き出してくる。それは、ドライヤーの内部に羽根が隠れているからだ。

羽根なし扇風機も、それと同様の構造で、装置内部に羽根が存在する。外から見えないだけで、台座の中で羽根が回っているのだ。

台座内のモーターで台座内の羽根車を回して風を起こし、輪っかにある隙間から、風が吹き出すというのが、〝一見、羽根なし扇風機〟の基本的な仕組みだ。

全国の「平均気温」は、どうやって算出する？

全国の観測ポイントすべての平均値を算出しているわけではなく、網走、根室、山形、石巻、長野、彦根、境、宮崎、石垣島など、17カ所の平均を日本全体の平均気温としている。

その17カ所が地方ばかりで、大都市が含まれていないのは、ヒートアイランド化など、都市化の影響を避けるため。

恐竜の色がわかりはじめているって本当？

かつての雑学本には、「化石からは、恐竜の色まではわからないので、推定で色付けされている」と書かれていたもの。ところが、今では、化石から古生物の色を科学的に再現することが可能になりはじめている。

２００６年、化石からメラノソーム（メラニンを含む細胞小器管）が発見され、化石から色を判別する道が開かれた。現在、研究が進展中。

太陽系でいちばん高い山は？

太陽系でいちばん高い山は、火星にあるオリンポス山。高さは、推定２１９００メートルで、エベレストの約２・５倍もの高さがある。ただし、その裾野は５５０キロにも広がっているので、傾斜はほとんどなく、台地のような形の山だ。

なお、近年の観測で、太陽系内の小惑星ベスタ（直径５００キロ前後）にも、オリンポス山と同等の高さの山があることがわかってきている。

電球の発明者はエジソンではないって本当？

電球の発明者は、エジソンではない。

電球の特許を初めて取得したのは、イギリスのジョセフ・スワンで、エジソンはフィラメントの改良に成功したにすぎない。

そのため、エジソンは、単独では電球を売り出すことができず、１８８３年、スワンと共同で、エジソン＆スワン連合電灯会社を設立している。

バーコードにはどんな内容が書かれている？

バーコードは、１９４９（昭和24）年、アメリカのドレクセル大学の大学院生２人が発明し、１９６７（昭和42）年、アメリカの食品チェーン店が、レジの行列を解消するために導入した。

現在では、世界中で使用されている。

そのバーコードは、「統一商品コード」と「インストアコード」の2種類に大きく分かれる。

そのうち統一商品コードの数字は、最初の2桁が国名、次の5桁が企業名、その次の5桁が商品名、そして最後の1桁は「チェックデジット」と呼ばれ、読みとった数字に誤りがないかどうかを確かめるための数字。バーコードは、それらの数字をバーのパターンで表している。

一方、「インストアコード」

は、商店や団体などが任意に付けられるコードで、ポイントカードの会員証や生鮮食品などに利用されている。

その商店や団体でしか通用しないので、もし他店のスキャナーで読みとると、別の意味になってしまう。

また、書籍の裏表紙に印刷されている上下２段のバーコードは、書籍専用のコードである。

表している内容は出版社名コードや書名コード、価格、分類などで、統一商品コードやインストアコードとは違っている。

飛行機で宇宙まで行けるか？

飛行機のジェットエンジンでは、宇宙を飛ぶことはできない。

ジェットエンジンの内部では、燃料が霧状に噴射されている。それに火をつけて小爆発を起こして動力としているのだが、火をつけるには酸素がなければならない。宇宙には酸素がないので、爆発は起きず、ジェットエンジンは動力として機能しないのだ。

宇宙まで行けるのは、現在のところ、酸素を必要としないロケットエンジンを付けた飛行体だけである。

火事に遭っても耐火金庫の中身が燃えないのは？

火事に見舞われても、耐火金庫の中身が燃えないのは、内側に詰めてある発泡コンクリートのおかげである。

発泡コンクリートは、大量の気泡を混入させてつくったコンクリートの一種。数多くの穴があいていて、耐火金庫の場合、その穴に水分を含ませているのだ。

火事に遭うと、普通の金庫は外側は燃えていなくても、金庫内が高温となり、中の書類などが燃えてしまうことがある。

一方、耐火金庫は、発泡コンクリート中の水分が蒸発して、金庫内の温度を抑えるので、中の紙幣などが発火することはないのだ。

自動販売機はどうやってお金を勘定している？

自動販売機にお金を入れると、正確にお金を算定し、お釣りも間違いなく出てくる。利用者が間違ってゲームセンターのコインなどを入れると、返却口に戻して、受け付けない。

　これらの判断を行っているのは、機械内部のマイコン。お札の場合、あらかじめプログラミングされた本物の磁気的特性や光学特性と照合し、本物かどうか、いくらのものであるかを識別している。硬貨の場合、材質の大きさ、厚み、重さなどから、真偽やどの硬貨であるかを判断している。

　こうした処理によって、投入額を算定すると、次は押されたボタンの商品の値段と比較し、販売額が満たされているかどうか判断する。ＯＫなら商品を出し、お釣りが必要なら、お釣りを出すというわけだ。

スプレー缶の底がへこんでいる理由は？

　スプレー缶の底は、なぜかへこんでいるものだ。それは、スプレー缶の破裂を防ぐための工夫である。

　スプレー缶の中身には液化ガスが混じっている。液化ガスは、ガスに圧力を加えて液体にしたもので、外部に噴射すると気化する。その液化ガスがスプレー缶の中で液体状態でいるのは、スプレー缶内部はつねに高圧状態からだ。

　高圧に対して、平面状態の容器は脆く、球体面のほうが強いので、スプレー缶の底は平面ではなく、球面になっているというわけだ。

パラシュートのてっぺんに穴が開いているのは？

　パラシュートの最上部には「頂部通気孔」と呼ばれる穴が開いている。その穴が開いているからこそ、パラシュートは無事に着陸することができる。

　もし、あの穴がなければ、空気はどこから溢れ出るかわからず、パラシュートが傾き、吊られた人間の体が片側へ大きく振られる危険性が高くなる。とくに風の強い日には、命にもかかわる問題になる。

　事実、第2次世界大戦期には、まだてっぺんに穴があいているパラシュートが開発されていなかったので、記録フィルムなどを見ると、この危険な現象が続出していたことがわかる。

そこで、てっぺんに穴をあけるという改良が施され、空気を安定的に一定方向から逃がすことによって、パラシュートの安全性は増すことになった。

太陽の最期はいったい、どうなるの？

太陽の推定年齢は地球と〝同年輩〟で約46億年とみられている。中心部に存在する水素の半分をすでに熱核融合で使用しているので、現在は90億〜100億年と推定される寿命の半分あたりと考えられている。太陽は人間でいえば〝中年時代〟を迎えているというわけだ。


その太陽はいま、1億年に1パーセントの割合で明るく、熱くなっている。そのため、これから5億年くらい経つと、激しい太陽熱の影響で、地球上の水はすべて蒸発、現在の生物のほとんどは棲めなくなるだろうと予測されている。

さらに、いまから40億年くらい経って、太陽の水素が燃え尽きると、今度はヘリウムに火がつく。すると、対流層や光球表層が膨張して、地球の公転軌道よりも大きくなると考えられている。その結果、太陽は地球を呑み込み、地球は消滅すると予想されている。

さらに、ヘリウムも燃え尽きてしまうと、太陽はこんどは収縮しはじめ、ついには金星ほどの大きさに縮まって、恒星の平凡な晩年である「白色矮星」になるという。

その後は、白色矮星として、さらに数十億年は残ると考えられている。

恐竜の標本作りで骨が足りないときどうする？

恐竜の化石が一頭分まるまる見つかるということは、きわめて少ない。そこで、博物館などで、一体丸ごとを再現するときには、これまでの発掘例を参考に骨格を推定して、足りない部分を樹脂で補っている。

もっとも、一部の骨の化石が見つかったとはいっても、本物の化石は壊れやすく、また研究用に利用されるため、博物館などには本物が陳列されているとは限らない。とくに全身骨格が陳列されている場合は、本物の骨の化石が使われていることは少なく、レプリカだと思ったほうがいい。

エレベータの中で、モノを秤にかけると重量は変わる？

エレベータの中に秤を置き、モノの重さを量ると、普通に量ったときとは異なる数字になる。

まず、降下するときは、通常よりも軽くなる。そして、エレベータが同じスピードで降下している間は、通常と同じ値となるが、エレベータが減速し止まるときには、通常よりも重くなる。逆に、エレベータで上がるときは、上がりはじめに重くなり、止まるときに軽くなる。

これも「慣性の法則」が働くからだ。たとえば、エレベータで降下しはじめると、エレベータと秤は静止し続けようとする。すると、一瞬だけ宙に浮くのに近い状態となり、その分軽くなるのだ。エレベータの下降が終わり、止まるときは、慣性の法則により、モノはまだ下に動こうとする。その分、重くなるのだ。

ドライアイスの白い煙は二酸化炭素ではない!?

ドライアイスは、二酸化炭素を凍らせたもの。

そのドライアイスを常温に戻すと、液体を経ることなく気体となり、白い煙がもくもくと湧き立つ。ただし、あの煙は二酸化炭素が気体化したものではない。二酸化炭素の気体は無色であり、色はついていないのだ。

では、あの白い煙は何かというと、水滴である。ドライアイスが溶けるとき、空気中の水分が冷やされて、水滴となる。その小さな水滴が集まって白っぽい煙に見えるのだ。

人間の骨でいちばん折れやすいのは？

人間の身体で最も折れやすい骨は、肩前方にある鎖骨である。鎖骨は筋肉や脂肪に守られていないうえ、骨が細いため折れやすいのだ。

そのため、剣道の試合ではよく折れるし、空手には「鎖骨打ち」

という、鎖骨周辺の肉の少ない部分を狙って打つ技があるくらい。

クロロホルムで、本当にすぐに気絶するのか？

ドラマでは、クロロホルムをしみこませたハンカチを口や鼻に押し当てられた人は、バタンキューと気絶するのが、お約束。ところが、現実にはそんなことは起きない。

大量にしみこませた布を口に当てて、5分くらいは深呼吸しつづけないと、気を失わないというのが、専門家の見方だ。

なお、クロロホルムは、かつては静脈注射による麻酔薬として使われていたが、その後、危険性があることがわかり、現在では麻酔薬としては使われていない。

ショック死を簡単に説明すると？

ショック死は、ショックを受けて死ぬことだけでなく、急激な経過で死ぬ現象すべてを指す。

具体的には、血圧が急低下し、血液循環を保てなくなり、心臓が止まること。びっくりして心臓が止まることはありうるが、それはショック死全体のごく一部の現象といえる。

なぜ人は、明るい方へ足が向かうの？

人が照明の明るい方向に誘導される傾向を「サバンナ効果」という。人は、薄暗い森から、しぜんに明るい草原（サバンナ）のほうへ歩みだす、というわけだ。

スーパーマーケットなどの大型店では、この効果を利用し、店奥側の照明をより明るくしてお客を誘導、客動線をより長くし、売上げアップを図ろうとしている。

エアコンは、どうして別配線なの？

エアコン用の電気は、通常のコンセントからはとれない。電気店による工事が必要で、エアコンだけの別配線となる。

なぜ、エアコンだけは特別扱いなのだろうか？

第1の理由は、エアコンがそれだけ多くの電力を必要とすること。他の電化製品と配線を一緒にすると、エアコンのスイッチをいれるたびに、ブレーカーが落ちてしまいかねない。また、蛍光灯がチラチラしたりするということになりやすいので、エアコンだけ別配線にしてあるのだ。

また、エアコンは長時間使うため、コードから高い熱が出やすい。エアコンのコードが、他の家電製品に比べて太くなっているのはそのためだ。

南極では、吐く息が白くならないのは？

寒い時期は、息を吐くと白く見えるものだが、極寒の地、南極では息が白くならない。なぜだろうか？

それは、南極の空気がひじょうにきれいだから。吐いた息は、チリやホコリを核にして水滴となり、それが白く見えるのだが、南極の空気中にはチリやホコリがほとんど浮遊していない。そのため、呼気が白く見えることもないのだ。

タオルを頭にのせることの効用とは？

温泉や銭湯で湯船につかるときは、濡れタオルを頭にのせるもの。そうする理由は、「タオルの置き場に困ったから」という人が多いことだろう。

ところが、タオルを頭にのせることには、健康上、大きなメリットがある。のぼせを防ぐことができるのだ。頭にのせるまえ、タオルを水につけて冷やしておくと、首から上に血が集まるのを防止できるのだ。

だから、頭にのせるタオルは、小さくきれいに折り畳むのではなく、ざっくり4つ折りにして頭にのせるくらいのほうがいい。表面積の広いほうが、のぼせを防ぐ効果は高くなる。

北に住む人のヒゲがやわらかそうなのは？

南国に住む人の顔には硬めのヒゲが生え、北国の人の顔にはやわらかめのヒゲが生える。

北欧などの極寒の地では、ヒゲが硬いと、呼気などの影響で凍りついたとき、肌を傷つけ、凍傷のリスクが高まる。そこで、やわらかいヒゲが生えるように進化したとみられる。

思春期の娘が、父親を「臭い！」と嫌うのは？

思春期の娘が父親の臭いを嫌うのは、近親交配を避けるためという説が有力。生理が始まり、妊娠能力を身につけた娘は、本能的に近親交配を避けるため、父を避けるというわけである。

ＤＮＡに、そうプログラミングされているという見方もある。

全身麻酔で眠るとき、夢を見ないのは本当？

全身麻酔なら夢を見ないとはいいきれない。

専門家には「あらゆる痛覚を遮断するほど、脳を深く眠らせるのだから、夢を見るわけがない」という人が多いが、麻酔をかけられた人からは、「嫌な夢を見た」「麻酔がとけかかる頃に夢を見た」などの経験談が報告されている。

すべての動物で人間が最もすぐれている運動能力は？

ものを投げる力。ゴリラやチンパンジーなどの霊長類は、糞などを投げることがあるが、簡単によけられるスピードだし、コントロールも悪い。

１００キロ以上のスピードで、狙ったところにモノを投げられる動物は、人間以外にはいない。まして、１６０キロなど。

熱帯の住民は、汗の出すぎで塩分不足にならないか？

汗は、薄い食塩水のようなもの。だから、汗をかけば体内の塩分が失われていく。温帯に住む日本人でも、１日に４００～５００ccの汗をかくのだから、熱帯の人々は汗のかきすぎで、塩分不足にならないのだろうか？

人間の体はうまくできていて、熱帯に住む人の場合、汗に含まれる塩分の量が少なくなっている。失われる塩分の量が多くなりすぎないように調節されているのだ。

日本人でも、冬よりは夏のほうが、汗に含まれる塩分の量は少なくなる。なめてみるとわかるが、冬の汗のほうが、夏の汗よりも塩辛いはずだ。

お風呂で、指先だけがふやけるのは？

長風呂をすると、指先がふやけてシワシワになるもの。体のなかでなぜ指先だけがふやけるのだろうか？

その理由は2つある。ひとつは、指先は角質層の層の数が多いこと。体の大半の部分は5～8層にすぎないが、指先は40層もある。その角質層が多いほど、スポンジのように水分を吸収しやすくなるのだ。

もうひとつの理由は、指や足裏には皮質腺がないこと。脂分を分泌しないので、水をはじくことができず、水分を吸収しやすいというわけだ。

ニンニクは入っていないのになぜ「ニンニク注射」？

疲労回復に効果があるといわれる「ニンニク注射」。といっても、すり下ろしたニンニクを注射しているわけでも、ニンニクエキスを注射しているわけでもない。主成分はビタミンB群やグリコーゲンなどであり、ニンニクは使われていない。

「ニンニク注射」と呼ばれるのは、点滴中、微妙なニンニク臭がするから。ビタミンB_1を構成する硫化アリルが含まれ、その硫黄のせいでニンニク臭がするところから、「ニンニク注射」と名づけられた。

雨の日に、お酒が回りやすくなるのは？

たしかに、雨の日は、晴れの日よりも、お酒が回りやすくなる。それには気圧が関係している。

雨の日は、気圧が低くなると、血管が拡張し、アルコールを吸収しやすくなって、ふだんより、酒に酔いやすくなるというわけ。

気圧が地上より低い飛行機内で酒を飲むと、地上よりも酔いやすくなるのと同じ原理だ。

ニトログリセリンが妙に甘いのは？

ニトログリセリンも、それを原

料にしたダイナマイトも、なめると甘い。

ニトログリセリンは、グリセリンの化合物だが、グリセリンは糖と似た構造をもち、甘味料にも使われている物質。そのため、爆発物には、妙に甘いものが多いのである。

海水はアルカリ性か？酸性か？

世界の海水は、pH8・1（平均）の弱アルカリ性。ただし、近年は温室効果の影響で、海水に溶け込むCO_2の量が増え、「海の酸性化」が進んでいる。

専門家の予測では、21世紀末にはpH7・7〜7・9にまで、酸性化が進むと見られている。

まな板にヒノキが向いている理由は？

まな板にはヒノキのほか、ホオノキ、ヤナギ、カツラ、イチョウ、サクラなどの木が使われているが、水はけのよさや耐久性の点で、ヒノキがベストとされる。

ヒノキは、内部までよく乾燥し、水分を吸いにくい。

そのため、長く使っていても、曲がったり歪んだりしないのである。

また、まな板に使われる木には、食材に嫌な匂いを移さないことも求められる。その点、ヒノキは、古くから浴槽などにも使われてきただけに、日本人はその香りになじんでいて、不快に感じる人は少ない。

その点でも、まな板にはヒノキが最適とされている。

宇宙空間では、接着剤なしで金属がくっつくのは？

宇宙空間では、表面がよく磨かれた金属同士は、接着剤なしでもくっついてしまう。宇宙開発が始まった時代には、この現象で故障が起きたこともある。

この現象は、氷と氷がくっつく現象とよく似ている。低温になると、物質の表面は互いの分子を交換しやすい状態になる。すると、分子と分子が結びついて、くっつきやすくなる「低温溶接」と呼ばれる現象が起きるのだ。

火葬場で拾う〝喉仏〟は喉仏ではないって本当？

火葬場で拾う〝喉仏〟は実は喉仏ではない。本物（甲状軟骨）は、軟骨なので、火葬すると燃えてしまう。

そこで、火葬場では、首の上から数えて二番目の骨を〝喉仏〟として拾骨《しゅうこつ》している。

洞窟壁画はどんな〝絵の具〟で描かれている？

人類が最初に描いた〝名画〟は、スペインのアルタミラ洞窟と、フランスのラスコー洞窟に描かれた動物壁画。アルタミラ洞窟は１８７９年に、ラスコー洞窟壁画は１９４０年に発見された。

これらの絵が描かれたのは、マドレーヌ期（約１万８０００年～１万年前）と呼ばれる旧石器時代の末期。その時代の人々は、動物を捕獲するための祈りを込めて、動物の姿を描いたと考えられている。

その表現はひじょうに高度であり、しかも赤や黒、黄色など、色とりどりの色彩が用いられている。どんな絵の具が使われたのだろうか？

旧石器時代の人々は、鉄、木炭、マンガン、粘土などを粉にして、動物の脂肪と混ぜ合わせて絵の具にしたと考えられている。そして、指に加え、草や樹皮で作った筆やハケ、あるいは動物の骨でつくった〝霧吹き〟で吹き付けるなどの技巧をこらして描いたと考えられている。

ピラミッドが砂の中に沈みこまないのは？

エジプトのクフ王の巨大ピラミッドは、平均２・５トンの石が２３０万個も使われている。それだけの重量があるのに、ピラミッドが砂の中に沈んだという話は聞かない。

じつは、ピラミッドは、砂漠の中でもきわめて硬い岩盤の上に築かれている。しかも、石を積み上げるため、岩盤は平らに削られている。

古代エジプトの人々は、〝砂上の楼閣〟が崩れやすいことを知っていて、適切な地盤を選び、用地を造成していたのだ。

川の水が流れ込むと、海の水は薄まっているのか？

海には、川から淡水が流れ込んでいる。すると、海水が薄まるのではないかと思えるが、現実にはそんなことは起きていない。

海には、川から大量の淡水が流れ込んでいるが、海の表面からは大量の水が蒸発している。だから、川の水がいくら流れ込んでも、海水の塩分が薄まることはないのだ。

雨が降りそうなとき、雲が濃い灰色に変わるのは？

灰色の雲が広がると、やがて雨が落ちてくる。なぜ、雨が降る前、雲は濃い灰色に変色するのだろうか？

答えは、雲の粒が大きくなると、太陽光を反射しにくくなるからである。

空に浮かぶ雲が白く見えるのは、雲にぶつかった太陽光が、小さな氷や水の粒子にぶつかって、反射しているため。光が多く反射されるほど、その物体は白く見える。

ところが、雲の中の水滴が成長して、雨として降りだす直前になると、太陽光を反射しにくくなり、ほとんどの波長の光を吸収してしまう。

すると、雲は灰色や黒色に見えはじめ、地上からはやがて灰色や真っ黒な雲が広がったように見えることになる。

南極と北国は、どっちが寒い？

「北極と南極では、どっちが寒い？」と聞かれると、日本人を含め、北半球で暮らす人には、「北極」と答える人が少なくない。北半球では「北のほうが寒い」ことが常識になっているからだろうが、正しくは南極である。

冬場の平均気温を見ると、北極がマイナス25℃前後であるのに比べて、南極はマイナス50〜60℃にもなる。

南極のほうがはるかに寒いのは、北極近辺には陸地が存在しないが、南極周辺には南極大陸という陸地があるからである。

そもそも、海水は比熱が大き

く、日光で温まりにくい代わりに冷めにくい。北極では、その冷めにくい海水が氷の下を流れているうえ、南から暖かいメキシコ湾流が流れ込んでいるため、冬になっても海水温はそれほど下がらない。

それに比べて、陸地は日光によって温まりやすいが、冷めやすい。そこで、南極大陸は冬を迎えると、日の出ない極夜が続くので、どんどん気温が下がっていく。

おまけに、氷まじりの吹雪（ブリザード）が吹き荒れるので、南極大陸では体感気温もますます下がっていく。

爆弾に窒素がよく使われているのは？

窒素は空気の約80％を占める物質であり、通常の状態では燃焼しない。燃えないのは、窒素がきわめて安定した元素であり、簡単には他の元素と結合しないからだ。

逆にいえば、窒素化合物が分離し、窒素分子に戻るときは、巨大なエネルギーを放出するということ。爆薬が炸裂したとき、大きなエネルギーと圧力が窒素化合物に加われば、窒素化合物は分離し、窒素分子となる。そのとき、さらに強力なエネルギーの放出が起きるというわけだ。その性質に着目されて、窒素化合物は爆弾によく使われるようになった。

ハンドクリームに「尿素」が入っているのは？

尿素は、人間の尿中にある成分のひとつ。ハンドクリームの成分表を見ると、その「尿素」が入っていることに気づく。なぜだろうか？

尿素がハンドクリームの材料として使われるのは、尿素分子が水分子をつかまえるという性質を持っているから。

尿素入りのハンドクリームを肌に塗ると、尿素がしっかりと水分をつかまえ、肌を乾燥から守ってくれるのだ。

また、尿素には、タンパク質同士の結合力をゆるくする性質もある。

肌の角質部分はタンパク質でできているので、尿素入りのハンドクリームをつけると、角質部分がゆるみ、肌がなめらかになっていく。

1円玉をこすり合わせると、黒い粉が出てくるのは?

1円玉同士をこすり合わせると、黒い粉が出てくる。どうしてだろうか?

1円玉はアルミニウムでできていて、こすりあわせると、比較的簡単に削れ、粉末が出てくる。

それが黒っぽく見えるのは、光の反射のなせるわざ。アルミニウムが光沢を持っているように見えるのは、面を構成しているときで、面が光を跳ね返し、人間の目には光って見えるのだ。ところが、粉末状になると、光をばらばらに跳ね返してしまう。そうなると、人間の目には、黒っぽく見えるのだ。

ベニヤ板はどうやって木材同士をくっつけている?

ベニヤ板（合板）は、文字どおり何枚かの板を合わせてくっつけたもの。板を何枚も重ね合わせることで強度を増すことができる。

木材同士をどうやってくっつけるかというと、接着剤が使われている。フェノール樹脂やメラミン樹脂、ユリア樹脂などの合成樹脂接着剤で貼りつけられているのだ。

それらの接着剤には、熱によって硬化する性質がある。合板に接着剤を塗布し、常温で圧縮。その後、110〜135℃に加熱しながら合板を圧縮すると、接着剤が熱硬化する。すると、板同士がピタリとくっつき合って、はがれなくなるのだ。

ぴかぴか光るラメは何でできている?

ラメは、衣服をキラキラ光らせる素材。ラメはもとはフランス語で、薄片を意味し、その薄片は、昔は金や銀の箔や金属の糸で作られていた。それらを織物にからませ、ラメ入りの衣装を縫っていた。

現代では、アルミニウム箔が使われることが増えている。アルミニウム箔はそのままで銀色に見えるし、その上に紫外線を吸収する化合物の膜を張りつけると、金色にも見える。それで、金銀の代用としているのだ。

屋外で使っている洗濯バサミがボロボロになるのは？

プラスチック製の洗濯バサミは、屋外で使っていると、ボロボロになってくる。なぜだろうか？

プラスチック製の洗濯バサミは、ポリプロピレンという物質でできている。ポリプロピレンは熱可塑性の樹脂であり、耐衝撃性にはすぐれているが、耐候性には問題がある。

耐候性とは、プラスチックを屋外で使ったときの耐久性のことで、ポリプロピレンは紫外線に弱いのだ。ポリプロピレンはポリマーという鎖状の構造をしているのだが、紫外線を浴びると、ポリマーが断ち切られ、強度不足に陥ってしまう。屋外で使っている洗濯バサミは、太陽光を浴びると劣化する運命にあるのだ。

風力発電の風車の羽根が3枚に決まっているのは？

風力発電用の巨大風車の羽根の数は、ほとんどの場合、3枚である。なぜ3枚に決まっているのだろうか？

じつは、巨大風車の羽根は、長さが50メートル近くもある。そのような大型風車で、羽根の枚数を増やすと、コストがかさむうえ、羽根の枚数が多いほど、制御が難しいという問題もある。

また、羽根は3枚でも、大型風車の場合、羽根の先端のスピードは時速２００キロにも達している。それだけ高速回転していれば、多数の羽根で風を受けているのと同様の効果があり、風を素通りさせていないことになる。というわけで、効率的に発電するには、3枚羽根がちょうどいいのである。

「白い火山は黒い火山よりも危ない」といわれるのは？

火山は、その噴出物によって「白い火山」と「黒い火山」に分けられる。白い火山は、安山岩質の溶岩を噴出するので、山肌が白っぽくなる。一方、黒い火山は、玄武岩質の溶岩を噴き出し、山肌が黒っぽくなる。

それら2種類のうち、危険なのは白い火山である。

安山岩などの白っぽい岩は、粘り気が強いため、火山内部に圧力がたまり、爆発的に噴火するからだ。たとえば、この2000年の間の、日本で最大級の噴火は、白い火山である十和田湖周辺で起きている。

なお、富士山は、雪が溶ければ山肌は黒いので、「黒い火山」にはいる。

鳴き砂が年々鳴かなくなっているのは?

鳴き砂は、石英質を主成分とする砂の粒が、こすれて音を出す現象。ところが近年、全国各地にある鳴き砂で有名だった海岸の砂があまり鳴かなくなってきている。

鳴かなくなる原因は、農業排水・生活排水の流入、あるいは開発による海水や海岸の汚れが原因。鳴き砂は表面が汚れると、たちまち鳴かなくなってしまうのだ。

また、河川にダムができたことで、砂がせき止められてしまい、砂浜自体がやせ細ってしまったところもある。

「美人の湯」の科学的な共通点は?

群馬県の川中温泉、和歌山県の龍神温泉、島根県の湯の川温泉は、「日本三大美人の湯」といわれ、お肌つるつる効果があるといわれている。温泉と一般家庭の風呂とのちがいは、温泉に含まれる成分にあるが、「美人の湯」には、どのような成分が含まれているのだろうか?

「美人の湯」と呼ばれる温泉は、ほかにもあるが、大半は「ナトリウム炭酸水素塩泉」である。性質はアルカリ性で、湯につかっていると、肌の表面にある角質を溶かし、肌をなめらかにしてくれる。つまり、美人の湯に浸かると、美容クリニックなどで行われているピーリングと似たような効果が得られるというわけだ。

空気よりも重い二酸化炭素が地表にたまらないのは?

二酸化炭素の重さは、空気の1・53倍。すると、二酸化炭素が地表にたまって、人間や動物が呼吸できなくなることもありうるのだろうか？

一般に、二酸化炭素の濃度が10%を超えると、人間は呼吸困難に陥る。だが、現実には二酸化炭素が地表にたまって、人間が窒息死することはまずありえない。それは、空気がつねに動き、対流しているから。二酸化炭素の分子は、空気中では音速に近いスピードで動いていて、一つのところにとどまることはないのだ。

しかも、二酸化炭素は、空気中に0・03%存在しているにすぎない。そんな二酸化炭素が特定の場所に10%もたまることは、まず考えられないのだ。過去に二酸化炭素濃度が限界を超えて死者が出たのは、火山噴火によって大量の二酸化炭素が流れだしたときくらいだ。

スポーツウェアに吸い取られた汗はどこへいく？

近年、開発されたスポーツウェアには汗をかいてもサラサラしているものがある。これは「毛細管現象」を利用した素材による効果だ。

毛細管現象は、細い毛細管から太い毛細管に、水分が移動する現象。スポーツウェアに使われる繊維は、ストローのような管状で、小さな穴が無数に開いている。汗がその繊維に触れると、毛細管現象によって小さな穴に吸い込まれ、中心の管に集まっていく。そして、皮膚面とは反対側にある繊維の切れ目から、空気中に汗が発散されるのだ。

こうした素材の働きによって、汗をかいてもサラサラ感が保たれるというわけ。

ゴム風船についている粉は何の粉？

ゴム風船の表面には白い粉のようなものがついていることが多いが、あれはいったい何の粉なのだろうか？

あの粉は、ゴム風船を型からはく離させるときにつけられるもの。ゴム風船は、顔料などを混ぜたラテックス液に丸い型を入れ、表面に薄く付着した液を乾燥させてつくるが、乾燥後に、あの粉を風船の表裏につけて空気圧をかけると、型からスッポリきれいに抜けるのだ。

なお、あの白い粉は、でんぷん粉や無機物の粉であり、人体に有害なものは含まれていないという。

コンタクトレンズが湯気を浴びてもくもらないのは？

眼鏡は、ラーメンなどを食べても曇るが、コンタクトレンズは湯気もうもうの入浴中もくもらない。どうしてだろうか？

眼鏡のくもりの原因は、表面の結露。眼鏡の周辺に温度差か湿度差があるとき、眼鏡の表面に結露が生じ、眼鏡の表面が凸凹状態になる。それが、眼鏡のくもりの原因だ。

一方、コンタクトレンズは、温かい角膜と直接、接しているため、冬の寒い日でも冷やされることはない。また、ラーメンの湯気がコンタクトレンズにふれても、コンタクトレンズ自体、すでに涙で濡れているから、問題はない。もし、コンタクトレンズに結露が生じても、涙がすぐに洗い流すので、くもることはないのだ。

風船は膨らませるときがいちばん大変なのはなぜ？

ゴム風船を膨らませるときは最初が大変で、息を思いきり吹き入れてもなかなか膨らまない。風船は、膨らませ始めるときが、いちばん大きな力を必要とする。

物理学的には、風船はゴム表面への「過剰圧力」によって膨らんでいく。過剰圧力は、球体の半径に反比例するので、半径の小さいときほど、過剰圧力を大きくしなければならない。だから、風船が小さいときほど、強い過剰圧力（強い息の力）が必要になる。

一方、風船が大きく膨らんだあとは、風船の半径が大きくなっているので、過剰圧力は小さくてもよい。さらに、膨らんだ分、ゴムの膜が薄くなっていることも、過剰圧力を小さくする要素になる。

消しゴムで鉛筆書きの文字が消える仕組みは？

消しゴムでなぜ鉛筆で書いた文字を消せるのか、その原理をご存じだろうか？

まず、鉛筆で紙に文字を書けるのは、芯（黒鉛）が紙の繊維の間に入り込むから。一方、消しゴムの主成分は塩化ビニル樹脂で、他に可塑剤が混ぜられている。可塑剤の分子構造は黒鉛の分子構造と似ているため、黒鉛とよく引き合う。つまり、可塑剤によって、紙に食い込んだ黒鉛を寄せ集めることができるのだ。

さらに、消しゴムにはセラミックス粉も含まれていて、消しゴムでこすると、そのセラミックス粉が紙の繊維部分を削り、黒鉛を掘り出していく。その掘り出した黒鉛を可塑剤が寄せ集め、塩化ビニルがくっついて、消しカスになるというわけだ。

万歩計が歩数を数える仕組みは？

万歩計の歩数カウント方式は、大きく二つに分けられる。ひとつは、かつては主流だったおもりを使う振り子式。万歩計内部にバネをつるし、その先端におもりをつけておく。人が歩くと、万歩計内のおもりが上下し、その振動が電気スイッチを開閉させ、歩数をカウントする。

もうひとつの方式は、圧電センサー方式。人が歩くと体が上下に動く。その上下運動の加速度に応じて生じる電圧をキャッチして歩数をカウントする。

強化ガラスが頑丈なのはなぜ？

普通のガラスの3～5倍の強度をもつ強化ガラス。どうやって作られるのだろうか？

まず、普通の板ガラスを700℃まで加熱し、表面に空気を吹きつけて、急速に冷やす。すると、板ガラスの内部は強く固まり、強化ガラスに生まれ変わるのだ。

熱したガラスを急速に冷ますと、表面はすぐに冷めて固まるが、内部はすぐには冷めず、徐々に固まっていく。このとき、内部のガラスが外側のガラスを引っ張り、ガラスの表面は内部に向けてがっしり固まっていく。これが、強化ガラスの強さの秘密だ。

風船はどこまでのぼれるか？

ゴム風船に、空気よりもはるかに軽いヘリウムガスを詰めると、風船は宙に浮く。

ただ、風船の表面には、目に見えないほどの微小な穴が無数に開いているので、ヘリウム分子はその微小な穴から、少しずつ漏れていく。そのため、ゴム風船は最後にはヘリウムを失って、墜落することになる。

　そのゴム風船の高度の限界は、その日の雲の状態によって決まってくる。風船が雲の中を通ると、表面に水滴が付着する。水滴がつくと、ゴム風船は重くなり、それ以上高く上れなくなるのだ。

　風船が雲の上に達することはひじょうに難しい。

電車が急停車するとハエも前倒しになるか？

電車が急ブレーキをかけると、乗客は前倒しになる。これは「慣性の法則」が働くためだ。

　物体は、この法則によって、同じ速度を保ち続けようとする。だから、電車が急に減速すると、人間の体はそれまでのスピードを維持しようとして、思わず前倒しになるのだ。

　そのさい、電車の中をハエが飛んでいるとどうなるかというと、理論的には空中のハエにも慣性の法則が働く。ハエもそれまでの速度を維持しようとし、前のほうに進むことになる。ただし、現実的には、ハエの体はさほどの影響を受けない。

　慣性の法則によって、空気も前に押しやられて、前方の空気密度が増し、ハエの小さな体にストップをかけることになるからだ。

静電気防止スプレーの中身は？

静電気防止スプレーは、どうやって静電気の帯電を防ぐのだろうか？

　そもそも静電気は、物体表面に蓄えられる電気であり、摩擦や接触によって生じる。

　摩擦や接触によって、電子が物体から物体に移り、すぐに発散されないと、物体は帯電した状態になる。それが、静電気のたまった状態だ。

　静電気防止スプレーは、その帯電状態を解消する。静電気防止スプレーには界面活性剤が入っていて、静電気現象が起きているところへ吹きかけると、界面活性剤が空気中の水蒸気を吸着する。その水蒸気が空気中に発散されるとき、静電気も一緒に空気中に出ていくというわけだ。

虫除けスプレーの成分はどんなもの？

虫除けスプレーの主成分は、ディートと呼ばれる昆虫などの忌避剤。ディートは、第2次世界大戦時のジャングル戦で、アメリカ軍が昆虫が媒介する疫病を防ぐために、虫除け剤として開発した。

昆虫は、ディートの臭いを嫌って近づかなくなるが、そのメカニズムははっきりとはわかっていない。

一説には、昆虫の触覚に作用し、昆虫を遠ざけるといわれている。

赤外線コタツが赤い色を出すのは？

人間の目に見える可視光線のうち、最も波長が長いのは赤であり、それよりもさらに波長が長い光線が赤外線と呼ばれている。要するに、赤外線は人間の目には見えないのである。

それなのに、赤外線コタツの光が赤いのは、電球部分を赤く塗っているから。人間は赤い色を見ると暖かく感じ、青い色を見ると寒々しく感じる。その色彩心理を生かして、コタツの中をより暖かく感じるように、電球を赤く塗っているのだ。

ただし、赤外線コタツが赤外線を発していることは間違いない事実。

冷たいヒョウが気温の高い季節に降るのは？

空から降ってくる氷の塊のうち、直径5ミリ以上のものをヒョウ、それより小さいものをアラレという。

そのヒョウは、氷の塊なのに、なぜか冬場ではなく、夏によく降る。なぜだろうか？

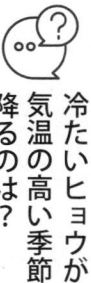

これは、ヒョウができるためには、空気中の水分が多くなくてはならないため。冬場は温度が低くても、湿度が低いので、ヒョウはできにくい。

一方、夏場は湿度が高い分、上空に氷点下の空気が流れ込んでいれば、氷の塊ができるのに適した条件が揃っているというわけだ。

都会のドロはねが落ちにくいのは？

都会のドロはねは、洗濯機で洗ってもシミとなって残りやすい。それは、都会のドロが油分を多く含んでいるため。

都会の大気は、自動車の排気ガスなどによって、一定の油分を含んでいる。その分、都会で降る雨、ドロにも、油分が含まれているのだ。

そのドロがついた洋服を顕微鏡で覗くと、洋服の繊維に油分がからみついていることがわかる。それが、洗濯してもなかなか落ちない原因だ。

凧がいちばんよく上がるのは風速何メートルのとき？

凧上げに、もっとも適しているのは、風速3メートルほどの風が吹く日。

そもそも、凧が上がるのは、凧にぶつかった風が下向きに流れ、凧の下から裏側へ回るから。この風が凧の裏側で揚力となる。では、風は強ければ強いほどいいかといえば、そういうわけではない。

風が強すぎると、凧の裏側で乱気流が起き、抵抗力が大きくなって、凧はキリキリ舞いしながら落ちてしまうのだ。

そこで、風速3メートルほどの風がベストになる。

夜光塗料は普通の塗料とどうちがう？

夜光塗料によく使われているのは、硫化亜鉛という化合物。この物質には、吸収した光のエネルギーをゆっくりかつ、そのまま光として放出するという性質がある。

だから、夜光塗料は、ヘッドライトなどの光が当たったり、光を浴びると、その光をいったん吸収し、ゆっくり放出するため、しばらくの間、光りつづけるのだ。

気温0℃以上でも氷が張ることがあるのは？

水は0℃で凍り、氷になるはず。それなのに、最低気温は2℃

と発表されているのに、水たまりなどには薄氷が張っているものだ。なぜだろうか?

これは、気象庁の発表する気温が、地面近くではなく、地上1・2m~1・5mの温度だから。太陽が当たらなくなる夜、地表温度は冷え、温かな空気は上昇する。だから、夜明け前の地面は、気象庁発表の気温よりも冷えているのだ。そこで、最低気温が2℃と発表されていても、地面は0℃以下のことが多く、氷が張ることになる。

南極の海水がすべて凍ってしまわないのは?

海水は、零下1・9℃程度で凍るとされている。南極の気温は零下何十℃にもなるので、海水を凍らせるのに十分な条件だが、南極周辺のすべての海水が凍らないのは、海水が動いているからである。

南極近海には、さまざまな海流が流れ込んでいて、温度の高い海水がたえず流入している。

そのため、どんなに気温が下がっても、すべての海水が凍ることはないのだ。

使い捨てライターの燃料は何?

使い捨てライターの燃料は、ブタンガスとプロパンガスの混合物で、主成分はブタンガスである。

外から見ると、液体のように見えるのは、ブタンガスに圧力をかけ、液化してあるから。

なお、カセットコンロのボンベ燃料にも、同じくブタンガスが使われている。

火災探知機はどうやって火事を発見する?

火事が起こりそうなとき、すかさず警報などで知らせてくれる火災報知機。どうやって、火事を発見するかというと、基本的には三つの方法がある。

一つは熱を関知する方法で、部屋の温度上昇を感知する方法のほか、温度上昇によって周囲の空気が膨張したのを感知する方法がある。

ただし、空気の膨張を感知するタイプは、急激な膨張に対して反応するため、ゆるやかに温度が上昇するケースは感知しない。

二つ目は煙を感知するもの。感知器からは常時レーザー光が出ていて、煙が感知器内に入ると、レーザー光が煙の粒子に当たって乱反射する。

そこから、煙が出ていることを感知するのだ。

ほかに、感知器内にアメリシウムという元素から出る放射線でイオンをつくり、電流を流す方法もある。

煙が入るとイオンになる率が減るので、電流も減り、そこから感知するのだ。

三つ目は炎を感知するタイプ。炎からは特有の波長や、ちらつきをもつ赤外線が出されている。この波長やちらつきから感知するのだ。

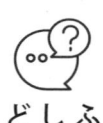

ふくらんだ紙袋としぼんだ紙袋、どちらが重い？

紙袋をふくらませて宙に放れば、〝紙風船〟となって、ふわりと宙を浮く。

一方、紙袋をたたんで中の空気を追い出せば、放り投げてもすぐに下に落ちてしまう。

浮くか浮かないかで考えると、同じ紙袋でもふくらませた紙袋のほうが、なんだか軽いように感じられる。

その一方、ふくらんだ紙袋の中には空気が入っている。空気の分だけ、紙風船のほうが重いような気もする。

実際はどうかというと、ふくらませた紙袋も、折り畳んだ紙袋も、重量は変わらない。

それなのに、浮いたり浮かなかったりするのは、「浮力」がちがうからだ。

ふくらませた紙袋は、ふくらんだ体積分の浮力を得られる。この浮力によって、宙に浮くことができるのだ。ふくらませた紙袋が軽くなって、宙を浮いているわけではない。

また、ふくらませた紙袋の中の空気が重量に関係しないのは、紙袋内の空気と外の空気の密度が同じであるため、その重さと浮力が相殺されてしまうのだ。

なぜ、分厚いグラスのほうが薄いグラスよりも熱湯に弱いか？

グラスに熱湯を注ぐと、ヒビが

はいることがあるが、同じ素材のグラスで比べると、分厚いグラスのほうが、薄いグラスよりも熱に弱く、割れやすい。なぜ、厚いグラスのほうが熱に弱いのだろうか？

そもそも、ガラスは熱によって膨張しやすい一方、熱伝導率は低い物質。つまり、熱にふれた部分はすぐに膨張しても、熱にふれていない部分までは熱が伝わりにくい。

だから、一部は膨張し、他の部分は膨張しないという歪《ゆが》みが生じやすく、ヒビが入ることになるのだ。

この熱による歪みは、ガラスが分厚いほど生じやすい。薄ければ、熱湯を注いだとき、外側にまで熱が伝わりやすいが、厚い場合は、外側まで熱が伝わらないという状態が長く続く。その分、内と外の膨張率のちがいが大きくなり、歪みが大きくなりやすいのだ。

10 科学

◇10秒で相手の心をつかむ雑談ネタ　科学編

アルコール消毒水は、濃度100％よりも、60〜90％のほうが殺菌力が強いことが、実験でわかっている。濃度90％以上は、かえって殺菌作用が落ちるのだ。

6月24日は、世界的な「UFOの日」。1947年のこの日、アメリカでUFOが目撃されたことから。この日、世界中のUFOマニアが一斉に観測を行う。

レアアース（希土類）は、その名からして希少な物質に思えるが、ライターの発火石にも使われている。発火石は、複数のレアアースを使ったミッシュメタル製。レアアースにも、さほどレアではない物質があるというわけ。

織姫（ベガ）と彦星（アルタイル）は、15光年離れている。

つまり、光速で移動しても、一年に一度会うのは無理。

「シクロアワオドリン」という有機化合物がある。「阿波踊り」からのネーミングで、合成に成功したのは、徳島文理大学の研究チーム。

鉄が酸化しても酸化鉄にしかならないが、アルミニウムが酸化すると、ルビー、サファイアになることがある。これらの宝石は、酸化アルミニウムの結晶（コランダム）。

「巨人の星」は実在しないが、「東京ジャイアンツ」という小惑星は実在する。小惑星は発見者に命名権が与えられ、「阪神タイガース」、「カープ」という小惑星もある。

FMラジオを聴くほうが、AMを聴くよりも電力を消費する。ラジオの説明書には、電池がもつ時間の長さが載っているものだが、それには「FM受信21時間、AM受信28時間」などとなっているはず。

3桁の数を二つ並べた6桁の数は、すべて7、11、13で割り切れる。たとえば、523523や999999は、7、11、13で割り切れる。

「ロンズデーライト」という天然鉱物（炭素の同位体）は、ダイヤモンドよりも硬い。ただし、発見されるのは、隕石内部からで、ごく微量。隕石が地球に衝突する際の巨大な熱と圧力によって組成されるとみられる。

「午年」は、なぜか台風の上陸数が増える。過去平均は年間2・7個なのだが、午年は平均4・6個も上陸している。1700人余りの死者・行方不明者を出した洞爺丸台風も、午年（1954年）に襲来した。

単位に使われるテラ（1兆）は、ギリシャ語で「化け物」という意味。

1から6までを足すと21、1から666までを足すと222111。

円周率には、0がなかなか現れない。小数点以下32位が最初。それまでには、3が最初の3を含めて、7回も登場する。

約3年2か月で、1億秒。80年の人生は25億秒余り。

華氏マイナス40℃＝摂氏マイナス40度。華氏と摂氏で、唯一同じ数字で同じ温度になる。

蝋燭《ろうそく》は、熱せられた蝋が液体化し、さらに気化して、その気体となったものが燃えている。だから、蝋燭本体までボッと燃え上がるようなことがないわけ。

メスシリンダーの「メス」はドイツ語の「messen」（測るという意）に由来し、雌とは関係ない。メスフラスコ、メスピペットも、体積を測る道具。

✎水銀の中に鉄球を放り込むと、浮き上がる。
水銀が、比重13・6とひじょうに重い物質であるため。なお、鉄の比重は7・85。

✎宇宙で最も大きい星は、現在、確認されているところでは、たて座UY星。
その直径は、太陽の1700倍。体積は、太陽の50億倍。

11
人体・健康

Interesting
conversation
starters!

失恋すると、食事がノドを通らなくなるのは?

失恋すると、食事もノドを通らなくなることがあるものだが、それは次のような体と脳のメカニズムから起きる症状だ。

失恋を含め、大きなショックを受けると、その刺激が脳内の視床下部をゆさぶることになる。視床下部は自律神経系の中枢であり、刺激を受けると、アドレナリンを分泌させる。そのアドレナリンが血液中に入ると「交感神経」を緊張させる。

一方、消化器系の臓器は副交感神経にコントロールされているため、交感神経の緊張が高まると機能が低下する。すると、消化作用が衰え、食欲はなくなり、食事もノドを通らなくなってしまうのである。

市販薬の用法では、なぜ「15歳以上」を「大人」とする?

市販薬の用法の欄には、「大人(15歳以上) 1回3錠、11歳以上15歳未満1回2錠」などと書かれているものだ。なぜ20歳ではなく15歳なのだろう?

これは、薬の用法では、その効き方で大人と子どもを分けているから。

薬の効き方は、薬が体内に入ったときの濃度によって、決まってくる。とはいえ、濃度をいちいち測るわけにはいかないので、よりわかりやすい目安が必要だ。その目安となるのは、人間の表面の面積である「体表面積」である。

成人の場合、体表面積はおよそ1・7平方メートルになる。7歳の子どもでは、まだ成人の約48パーセントにすぎないのだが、その後、成長を続け、15歳になれば、成人の体表面積と、ほぼ同じになる。

成人と同サイズの体に育っていれば、薬の体内濃度も大人と同様になるというわけだ。

内臓の機能面も考慮されている。薬は一面では〝毒〟でもあり、肝臓や腎臓が、これをきちんと解毒しなければならない。15歳未満では、解毒能力はまだ不十分だが、15歳以上であれば、大人と同等程度と見なしていいと考えられているのだ。

1回3錠の薬、なぜ割り切れない数が入っているの？

風邪薬には、注意書に「大人1回3錠」と書いてあるものがある。すると、1回3錠1日3回だから、1日に9錠飲むことになる。

しかし、一瓶に入っている錠剤の数は70錠とか、80錠とか、3では割り切れない数なのは不思議ではなかろうか。

というと、そんな細かいことまで考えてないというのが、薬品メーカーの正直な答え。目安としては、風邪の場合、完治までに平均で1週間前後と予測。1日9錠の1週間で63錠だが、念のため、多めの70錠が入れてある。そしてその数が、お値段としてもお手ごろというわけである。

また、子供が服用したり、2、3日で治ったりと、患者側の事情もさまざまだ。なので、あえて使用量の倍数にこだわる必要はないのではないかという。

まあ、病気のときは、あれこれ疑問を感じず、ゆっくり休むほうが快復も早いかもしれない。

食前に飲むはずの薬を食後に飲んだらどうなる？

薬を飲むタイミングは、だいたい食前・食間・食後の3つ。食前、食後は食事前後の30分、食間は食事と食事の間、つまり、食事後2時間ぐらいを指す。食間を「食事中に飲むこと」と誤解している人がいるが、そうではない。

医学的には、食前に飲む薬を食後に飲んだら、どうなるのだろうか。

まず、薬には、飲むタイミング以上に、食事の内容で効果が変わってくるものもある。そういう薬の場合、食べた物の影響を受けないように食前や食間に飲むことになっていて、食後に飲むと効果が落ちてしまう。

その一方、食前といわれたものを食後に飲んでも、少し効き目が遅くなるぐらいで、薬効全体にはそれほど影響しないという薬もあるようだ。

むろん、だからといって、勝手に飲み方を変えていいわけではない。指示された飲み方を守るのにこしたことはない。

注射針のチクッという痛みが昔より軽いのは？

大人になっても、「注射」と聞くと、反射的に「痛い！」と思う人は少なくないだろう。しかし、いまの注射は、昔に比べると、ずいぶん痛みが軽減されている。その第一の理由は、注射針の先端に「ランセットポイント」と呼ばれる技術が使われていることにある。

注射針は、ずっと昔から、皮膚に差し込みやすいように斜めに切ってあった。「ランセットポイント」は、その斜めに切った先端の角度を2段階にしたもの。そうすることで、鋭くとがった針の先端が、メスで皮膚を切るような働きをする。すると、針を単に突き刺すよりは、痛みが少なくてすむというわけである。なお、「ランセット」とはメスの刃という意味だ。

一方、昔の注射針は、先端を斜めに切ってあったが、切り口が1段階だけだった。しかも、針の先端がやや丸みをおびていたので、針を刺すとき、先端に負荷が集中してチクッとした痛みが生じていた。現在では、この1段カットの注射針は、すでに使われていない。

人はどういうときに歯ぎしりをするのか？

歯ぎしりにはいくつか原因が考えられる。

ひとつは、肉体的なもの。歯のかみ合わせが悪い場合、無意識のうちに歯をそろえようとして、歯ぎしりしてしまうのである。

あるいは精神的なもの。歯ぎしりは、ストレスに弱い人に起きやすいといわれているが、そんな人でも日中はストレスを理性でおさえつけている。

だが、睡眠中は理性が働かないから、心の奥にしまわれていたストレスが一挙に爆発する。といっても、身体は動かない。そこで、感情の爆発が「歯を思いっきり食いしばる」という形であらわれるのだ。

生まれたての赤ちゃんがウンチするのはどうして？

新生児は生まれるとすぐにウンチをする。

ただし、そのウンチは、医学用語で「胎便」と呼ばれ、ふつうの便とはちがうものだ。

胎便は青黒色で、ネバネバ・ドロドロのクリーム状の便が、分娩後、約2、3日続けて排泄される。ただし、合わせて100～200g程度と、量は少ない。

その成分は、胎内で飲み込んだ羊水、赤ん坊自身の腸管の分泌物、胆汁の色素、脂質、コレステロール、小脂肪球《しょうしぼうきゅう》など。

なお、食物のかすではないので、臭いはない。

鼻に水が入ると痛いのに、鼻水はなぜ痛くないか？

泳いでいるとき、鼻に水が入るとツーンと痛くなる。その痛さのため、わけがわからなくなって、溺れる人もいるという。

不思議なのは、鼻水をすっても、鼻の奥は痛くならないこと。鼻水だって液体なのに、一方は痛くなり、もう一方は痛くない。その秘密は、水道の水やプールの水と、鼻水とでは、成分や温度が違うことにある。

鼻の穴の表面は、粘膜に覆われていて、異物に対して敏感に反応する。ここで異物をシャットアウトしないと、身体に悪影響をもたらすからである。

そのため、穴から入った水が粘膜を刺激すると、ツーンと感じて痛くなる。それは、これ以上、変なものを奥へ入れないぞという、身体反応といえる。

一方、鼻水はもともと鼻の奥から出てきたもの。その成分や温度が人間の体液とほぼ同じであるため、粘膜が異物とは判断しない。だから、鼻水をすりあげてもツーンとならないし、痛くもならないのだ。

また、水は体液とのPHや浸透圧が違う。その点も、鼻の粘膜が敏感に反応する要因となっている。

体が冷えることと風邪の関係は？

毎年、風邪ウイルスが猛威をふるうのは、気温の下がる冬。「寒いから体を温かくして、風邪をひかないようにね」「体を冷やすと風邪ひくよ」などといって、冷え予防に一生懸命になるのは、体が冷えると風邪をひきやすいと思われているからだろう。

だが、じつのところ、体が冷えることと風邪をひくことは、まったく関係がない。そういうと驚く人がいるかもしれないが、考えてもみてほしい。

体の冷えが風邪の原因なら、寒いところで暮らしている人は、しょっちゅう風邪をひくことになってしまう。

しかしじっさいには、暖かいところに住んでいても風邪はひくし、南極などもっとも寒い地域で暮らす人々は、風邪をひかないという事実もあるのだ。

じつは、風邪の原因の90パーセントは、風邪ウイルスによるものである。

冬の間にウイルスに感染しやすいのは、寒さのせいで部屋の窓を閉め切ったままにしているためだ。

密室にウイルスが持ち込まれると、汚染された空気が、外の新鮮な空気に触れることが少ないため、その繁殖を助長してしまうのである。

むろん、寒いときに体を温めるのは、体調を崩さないために必要なことだが、風邪ウイルスから身を守るには、うがいと手洗いを徹底することが第一。

また、空気が乾燥すると、鼻やのどの粘膜を傷め、風邪ウイルスが体内に入りやすくなる。インフルエンザウイルスは、湿度を50パーセント以上に保てば減少するため、湿度の下がる冬場は、加湿器をつけるのも効果的だ。

？ 座って勉強しているだけなのに、お腹が減るのは？

試験勉強をしていると、むしょうにお腹がへってくるもの。運動をしているわけではないのに、なぜお腹がすくのだろうか？

人体がエネルギーを消費するのは、筋肉を使って運動したときだけではない。脳は〝大食漢〟の臓器であり、体を動かさなくても、脳を働かせれば、大量のエネルギーを消費するのだ。

脳はブドウ糖をエネルギー源にしている。人間の脳の重さは1〜1・5キロ程度であり、体全体の2％ほどの重さしかない。ところが、脳のブドウ糖消費量は、体全体の75％にもおよぶのだ。

つまり、脳をフルにつかって勉強や仕事をしているときには、ブドウ糖がどんどん消費されている。すると、血糖値が下がって、お腹がすいたと感じるというわけである。

目に煙が入ると、涙が出てくるのは？

涙には、神経の興奮によって出るケースと、刺激によって出るケースの二つのタイプがある。

煙を浴びたときに出る涙はむろん後者で、医学的には「反射性分泌」と呼ばれる部類にはいる。

では、煙は目にどのような刺激を与えているのだろうか？

煙は、空気中に浮くチリのような固体と、ガス体が集まってできたもの。そのうち、チリのような小粒子が目に入ると、ゴミが入ったときと同様に目を刺激する。

また、煙にはさまざまなガス体が含まれていて、目の粘膜を刺激する。この二つの刺激に反応して、涙が出てくるのである。

子宮についての気になる話とは？

エロ小説などに「子宮に当たる快感に、われを忘れて……」というような表現が出てくるからだろう。ペニスが子宮に当たると、女性は激しいよろこびを感じると信じている男性がいるようだ。

しかし、女体の構造を見ると、ペニスが膣の最奥部まで入っても、子宮に当たるような構造にはなっていない。普通の長さで距離は十分なのだが、たとえ奥まで入れても、膣の奥壁に行き着くだけで、子宮に当たることは考えられない。

万が一、ペニスが子宮に達した場合は、女性は痛くて悲鳴をあげるはずだという。腹膜に包まれた子宮に揺さぶりをかけられるのは、たとえてみれば、男性がタマ袋をグリグリされるのと一緒。激痛が走るばかりで、とても快感どころではないはずだ。

帽子をかぶるとハゲるって本当？

「帽子は髪によくない」という説には、それなり根拠がある。

長時間帽子をかぶり続けている

と、頭皮が蒸れて汗をかく。すると、雑菌が増え、毛根に悪影響をおよぼすことがあるのだ。

また、窮屈な帽子は圧迫性脱毛症を招くこともある。

窮屈な帽子をかぶり続けていると、頭皮の毛細血管が圧迫され、血液循環が悪くなって毛が抜けるという現象が起きうるのだ。

ただし、帽子にもいい点はあって、髪を日射しから守ってくれる。紫外線に当たると、髪が傷むばかりか、頭皮が炎症を起こして毛根に悪影響をおよぼすことがあるのだ。

というわけで、結論は「帽子をかぶり続けると、ハゲの原因になることがあるが、日差しの強い日に帽子をかぶるのは髪の毛を守ることになる」ということになる。

太陽を見ると、くしゃみが出そうになるのはなぜ？

太陽を見ると、たいていの人は、まぶしくて目をつぶるか、顔をそらそうとする。その一方で、なぜか鼻がむずがゆくなって、くしゃみをする人もいる。これはその人の体質的な問題と関係していそうだ。

太陽を見ると、「まぶしい」という情報が、視覚・聴覚などを司る中脳に伝わる。このとき、中脳は目に向かって「瞳孔を縮めよ」という信号を送る。ふつうは、それで終わりだが、人によっては、中脳がほかの神経にも信号を送ってしまうことがある。中脳は、鼻水や唾液に関わる神経ともつながっているので、「鼻水を出せ」という信号を送ってしまうのだ。

すると、鼻がむずがゆくなり、その情報がまた中脳に伝わって、今度は「鼻の中の異物を排除せよ」という信号が出される。それが、くしゃみとなって現れるのだ。

臓器移植が可能なら、死んだ人の血液も輸血できる？

臓器移植が一般的に知られるようになった現在でも、亡くなった人の血液を輸血に使うという話は聞かない。本人や遺族の同意を得て、輸血に使えれば、輸血用の血液不足も解消されるはずだ。ところが、これは素人考え。現実的には無理な話だという。

人が死ぬと、血管内に細菌が繁

殖し、腐敗ガスが発生してくる。その血を輸血すると、輸血された人に、どんな症状が出てくるか予測できないのだという。

しかも、人が死ぬと、血液は体の下部に集まりはじめる。血液の集まった部分が赤紫色に変色してできる斑点が「死斑」だが、血液が集まるだけに、いったん細菌が繁殖すると、一気に広がりやすいのである。

歯医者で抜かれた歯はその後どうなる?

「子供の抜けた歯を屋根の上に放り投げると、丈夫な歯に生えかわる」といわれるため、抜けた乳歯を持ち帰る子どもは少なくないが、大人になって、歯医者で抜かれた歯をわざわざ持ち帰るという人はいないだろう。

しかし、抜けた歯とはいえ、自分の身体の一部であったことには間違いない。抜いた歯の「その後」が気になるという人もいるだろう。

そこで、抜けた歯の行方を調べてみると、処分される以外に、ホルマリン溶液につけておき、大学での実習や、開業医たちの勉強会などで使われることもあるようだ。

私たちの抜けた歯も、歯科医療の進歩にそこそこ役立っているのかもしれない。

白髪を抜いても白髪が生えてくるって本当?

白髪を抜いたところで、また同じ毛根からは白髪が生えてくるというのは本当の話。

白髪を抜いても、頭皮の内部には、毛髪を生み出す毛母細胞が残っていて、毛髪を再生する。

その際、いったん白髪をつくりはじめた毛母細胞からは、白髪しか生えてこないのだ。

だから、白髪を抜いても、結局はまた白髪が生えてきて、無駄な努力に終わるというわけ。

石頭の「硬度」はどれくらい?

中学校の理科で習った「モースの硬度計」をご記憶だろうか?

これは、未知の鉱物の硬さを調べる際、10種類のすでに硬さが知られている鉱物で順番に引っかいてみて、傷つくかどうかによって、硬さをはかる方法である。

モースの硬度計に用いられる鉱物を柔らかいものから順番にあげると、①滑石、②石膏、③方解石、④蛍石、⑤燐灰石、⑥正長石、⑦水晶、⑧黄石、⑨鋼玉、⑩ダイヤモンドの順。

では、人間の石頭は、どのあたりに相当するかというと、石膏よりは硬いが、方解石よりは柔らかいというあたり。「硬度」でいえば2・5くらいに相当する。

暑がりか、寒がりかを決める体のメカニズムとは？

世の中には、暑がりの人と寒がりの人がいる。それは先天的というよりも、後天的に生じる傾向だ。暑がりの人は、体内で多くの熱量をつくるのに、その熱の消費や放出量の少ない人だ。

多くの熱量をつくれるのは、よく食べるからであり、その熱の消費が少ないのは体を動かそうとしないから。また、熱の放出が少ないのは、太っているからだ。皮下脂肪には熱がたまりやすいため、太ると熱を放出しにくくなる。

一方、寒がりの人は、体内でつくる熱量が少なく、その熱が対外にすぐに放出されてしまうタイプ。体内でつくる熱量が少ないのは、食事の量が少ないためで、過剰なダイエットをすると寒がりになりやすいのは、そのためだ。また、やせていると、熱をためこんでくれる皮下脂肪が少ないため、ただでさえ乏しい熱を体外に放出してしまい、「寒～い！」ということになるのだ。

雪焼けが、普通の日焼けより落ちにくいのは？

同じ日焼けでも、夏の日焼けは短期間で落ちるが、冬の日焼け、とりわけ雪焼けすると、なかなか落ちないもの。

雪焼けのほうが落ちにくい理由の一つに、太陽光線に対する肌の慣れの問題がある。夏場は皮膚が紫外線に慣れているので、その分、肌に十分な抵抗力があり、日焼けしても元に戻りやすいのだ。

一方、冬は、肌が太陽光線に慣れていないうえ、新陳代謝が鈍くなっているので、雪焼けは落ちにくいというわけだ。

飢えると、お腹がふくらむのはどうして？

人間は飢餓に瀕すると、全身は痩せこけていても、お腹だけがぽっこり出てくる。なぜだろうか？

お腹がぽっこり出てくる原因は「腹水」だ。栄養失調になると、体内の水分バランスがくずれ、血管から水分が流れ出てしまう。その結果、腹水がたまるのだ。

飢えると血管から水分が流れ出ることには、「浸透圧」が関係している。栄養失調の状態になると、血液にとけこむ栄養分がなくなってしまう。すると、血中のタンパク質濃度が低くなり、水分を血管内にひきこもうとする力が弱まって、水分が外側へ押し出されてしまうのだ。その結果、水分は「腹腔」にどんどんたまっていき、最終的にお腹だけがぽっこり出てしまうというわけだ。

発毛剤で髪の毛が生えてくるメカニズムは？

発毛剤は新しい毛髪が生えてくるのを手助けするもの。どうやって発毛をサポートするのだろうか？

まず、毛髪には「毛周期」と呼ばれるサイクルがあり、髪が育つ「成長期」と、髪が抜ける「退行期」を繰り返している。さらに、「成長期」のなかには、毛母細胞のある毛包が育つ初期成長期と、毛包と毛髪がともに成長する後期成長期の二つの時期があり、後期成長期が長いと、それだけ毛髪は太く丈夫になる。

発毛剤をつけると、発毛剤の有効成分が後期成長期への移行をうながして、後期成長期を長く維持する効果があるのだ。つまり発毛剤とは「毛周期」を調整する薬品といえる。

「睡眠薬を大量に飲むと死ぬ」というのは本当？

いまは、睡眠薬を大量に飲んでも、死ぬ確率は昔よりもはるかに低くなっている。

昔、睡眠薬というと「バルビツール系」が一般的だった。バルビツール系は麻酔薬の一種で、睡眠効果が大きい分、副作用も強烈だった。長期間服用すると依存症になり、過剰に摂取すれば呼吸中枢が麻痺したり、命を失う危険性があった。

一方、現在主流となっているのは、「ベンゾジアゼピン系」と呼ばれるタイプ。

これは、不安や興奮を抑えることで眠気を誘うもので、バルビツール系のような危険性はほとんどない。

毒物の致死量をどうやって測定する?

毒物の致死量は、それだけの量を飲むと死に至るという量の目安。日本では「これだけの量を飲むと、100人のうち50人が死に至る」という「半数致死量」が使われている。では、この数値はいったいどうやって算出しているのだろうか?

むろん人体実験が許されるはずもなく、マウスなどの実験動物が使われ、体重1kg当たりの量が致死量として算出されている。

たとえば、「半数致死量10mg」の毒の場合、「半数致死量10mg/kg」のことであり、その毒で体重60kgの人間100人のうち、50人を死に至らしめるには、全員に10×60=600mgの毒を飲ませなければならない、という意味になる。

足が体の他の部分よりも臭うのは?

足は、体の他の部分よりも、悪臭を放つもの。なぜだろうか?

足の裏は、人体のなかでも「エクリン腺(汗腺)」が多く、汗をかきやすいところ。しかも、靴や靴下を履いているので、高温多湿状態となり、微生物にとっては願ってもない環境となる。さらに、足の裏には垢など、微生物のエサとなるものがたっぷり存在する。微生物はあれよあれよという間に大繁殖し、あの発酵臭を生じさせることになるのである。

とりわけ、ブーツに厚手の靴下を履いていると、微生物にとっては天国。発酵臭が増幅され、悪臭を放つことになる。

徹夜で疲れてくると、なぜ笑いが止まらなくなる?

徹夜マージャンをしていると、午前三時頃から、笑いが止まらなくなることがあるもの。これは、医学的には、意識のコントロールができなくなったことの表れだという。

長く起きていると、精神の緊張状態が切れ、笑いの感情をおさえることができなくなってしまうのだ。

とくに、緊張状態が長く続いたときほど、その傾向は強くなる。だから、真剣にマージャンを打っていたときほど、その緊張状態の反動から、笑いが止まらなくなってしまうのである。

吐く息が白くなるのは何℃から？

冬場、息を吐いたときに白く見えるのは、息の中の水蒸気が冷やされるから。人間の息は、ただの空気ではなく、水が気化した状態の水蒸気もたっぷり含んでいる。その水蒸気は温度が下がると、一部が凝結。凝結した水を含んだ水蒸気が、光の散乱によって白く見えるのだ。

では、何度ぐらいから白くなるかというと、おおむね摂氏10℃くらいから。人の吐く息はほぼ体温と同じ温度なので、外気が10℃くらいになると、呼気中の水蒸気が凝結して、吐く息が白く見えるというわけだ。

バストのサイズは、レントゲン撮影に影響する？

レントゲン撮影は、人体を透過する放射線（X線）を使って、心臓や肺といった臓器を検査する技術。

そのX線は、骨には吸収されやすく、脂肪や筋肉は透過するという性質を持っているため、体にX線を照射すると、それぞれの組織のちがいにより、フィルムへの感光差が生じる。それが、白黒の濃淡となって表れる。

腫瘍のできた臓器に〝影〟が写るのは、X線がそこだけ透過しにくくなるからだ。

じつは、レントゲン撮影では、巨乳の女性は、脂肪の厚みの分、黒っぽく写り、胸に影ができるケースが多い。

といっても、その影は、乳房の脂肪と乳腺が写っているだけのことであり、癌などの影とは、簡単に見分けがつき、診断には影響をおよぼさないので、ご心配なく。

眉毛のない顔がコワく見えるのは？

眉毛は、人の表情を作るうえで、重要な役割を果たしている。たとえば、目が笑っていても眉が動いていなければ、喜んでいるようには見えないし、悩み事があれば眉間が寄るものだ。

人は、経験的に眉に相手の心理状態が現れることを知っている。意識していなくても、目の前の人の眉の状態や動きを見ることで、相手の気持ちを察しているのだ。

しかし、眉がなくなると、相手は表情が乏しくなり、コミュニケーションを拒否しているように見える。

そのためコワいと感じることになるのだ。

宇宙に行くと、背が伸びるのは？

女性宇宙飛行士には、15日間の宇宙滞在で、身長が4センチ伸びた人もいる。これは、無重力空間で暮らすうちに、背骨を構成する椎骨と椎骨の間が伸びるためだ。

一般に「背骨」と呼ばれる骨は、頸椎と胸椎、そして腰椎の3部分に分かれている。さらに、頸椎は7個、胸椎は12個、腰椎は5個の椎骨から成り立っている。そして、椎骨と椎骨の間には、ヘルニアを患うこともある「椎間板」と呼ばれる軟骨がある。

その椎間板が、地球上では、頭の重さのために圧迫されて縮んでいる。ところが、宇宙空間では、重力の影響を受けないため、その縮んでいる部分が伸びるのである。

たとえば、頸椎から腰椎まで22個の椎骨の間が2ミリずつ伸びると、全体で4・2センチも伸びることになる。

宇宙空間でオナラをするとどうなる？

宇宙開発者にとって、宇宙空間でのオナラは、かなりの重大問題である。オナラには水素やメタンガスが含まれているため、電気系統と接触・引火でもしたら、大事故に発展する可能性がないとは言いきれないからだ。

また、宇宙空間は無重力なの

で、空気は対流しない。すると、放たれたオナラは拡散することなく、その場にガスの塊として漂いつづけることになる。

そのため、ガスが漂う一定の場所は、いつまで経っても臭いつづけることになるのだ。

そこで、オナラが出そうなときにはトイレに駆け込むのが宇宙船の搭乗ルールとなっている。

恐怖で顔から血の気が引くのはなぜ？

恐怖を感じたとき、顔から血の気がひき、真っ青になるのはなぜだろうか？

これは、人間が恐怖や危険に遭遇したとき、瞬時に行動を起こすための準備といえる。

人間は恐怖を感じると、自律神経のうちの「交感神経」が優位になり、全身が緊張状態になる。さらに、ノルアドレナリンやアドレナリンといったホルモン物質が分泌され、体にさまざまな変化が現れる。皮膚が総毛立ち、心臓は激しく鼓動、瞳孔は大きく開かれる。

そして、全身の末梢神経が収縮し、血管が細くなり、顔も血の気の引いた状態になる。血管を流れる血流量が少なくなれば、顔からは赤味が消え、真っ青に見えるというわけである。

うたた寝をすると、風邪をひきやすいのは？

人間の体には、周囲の状況変化に対応する機能が備わっている。それが自律神経の役割で、暑くなると汗をかき、寒くなると鳥肌がたつという具合だ。

ところが、睡眠中は、この自律神経の働きが鈍くなる。

それがあるので、ふつうは布団に入るなどの準備をしてから眠りにつくのだが、うっかりうたた寝してしまうと、体は気温の変化などに対応できず、体温を奪われていく。

そのため、風邪をひきやすくなるのだ。

ビフィズス菌は、なぜお腹にいいのか？

腸内にすむ腸内細菌のなかでも、もっとも大切な善玉菌といわれるのが、ビフィズス菌である。ビフィズス菌がお腹にいいといわれるのは、乳酸や酢酸を作りだして、腸内細菌のバランスを回復してくれるからである。

人間の腸内には、ビフィズス菌以外にも、いろいろな細菌がすんでいる。小腸の上部には乳酸菌や腸球菌が多く、小腸下部から大腸へ行くにしたがい、大腸菌が増えていく。数は多いものもあれば、少ないものもあるが、健康な状態では、これらの腸内細菌がほぼ一定のバランスを保っている。

そして、そのバランスのとれた状態で、消化を助け、ビタミンを合成し、また外から侵入してきた細菌による感染を防いでいる。

しかし、何らかの原因によって、善玉菌が減ったりしてバランスが崩れると、下痢を起こしたり、お腹の調子が悪くなる。そんなとき、食物摂取によってビフィズス菌を補給してやれば、乳酸や酢酸を作ることで、腸内細菌のバランスを正常に戻してくれるのである。

また、ビフィズス菌には、腸のなかを酸性にして、有害な細菌を増やさないという効果もある。

？天然パーマってどうなっている？

髪の毛の何がどうなると、いわゆる天然パーマになるのだろうか？

専門家によると、髪の毛の状態は、頭髪の根元にある毛ほう部が、皮膚に対してどんな角度になるかによって決まるという。毛ほう部が皮膚に対して垂直ならば直毛で、少し斜めであれば、波状のくせ毛となり、うんと斜めなら縮れ毛になる。

髪の毛の根元をよく見ると、毛ほう部が皮膚に対して垂直の場合には、まっすぐな円筒形の毛が生えてくる。ところが、毛ほう部が斜めになると、まっすぐに伸びようとする毛は周囲にぶつかってつぶれたようになる。

すると、毛の断面が楕円となり、髪の毛の中にある「毛皮質（コルテックス）」が片寄ってしまう。

直毛の毛皮質は、毛の円筒形の中に均等に存在しているが、これが片寄ると、髪の毛がらせん状にねじれ、天然パーマとなっていく。

精子のスピードは時速どれくらい？

精子はペニスから女性の膣内に発射されると、卵子を目指して泳ぐことになる。その精子の速度、勢いよく発射された様子からは、相当の速さのように思えるが、じつは1分間に5ミリ程度。

ただ、精子の大きさは50ミクロン（1ミクロンは1000分の1ミリ）なので、精子は1分間で長さの100倍動くことになる。これを身長170センチの男性に換算すると、1分間で170m動くようなものだ。人間の場合、自由形だとオリンピック選手クラスで50mを20秒ちょっとで泳ぐ。1分だと150m程度。つまり精子は、相対的には、オリンピック選手よりも速いスピードで泳いでいることになる。

女性に甘党が多いのは？

「甘党」と呼ばれる人は女性に多い。一方、男性には辛党が多い。この甘みに対する嗜好のちがいは、どこから生じるのだろうか？

ラットを使った実験によると、以下のようなことがわかっている。

①ラットに、水道水と3％のブドウ糖水の2種類を自由に飲ませる実験では、オス・メスともに、甘いブドウ糖水を好んで飲んだが、メスの方がはるかに多く飲んだ。

②次に、メスの卵巣を取り去ったところ、正常なメスと比べ、甘い水を飲む量が減少した。

③その後、メスに卵胞ホルモンと黄体ホルモンを注射すると、再び甘党にもどった。

④また、生後5～6日までに、メスに男性ホルモンを注射しておくと、オスと同じように甘党でなくなった。

以上のような実験結果から、動物の甘味の嗜好は、男女の性ホルモンと関係することが、わかってきている。

男と女の血液は同じもの？

血液にも、いろいろな男女差がある。

まずは、血液の量。体の大きさが関係するので、男性のほうが多いのは当然としても、男性の血液量は体重の約8％、女性は体重の約7％と、体重に対する比率からしてちがうのだ。

また、「血液比重」にもちがいがある。血液比重は、水の重さを一とした場合の、血液の重さのこと。日本人の血液比重は、男性が1・052〜1・060、女性が1・049〜1・056で、男性の血液のほうが、女性の血液よりも重いのだ。

この重さのちがいは、主として赤血球の数と、赤血球中のヘモグロビン濃度のちがいによって生じる。ヘモグロビンは、酸素の運搬係だから、血液量が多く、血液比重も大きい男性は、そのぶん各器官に多くの酸素が供給されるので、女性よりも激しい運動に耐えられるというわけだ。

怒ると、本当に頭に血がのぼる？

怒ると、顔が真っ赤になるもの。なぜだろうか？

一般に、人の感情は、主に大脳辺縁系がつかさどっているが、怒りの場合は、視床下部や中脳、さらに脳幹にある「A6神経」と呼ばれる脳神経とも深く関わる。とくに、「A6神経」からは、カッとなったとき、怒りのホルモンといわれるノルアドレナリンが、大量に分泌される。

脳内にノルアドレナリンが増えると、血圧が上昇し、脳内の血液の量が増える。つまり、このホルモンの作用で、頭に血が昇って、額の血管が浮き上がるのである。

鼻が詰まると、味がわからなくなるのは？

人が匂いを感じるのは、鼻腔の奥にある「嗅球」という器官の働きによるもの。

嗅球には3000〜1万種類もの匂いをかぎ分ける能力があり、そこでキャッチされた匂いは、電気信号として大脳に伝えられ、「おいしそうな匂い」「まずそうな臭い」といったように判断される。

そこで、「おいしそうな匂い」と脳が判断すると、脳は唾液の分泌を促すなど、各器官へ指示を送る。

ところが、鼻が詰まっていると、嗅球まで匂いが届かないため、大脳への信号が送られず、脳からの指令も各器官へ伝わらない。そこで、ご馳走を前にしても いっこうに食欲が湧かないという事態になるわけだ。

生理の血液が普通の血液よりも固まりにくいのは？

ケガをして血が出ると、しばらくするうちに血液は固まっていくもの。ところが、生理の血液は少しちがって、体外へ出てもなかなか固まらない。

生理とは、女性の子宮の内膜がはがれるときに起こる現象のこと。

女性の子宮内膜は、排卵期に合わせて分厚くなるが、一定期間が過ぎても受精しないときには、分厚くなった子宮内膜は不要になり、体外に放出される。

そのとき、血液が一緒に流れ出すのだが、不要になった子宮内膜は、すべて体外に排出する必要がある。

もし、血液が体外に出てすぐ固まると、膣内や膣口が血液でふさがれてしまい、子宮内膜を排出できなくなってしまう。

そうならないように、生理の血液は普通の血液よりも固まりにくくなっているのだ。

なぜ背骨は曲がっているのか？

人の体を横から見ると、背骨がS字型に曲がっている。なぜ、背骨はS字型カーブを描いているのだろうか？

人間の体には、歩くたびに衝撃がかかる。背骨はその衝撃を受け止め、和らげるため、S字カーブを描いている。

もし、背骨がまったく曲がっていなければ、一歩歩くごとに、体全体に大きな負担がかかることになるだろう。

これは、段差から飛び降りて着地するとき、自然と膝が曲がるのと同じ仕組みといえる。

仮に、人の膝がまっすぐで曲がらないとすれば、内臓や頭（脳）が足からの衝撃に直撃されてしまう。

しかし、実際には、膝は自然に曲がり、それがクッションとなって衝撃を受け止めるので、スムーズに着地できるのだ。

赤ちゃんの骨が成人よりも64本も多いのは？

大人の骨の数は通常206本である。

ところが、赤ちゃんの骨ははるかに多く、270本もある。なぜ人は成長するにつれて、骨の数が減っていくのだろうか？

赤ちゃんの骨は、大人とちがい、小さく、やわらかくできている。

成長するにつれて、骨は大きくなりながら、複数の骨が一つにまとまりはじめる。

つまり、成長するにつれて骨はなくなるわけではなく、複数の骨が連結することによって、数が減っていくというわけだ。

ゲップのそもそもの原因は？

食べ過ぎたりすると、なぜゲップが出るのだろうか？

人は食事中、食べ物と一緒に空気も飲み込んでいる。飲み込んだ空気は、胃上部の胃底部に流れ込んでいく。

そして、胃にたまった空気が一定量を超えると、胃はそれらを外へ押し出そうとし、胃の入り口である噴門が開く。すると、胃は空気を外へ出し、内部の減圧をはかるのだ。

なお、炭酸飲料を飲むと、満腹でなくてもゲップが出るのは、飲料水に含まれる二酸化炭素が胃にたまり、胃がそれを吐き出そうとするからである。

血液の流速はどのくらい？

血液は、ポンプ役の心臓によって全身に送られているが、その血液の流れる速度は、どれくらいだろうか？

結論からいうと、その速度は流れる場所によってちがう。まず、心臓近くの大動脈では速くなるし、大動脈から離れた毛細管に近づくと、速度は落ちていく。具体的には、大動脈で毎秒50㎝（時速18キロ）、毛細管で約０・５㎜程度。

つまり、血液が流れる速さは、場所によって1000倍もちがうのだ。

声のちがいはどうやって決まる？

人の声は、まさに人それぞれ。それらのちがいは何によって決まるのだろうか？

声は、喉仏の奥にある声帯が振動して出る音。まず、声の高さは、声帯の振動数や緊張具合によって左右される。

一方、音色は共鳴腔の形によって決まる。

共鳴腔は、声に共鳴を与える空洞のことで、咽頭や口腔、鼻腔からなる。

口の中や鼻の中の形は生まれ持ったものなので、声の質もある程度、先天的な条件によって決まるところが多いといえる。

どうしてオシッコの近い人がいるの？

男女とも、膀胱のサイズに極端な個人差はなく、300〜500mlほどの膀胱に200mlほど尿がたまると、尿意を感じるようにできている。

それなのに、トイレが近い人がいるのには、何か理由があるのだろうか？

いくつかの理由があるが、第一に挙げられるのは、心因性による頻尿である。

緊張などが原因でトイレが近くなる症状で、神経質な人や緊張しやすい人、集中力がない人に起きやすい。

また、膀胱炎や前立腺肥大、糖尿病といった病気がひそんでいて、頻尿になるケースがある。

人間も冬になると毛深くなるか？

動物は、冬を迎えると、冬毛へと生え変わっていくが、人間も冬になると少しは毛深くなっているのだろうか？

動物の体には、体温を保持するため、冬毛を伸ばしてガードするという仕組みが備わっているが、人間の場合、長らく衣類を着て暮らしてきた。そのため、人体は進化の過程で体毛によって寒さから身を守るという機能を失っているので、寒くなっても毛深くなることはない。「冬は夏にくらべて、毛深くなる気がする」という人は、気のせいと考えていいだろう。

3月に「突然死」が増えるのは？

突然死の原因には、心筋梗塞、脳梗塞、くも膜下出血などがあるが、それらを引き起こす元凶は高血圧。

過労やストレスに加え、急激な温度変化も高血圧を招く原因になる。

3月は一年のうちでも温度変化の激しい時期である。高血圧の心配がある人には、要注意の季節なのだ。

しかも、年度末の3月は、一年のなかでも忙しい時期。ストレスも疲れもたまってくる。そういう人を「突然死」が襲い、3月は突然亡くなる人が増える季節になる。

腸がサナダムシを消化してしまわないのは？

サナダムシは、人間の体にすみつく寄生虫。腸に寄生し、長いものになると3メートルにも達することがある。

しかし、人間の腸は食べたものを消化するはず。なぜサナダムシを消化してしまわないのだろうか？

これは、腸の消化力がさほど強力ではないため。腸は、胃で分解した栄養分をさらに消化、分解する程度で、生きているサナダムシを分解するほどの消化力はないのだ。

虫歯があると、なぜダイエットに失敗する？

虫歯や歯周病は、ダイエットに失敗する原因になる。

虫歯や歯周病があると、食事のとき、十分に咀嚼できず、早食いになってしまう。すると、満腹感を得られずに、ついつい食べ過ぎることになるのだ。

それによってダイエットの失敗を招くだけでなく、肥満の原因になっていることも多い。

ラーメンを食べると、鼻水が出てくるのはどうして？

ラーメンを食べると鼻水が出る原因の一つは、ラーメンの湯気にある。

湯気の熱によって鼻腔の血管が開き、それが鼻腔の粘膜を刺激する。そこへ、冷えた湯気が水滴となって付くと、それが鼻水となって外に出てくるのだ。

もう一つ、ラーメンに使われるコショウの影響もある。鼻腔は、コショウをはじめとした香辛料の刺激臭に反応しやすい。コショウの臭いに誘発されて、鼻水がより出やすくなるのだ。

眠くなると、なぜ目をこすってしまう？

眠くなったとき、つい目をこすってしまうのは、眠気をごまかそうとする意識の表れといえる。

眠気の原因は、脳の疲れ。脳が疲れると、体の各所に影響が生じ、目の周辺では涙の分泌が減ってくる。

涙の分泌が少なくなれば、目の表面が乾き、しょぼしょぼしてくる。そのしょぼしょぼした状態を振り払おうとして人は目をこするのだ。

つまり、人は無意識のうちに、目をこすることによって眠気をなんとかしようとしているといえる。

赤ちゃんの離乳食に赤身魚を使えないのは？

赤ちゃんは生後4、5カ月ごろから離乳食を食べはじめるが、しばらくの間は赤身魚を与えてはいけない。

赤身魚は白身魚に比べ、脂質の含有量がひじょうに高い。脂質は糖質やタンパク質に比べて消化・吸収に時間がかかるので、消化器系がまだ未成熟な赤ちゃんには刺激が強すぎるのだ。

また、赤身魚はヒスチジンというアミノ酸を含んでいるが、それが分解されると、アレルギー様食中毒の原因物質ヒスタミンになる。抵抗力の弱い赤ちゃんには危険なので、その点からも赤身魚は避けたほうがいい。

緊張すると「頭が真っ白」になるのは？

「緊張で頭が真っ白になった」ときには、人間の体でどんなことが起きているのだろうか？

人間が緊張するのは、生存する

ために備えた能力のひとつといえる。

たとえば、敵と出会ったときには、戦う準備を一瞬のうちに行うため、緊張状態になることが必要なのだ。

そうしたなか、脳内では、記憶をつかさどる「海馬」に緊張が伝り、過去に失敗した記憶がよみがえって不安が増幅される場合がある。

すると、前頭前野の働きが鈍り、自分の置かれた状況さえよくわからなくなり、「頭が真っ白」という状態になることがあるのだ。

酔っぱらうと、しゃっくりが出やすくなるのは？

そもそも、しゃっくりは、胎児が母体の中で肺呼吸の訓練として、無意識に行っている反射運動のひとつ。胎児が羊水中を漂っているさい、ゴミが鼻などに詰まると、不要なものが肺に入らないよう、横隔膜がけいれんを起こす。その一連の反射運動として、しゃっくりが起きるのだ。

しかし、そうした反射運動は、生まれてしまえば必要なくなる。そのため、成長するうちにしゃっくりをおさえる神経物質が分泌され、しゃっくりの回数は減っていく。

ところが、酒に酔うと、アルコールの作用によって、神経物質の分泌が妨げられる。

すると、胎児時代に戻って、しゃっくりが出やすくなるというわけである。

イヤな記憶ほど、忘れないのはなぜ？

楽しい記憶よりも、嫌な記憶のほうが、強く記憶に残るのは、どうしてだろうか？

これは、脳内で起きる次のようなメカニズムによる。脳に情報がインプットされると、ニューロンがシナプスで結ばれ、脳内に新たな神経回路が生まれる。その回路が「固定」されると、記憶となって海馬などに蓄積されるのだが、嫌な経験や恐怖体験が記憶されやすいのは、脳がその出来事を何度も反復することによる。

その反復作業によって記憶が固定化され、嫌な記憶ほど忘れられなくなってしまうのだ。

極寒の南極で風邪をひきにくいのは？

南極で風邪をひくことはほとんどない。極寒の南極には、風邪ウイルスがほとんどいないからである。

日本など温帯地域で、寒い時期ほど風邪をひきやすくなるのは、寒さでのどが乾燥して、風邪ウイルスが体内に侵入しやすくなることなどが原因。しかし、南極のように、風邪ウイルスがいなければ、寒くても風邪をひくことはないのだ。

ノロウイルスの「ノロ」ってどういう意味？

近年、よく耳にする「ノロウイルス」。感染すると嘔吐や下痢をくりかえし、脱水症状を起こす感染症だ。ノロウイルスは、感染者の便や嘔吐物に大量に含まれるほか、空気中に舞っていても感染力を失わず、ウイルスをわずか数十個吸い込むだけで、感染してしまう。

では、なぜこのウイルスを「ノロ」と呼ぶのだろうか？

この「ノロ」は初めてウイルスが発見された町の名にちなんでいる。同ウィルスが発見されたのは1968年のこと。アメリカ、オハイオ州ノーウォーク（Norwalk）という町で集団感染が起きた。その際、患者の便から見つかったウイルスを、町名から「ノーウォーク」と呼ぶことになり、その後、2002年の国際ウイルス学会で、ノーウォークの頭3文字「Nor」に、連結辞の「o」、「virus」をつけてノロウイルスとなった。

女性の頭蓋骨が男性のものよりころがりやすいのは？

人間の頭蓋骨は、ひとつの骨ではなく、小さな骨が寄木細工のように組み合わさってできている。具体的には、15種、23個の骨で構成され、それらを総称して頭蓋骨と呼んでいる。

その頭蓋骨、男性と女性では形にかなりのちがいがある。たとえば、眼窩（眼球をおさめるくぼみ）は男性のほうが大きい。また、男性は眉から額にかけてのカーブが急だが、女性はなだらかだ。

そうしたちがいの結果、頭蓋骨

を平らな場所に置いてみたとき、男性の頭蓋骨はすわりがよいが、女性の頭蓋骨はすわりが悪く、転がりそうになってしまう。

干した布団から「太陽の匂い」がするのは？

よく晴れた日に布団を干すと、「太陽の匂い」がするもの。あの心地よい匂いの正体は、何なのだろうか？

あの匂いは、太陽光線と綿が作りだす香りといえる。太陽光に含まれている紫外線が布団綿に当たると、綿に含まれているセルロースがアルデヒドや脂肪酸、アルコールといった物質に分解される。そのうちアルデヒドを中心に、脂肪酸やアルコールの匂い、さらには汗や体臭なども複雑に混じり合って、太陽の匂いとなるのである。

その太陽の匂いには、脳をリラックスさせる働きがあることがわかっている。だから、よく干した布団に寝転ぶと、しぜんにリラックスでき、ぐっすり眠れるというわけだ。

湿布は皮膚に貼るだけなのに、どうして効くのか？

湿布薬などの貼り薬は、なぜ貼るだけで効果が得られるのだろうか？

肩こりや腰痛が生じたとき、患部では痛みの原因物質「プロスタグランジン」が生成されている。この物質による刺激が脳に伝わって、「こっている」「痛い」などの感覚が生じることになる。

湿布薬には、このプロスタグランジンの生成を抑制する働きがある。患部に貼ると、薬の有効成分が毛穴や汗腺から吸収され、痛みを和らげるという仕組みだ。

点滴から得られるカロリー量はどれくらい？

入院中、食事できない状態のときに、点滴で栄養補給を受けることがある。では、点滴にはどれくらいの〝カロリー〟があるのだろうか？

たとえば、ポピュラーなブドウ糖を７％含んだ５００ccの点滴の場合、ブドウ糖１グラムの熱量は約４kcalなので、点滴１本＝１４０kcalという計算になる。ご飯１

膳のカロリーは270kcalだから、この点滴1本はご飯半膳分くらいのカロリー量ということになる。

また、点滴は水分補給処置としては優秀な方法だが、含まれているのはほとんどが水分なので、タンパク質や脂質などをバランスよく摂ることはできない。

薬を飲むときの水の量はどれくらいが適量？

薬は水と一緒に飲むものだが、その際、水の量はどれくらいが適当なのだろうか？

これは、コップ1杯程度が目安といわれる。まず、高齢者や子供の場合、水量が少ないと、錠剤がのどに引っかかって事故につながる危険もある。また、水はカプセルや錠剤を飲みやすくするだけでなく、薬を溶けやすくして腸からの吸収を高める役割を担っている。だから、水なしでも飲み込めるような小さな錠剤でも、唾液だけで飲み込むのはおすすめできない。

◇10秒で相手の心をつかむ雑談ネタ　人体編

人は、生涯に地球1周以上は歩く。1日2キロ歩くと、50年間でほぼ一周。

「ビブリオミミカス」という名の細菌がある。食中毒の原因になり、下痢、発熱、嘔吐、脱水症などを引き起こす。むろん、耳カスとは関係ない。

「ダイエット」の本来の意味は、食事療法。だから、言葉本来の意味からすると、運動して痩せることは、ダイエットのうちに入らない。

鼻をつまむと、鼻歌がまったく歌えなくなる。

日本人男性の場合、185センチ以上の人の割合は、全体の0・9%。190センチ以上の人は0・06%。

キスマークの正式名称は「吸引性皮下出血」。強く吸うと、皮下の血管が破裂して内出血し、アザができる。なお、キスマークは和製英語で、英語ではhickey（ヒッキー）という。

赤ん坊は膝のお皿（膝蓋骨）がない。2〜6歳でじょじょに骨化する。

人間の足の骨は、両足で56個。全身で208個だから、27%は足が占めていることになる。「二足歩行」という複雑な動きを実現するためには、それだけの〝部品〟が必要というわけ。

英語で、結核のことをtuberculosisという。長い単語だが、「つば九郎死す」と覚えると忘れない。

なお、「ツベルクリン反応」も、この語に由来する。

ビジネスクラスに乗っても、エコノミー症候群になるときはなる。

ニコチンガムは、スウェーデン海軍の潜水艦乗組員のために開発された。１９６７年のことで、当時はまだ潜水艦乗りにも愛煙家が多かった。

音痴は、医学的には「先天的音楽機能不全」と呼ばれる。

膀胱《ぼうこう》は空に近いときは、壁の厚さが１・５センチもあるが、尿でいっぱいになると、厚さ３ミリ程度になる。

人は、１日に約１５０００回まばたきをする。一回当たり０・１～０・15秒を要するので、人は１日に25分から40分弱程度は、まばたきによって目をつむっていることになる。

手足にできる「まめ」の正体は、医学的には「圧迫腫」と呼ばれる。手足が長時間圧迫されると、表皮と真皮の間にリンパ液がたまり、水ぶくれができる。それが、まめの正体。

眠いときには、靴を脱ぐと、多少は眠気がやわらぐ。血行がよくなるため。足は「第2の心臓」と呼ばれるほど、血行に関しては重要な部位。

尿と唾液の分泌量は、ほぼ同量。健康な成人の場合、唾液は一日1〜1・5リットル、尿は1〜2リットル程度。

膝の裏側のくぼんだ部分の名前を「ひかがみ」という。医学用語では「膝窩《しっか》」と呼び、「窩」にはくぼみという意味がある。

ボツリヌス菌の「ボツリヌス」はラテン語の Botulinum に由来し、ソーセージという意味。ヨーロッパでは、過去にソーセージを食べて、食中毒症状をおこした人が多かったことから。

マラリアは、イタリア語のmal（悪い）とaria（空気）の合成語で、「悪い空気」という意味。昔は、どぶ川の臭いやゴミなどの悪臭が病因と関係しているとみられたところから。

12
動物

Interesting
conversation
starters!

今、哺乳類でいちばん値段が高い動物は？

近年、希少動物の取り引き価格が高騰している。まず、ワシントン条約により、希少動物の売買が難しくなっているところに、中国などの新興国で動物園の開場ブームが起きた。そうした新設・新興の動物園が、動物を買い集めるなか、空前の売り手市場が続いているのだ。

近年のおもな希少動物の取り引き価格を紹介しておこう。まず、近年、ますます高騰しているのが、ニシローランドゴリラで1億円程度。数を減らしているうえ、子供が産まれる数が少ないため、希少価値がいよいよ高まっている。

近年、地球温暖化の影響で絶滅が危惧されているホッキョクグマも高騰、近年は６０００万円以上はする。

陸上最大の哺乳動物であるゾウは、アジアゾウで１５００〜３２００万円。アフリカゾウはさらに高い。やはり、大型動物のキリンは、５００〜１８００万円。値幅があるのは、キリンは10種類程度に分類され、混血は価格が安く、純血は値段が高いため。

一方、ライオンは繁殖力が強いため、40万円程度という意外なほどの安値で取引されている。ときには、無償で譲渡されることもある。

過去、最高値で取り引きされたとみられるのは、シャチ。２０１０年、日本国内で行われた取引で、5億円の値がついたと伝えられる。これが、特殊な条件で貸与されるパンダを除けば、確認されているなかでは最高値だ。

キリンを輸入するとき、飛行機に乗せられるのか？

キリンも、他の動物と同様、飛行機に乗せられて、日本に運ばれる。

ただし、キリンの首の長さは約2メートルにもなるので、キリンの首を立たせたままの状態では、輸送機に乗せられない。そこで、動物商たちは、キリンの長い首を曲げさせた状態で檻の中に入れ、その姿勢で日本まで運ぶのだ。

キリンにとっては大変な姿勢で

運ばれるようだが、案外そうでもないという。野生のキリンは、ふだんは立ったまま眠るが、ときには熟睡するため、座って眠ることもある。そのとき、キリンは首をアーチ型に曲げ、頭を後肢に乗せて眠る。

というわけで、首を丸めるのは、キリンにとってさほど苦しい姿勢ではないようだ。

豚の体脂肪率は、どれくらい？

豚の体脂肪率は、人間の女性（平均25％前後）よりも、はるかに低い。

食用豚で14〜18％と、人間でいえば〝モデル体型〟の部類にはいる。

ハムスターは一晩で、どれくらい回転車を回す？

観察記録では、12キロという報告がある。

野生のハムスターは砂漠地帯に住み、エサを求めて、夜通し動き回っている。あの小さな身体で日々、それくらいの距離は走っているとみられるのだ。

ゴリラの握力って、どれくらい？

ゴリラのオスの体重は、１５０キロから１８０キロ。それだけの体重がありながら、片手で木につかまりながら、移動していくところをみると、その握力は４００〜５００キロはあるとみられる。

類人猿は、軒並み握力が強く、チンパンジーも２００〜３００キロはある。

ちなみに、人間の握力は男性で40〜50キロ程度。

カンガルーの赤ちゃんの誕生日の決め方は？

カンガルーの赤ちゃんの体重は、1グラム以下。毎日、袋の中を調べるわけにもいかず、いつ生まれたかを知るのは難しい。そこで、動物園では、カンガルーの誕生日を母親の袋から顔を出した日と決めている。

なお、袋から顔を出すのは、出産日から5か月ほど後のことなので、だいたいの出産日を知ることはできる。

エアコンを切ると、ゴキブリがよく飛ぶのは？

熱帯夜などに、エアコンを止めたままにしていると、ゴキブリが部屋の中を飛ぶ回数が増えることになる。

これは、室内温度が上がると、ゴキブリがふだん以上に活発に動きはじめるためだ。ゴキブリの活動は、最高気温30℃以上、最低気温25℃以上の日に活発になる。そして、ゴキブリが最も飛びやすくなるのは、温度30℃以上、湿度が60％以上のときだ。

エアコンをかけていれば、室内がそこまで高温になることはないだろうが、エアコンを止め、室内が高温多湿化すると、ゴキブリの飛ぶ姿を目にする機会が増えることになるというわけだ。

柴犬が散歩中、他の犬を攻撃してしまうのは？

柴犬は、日本犬と呼ばれる日本固有犬種のうち、最も古くから存在するとみられる犬。もともとは、本州や四国の山岳地帯で、ウサギや鳥を狩る猟犬として用いられていた。

性格は、飼い主によくなつくが、初対面の相手にはなかなか打ち解けない警戒心を秘めている。負けん気も強く、散歩中にほかの犬とすれ違ったりしたときは、敵意をむき出しにしてうなったり、攻撃をしかけることも少なくない。家庭のペットにおさまってからも、猟犬時代の荒っぽい気性をその小さい体に残しているのだ。

コリーが迷子になりやすいのは？

コリーは迷子になりやすい犬。いったん鎖を離すと、駆けだして行ってしまい、戻ってこないことがしばしばある。

コリーは、かつてはスコットランドのハイランド地方で、羊の群を誘導する仕事をしていた犬。広大な牧場で暮らしていた行動範囲のひじょうに広い犬種なのである。

また、人なつこい性格なので、遠くまで出かけた先で誰かに声をかけられると、ついていってしまうこともあるようだ。

その人が迷い犬だと思って飼いはじめると、元の飼い主のもとには戻らなくなるというわけだ。

犬はなぜ風呂を嫌うのか？

犬の風呂嫌いには、犬なりの理由がある。

いちばんの理由は、お湯をかけられると、自分の臭いが消えてしまうことがある。犬同士は臭いによって互いを識別をしている。犬は風呂に入れられて、その臭いが消えてしまうのが嫌なのだ。

ましてシャンプーをされると、自分の望まない香りが体につくことになる。犬にとっては、このうえなく不快であり、風呂あがりに床に体をこすりつけて、シャンプーの香りを取り除こうとすることになる。

犬はなぜガラクタを集めてくる？

犬小屋を掃除すると、ボールや子供用玩具などが出てくることもある。このように、犬がガラクタを集めるのは、食べ残しを埋める習性と関連する。犬には、食べ残しを埋めて保存し、後で食べるという習性があるが、それと同じ感覚でガラクタを集め、隠しているのだ。

また、飼い主に遊んでもらおうと、わざとガラクタを集める犬もいる。飼い主はガラクタを拾っている犬を見かけると、追いかけてきてガラクタを奪おうとする。犬にとってはその追いかけっこが楽しいので、また飼い主に遊んでもらおうと、ガラクタを集めてくるのだ。

犬はなぜボール遊びが大好き？

犬はボール遊びが大好きだが、それにはいくつかの理由がある。

第一は、犬にはかつて猟犬が多かったこと。野生時代の犬は狩りをしていたし、人間に飼われるようになってからも狩猟犬として働いてきた。その習性が今も残り、獲物を追いかけるように、ボールを追いかけるのだ。

さらに、ボール遊びには思いっきり走れる楽しさがある。ふだん

12 動物

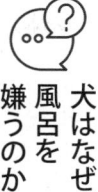

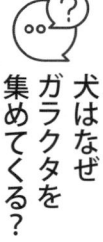

はリードをつけられて歩くだけの犬も、ボール遊びでは全力で走ることができる。それが楽しいのだ。

猫はなぜ日なたぼっこが好き？

猫にとって、ひなたぼっこは健康を守るための大事な行動。まず、猫は、体を日光にさらすことで、皮膚や毛についた細菌を殺菌・消毒しているのである。

また、体が濡れたとき、そのままにしておくと、皮膚病にかかる危険性が高くなる。そこで猫は日光浴をして毛を乾かすのだ。

さらに、人間は、日光を浴びて体内でビタミンDを合成しているが、それは猫も同じこと。というわけで、猫の健康には、日なたぼっこが欠かせない。

猫が頭を大きく振りながら、ものを食べるのは？

猫は、魚の切り身など、比較的大きなものを食べるときには、妙な動きをする。そのままモグモグ食べるのではなく、食べ物を口に入れると、ハグッハグッと音をたてながら、頭を大きく振るのだ。

そのしぐさは、仕留めた獲物を食べるときの行為の名残。猫は獲物を仕留めると、肉の塊を食べられるサイズに噛みちぎる。そうして、ほかの体の部分を振り落とし、口に残った分をゴクリと呑み込むのだ。

魚の切り身はすでに切ってあるのだから、振り落とす必要はないのだが、そこが猫の本能。大げさに頭を振って食べはじめるのだ。

ボス猫はどうやって決まる？

猫は単独行動が本来の姿ではあるが、人と共存するようになってからは、互いに近くに住む猫は一定の秩序の中で暮らすようになっている。

そこに現れたのが、地域のボス猫である。互いの関係に優劣がまったくないと、ねぐらや狩り場をめぐって、頻繁にケンカが起きてしまう。そこで、猫社会にも順位が生じ、ボスを中心としたコミュニティが形成されるようになったのである。

ボス猫には、なわばりのなかで

一番ケンカが強い猫が選ばれる。具体的には、去勢されていない体の大きなオスがボスになる。

動物の卵が卵型をしているのは？

動物の卵がいわゆる卵型なのは、そのほうが真ん丸であるよりも、数多くの利点があるためだ。

まず、卵型のほうが安全性が高い。真ん丸だと巣から落ちたとき、遠くまでころがっていってしまうが、卵型ならその場でグルグルと回るだけなので、親がもとに戻しやすい。

また、卵を巣の中に並べたとき、真ん丸だとかなりの隙間ができるが、卵型だと向きを変えて調整できるので、より多くの卵を収納できる。卵形のほうがムダになるスペースが少なくできるというわけだ。

野良猫の〝社会〟はどんな構造？

野良猫社会は、ボスを中心として、複数のオス猫、複数のメス猫が集まってひとつのグループを形成している。

犬の社会では、上下関係が細かく決まっていて、その優劣は絶対的なものだが、猫の場合、最高位のボス以外にはほとんど順位はなく、基本的にはみんな対等だ。

順位があっても、ボス以外の優劣は流動的で、時と場合によって立場が変わり、一定しない。

もともと単独行動を好む猫にとっては、ほかの猫と出くわすことすらストレスになるし、争いごとも好まない。そのため、状況に応じて立場を変え、うまくやり過ごそうとしているというわけだ。

土の中に棲んでいるミミズが魚のエサになるのはなぜ？

土の中に棲んでいるミミズが、なぜ魚を釣るエサになるのか？考えてみれば不思議である。

人間だってなじみのない食べ物は、なかなか口にできないもの。魚はミミズのことを知っているのだろうか？　これが、どうやら知っているらしい。

ミミズは土の中に棲んでいるといっても、自然界では、雨が降って地上に出てきたミミズが、川に流されることもある。また、増水で水面が高くなり、そのまま川に流されることもある。雨で土砂が崩れて水の中ということもありうる。

事実、川魚には、流されてくる陸生の生物を食べるものが多いのだ。ミミズも、なじみのエサのひとつなのである。

魚には、エサを目で探すものと、においで探すものがいるが、とくに、水が濁っていて視界がきかないときは、ミミズのにおいを頼りにしたほうが釣果《ちょうか》を期待できるようだ。

水牛がいつも水に浸かっているのは？

水牛のうち、インド水牛は一日中、水に浸かっている。インド水牛は、他の牛とちがって体にほとんど毛が生えていない。

そのため、暑い日差しを浴びると、体温が上がってしまう。それを冷やすために、水に浸かっているのだ。

水牛が体に泥を塗りたくるのも、泥を日除け代わりにして、体温を上げないためだ。

ニワトリは卵を温めるとき、割ってしまうことはない？

ニワトリの親鳥は、卵を抱いているとき、自分の体で卵を押しつぶしたりはしないのだろうか？

結論からいうと、そんな失敗はありえない。

ニワトリは、卵の上にじかに座っているわけではなく、体重を脚で支えて中腰のような姿勢で卵を温めている。卵の上に乗っているわけではないのだ。

世界に警察猫はいないのか？

かつて、ロシア南部の町スタプロポリには、ルーシクという警察猫がいた。仕事は、キャビアやチョウザメを隠し、密輸している者がいないかどうかを調べることだった。

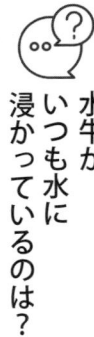

猫は、一般的には、嗅覚で犬に劣るのだが、ルーシクはチョウザメを食べて育っていたので、その匂いにとりわけ敏感だった。

ルーシクはなかなかの〝名警官〟で、２００３年７月、交通事故で〝殉職〟したときには、日本の朝日新聞も訃報を伝えているくらいだ。

キリンの角は何本？

キリンには、何本の角があるか、ご存じだろうか？　２本と答える人もいれば、３本という人もいることだろう。正解は５本である。

まず、頭頂部の左右によく目立つ２本が生えている。おでこ（前頭部）に１本。加えて、耳の後ろに、真ん丸の突起物がふたつあり、それも角なのだ。

ただし、キリンは角を５本も持つわりに、使うことはほとんどない。

メスの奪い合いなどで、キリン同士で格闘するときも、首をぶつけ合うだけで、角突き合わせることはない。

カラスの死骸を見かけないのはどうして？

都会には、かなりの数のカラスが棲んでいるが、その死骸を見ることはまずない。

研究者によると、カラスは人目につくようなところでは死なないという。カラスが死ぬのは、ねぐらの周辺で、そのほとんどは森の奥深くにある。

もっとも、都会では、公園や神社をねぐらにしているケースが多いので、公園の隅や神社の境内で死んでいることがよくあるという。

ただ、都会では、清掃係の人がすぐに片づけるので、一般人が死骸を見ることは少ないというわけ。

動物によってオッパイの数がちがうのは？

人間のオッパイは、左右一つずつだが、他の動物は数がまちまちである。

たとえば、犬は４〜５対、猫は３〜４対の乳首が並んでいる。これら動物の乳首の数は一度に生まれる子供の数によって決まってくる。

犬や猫は、一度に産む子供の数が多く、母親は横になって授乳する。そのため、下腹部から胸にかけてズラリとオッパイが並んでいると、子供は並んで母乳を吸うこ

12 動物

とができる。

一方、大型草食動物は一度に一頭しか産まない。だから、オッパイの数は一対か二対で十分であり、また立ったまま授乳するので乳首は下腹部についている。下腹部についていれば、母親は授乳中に草を食べることもできるというわけだ。

ハチミツ一瓶つくるのに、必要なミツバチの数は？

1匹のミツバチがその短い生涯で集める蜜の量は、5グラム程度。では、ミツバチが100匹いれば、ハチミツ一瓶（500グラム）のハチミツを集めることができるかというと、そうはならない。

ミツバチが花から集めてきた蜜は、巣で貯蔵されている間に4倍ほどの濃さに濃縮される。

つまり、100匹のミツバチが500グラムの蜜を持ち帰っても、最終的には125グラムにしかならないのだ。

だからハチミツ一瓶分である500グラムを集めるには、400匹のミツバチが必要ということになる。

ネズミは、本当にチーズが好きなのか？

本当は、ネズミはチーズを好まない。それは、駆除業者などには経験的に知られていた話だが、イギリスの大学チームが実験で実証した。

ネズミが好きなのは、穀物や果物など、糖分の多い食べ物であり、よほどの空腹でないかぎり、チーズを食べない。とりわけ、臭いの強いブルーチーズ系には手をつけない。

上野動物園には、トラとライオン、どちらが先に来た？

上野動物園は、明治15年開園。当初は、キツネ、イノシシ、ヒグマなど、国産の生き物を展示していたが、明治20年、東京で興行中のイタリアのサーカスから、トラをゲットする。

その15年後の明治35年、今度はドイツの動物園から、ライオン、ホッキョクグマなど、一気に12種を購入した。

その12種のうち、ライオンが現

代のパンダのような人気を博し、今に至る動物園の人気が確立することになった。

近頃、ミノムシをあまり見かけないのは？

近年、ミノムシの数は激減し、とりわけ九州では絶滅寸前の状態に陥っている。

ミノムシはオオミノガの幼虫だが、中国から侵入したオオミノガヤドリバエという虫が卵を産みつけ、その幼虫が九州中のミノムシを食べ尽くそうとしているのだ。

電気ウナギの水槽をどうやって掃除する？

電気ウナギといえば、馬をも倒す〝発電力〟をもっている。川を渡ろうとした馬が、うっかり電気ウナギを踏みつけたところ、その放電でショック死してしまったというほどである。

電気ウナギの放電力は、800ボルトを超える。この電力で獲物を感電させ、気絶させたのち平らげてしまうというのが、電気ウナギの捕食方法だ。

水族館には、電気ウナギを飼っているところもあるが、水槽掃除のときは、放電させないような工夫をしている。

掃除する前に、水槽の外から電気ウナギを驚かせて、放電させてしまうのだ。

いったん放電すると、充電するまでには時間がかかり、その間の放電量は微々たるものなので危険はない。その間に、掃除をすませてしまうというわけだ。

毒ヘビと無毒のヘビの間に子供は生まれるか？

毒ヘビと毒のないヘビの間に生まれたヘビに毒はあるのか？

毒ヘビと毒のないヘビは、進化の過程で分かれていて、染色体の数、その構造や内容に大きな違いがある。

外見の特徴はよく似ていても、遺伝的な要素はそれこそ犬と猫ぐらい違うのだ。

したがって、犬と猫の間に子供が生まれないのと同様、毒ヘビと毒のないヘビの間に子供が生まれることは考えられないのだ。

エンマコオロギは、なぜ閻魔？

エンマコオロギは、漢字では「閻魔蟋蟀」と書き、閻魔様との共通点は、その恐ろしい顔。エンマコオロギの顔を正面からみると、触覚の間の目がつり上がり、仮面ライダーよりも、はるかに恐ろしい顔をしている。その顔を閻魔様に見立てたという説が有力だ。

その一方、羽が重なっている状態を「重羽《えんば》」と呼び、それがなまったという説もある。

アブラゼミの「アブラ」は、どんな油？

アブラゼミのアブラは、石油や機械油ではなく、食用油。「ジージー」という鳴き声が、食べ物を油で揚げるときの音と似ていることから、この名がつけられた。

なお、光沢のある羽が「油紙」を連想させるところから、この名になったという説もある。

蝶（バタフライ）は、なぜバター＋フライ？

バタフライの語源ははっきりしない。英語の語源辞典には、多数の説が掲載されている。

「バター色（黄色）をした飛ぶものだから、butter+flyで、バタフライ」、「排泄物がバター色だから」、「魔女が蝶に化けて、バターを盗むという俗信から」などの説が紹介されている。

ハブに噛まれたマムシはどうなる？

強力な毒をもつマムシでも、ハブに噛まれたら死んでしまう。マムシは、体内にハブの毒に対する免疫がないから助からないのだ。コブラに噛まれても、同じように死んでしまうとみられる。

だが、マムシがマムシに噛まれた場合は、死ぬことはない。マムシが、自分の毒に対する免疫をもっているからで、致命的なダメージは受けない。毒で一時的に弱っても、やがて元気を取り戻すのである。

一般的に、マムシとマムシのように同種のヘビは、免疫をもっているため死ぬことはない。

ただ、興味深いのは、コブラがコブラを噛んだ場合だけは、噛まれたコブラが死んでしまうということ。

コブラの毒が強すぎるため、同種のコブラでも耐えきれないのである。

10カ月間、着地しなくても、生きていける鳥がいる⁉

ヨーロッパアマツバメは、ほとんど地面に降りない鳥として知られてきたが、観察チームによって、10カ月間、一度も着地することなく、飛びつづけた鳥がいたことが確認された。観察では、他の個体も、99・5％の時間は空を飛んでいたという。

では、いつ眠っているのかという疑問が湧くが、研究者らは、ヨーロッパアマツバメは上昇した後、滑空しながら下降するときに、〝仮眠〟をとることができるのではないかと、みている。

世界最大のブラックバスは、琵琶湖で釣り上げられた⁉

国際ゲームフィッシュ協会の認定によると、２００９年7月2日、琵琶湖で釣り上げられたブラックバスが世界最大。体長73・5センチ、重さ10・12キロの大物で、それまでの記録を77年ぶりに破る大記録だった。

その後、ブラジルで1メートルを上回るブラックバスが上がったという話が流れてはいるものの、公認はされていない。

タツノオトシゴの仲間にタツノイトコ、タツノハトコ⁉

タツノオトシゴ（トゲウオ目ヨウジウオ科）の仲間には、タツノイトコ（ヨウジウオ亜科タツノイトコ属）とタツノハトコ（同）がいるというのは本当の話。

タツノイトコは、太平洋側の相模湾よりも南。タツノハトコは、沖縄近海に生息している。

まな板の上の鯉は、本当におとなしいか？

まな板の上に乗せても、暴れる鯉は暴れる。

ただし、鯉には、側線器を撫でられると、失神するという性質があり、その部位を包丁などで撫でると、おとなしくなる。「まな板の上の鯉」ということわざは、この習性に由来するという見方が有力だ。

金魚のオスとメスは、どうやって見分ける？

金魚のオスとメスは、プロでも簡単には見分けがつかない。手にとり、肛門をつぶさに観察する必要がある。

オスの肛門は細長く楕円形で、メスの肛門はやや丸みを帯び、横から見ると飛び出しているのだ。

ただし、繁殖期は、オスの体には特有の模様である追星《おいぼし》が現れるので、プロは一目でオスとメスを識別する。

スズキ目ヒメジ科の魚が「オジサン」と呼ばれるのは？

ヒメジ科の魚には〝アゴヒゲ〟をもつものが多く、その一種は見た目から「オジサン」と呼ばれている。

オジサンは、ヒゲに感覚細胞を備え、ヒゲによって獲物を探しあてる。なお、英語では、ヒゲのあるヤギにたとえ、「ゴートフィッシュ」と呼ぶ。

ダイオウイカの寿命は？

通常、クジラやゾウなど、体の大きな生き物ほど、寿命は長いもの。ところが、深海の怪物ダイオウイカの寿命は、意外なほど短いとみられている。

体長14・3メートルのダイオウイカを分析したところ、約3歳と推定されたのだ。3年でそこまで成長するということは、ダイオウイカの寿命は3年～5年ではないかと推定されている。

魚は日焼けするか？

魚も、日焼けする。

たとえば、マダイは養殖するとき、生け簀の上に黒いシートをかけて育てるが、これは、そうしないと、クロダイのように黒く日焼けしてしまうため。

鯉も、浅瀬にすむものほど、日焼けして色が黒くなる。

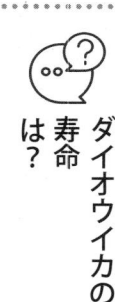

ミンククジラとミンクの関係は？

ミンククジラは、体長8メートルほどのクジラ。小型クジラではあるが、小動物のミンクとは関係ない。明治の終わり頃、ノルウェー人のマインケという砲手が、日本の捕鯨船に乗り込んでいた。

彼は、今でいうミンククジラをよく捕獲したので、「マインケの（よく捕る）クジラ」といっていたのがなまり、ミンククジラとなった。

最大のプランクトンの大きさは？

プランクトン（Plakton）は「浮遊生物」という意味。おおむねは微生物だが、泳ぐ力が弱い生物の総称なので、最大直径2メートルを超えるエチゼンクラゲも、定義上、プランクトンに含まれる。

さらに、海面を浮遊する魚、マンボウもプランクトンの仲間だという研究者もいるくらいで、その見方に立てば、最大で四畳半ほどの〝プランクトン〟が存在することになる。

絶滅危惧種のフンボルトペンギンがなぜ日本に？

フンボルトペンギンは現在、世界で1万羽ほどまでに数を減らし、絶滅危惧種に指定されているが、そのうちの１６００羽は、日本の動物園・水族館に〝生息〟している。

もともと、フンボルトペンギンは、南極ではなく、南米の太平洋岸に生息する。日本の気候で飼育しやすいうえ、孵卵器などの技術を使うと、本来の生息地以上に数が増えやすいのだ。

シロナガスクジラはなぜ腎臓が３０００個もある？

シロナガスクジラは、３０００個もの腎臓をもつ。独立した機能をもつ小腎が約３０００個あり、それらが大きな袋に入ったような状態になっているのだ。

シロナガスクジラは、オキアミなどを飲み込むとき、大量の海水を一緒に飲み込む。そのため、膨大な量の塩分を処理する体機能が必要になったのだ。

クラゲに心臓はある？

クラゲには、心臓がない。哺乳類の循環器系に相当する「水管系」と呼ばれるシステムで、体細胞に酸素や栄養を送り込んでいる。

なお、クラゲが傘を広げたりしぼめたりするのは、この水管系を働かせるためで、哺乳類などの心臓の拍動に匹敵する動きといえる。

ジュゴンとマナティの見分け方は？

ジュゴンとマナティはほとんど同じ姿をしているが、尾の形で見分けることができる。

ジュゴンの尾は逆V字形、マナティの尾はしゃもじのような丸い形をしているのだ。「まるい尾のマナティ」と、「ま」つながりで覚えてしまえば忘れにくい。

ヘビの長い体に、内臓はどうおさまっている？

人間の内臓は左右対象に並んでいるが、ヘビは体が細長いので、内臓が前後に収納されている。

二つある腎臓や精巣が、前後にずれておさまっているのだ。そもそも、ヘビの内臓は細長い形をしている。

ハナミズキの英語名が〝犬の木〟なのは？

ハナミズキは、英語ではdog-woodという。一説には、その煮汁が犬の皮膚病にきくからだという。

その一方、犬とは関係ないという由来説もある。ハナミズキはかたい木なので、昔はダガー（dagger＝短剣）の材料にした。そのdaggerが略され、dogになったという説も有力だ。

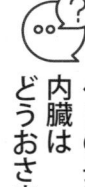

「古池や蛙飛び込む水の音」で、飛び込んだのは何蛙？

松尾芭蕉の代表句だけに真剣な研究が行われ、今のところ、ニホンアカガエルとトウキョウダルマガエルの2種が有力とされている。

その根拠は、江戸下町という地域性と季節。ただし、この句をつくったとき、「芭蕉は、蛙を見てもいないし、飛び込む音も聞いていない」という、イマジネーションから生み出されたという説が最も有力。

カエルが目をつむってものを食べるのは？

カエルの眼球は、目をつぶったとき、口の中にでっぱるような形になる。カエルは、その眼球で食物をおさえ、喉の奥に押し込んでいる。

ものを食べるとき、カエルは目をつむって幸せそうな顔にも見えるが、それは獲物の美味しさを堪能している表情ではないのだ。

アベコベガエルって、どんなカエル？

南米に生息するアベコベガエルは、成長するにつれて体が小さくなる。オタマジャクシ時代は25センチほどもあるのだが、成体（カエル）になると、6～7センチにまで縮まってしまう。そこから、この奇妙な名がつけられた。

渡り鳥も、やっぱり時差ボケするのか？

渡り鳥は時差ボケしない。というのも、まず第一に渡り鳥は普通、北から南、南から北へと移動し、東西に長距離を飛ぶことはあまりない。従って、飛んでいる最中に昼夜が逆転するようなことはないのである。

また、鳥は飛行機とちがって休み休み、時間をかけて移動する。飛行機で何千キロを一足飛びに移動するわけではないので、目的地に着くころには、ローカルタイムに身体が慣れているのだ。

日本でも盲導犬に命令するとき、英語を使うのは？

日本の盲導犬も、日本語ではなく、英語で命令されるように訓練されている。これは、方言や男性言葉、女性言葉など、アクセントや言い回しが微妙にちがう日本語で命令して混乱が生じるのを避けるためである。

盲導犬は、訓練する人と利用する人がちがう。そのため、標準語で訓練しても、利用者が方言を話せば、通じないこともありうる。そこで、混乱を避けるため、英語による命令に統一されているのである。

ただし、覚えなければならない英単語は20語ほど。会話するわけではないので、英語が苦手な人でもすぐに覚えられる。

左目のきれいなタイは値が高くなるのは？

天然のマダイは、左目がきれいなもののほうが、値段が張る。

高級魚のタイは切り身にされず、尾頭付きのまま塩焼きにされることが多いため、頭や尻尾まで、欠けることなく残っていなければならない。

さらに、タイを皿に盛るときには、頭が左にくるように置くという盛りつけのルールがある。

すると、皿の上で表になるのは左目がある側となり、左目がきれいであることが求められるのである。というわけで、左目がきれいなタイの値段がアップするというわけである。

タコがタコ壺の中にはいりたがるのは？

タコ壺漁は、素焼きの壺を海底に沈め、1~2日放っておいてから引き上げると、壺の中に生きたタコがはいっているという漁法である。

このタコ壺漁は、タコの習性を利用した漁といえる。タコは天敵のウツボや大ダイから身を隠すため、岩場の隙間などに潜んでいる。

そういうタコにとって、人間が沈めたタコ壺は恰好の隠れ場となり、タコはすすんで入ってくるのだ。

とくに、砂場に仕掛けられたタコ壺は、タコにとって願ってもない逃げ場のようにみえる。タコにとって、砂場はエサ場なのだが、敵に見つかったときは砂場に隠れる場所はない。そこにタコ壺が仕掛けてあれば、タコは絶好の逃げ場としてはいりこんでしまうのだ。

トビウオはなぜ飛ぶのか？

トビウオは空を飛ぶため、体をギリギリのところまでシェイプアップしている。脂肪分は少なく、胃もなく、消化管は極端に短かい。

そうまでして、トビウオが空を飛ぶ理由は、外敵から身を守るため。

トビウオは海面近くを泳ぐ「表層魚」であるため、大型の回遊魚に捕食されやすい。

そこでトビウオはマグロなどに追いかけられたとき、胸ビレを広げて飛び上がって逃げ出すのである。

イカの10本の腕のうち、2本だけ長いのは？

イカの腕は全部で10本あるが、よく見ると、そのうちの2本は少し長くなっている。なぜ、2本は別の作りになっているのだろうか？

イカは8本の腕を外に出し、残りの2本をその中に隠して生活している。そして、獲物を見つけると、隠していた2本の腕を突き出して、挟むようにして獲物を捕獲する。

それこそが、伸縮自在で収納可能な、「触腕」と呼ばれているイカの2本の腕である。

イカにとって、触腕は獲物をとらえる特別な腕なので、ほかの8本の腕より大きな作りになっているのだ。

水族館のサメが他の魚を襲わないのは？

水族館の巨大水槽では、サメと、小さなイワシやアジが同居している。

本物の海なら小魚はサメに食べられてしまうはずだが、水族館のサメは他の魚を襲わない。なぜだろうか？

理由は単純で、水族館のサメは飢えていないから。エサを与えられているので、他の魚を襲う必要がないのだ。魚だけでなく、肉食動物は狩りに大変なエネルギーを使っている。

サメも苦労せずにエサがもらえ

る環境なら、わざわざ面倒な狩りなどしないのである。

シラス、シラウオ、シロウオは同じ魚か？

シラスとシラウオとシロウオは、ちがう魚。

ひとつひとつ見ていくと、シラスはカタクチイワシやマイワシ、ウルメイワシなどの稚魚の総称。シラス干しは、これらの稚魚をさっと湯通しして干したものだ。

シラウオはニシン目シラウオ科の魚。サケやマスの親戚だ。

「踊り食い」で知られるシロウオは、スズキ目ハゼ科の魚。ハゼの親戚で、シラウオとはまったく別種の魚である。

サケの鼻はなぜ曲がっているのか？

サケのうち、鼻が曲がっているのはオスだけ。それも産卵期が近づいたときだけの現象である。

サケは川で生まれ、海へ泳ぎ出て3～4年で成魚となり、ふたたび川を遡上《そじょう》して産卵をする。サケにとって産卵は一生に一度で、産卵を終えると、オスもメスも死んでしまう。そのため、サケの体は川を遡上する2か月ほど前から、臨戦態勢に入る。体つきが変わり、オスは鼻先が伸びて曲がり始めるのだ。

それは、他のオスと戦うため。メスを確保するため、他のオスがちょっかいを出してきたときには、鋭く曲がった鼻を武器にして戦うのである。

魚は体の色をどうやって変えるのか？

魚には、昼と夜とでは、色が異なる種類がいて、一般的に昼より夜のほうが色が薄くなる。むしろ、環境色に溶け込み、天敵から身を守るためだ。では、魚はどうやって体の色を変えているのだろうか？

魚の体色の変化は、黒、赤、黄、青、白の5色素と、光を反射する虹色の細胞の働きによるもの。魚の眼に光が差し込むと、その刺激をキャッチした色素細胞が拡張・収縮する。これによって、体の色が変わるのである。

名前に「トラ」がつく魚種が多いのは？

トラフグ、トラギス、トラハゼ、トラザメ——など、魚には名前に「トラ」がつくものが少なくない。それらの魚の姿には、ひとつの共通点がある。縞模様が入っていることである。

「トラ」は縞模様の代名詞のようになっているので、縞模様をもつ魚には「トラ」とネーミングされているというわけだ。

成長すると、いったん縮む魚とは？

アナゴは、成長する過程で、いったん体が小さくなる珍しい魚である。

アナゴは、春から夏にかけて南洋で産卵し、卵は約3日で孵化。その稚魚が暖流に乗って北上し、日本沿岸にやってくる。

日本沿岸にたどりついた稚魚は、やがて小アナゴに変態するが、体が縮むのは、そのとき。体長11センチ前後にまで成長した後、いったん7センチ前後まで縮むのだ。

それから、アナゴらしい姿になり、再び成長していくのである。

貝殻に縞模様があるのは？

貝の実の部分は薄い膜で包まれているが、その薄膜からにじみ出した成分が硬質化したものが貝殻になる。その成分は、貝殻の先端部分に継ぎ足されていくが、その際、水温など周囲の環境によって、硬質化する速度や色が異なってくる。それが、縞模様となって現れるのだ。

木の年輪のように1年に一つ増えるというほど厳密ではないが、それでも縞模様を見ると、その貝のだいたいの年齢を知ることができる。

市販のホタルイカはなぜメスばかり？

ホタルイカのうち、店頭に並んでいるものは、その大半がメスである。なぜ、ホタルイカはメスばかりが出回るのだろうか？

その答えは、ホタルイカの交尾

と産卵に関係している。ホタルイカは、2〜3月頃に交尾し、4〜5月頃に産卵するが、そのとき、メスの群れだけが沖合の深場から沿岸に向かって浮き上がってくるという性質がある。

漁師は、そのときを待ち構えていて、定置網によって一網打尽にする。だから、店頭に並ぶホタルイカは、自然とメスばかりになってしまうのだ。オスが混じっている確率は1000分の1程度だ。

イカの吸盤とタコの吸盤は同じ？

イカとタコの吸盤には大きなちがいがある。構造が異なり、たとえば死んだタコの吸盤に指を近づけてもくっつかないが、イカの場合はたとえ死んでいても、指を近づけると吸い付いてくる。

これは、イカの吸盤の内側には角質リングとよばれるザラザラがついているから。だから、筋肉を動かさなくても、物をひっかけることができるのだ。

一方、タコは、筋肉の動きで吸盤の中に、ものを吸い寄せるので、死んでしまうと、吸盤を動かせなくなり、ものを吸い付けられなくなるのだ。

カニのハサミは本当に切れるのか？

カニは二つのハサミで、餌をはさんだり、敵を威嚇したりするわけだが、人間が使うハサミのように、ものを切ることはできるのだろうか？

カニのハサミは、道具のハサミのようには切れない。カニのハサミでできるのは、切るというよりも、ちぎることだ。ただし、サンゴガニという小さなカニのハサミの切れ味は抜群。カミソリの刃ようになっていて、道具のハサミ並の切れ味を誇る。

ウミヘビはヘビ？それとも魚？

ウミヘビには、ヘビの仲間と魚の仲間の2種類がいる。エラブウミヘビのような爬虫類に属するウミヘビもいれば、ダイナンウミヘビのように魚類に属するウミヘビもいるのだ。では、爬虫類か魚類かは、どこを見れば見分けられるのだろうか？

大きなちがいは、うろこがあるかないか。爬虫類のウミヘビは、全身がうろこに覆われていて、尾びれも胸びれもない。

一方、魚類のウミヘビは、うろこがなく、背びれと胸びれをもっている。また、爬虫類のウミヘビとはちがって、頭が大きいので、その点をみても魚類に属していることがわかる。

江戸時代、ニジマスはいなかったって本当？

ニジマスは、明治初期、食用目的に、日本に卵が持ち込まれた。江戸時代までの日本には、ニジマスはいなかったのである。

ニジマスはサケ科の魚で、原産は北米の五大湖。その卵を持ち込んだのは、内務省水産係の関沢明清という人物。彼はアメリカで養殖を学び、持ち帰った卵を四谷の自宅で孵化させ、繁殖を成功させた。それが各地に広まったのである。

ヤマメとサクラマスは同じ魚って本当？

ヤマメは一生を淡水で過ごす川魚。成魚の体長は30センチ、体重は300グラム程度のスリムな魚だ。一方、サクラマスの体長はヤマメの倍以上にもなり、大きなものでは体長70センチ、体重は4キロを超える。

この2種類の魚、サイズがまったくちがうが、もとはまったく同じ魚だ。ヤマメには、海へ下っていくものもいる。海へ入ったヤマメは、体が銀色になり、やがて小判型の斑点も消えてしまう。そうして成長したものがサクラマスで、成魚になると生まれ故郷の川へ戻ってくるのだ。

水族館でマグロにあまり餌を与えないのは？

養殖マグロは、一日に体重の20％程度のエサを与えられているが、水族館のマグロは、体重の4％のエサしか与えられていない。

むろん、食事量のちがいは、食用になるかどうかの差。養殖マグロはトロの部分を増やし、短期間のうちに育てて出荷するため、エサをふんだんに与えるが、水族館では長く展示するために、エサを少量におさえてゆっくりと育てるのである。

アリがサクラの木によく登るのは？

サクラの木にはアリがよく登ってくるが、花が咲く季節以外でも、アリが登ってくるのは、サクラの葉の蜜に誘われてのこと。サクラの葉の付け根の葉柄には蜜腺があり、アリはその蜜を得ようとして登ってくるのだ。

サクラがそんな蜜腺を持つのは、毛虫対策のためである。サクラの木には毛虫がつきやすいので、無防備なままだと、サクラは毛虫に葉をどんどん食べられてしまう。そこで、毛虫が苦手とするアリを呼び寄せているのだ。

水族館でスルメイカを飼えないわけは？

外洋性で大回遊するスルメイカは、狭い水族館の水槽では飼えないというのが、業界の常識になっている。同じように大回遊するブリやマグロは、水槽を流水型にしておけば、水槽の中でその流れに沿って回遊してくれる。ところが、スルメイカは前後左右に方向転換。水槽の壁に体をぶつけて死んでしまうのだ。

そもそも、イカ類は、スルメイカだけでなく、飼いにくい生物。傷つきやすく、堅いものにちょっとぶつかっただけで傷つき、それが原因で死んでしまう。また、共食いもするので、それで数が減ってしまうということもある。

酒に強い動物、弱い動物っている？

人間同様、哺乳類は酒を飲むと、おおむね酔っ払う。

酒に対する強弱は体の大きさで決まり、ゾウのような体の大きい動物ほど酒に強く、ネズミのように体の小さい動物ほど、酒に弱い。

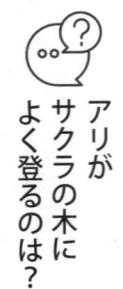

なお、サルはもともと顔が赤いが、他の点は人間と同様で、酔うと息が荒くなり、千鳥足にもなる。

人間も含めた動物が酔っ払うのは、アルコールが血中へ入り、脳に達した後、大脳皮質を麻酔していくことによる。

　小動物は血流が速く、アルコールが脳まで届きやすいので酔いやすく、大型動物は脳へ達するのが遅くなるので、酔いが現れにくくなる。

セキセイインコの「セキセイ」ってどういう意味？

　セキセイインコの「セキセイ」は漢字では「背黄青」と書く。

　セキセイインコの背中は黄色で、尾は青くなっている。その配色をそのまま呼び名にして「セキセイインコ」と名づけられたのである。

　なお、セキセイインコは、オーストラリア原産。

　野生では乾燥地帯に住み、雨を求めて大群で移動、草が十分に生えている地域を見つけると、繁殖活動をスタートさせる。

コンクリートで固めると、クラゲが増えるのは？

　近年、クラゲの異常発生が目立っている。その原因は、地球温暖化や海の富栄養化などが指摘されているが、いちばんの原因は人工護岸が増加したことにあるとみられる。

　クラゲの幼生は、岩などに吸着し、そこで細胞分裂を繰り返して成体になるのだが、従来は岩場にたどり着く前に、ほとんどのポリプが死んでいた。ところが、海岸がコンクリートで固められたため、幼生は吸着できる場所が増えたのだ。幼生の生存率が高くなって、成体数が増え、それが異常発生につながっているとみられるのだ。

朝が苦手という鳥もいる？

　鳥類は、夜明けとともに鳴きはじめるというイメージがあるが、そんな鳥のなかにも、朝が苦手な鳥がいる。身近なところでは、スズメである。

　夜明けとともに鳴きだす鳥のなかに、スズメは含まれていない。スズメは、夕方の明るいうちから寝床の木に入るくせに、寝床から出てくるのは、すっかり夜が明けてからである。

　スズメは早寝のくせに遅起き、

睡眠をたっぷりとるタイプなのである。

牙をもたないゾウが増えているのは？

近年、アフリカゾウに牙をもたないゾウが増えている。もともと、アフリカゾウには牙のないゾウがいたが、その数は全体の2〜3％にすぎなかった。

ところが、人間によるゾウ狩りが自然の摂理を一変させる。象牙を目的にゾウ狩りが行われ、ピークの1900年前後には、毎年6〜7万頭ものゾウが殺されていた。

その後も1970年代まで大規模なゾウ狩りがつづき、その間、狩りの対象となったのは、むろん牙の大きなゾウ。

その結果、牙をもつゾウの割合は70％にまで減り、牙のないゾウの割合が30％にまで増えたのだ。

ちがう犬種でも輸血は可能か？

犬の血液型は9種類あり、輸血するときは、人間と同様、血液型の合う血液でないと使えない。ところが、犬種はまったく関係がなく、大型犬の血液を小型犬に輸血することも可能だ。

ただし、不注意に輸血すると、感染症が伝染したり、輸血による副作用が生じることもあるので、相当な必要性がない限り、輸血は慎重に行ったほうがいいのは、人間の場合と変わらない。

コリーとシェットランド・シープドッグの関係は？

シェットランド・シープドッグ（シェルティー）は、姿形はコリーとそっくりで、サイズを二回りほど小さくしたような犬。「小さなコリー」とも呼ばれる。

シェルティーは、コリーとスコットランド近くのシェットランド諸島の小型犬と掛け合わせて生まれた犬である。シェットランド諸島で羊飼い用に用いられていた小型犬と、コリーとの異種交配が行われ、いまのシェルティーが誕生した。

日本では、大型犬のコリーを飼える家庭が少ないので、その〝ミニチュア版〟としてシェルティが広く飼われている。

ダチョウなどの走鳥類が南半球にだけいるのは？

ダチョウ、エミューといった走鳥類は、南半球にしか棲息していない。ダチョウは南アフリカ、エミューはオーストラリアに棲む鳥だ。

走鳥類が南半球だけに棲むようになったのは、南半球には、強大な肉食獣が少なかったからと推定されている。鳥は空を飛んで身を守る必要がなかったというわけだ。

6000万年前あたりから、哺乳類と鳥類の時代を迎えるが、北半球には大陸部分が多いので、草食獣や肉食獣が繁栄。一方、海域の多い南半球では、大陸や島々の間を飛んで渡れる鳥類が増えていった。やがて、鳥類の一部は陸上にもどり、南半球を走り回るようになったと推定されている。

ゴリラのお腹がポコンと出ているのは？

ゴリラは、お腹の部分が丸く、ポコンと突き出している。それは贅肉がついているからではなく、ゴリラが長い腸をもっているからだ。

ゴリラは基本的に草食の動物。植物には繊維質が多いので、それを消化するため、ゴリラは長い腸をもっている。そのゴリラの腸にはバクテリアがすんでいて、食物を発酵させて消化を手伝っている。

その発酵の過程でガスが発生するため、ゴリラのお腹は、つねにガスが溜まっている状態になっている。それが、長い腸とあいまって、お腹がポコンと突き出る原因になっている。

すべての犬種をかけあわせると、どんな犬ができる？

犬にはいろいろな犬種があるが、すべての犬種をかけあわせていくと、どうなるだろうか？

専門家の予想では、おそらくよくいる雑種犬のような、平凡な犬になるという。体重は10キロ前後、毛の色は茶色、立ち耳で巻き尾の犬になる可能性が高いそうだ。

アイガモ農法でお役御免になったアイガモのその後は？

「アイガモ農法」は無農薬農法のひとつ。アイガモのヒナを田植え後の田に放し、害虫や雑草を食べさせる農法だ。アイガモが害虫などを食べれば、農薬を使わずにすむというわけだ。

やがて稲が育つと、アイガモはお役御免になるが、その後、アイガモはどうなるのか？　結局、アイガモは業者に引き取られ、鴨肉として食べられることになる。

ヘビの毒を吸い出した人は毒にやられないか？

毒ヘビに噛まれたときの応急処置法のひとつは、傷口に口を当てて何度も毒を吸い出すこと。そのとき、口で毒を吸い出しても大丈夫なのだろうか？

ヘビの毒には「神経毒」と「出血毒」の2種類があり、いずれも体のどこかを噛まれると、毒の分子が血管を通じて直接体内に入ってきて、生命が危険にさらされる。

ただ、毒を吸い出して口から体内に入る場合は、胃酸がタンパク質を凝固分解してくれるので、噛まれたときよりは、危険性ははるかに小さくなるのだ。

ただし、そうはいっても、虫歯や口内の小さな傷から毒が体内に入り込む可能性はゼロではないので、毒を吸い出したときはすぐに吐き出し、口の中をよくすすいだほうがいい。

牛が地球温暖化の原因になるほどメタンを出すのは？

地球温暖化の原因の一つに、大気中のメタンガス濃度が高くなっていることがある。そのメタンガスの発生量の2割近くを放出しているのが、牛をはじめとした家畜である。

とりわけ、家畜の中でも、メタンガスの大きな発生源となっているのは、牛を筆頭とする反芻動物。牛やヒツジの反芻胃の中には、数種類のメタン生成菌が無数に生息している。それが、二酸化炭素、水素、および蟻酸などを材料として、メタンガスを作りつづけているのだ。

しかも、牛は、胃の中で作られたメタンガスをエネルギー源としては、まったく活用していない。したがって、牛がゲップをしたときには、メタンガスが一緒に放出され、それが地球温暖化の原因となっているのである。

トンビという名の鳥はいないって、どういうこと？

鳥類図鑑に「トンビ」という鳥は載っていない。トンビの正式名称は「トビ」という。

一方、「トンビに油揚げをさらわれる」ということわざがあるなど、一般には広く「トンビ」と呼ばれている。なぜ、トビはトンビと呼ばれるようになったのだろうか？

その鳥は、古くは「トビ」と呼ばれていたのだが、時代が下ると、「トビ職」や「トビ口」といった言葉が生まれた。それらの言葉と、鳥の「トビ」を区別するため、鳥のほうは「トンビ」と呼ぶようになったのではないかと考えられている。

アリはチョークで引いた線を越えられないって本当？

アリの行列のそばに、チョークで太い線を描くと、アリはその線を越えられなくなる。これは、アリがチョークの主成分の炭酸カルシウムを嫌うためとみられている。

アリは行列をつくっているとき、道しるべ用に「蟻酸《ぎさん》」という液体を分泌している。アリは遠くまで出かけても、その蟻酸の臭いをたどって巣まで帰ってこられるのだ。

ところが、蟻酸は酸性なので、アルカリ性の炭酸カルシウムと混じると、中和されて臭いが消えてしまう。すると、アリは道しるべを見失い、巣に帰れなくなってしまうのだ。そのため、アリは炭酸カルシウムを主成分とするチョークの線に近づくことを本能的に避け、一線を越えられなくなるというわけだ。

ネズミは本当にネズミ算式に増えるのか？

「ネズミ算」は、ネズミが一定期間内に、どれくらい増えるかを計算する方法。その答えが莫大な数になることから、数が急激に増えることを「ネズミ算式に増える」という。

実際、ネズミの妊娠期間は3週間ほどで、平均8匹の子供を産む。1対のネズミが出産をつづけ、その子孫たちも出産を続けるとすると、最初に2匹だったネズミは、1年間で9364匹にも増えるという計算になる。

ただし、これはあくまで机上の計算であり、現実はそう順調には進まない。実験によると、ネズミは途中までは数が増えていくのだが、ある日を境に死ぬネズミが急増。以後は、一定範囲内で増減を繰り返したという。

どうやらネズミも生息密度が高くなりすぎると、強いストレスを感じはじめ、体に変調をきたすとともに、繁殖能力が衰えるようである。

川で獲れる天然ウナギがオスばかりなのは？

ニホンウナギは、グアム島沖あたりの深海で産卵、約2年間でシラスウナギ（稚魚）となり、黒潮に乗って日本の川にたどりつく。そして、1年半でニホンウナギの成魚に成長する。日本の川で天然ウナギとして捕まえられるのは、その時期である。

その天然ウナギは、すべてオスである。ウナギは雌雄同体であり、川にいる時期はオスとしての生殖腺が発達する時期だからだ。

つまり、ウナギはオスになったり、メスになったりしながら成長し、海に戻って産卵する頃には、メスの生殖腺が発達してメスに変わるのだ。

なお、産卵のため、川を下るウナギを「下りウナギ」と呼ぶが、その時期のウナギは精巣と卵巣をともに備えている。

雷が池に落ちたら、魚はどうなる？

雷は、陸地だけでなく、海や湖にも落ちる。実際、泳いでいる際、水面に雷が落ちて、命を落としたり、大ヤケドを負った人もいる。すると、水中を泳いでいる魚たちも、落雷によって感電することがあるのだろうか？

雷が海や湖に落ちた際、電気は

水中深くには届かず、水面を流れる。だから、水面に雷が落ちても、水中を泳いでいる魚はほとんど影響を受けず、まれに水面近くを泳ぐ魚が被害を受ける程度だという。

一方、人間は水面を泳いでいるので、落雷の被害に遭うというわけだ。

ドッグフードとキャットフードのちがいは？

ドッグフードとキャットフードは、見た目はよく似ているが、犬用を猫に与えたり、猫用を犬に与えてはいけない。

もともと、犬と猫では食性が異なる。犬は雑食、猫は肉食を中心とする動物なのだ。だから、肉食の猫は、犬よりも多めのたんぱく質やアミノ酸を必要とする。

たとえば、猫にとってタウリンは必須のアミノ酸で、不足すると、目の網膜に異常をきたしてしまう。だから、キャットフードには、タウリンが添加されている。

ドッグフードには、そうした猫に必要な栄養素が加えられていないため、猫にドッグフードを与えていると、やがて猫は体調をくずしかねない。

タコは、何のためにタコ踊りをするのか？

タコは、海中で足をクネクネと動かしている。なぜタコは〝踊る〟のだろうか？

タコが〝踊る〟のは、吸盤の古い皮膚をこすり落とすため。海底で休むとき、タコは海流があっても流されないように、吸盤で岩などにくっついている。また、外敵に襲われたときには、吸盤で相手の体にくっつき、相手の動きを止めようとする。

そのように吸盤を使っているうち、吸盤表面の皮膚が傷んでくる。傷むと吸着力が落ちるため、タコは、古い皮膚を落とすため、足をこすり合わせるのである。すると、吸盤の表面は短期間で新たな皮膚でおおわれる。

ペンギンは意外に脚が長いって本当？

ペンギンといえば、短い脚でひょこひょこ歩くというイメージがあるが、じつはペンギンの脚の長さは体長の4割ほどもある。ペンギンは、鳥の中では、むしろ脚の長い部類にはいるのだ。

実際、ペンギンの脚のうち、外から見えているのは、人間でいえば足首から下程度。その上にスネとヒザがあり、大腿骨があるのだ。ペンギンの脚が短く見えるのは、スネから上が羽毛の下に隠れているからである。

飢えている猫は、熱いものでも食べられる？

猫は猫舌のはずだが、熱いものがまったく食べられないわけではない。人間同様、熱いものを食べつづけていると、じょじょに慣れて、相当熱いものでも食べられるようになる。

たとえば、飢えた野良猫は、熱いものはダメとか、冷たいものは嫌いとかいっていられない。命がかかっているから、熱いものでも食べる。そのうち、少々熱いものでも、平気で食べられるようになる。

夜行動物を昼間育てたらどうなるか？

フクロウやムササビなどの夜行動物を生まれたときから、昼間に育てたらどうなるのだろうか？

結論からいえば、夜行動物のなかには、昼間にエサを与えるなど、生活パターンを昼型にすると、昼間行動するようになるものもある。しかし、フクロウやムササビは、視覚の構造上、行動パターンをまったく変えることは難しい。

フクロウやムササビの目は、弱い光にも反応をするようにできているので、昼間はまぶしすぎて、目を開けていられないのだ。そのため、フクロウやムササビを昼間育てても、エサをもらえるときには起きるが、残りの時間は寝て過ごし、日が暮れてから活動しはじめるというパターンになるとみられる。

東京生まれ大阪育ちの渡り鳥は、翌年はどちらに帰る？

渡り鳥は、生まれ育った土地に帰ってくるといわれるが、では、たとえば東京生まれの渡り鳥を大阪で育てると、翌年はどちらに帰ってくるのだろうか？

答えは、約半数が生まれた東京へ帰り、残りの半数が育った大阪へ帰るとみられている。

この実験は、かつてヨーロッパで行われたことがあり、イギリス生まれのマガモのヒナをフィンランドで育てて放したところ、翌年、約半数がイギリスへ、約半数がフィンランドへ帰ってきたのである。

ただし、その理由はまだ明らかになっていない。そもそも、渡り鳥がなぜ遠く離れた土地から帰ってこれるかについても判然としていない。

地磁気などを利用しているのではないかと推測されているが、はっきりしていないのだ。

カラスが煙突のてっぺんに止まるのは？

カラスが銭湯などの高い煙突の上に止まっていることがある。とりわけ、カラスが煙突にやってくるのは、雨上がりの日。鳥類学者によると、「煙突の煙で羽を乾かせる」のが、カラスの目的だという。また、身体についた寄生虫を煙によっていぶして退治しているともいわれる。

ハチは、養蜂家にハチミツをとられて、飢えないか？

養蜂家は、ハチミツを取るとき、すべてを奪ったりはせず、働きバチや幼虫が食べる分を残しておく。

それでも、秋以降、野に咲く花が減り、ハチミツを集めにくくなると、ミツバチが餓死するおそれがでてくる。そんな場合、養蜂家は砂糖水で補っている。

赤とんぼというトンボはいない!?

いわゆる赤トンボは俗称であり、アキアカネとナツアカネの総称として使われている言葉。

アキアカネは、夏場は山地などの涼しいところで過ごし、秋になると平地におりてくる。一方、ナツアカネは、そうした移動をしないので、夏場、暑い時期に見かける赤トンボはナツアカネ。

立つ鳥は本当に跡を濁さないのか？

「立つ鳥跡を濁さず」という言葉があるが、鳥は飛び立つときに糞をすることがある。

飛び立つときには腹に力がはいるうえ、体重を少しでも軽くするという目的があるとみられる。「カラスが人間に糞をかける」といわれるのも、この習性のため。

猫にも利き手はあるのか？

オス猫の利き手は左、メス猫の利き手は右。イギリスの心理学者デボラ・ウェルズ博士が42匹の猫を使って、小瓶からマグロを取り出す実験を行ったところ、オスは21匹中20匹が左手、メスは21匹中20匹が右手を使ったという。

ハムスターに噛まれるとどうなる？

ハムスターに噛まれると、アナフィラキシーショックを起こし、死に至ることがある。噛まれて、ハムスターの唾液が体内にはいると、体質によって、アレルギー症状が急激に進むことがあるのだ。

日本の動物でいちばん足が速いのは？

日本の動物の中で、いちばん足が速いのはノウサギとみられる。時速72キロという記録があり、サラブレッドの69キロ（無騎乗）よりも速い。野生動物で続くのは、ヒグマ、あるいはアカギツネとみられる。

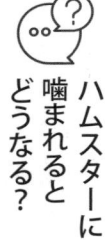

◆10秒で相手の心をつかむ雑談ネタ　動物編

✎ 世界には、4300種から4600種程度の哺乳類がいるが、そのうち約1000種はコウモリの仲間。なお、哺乳類の数に幅があるのは、独立種と認めるかどうかで、意見が分かれる種が多いため。

✎ 猫の足の指は、前足が5本×2、後ろ足4本×2で、計18本。両後ろ足の親指が退化している。

✎ 猫の尿の臭いの原因となる物質名は「コーキシン」(cauxin)。猫が「好奇心」旺盛であるところから、ネーミングされた。

✎ 猫も受動喫煙の被害を受けている模様。喫煙者と暮らす猫は、リンパ腫を発症するリスクが、そうではない猫の2倍にも達する。

専門家の計算では、私たち現生人類は、5万年ほど前から現在までの間に、1150億人が生まれ、すでに1080億人が亡くなっていると推定されている。

コアラの指紋は、人間とひじょうによく似ている。指紋をもつ動物は、霊長類のほかには、コアラとイタチ科のフィッシャーくらい。

ワオキツネザルは、漢字で書くとすると、輪尾狐猿。尾に輪状の模様があるキツネザルの仲間というわけ。Wao!と驚いているわけではない。

地球上に生息する動物の76%は、6本足。要するに、全動物の4分の3は昆虫というわけ。

リスの尾っぽは、天敵に尾をおさえられたときなどの緊急時には、トカゲの尾のようにブチっと切れる。ただし、トカゲのような再生能力はない。

イヌは、ネコ目《もく》の動物。哺乳類の「目」は12種類しかなく、〝イヌ目〟はない。ウシ目、ゾウ目、サル目、コウモリ目などの中では、イヌはネコにいちばん近いというわけ。

ハリモグラは、モグラではなく、カモノハシの仲間（カモノハシ目）。ハリネズミは、ネズミではなく、モグラに近い。（ネズミ目ではなく、ハリネズミ目）。

九州といえば、くまモンの活躍が目立つが、1957年以来、九州ではツキノワグマが目撃されていない。すでに絶滅していると、2012年に判断されている。

研究者の観察により、「暑い地域にすむシマウマほど、シマの数が多い」と報告されている。縞模様には、体温を下げる効果があるとみられているが、まだ定説ではない。

アフリカ・サバンナの草食獣ヌーは、「ヌー」と鳴くから、そう名づけられた。

「獅子の子落とし」という成句があるが、現実には、ライオンは子どもが崖から落ちたときには助けに行く。ユーチューブにも〝証拠〟の動画がアップされている。

ブチハイエナのメスは〝ペニス〟を持つ。クリトリスが長く伸び、擬ペニスのような状態になっているのだ。そのそばには陰唇が結合した擬睾丸まで備えている。

イギリスのノーサンプトン大学の研究によると、牛には〝親友〟がいて、親友のそばにいると、心拍数とコレチゾール血中濃度が下がり、ストレスが軽減することがわかったという。

ミツユビナマケモノは、フタユビナマケモノ以上に怠け者。フタユビは気性が荒く、ミツユビよりは動きがすばやい。

オーストラリアでは、ペットの犬、猫、ウサギ、鳥などに、マイクロチップを埋め込むことが義務付けられている。専用の読み取り機でスキャンすると、飼い主がわかるという仕組み。費用は50ドルくらいで、一度装着するとペットが死ぬまで使える。

犬用のコンタクトレンズをつくっているのは、メニコングループの「メニワン」。

アフリカゾウは、ミツバチの巣があるアカシアの木には近づかない。アカシアの木の樹液が大好物なのだが。

ヤマアラシ、スカンク、アルマジロは、車にひかれやすいといわれる。体に特殊かつ強力な防衛能力を備えているため、「逃げる」という感覚に乏しいためとみられる。

羊の大きさによって若干の違いはあるが、羊1頭の羊毛で、5~7着のセーターがつくれる。かつて、日本のテレビ番組が作ってみたときは、5着半だった。

「コアラ」とは、オーストラリア先住民の言葉で、「水を飲まない」という意。たしかに、コアラは水分をユーカリの葉から摂取するので、水をまず飲まない。

ペット用の出入口を考案したのは、万有引力を発見したアイザック・ニュートンという説がある。彼は研究室で2匹の猫を飼い、そのドアに世界初の猫ドアを取り付けていたと伝えられる。

「ウサギはニンジン好き」というのはウソ。好んでは食べないし、下痢することもある。そもそも、ニンジンは、ウサギには高カロリーすぎるため、与えるとすぐに太ってしまう。

◆10秒で相手の心をつかむ雑談ネタ　鳥・魚・昆虫・植物編

アリは南極にはいない。アリの分布地域は、熱帯から冷帯まで。アイスランド、グリーンランド、そして南極大陸には生息しない。

いわゆるダンゴムシは外来種。ヨーロッパ原産と推定され、明治時代に日本に入ってきた。正式名は、オカダンゴムシ。

「カメムシは、臭いを使って鳥から身を守っている」というのはウソ。鳥はすぐに臭いになれ、平気で食べてしまう。ただし、あの臭いは、アリに対しては有効。

ワシとタカ、オウムとインコ、クジラとイルカ、サケとマス、蝶と蛾——

これらに、明確な線引きはできない。

ホタルの成虫は、ものを食べない。体が繁殖に特化した形に進化し、口は退化して、水を吸うことしかできないのだ。成虫は、幼虫時代にたくわえた栄養によって繁殖作業を行い、それが終われば死ぬのを待つばかり。

スズメのオスとメスは、専門家でもカンタンには見分けられない。

日本には2種類のカラスがいて、ハシブトガラスは「カーカー」、ハシボソガラスは「ガーガー」と鳴く。住宅街や街で見かけるのは「ハシブト」のほう。

モンシロチョウは、外来種。ただし、日本に来たのは奈良時代のこととみられるから、相当の古株。アブラナ科の野菜（大根など）に、卵がついていたと考えられている。

すべての鳥の6割は「スズメ目《もく》」。世界には約1万種の鳥がいるが、スズメ目の鳥が

約6200種もいる。身近な鳥では、ツバメはもちろん、カラスもスズメ目。

ナベヅルは小型のツルで、世界に生息する数は1万羽程度。その80〜90%が鹿児島県の出水《いずみ》市で冬を越す。なお、ナベヅルという名は、体色が黒灰色で、鍋底の煤の色に似ているところから。むろん、漢字では「鍋鶴」と書く。

コノハズクは、全長20センチの日本最小のフクロウ。
漢字では木葉木菟、木葉梟と書き、
その名前は「木の葉のように小さなミミズク」という意味。

シラサギは、コサギ、チュウサギ、ダイサギの総称。サギ科の白い鳥の総称であり、シラサギという名の鳥がいるわけではない。
なお、コサギは体長60センチ程度、
チュウサギは体長68センチ程度、ダイサギは体長90センチほどの鳥。

北半球の鳥は、南半球の鳥に比べて、ヒナの数が多い。
北半球では、厳しい冬を越さねばならないことが多く、ヒナの生存率が低いためとみられる。

イギリスでは、12世紀以来、野生の白鳥は女王の所有物とみなされている。
かつて、白鳥が儀式用の食事に用いられたことなどからの慣習法。
近年、この法の存在を知らなかった外国人が白鳥を捕まえ、罰金刑に処せられている。

「カマキラズ」というカマをもたないカマキリがいる。
カマキリ目の下位分類のカマキラズ科に属する昆虫。

水族館で与えるエサは、新鮮なものでも、一度冷凍されている。
寄生虫の害を防ぐため。寄生虫やその卵は、マイナス25度になると、死滅するのだ。

カブトガニの血液の値段は、1リットル150万円もする。カブトガニの血液が、

感染症や新薬のテストに使われているため。なお、カブトガニの血液は、酸素を運ぶために鉄ではなく、銅を利用しているため、青い。

魚のイワシは、ロシア語でもイワシ。日本語から取り入れた名前で、発音は「イヴァシー」に近い。

コペンハーゲン大学の研究チームが、科学誌「サイエンス」に発表した論文によると、ニシオンデンザメの個体の平均寿命は272歳、一頭は392歳と推定されたという。現在のところ、脊椎動物のなかでは、これが最長寿記録。

イワナとアメマスは同じ魚。川に残る陸封型がイワナで、海に下る降海型がアメマスとなる。

タラバガニがヤドカリの仲間なのは有名な話だが、花咲ガニもヤドカリの仲間。

タラバガニは、交尾する前に、手（ハサミ）をつなぎ合い、その期間は3日から

1週間におよぶ。その行動は、英語ではハンドシェイキング（握手）と呼ばれている。

電気ウナギは、自分も感電している。ただし、分厚い脂肪で体が覆われているので、それが絶縁体となって、ダメージは受けない。

サザエには、貝殻に、ツノのあるタイプとないタイプがあり、業界では、ツノのないタイプを「丸腰」と呼んでいる。一般に、波の荒い場所のサザエにはツノができ、穏やかな海にすむサザエは「丸腰」になる。

ウーパールーパーと呼んでいるのは、日本だけ。〝本名〟のアホロートルでは売れないだろうと、ひねりだされた商品名。

オウサマペンギンのヒナは、冬に備えて大量に食べ、一時的に親よりも大きくなる。

タイは、スズキ目タイ科の魚。そのため、イシダイ（イシダイ科）、キンメダイ（キンメダイ科）、アマダイ（キツネアマダイ科）、アコウダイ（フサカサゴ科）、ブダイ（ブダイ科）は、タイの仲間とはいえない。

和名が最も長い植物は、「リュウグウノオトヒメノモトユイノキリハズシ」（龍宮の乙姫の元結の切りはずし）で、これはアマモの別名。一方、短い名前は「イ」（イグサのこと）。

食用ガエル（ウシガエル）の飼育は、2006年から禁止されている。許可なく飼育すると、100万円以下の罰金。放流を目的とした場合には、3年以下の懲役か、300万円以下の罰金と、罪はさらに重くなる。

カタツムリの角は、じつは目。大きな角（大触覚）の先に、目がついているのだ。ただし、視力は明暗を感じる程度で、像は結んでいないとみられる。

カタツムリの殻の材料は、カルシウム。そのため、石灰岩地帯には、多数のカタツムリが住み、固有種もよく発見される。

アサガオの咲く時間は、日の出とは関係がなく、前日の日の入りと関係する。おおむね、前日の日没から8～9時間後に咲きはじめる。

日本の「国菌」（国の細菌）は、麹菌。2006年、日本醸造学会によって決められた。

ニシキギ科の植物「マユミ」は、弓を作るのに用いたことから、この名になった。漢字では「真弓」のほか、「檀」とも書く。女優の檀れいは、本名の下の名前が「まゆみ」であるところから、芸名を「檀」にした。

「アアソウカイ」という植物がある。漢字で書くと「亜阿相界」。原産地のマダガスカルが、アジアとアフリカの境界であることに由来する。なお、漢字では、アジアは亜細亜、アフリカは阿弗利加と書くので、「亜阿」となる。

生涯、たった2枚しか葉をつけない植物がある。ウェルウィッチアという植物で、最初に芽を出した2枚の葉が大きく成長していく。その植物の和名を「奇想天外」という。

広がった松ぼっくりは、1時間ほど水につけると、しぼむ。松ぼっくりには、雨の日には閉じて種を守り、晴れた日には開いて種を飛ばすという性質がある。

ヤシの実は、海を漂って渡るというが、それで生息範囲を広げたわけではない。海を渡ると、発芽しなくなるのだ。人間が船で運んで広めたというのが現実。

アジサイには毒があり、葉や茎、花を食べると、嘔吐や痙攣などの症状を起こす。過去、料理に添えられた葉などを食べ、中毒症状を訴えるというケースがしばしば起きている。

パンジー（Pansy）の名は、フランス語で思いや考えを意味するPensee（パンセ）に由来する。パンジーの花が前に傾いて咲き、思索にふけっているようであることから。

アサガオは、ヒルガオ科の植物。

「飛んで火に入る夏の虫」は蛾。とりわけ、光に集まるヒトリガ（火取蛾、灯取蛾と書く）が〝モデル〟とみられる。

普通の金魚もかなりの近視だが、目が飛び出したチョウテンガンなどは、目がほとんど見えていないとみられる。

チョウザメの口には、歯が一本もないので、

噛まれても痛くもかゆくもない。そこで、チョウザメに指を噛ませるというパフォーマンスを行っている水族館もある。

シーラカンスは古代ギリシャ語で「中空の脊柱」という意味。この古代魚が、背骨の代わりに、軟骨でできた中空の脊柱をもつことから。

マッコウクジラは3頭身。大きな頭の中には「脳油」と呼ばれる液体が4トンも詰まっている。その重みを利用して、マッコウクジラは最深3000メートルの深海にまで潜っていく。

Suicaのペンギンはアデリーペンギンとされ、南極から東京にやってきたことになっている。

13
植物

Interesting
conversation
starters!

植物のツタは、どうやってからみついている？

アメリカ東部の名門私立大学は「アイビー・リーグ」と総称されるが、一説に、この呼び名は「校舎に、ツタがからまるほどの伝統がある」ことから名づけられたといわれる。ただし、英語でいう「アイビー（ｉｖｙ）」はウコギ科のキヅタのことで、紅葉しない種類だ。

一方、一般に「ツタ」というとき、日本人がイメージするのは、ブドウ科のツタで、こちらは紅葉する種類を指す。ツタもキヅタも、壁などを「伝う」ことから、「ツタ」と呼ばれるようになったとみられるが、なぜツタは壁を伝って広がることができるのだろうか？

まず、紅葉するタイプのツタは、ツル状の茎から巻きひげを伸ばしていくが、その先に〝吸盤〟のようなものがついている。吸盤には短毛が生えていて、それが壁の表面のデコボコとかみあって、へばりついていくのだ。

一方、キヅタは、茎から「付着根」と呼ばれる細かい根が直接生えていて、これがやはり吸盤と同じような働きをして、壁などを伝っていく。

植物も汗をかくのか？

植物も、動物と同様、〝汗〟をかくといっていいだろう。植物の葉の表面には、「気孔」と呼ばれる小さな穴があり、そこから水分を蒸発させている。植物のなかには、その作用によって〝体温〟を下げる種類もあるのだ。

植物の一部には、直射日光が当たり、表面温度が上昇すると、光合成がうまくいかなくなる種類がある。そこで〝体調悪化〟を避けるため、水分を蒸発させて、その気化熱により、〝体温〟を下げるのだ。

一方、植物は、寒すぎても〝体調〟が悪化する。植物の細胞を包む膜は脂質でできているので、気温が下がると、脂質が固まり、細胞に悪影響が生じる。とりわけ、熱帯系の植物は寒さに弱いので、バナナやマンゴーなどの熱帯系のフルーツは、冷蔵庫で保存しないほうがいいというわけ。

どうして、豪雪地帯がチューリップの栽培に適している？

春、温かくなってくると、チューリップの花が開く。そこから、チューリップの名産地は温暖な地と思いがちだが、そうではない。世界的な名産地は、ヨーロッパのなかでも冷涼な気候のオランダである。日本では、新潟県、富山県と、屈指の豪雪地帯がチューリップの産地。この二県で、日本の球根栽培の98パーセントを占めている。

チューリップ栽培が新潟県、富山県で盛んなのは、両県が豪雪地帯であることと関係している。冬、地上に雪が降り積もると、地上は寒くとも、地中は温度・湿度が一定に保たれる。

地中にあるチューリップの球根は、湿度と温度が安定しているほど、いい球根に育つのだ。

また、チューリップの球根は、ウイルス感染に弱いが、豪雪は地中へのウイルスの侵入を封じてくれるのだ。

郵便局に「多羅葉」が植えられているのは？

郵便局の敷地内には、「多羅《タラ》葉《ヨウ》」の木が植えられていることが多い。

モチノキ科の常緑高木で、東京中央郵便局の前にも植樹されている。１９９７年、旧郵政省は、この木を郵便局のシンボルツリーに定めている。

その理由は、この木の葉に先の尖ったもので字を書くと、鉛筆で書いたように黒く残り、古来、ハガキの木とされてきたため。

松田聖子が歌った『赤いスイートピー』は存在するか？

松田聖子の『赤いスイートピー』は、１９８２年1月発売の8枚目のシングル。ただし、当時のスイトピーは、白やレモンイエローなどが主流で、ピンク色はあったが淡いパステルカラーのものだった。

ところが、この歌の影響で、赤いスイトピーを目指した品種改良が進められ、赤系統の色の花がつくられてきた。

そして曲のヒットから30年、２

０１２年に、ムジカスカーレットという、ほぼ赤といっていい赤紫のスイトピーが開発された。

「やばい」って、どんな花？

ひらがなで書くと、「やばい」になる花がある。

漢字で書くと「野梅」で、野生の梅、野に咲く梅のこと。

今は、野梅から改良された品種を「野梅系」と呼ぶ。花も葉も小ぶりなタイプで、盆栽によく使われている。

高山植物はなぜ寒さに耐えられるのか？

ヒマラヤ山脈の海抜６０００メートル付近にも、植物は生息する。

ただし、その地帯では、植物は1年のうち、長い期間を種子として土中で過ごしている。そして、短い雪解け期間に急生長し、結実する。そうしないと、植物も〝凍死〟する危険があるからである。

事実、温暖な地の植物は、零下の温度が続くと、細胞内の水分が凍り、細胞が壊れ、凍死してしまう。一方、高山植物が凍死しないのは、細胞内に塩類が多く、水分が凍りにくいように防御しているからだ。

また、高山植物には、茎や葉が毛で覆われ、寒さを防いでいるものが多い。さらには、高山植物には1カ所に集まって葉を重ね合わせ、寒さから身を守るタイプもある。

植物が緑色をしているのはどうして？

陸上植物のほとんどは緑色をしている。そのそもそもの理由は、大昔、水中植物のうち、緑藻類が上陸を果たしたからである。緑藻類は、海の浅いところでしか生息できなかったため、陸地に近いところにいた。それが幸いして、ライバルの他の藻類を押さえ、上陸できたのだった。

水中での緑藻類のライバルは、海の深層にいる紅藻類と中間層にいる褐藻類。紅藻類と褐藻類は、ともに光合成の能力が高く、生息場所をあえて変える必要がなかったため、海にとどまった。

一方、緑藻類は、進化の過程

で、光合成により多くの光を必要とするようになり、太陽光線の届きやすい海の浅いところに進出した。

そこまでくれば、陸上まであと一歩。やがて緑藻類は陸に上がり、その子孫が繁栄して、森や山は緑に染まることになったのである。

ニュートンのリンゴが日本国内に700本もあるのは？

ニュートンといえば、リンゴが木から落ちるのを見たことをきっかけに、万有引力の法則を発見したというエピソードで有名。その「ニュートンのリンゴの木」の子孫が、日本に渡ってきていることをご存じだろうか？

ニュートンのリンゴの子孫が植えられているのは、東京大学付属の小石川植物園。1964年に、イギリスから贈られたものだ。

その後、さし木や接ぎ木によって、この木のクローンが盛んに作られるようになり、全国各地の学校や研究機関、自治体などに譲渡された。記録に残っている木だけでも、34都道府県に200本以上。正式に記録されていないものを含めれば、現在では700〜750本に増えているとみられる。

植物はなぜ〝立って〟いられる？

植物は、脊椎動物のような背骨を持っていない。いわば柱のない状態なのだが、それでもずっと立っていられる秘密は、その細胞壁にある。

植物の細胞は、動物とちがって細胞壁に覆われている。その細胞壁は固く、簡単には破れない。加えて、細胞内には水分が詰まっていて、内から細胞壁を支える構造になっている。細胞壁に外から圧力がかかったときには、細胞内の水分が圧力を押し返す働きをするのだ。

植物は、そんな構造の細胞壁の集合体であり、大木も細胞壁を積み上げることによって、大地に立っていられるのだ。

「草いきれ」の臭いって何？

夏の盛り、草むらに近づくと、

ムッとするような青ぐさい臭いが鼻をつくものだ。いわゆる「草いきれ」だが、これは植物が自己防衛のために発する臭気といっていい。

臭いの成分は、不飽和脂肪酸のαリノレン酸とリノール酸である。

ともに植物のみがつくる不飽和脂肪酸で、春から夏にかけて気温が高くなると、酵素の活発な働きにより、多量に発生するようになる。

草いきれの臭いには殺菌力があり、ゴキブリなどに長時間嗅がせていると、ゴキブリが死んでしまうという実験報告もあるほどである。植物は、αリノレン酸などを発生させて、害虫などから身を守っているのだ。

マングローブが海の中でも成長できるのは？

マングローブは、海水をかぶるような環境でも育つ植物の総称。そう呼ばれる単独の品種があるわけではない。それにしても、なぜ、この種の植物は、潮水で皮がふやけたり、根腐れを起こしたりしないのだろうか？

塩水に耐えられるのは、マングローブには塩水をとりのぞく機能が備わっているから。

大きく分けて、二つの仕組みを備えていることがわかっている。

ひとつは、根で塩分をこして、真水だけを吸収するという仕組み。もうひとつは、根から吸い上げた塩水を、葉の「塩類腺」の機能によって塩分を外に排出する仕組みだ。

とうもろこしに、ちがう色のツブが混じるのは？

1本のトウモロコシに、ちがう色の粒が混じっていることがある。これは「キセニア」と呼ばれる現象だ。品種をかけあわせたとき、父方（花粉）に強い遺伝性の形や性質があると、それが母親（種子）にあらわれる性質をこう呼ぶ。

トウモロコシは、異なる品種の花粉が飛んできても受粉し、簡単に性質が交じり合ってしまう。全身が黄色いはずのハニーバンタムに、赤紫などのツブがまじったトウモロコシができてしまうのもこのためだ。

とりわけ、家庭菜園などでは、いろいろな人がちがう種類のトウモロコシをつくっているので、キセニアが起きる確率が高くなる。

サクラの葉は匂わないのに、桜餅の葉はなぜいい匂い?

桜餅を包んでいる塩漬けの葉からは、いい香りがする。しかし不思議なことに、花見のシーズンに桜並木を歩いても、あの香りは漂ってこない。なぜだろうか?

桜餅の葉の香りをもたらすのは「クマリン」という成分。この成分は、生のサクラの葉には存在しない。サクラの葉を塩漬け加工しているうちに、酵素の働きで、クマリンが生じるのである。


なお、桜餅には、色合いと風味のよさから、オオシマザクラの葉がよく使われている。国内で流通している葉の約80%は伊豆地方産のオオシマザクラの葉だ。

チューリップが昼頃に咲くのはどうして?

チューリップは温度変化に敏感な花で、温度によって花を開いたり、閉じたりする。昼近くになって気温が10℃以上になると、花びらの付け根部分で、内側の細胞の成長速度が外側の細胞より速くなる。そのため、花弁を内側から外側に押し倒すような感じで花びらが開くのだ。

逆に、夕方になって気温が下がると、細胞は縮み、花びらは閉じていく。チューリップは温度によって開いたりしぼんだりする花の代表格だ。

エノキダケはなぜ白い?

野生のエノキダケは、傘の部分が栗色、柄の部分は褐色。スーパーに並んでいる白いエノキダケは、人工的に栽培されたものであり、その歴史は昭和20年代末にさかのぼる。

白いキノコをつくるため、暗いところで栽培し始めたのだが、最初の頃は茎の付け根あたりは褐色だった。純白キノコが生まれたのは、60年代に入ってからのこと。光に当たっても真っ白に育つ新品種が開発され、その後、この純白系品種が栽培されてきた。

竹が背ばかり伸びて、横に太くならないのは？

通常、樹木は生長すると幹が太くなるが、竹は幹が太って〝巨竹〟になることはない。たとえば、ミャンマーなどに生育する大麻竹は、高さ30メートルを超えるものもあるが、太さは30センチ程度だ。竹が太くならないのは、なぜだろうか？

樹木には、維管束に形成層と呼ばれる組織があり、その細胞が活発に分裂活動をすることで幹が太くなっていくが、竹にはこの形成層が存在しない。そのため、丈は伸びても、太さはスリムなままなのである。

常緑樹の葉はいつ落ちる？

冬になっても葉を落とさない樹木を「常緑樹」というが、葉をまったく落とさないわけではない。たとえば、クスノキ、カシなどの常緑広葉樹は、4～6月が新旧交代の時期にあたる。新しい芽がではじめるとともに古い葉を落とし、1週間くらいのあいだにすべて新しい葉に入れ替わる。

一方、マツなど常緑針葉樹の仲間は、10月～12月にかけて古い葉から順番に落ちていく。といっても、種類によって葉の寿命は異なり、アカマツは2年、ヒノキは6年ほどで老化したものから落ちる。

無重力状態で、木はどう伸びる？

地上では、たとえばマツを横向きに植えても、やがて幹は天に向かって伸び、根は地中に向かって伸びていく。マツに限らず、植物は重力を感知しながら、植物ホルモンの濃度を調節。茎は天に向かって、根は地中へ向かって伸びるようになっている。

では、無重力状態で木を植えると、どう伸びていくのだろうか？

じつは、このテーマ、スペースシャトル内の実験室で、レンズマメを使って調べられたことがある。

すると、根の伸びる速さは通常と同じだったが、根の伸びる方向は迷走状態となった。つまり、無重力状態では、根は進むべき方向を見失ってしまったのである。しかし、遠心力によって重力をかけると、根はいつも通り重力の方向に伸びていった。

植物が重力を感じ取るセンサーは、根の根冠《こんかん》や、茎の維管束鞘《いかんそくしょう》の部分などにある平衡細胞。この細胞の中にある平衡石が沈むことで、植物は重力方向を感知する。

無重力状態に置かれたレンズマメの細胞を見ると、この平衡石の位置が通常とは異なっていたという。

海藻はヒ素を含んでいるのに食べられるのは？

海水には1トン当たり、亜ヒ酸とヒ酸を合わせて、3ミリグラム程度のヒ素が含まれている。海産物にもヒ素は含まれ、その濃度はひじょうに高い。たとえば、コンブは海水の5万倍ものヒ素を含んでいる。

それなのに、人間が食べられるのは、人体には害のない形のヒ素物質として含まれているからである。

海藻が含むヒ素の大半は「ヒ素糖」など、炭素原子をもつヒ素化合物で、人間が食べても消化できない。

口から取り入れても、そのまま出ていくだけなので、人体がヒ素の毒性に反応することはない。だから、コンブをいくら食べても安心というわけだ。

トウモロコシの粒の数がかならず偶数になるのは？

トウモロコシの粒の数はかならず偶数になる。偶数になるのは、トウモロコシを輪切りにしたとき、周囲に並ぶ粒の数。トウモロコシの太さによって、一周16粒だったり、18粒だったりするのだが、かならず偶数になるのだ。

そうなる秘密は、トウモロコシの成長過程にある。トウモロコシは、茎にできるメス穂が成長したもので、まだ成長していない段階では小穂と呼ばれる。小穂の粒の数は奇数であったり偶数であったりするのだが、小穂の粒は成長する過程で、かならず二つに分裂していく。だから、最初は奇数であっても、最終的にはかならず偶数になるのである。

天然林よりも人工林のほうが、害虫が増えやすいのは?

林には、天然林と人工林の二種類がある。そのうち、林を食い尽くす害虫は、人工林で大繁殖しやすい。

人工林が害虫の巣になりやすいのは、人工林の多くが一種類の樹木からなる単純林だから。

樹木の種類の多い天然林には、数多くの種類の虫が棲みつくが、単純林では生き残れる虫の種類が限られるので、虫どうしの食物連鎖がとだえ、樹木を食べて生きられる害虫だけが生き残ってしまうのだ。

タンポポが夏に咲くようになったのは?

タンポポはいまや大都市圏では、春ではなく、夏に咲く花になってきている。

じつは、春に花をつけるのは在来種の「カントウタンポポ」で、夏に咲くのは欧米から伝わった「セイヨウタンポポ」。近年は、大都市部でセイヨウタンポポが勢力を広げているのだ。

セイヨウタンポポが勢力を伸ばしているのは、1株だけで種子ができること。

そのため、風で飛ばされた種子が、道路脇やビルの谷間で芽をだし、花を咲かせ、単独で繁殖していけるのだ。

一方、カントウタンポポは、数株なければ種子ができないので、大都市圏ではセイヨウタンポポに生息エリアを奪われつづけているのである。

最近、四つ葉のクローバーが増えているのは?

「四つ葉のクローバーは幸せを呼ぶ」といわれるが、クローバーはふつうは三つ葉。四つ葉になるのは一種の突然変異であり、昔は探してもなかなか見つからないものだった。

ところが近年、四つ葉のクローバーが増えつづけている。四つ葉どうしで交配を繰り返すと、四つ葉の出現率が高まるのだ。要するに、〝品種改良〟によって増やされていて、現在は量産が可能で商品化もされている。

きれいなボケの花が「ボケ」呼ばわりされるのは？

ボケは、白や赤など、色とりどりの花を早春に咲かせる植物。

きれいな花だが、なぜ「ボケ」などという名をつけられたのだろう？

もともと、平安時代に中国から伝わったボケは、果実が瓜に似ていたので「木になる瓜」ということで「木瓜」と書いて「もっか」と呼ばれるようになる。やがて、「もっか」→「ぼっけ」となまり、「ぼけ」と呼ばれるようになったのだ。

植物を水以外の飲料で育てるとどうなるか？

植物には水が必要だが、では植物に水以外の水分、ジュースや牛乳などを与えるとどうなるか？

実験によると、カイワレダイコンの種子を水で育てると、1週間くらいで食べられる状態になるが、ジュースや牛乳を与えると、1週間経ってもまったく変化しなかった。ウーロン茶を与えたものは、発芽し、少しは成長したものの、途中で葉が枯れたという。

花束は下向きに持ち歩いたほうがいいのは？

花束を持ち歩くときは、下向きにしたほうがいい。そのほうが、花の鮮度が落ちにくいのだ。

花や果実、野菜などはエチレンという物質を発している。エチレンは別名「成熟ホルモン」と呼ばれ、植物の鮮度を落とす働きがある。そのため、花の鮮度を落さないためには、エチレンの発生量を抑えることが必要になる。

花を下向きに持つと、重力の関係で、水分が花の先端部分に集まる。すると、エチレンの発生が抑制されるのだ。生花店で花束を作るとき、茎をたっぷりと湿らせるのもエチレン抑制対策のひとつ。

ヒマラヤ杉は杉ではないって本当？

ヒマラヤ杉は、ヒマラヤ山脈西

部原産の樹木。建築材に適していることから、寺院の建材としても利用されてきた。

ところで、このヒマラヤ杉、植物の分類上は「松」である。

ヒマラヤ杉は、松にもかかわらず、木がまっすぐに生長し、葉の長さも3、4センチになる。むしろ、スギ科の特徴に近いため、「杉」と名づけられたようだ。

草食動物が毒草を食べるとどうなる?

人が毒草や毒キノコを食べると、食中毒になったり、命を落とすこともある。植物を常食している草食動物も、毒草を食べると、ときに体に変調を来すことがある。

たとえば、アシビという有毒植物は、漢字で「馬酔木」と書く。人がアシビを食べると、手や足がしびれるが、ウマも同様に手足がしびれ、酒に酔ったようなフラフラの状態になる。そういう場面を見た人が「馬酔木」という漢字を当てたようだ。

ただ、一般的に、草食動物は有毒植物の見分け方を心得ているようで、ほとんど食べることはない。彼らも人間同様、毒草を食べて痛い目にあううち、見分ける力を身につけてきたのだろう。

立ったままの木の樹齢をどうやって調べる?

樹木の年齢は、ふつうその年輪から調べる。

では、屋久島の巨大杉や神社の巨木など、立木の樹齢はどうやって調べるのだろうか?

まだ立っている状態の樹木の樹齢は、「成長錘」という器械を使って調べられている。

成長錘は、細い円筒状のドリルで、これを樹木の真ん中までくり抜き、樹木の内部を抜き取ってしまう。これには年輪が刻み込まれているから、それを数えれば樹齢がわかるというわけだ。

なお、調査用にいったん抜き取られた内部は、調査のあと、ふたたび樹木の中に戻せば、樹木の自己回復力によって、やがてドリルの傷は消え、樹木を傷めることもない。

本書は、『いっしょにいて楽しい人の話のネタ帳』（小社刊／２０１５年）、『すごい会話のタネ７００』（同／２０１７年）、『みるみる相手をクギ付けにする雑談のネタ本』（同／２０１６年）の内容を再構成し、改題のうえ一冊にまとめたものです。

■参考文献

「モノづくり解体新書」(日刊工業新聞社)／「図解雑学元素」富永裕久(ナツメ社)／「よくわかる最新元素の基本と仕組み」山口潤一郎(秀和システム)／「一歩身近なサイエンス」Ｑｕａｒｋ編／「科学・知ってるつもり77」東嶋和子、北海道新聞取材班(以上、講談社ブルーバックス)／「科学の奇妙な世界」Ｊ・アカンバーク(ＨＢＪ出版局)／「なぜでしょう科学質問箱１０５」日本放送協会編(法政大学出版会)／「動物の一生不思議事典」戸川幸夫監修(三省堂)／「解剖生理改訂版」江藤盛治、芹澤雅夫(医学芸術社)／「よくわかる解剖学の基本としくみ」坂井建雄(秀和システム)／「人体68の謎」豊川裕之、岩村吉晃、兵井伸行(築地書館)／「脳と心のトピックス１００」堀忠雄、齋藤勇編(誠信書房)／「科学者伝記小事典」板倉聖宣(仮説社)／「世界を変えた科学の大理論１００」大宮伸光(日本文芸社)／「早わかり科学史」橋本浩(日本実業出版社)／「偉大な科学者の横顔」柴田村治、永田恭一、中村了吉、石田祐夫(研成社)／「木の１００不思議」「森林の１００不思議」日本林業技術協会編(以上、東京書籍)／「気象・災害ハンドブック」ＮＨＫ放送文化研究所編(ＮＨＫ出版)／「異常気象を知りつくす本」佐藤典人監修(インデックス・コミュニケーションズ)／「都市型集中豪雨はなぜ起こる?」三上岳彦(技術評論社)／「世界経済１００の常識」日本経済新聞社編／「日本経済１００の常識」日本経済新聞社編／「経済のしくみ１００の常識」日本経済新聞社編／「日経大予測２００９」日本経済新聞社編(以上、日本経済新聞社)／「現代用語の基礎知識」(自由国民社)／「基本用語からはじめる日本経済」第一勧銀総合研究所編(日経ビジネス文庫)／「経済のニュースが面白いほどわかる本(日本経済編)」細野真宏(中経出版)／「経済・金融データを読み解く67の指標」大和総研情報管理理部(かんき出版)／「日々の経済ニュースがすぐわかる本」池上彰(講談社)／「牛丼一杯の儲けは9円」坂口孝則(幻冬舎新書)／「世界経済危機」金子勝、アンドリュー・デウィット(岩波ブックレット)／「謎ときいまどき経済事情」日本経済新聞社編／「エコノ探偵団の大追跡」日本経済新聞社編(以上、日本経済新聞社)／「危ない取引先の見分け方」(株)帝国データバンク情報部(中経出版)／「おもしろ街角経済学」鈴木雅光(ぱる出版)／「定価の構造」内村敬(ダイヤモンド社)／「これが原価だ!!」山中伊知郎(インターメディア出版)／「ニュース報道の常套句」大谷昭宏編著(日本実業出版社)／「ＤＩＭＥ」／「日経トレンディ」／「ＳＰＡ!」／朝日新聞／読売新聞／毎日新聞／日本経済新聞／ほか

編者紹介

話題の達人倶楽部
カジュアルな話題から高尚なジャンルまで、あらゆる分野の情報を網羅し、常に話題の中心を追いかける柔軟思考型プロ集団。彼らの提供する話題のクオリティの高さは、業界内外で注目のマトである。本書では、グルメ、スポーツ、カルチャー、日本語、地理、歴史、科学、健康、生物など、硬軟さまざまなテーマで、極上の「会話のタネ」を紹介した。状況に合わせた魅力的な話題を提供できる人になれる"虎の巻"である。

1分《ぷん》で相手《あいて》を引《ひ》き寄《よ》せる 雑談《ざつだん》のきっかけ1000

2019年7月1日 第1刷

編　　者　話題《わだい》の達人《たつじん》倶楽部《くらぶ》

発 行 者　小 澤 源 太 郎

責任編集　株式会社 プライム涌光
電話 編集部 03(3203)2850

発 行 所　株式会社 青春出版社

東京都新宿区若松町12番1号〒162-0056
振替番号 00190-7-98602
電話 営業部 03(3207)1916

印刷・大日本印刷　製本・大口製本

万一、落丁、乱丁がありました節は、お取りかえします

ISBN978-4-413-11293-2 C0030

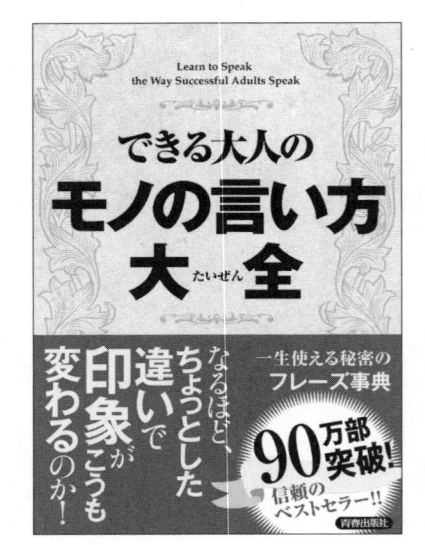